国家社科基金
GUOJIA SHEKE JIJIN HOUQI ZIZHU XIANGMU
后期资助项目

复杂网络视角下的
高新技术产业集群创新研究

彭 英 著

科学出版社

北 京

内 容 简 介

　　高新技术产业是国民经济持续健康发展和国家竞争力提升的关键。本书采用案例研究和定量的实证研究方法,辅以计算机仿真实验,构建基于复杂网络的高新技术产业集群创新网络概念模型,以考量创新网络结构属性与空间特征对于集群创新产生的影响及其可能产生的改变;在此基础上,探讨集群创新网络演变的条件及其适用性,提出创新网络优化和创新能力提升的对策建议,对我国高新技术产业集群的创新管理具有一定的参考价值。

　　本书适合政府、事业单位从事相关产业管理、科技创新管理的学者、教师、科研人员,以及高新技术企业从事技术研发领域的实践工作者阅读,也可为创新管理领域的研究人员、关心和支持科技发展的其他领域读者提供参考。

图书在版编目(CIP)数据

复杂网络视角下的高新技术产业集群创新研究 / 彭英著. -- 北京:科学出版社, 2025.6. -- ISBN 978-7-03-081936-9

Ⅰ. F279.244.4

中国国家版本馆 CIP 数据核字第 2025JP5835 号

责任编辑:陶　璇 / 责任校对:贾娜娜
责任印制:张　伟 / 封面设计:有道文化

科 学 出 版 社 出版

北京东黄城根北街 16 号
邮政编码:100717
http://www.sciencep.com

北京中石油彩色印刷有限责任公司印刷
科学出版社发行　各地新华书店经销

*

2025 年 6 月第 一 版　　开本:720×1000　1/16
2025 年 6 月第一次印刷　印张:20 1/4
字数:363 000

定价:228.00 元

(如有印装质量问题,我社负责调换)

国家社科基金后期资助项目
出版说明

后期资助项目是国家社会科学基金设立的一类重要项目，旨在鼓励广大社会科学研究者潜心治学，支持基础研究多出优秀成果。它是经过严格评审，从即将完成的科研成果中遴选立项的。为扩大后期资助项目的影响，更好地推动学术发展，促进成果转化，全国哲学社会科学工作办公室按照"统一设计、统一标识、统一版式、形成系列"的总体要求，组织出版国家社会科学基金后期资助项目成果。

全国哲学社会科学工作办公室

前　　言

党的二十大擘画了全面建设社会主义现代化国家、以中国式现代化全面推进中华民族伟大复兴的宏伟蓝图。习近平在党的二十大报告中强调，坚持创新在我国现代化建设全局中的核心地位，推动战略性新兴产业融合集群发展，构建新一代信息技术、人工智能、生物技术、新能源、新材料、高端装备、绿色环保等一批新的增长引擎[①]。建设世界级先进产业集群，是锻造产业竞争新优势、加强产业国际竞争力的核心战略，是经济高质量发展的关键所在。

产业集群是产业分工深化在地理空间上的表现形态，是国家和区域经济高质量发展的重要支撑和产业国际竞争力的重要影响因素。20 世纪 60 年代以来，集群作为独具生命力的"社会生产综合体"在区域经济发展中取得了成功。然而，随着知识和信息在经济发展过程中的作用日益明显，原有基于地理空间的集聚现象已经不能单纯地依靠运输成本和集聚的外部经济性来获得竞争力，地理空间集聚并不意味着集群区域必然产生持续竞争优势和创新能力。因此，集群创新网络作为一种独特的创新组织形式，由于其具有集群资源共享、知识溢出效应、创新环境成熟、创新人才集聚及创新风险分散等特性，引起学术界的广泛关注。

高新技术产业是国民经济持续健康发展和国家竞争力提升的关键。高新技术产业属于技术密集型产业，有利于社会劳动生产率的提高，可以有效降低生产要素和资源的损耗，对产业结构的优化起到良好的促进作用。高新技术产业集群是典型的创新型产业集群。在当前颠覆性创新不断涌现、技术迭代和市场变化加快、外部环境复杂多变的背景下，以创新引领的高新技术产业集群与传统产业集群的根本区别是创新主体之间的相互依存和知识共享形成的技术溢出与网络协同。本书通过对高新技术产业集群创新系统的分析，构建基于复杂网络的创新网络概念模型，探讨网络属性对集群创新的影响，结合实证分析和案例研究，为高新技术产业集群优化创新

---

① 《习近平：高举中国特色社会主义伟大旗帜 为全面建设社会主义现代化国家而团结奋斗——在中国共产党第二十次全国代表大会上的报告》，https://www.gov.cn/xinwen/2022-10/25/content_5721685.htm，2022-10-25。

网络、增强创新能力、实现持续成长提供理论依据和策略建议。

全书共分为九章。第 1 章为导论。该章阐明了本书研究的目的和意义、研究方法以及研究框架结构。第 2 章为国内外相关研究综述。该章对国内外高新技术产业集群创新以及复杂网络理论的相关研究成果进行分析概述。第 3 章为我国高新技术产业集群发展概况。该章分别从高技术制造业和高技术服务业阐述我国高技术产业的发展现状，分析我国高技术产品贸易现状和国家高新区的发展状况，以及政府相关政策的演进，并采用产业集聚度测度模型刻画了我国高新技术产业集聚度。第 4 章为我国高新技术产业集群创新网络分析。该章阐述了高新技术产业集群创新网络的构成、典型创新网络拓扑结构及其集群体现，辨析了高新技术产业集群的复杂网络统计特征及其对集群创新的影响机理，并以南京软件产业集群为例，分析了其创新网络的统计特征。第 5 章为高新技术产业集群创新网络演化建模与仿真。该章基于复杂网络理论构建演化模型，利用 NetLogo、Matlab 仿真软件进行节点增长、节点演化、单集群和多集群创新网络演化研究，采用数理模型分析集群创新网络的自组织耦合演化机理。第 6 章为高新技术产业集群创新网络对创新绩效影响的实证研究，该章采用实证分析的方法，研究高新技术产业集群创新网络对创新绩效的影响。第 7 章为常州武进国家高新技术产业开发区案例研究，该章通过对江苏常州武进国家高新技术产业开发区的案例分析，写实描述了该集群的形成、多集群共生演化路径并进行数理建模与仿真分析，实证分析了多集群共生网络对创新绩效的影响机理，以及近十年以来的产业转型升级、产业融合集群发展的创新成效。第 8 章为高新技术产业集群创新网络优化策略及政策建议。第 9 章为结论与展望，该章总结了全书的研究成果并展望未来可能的研究方向。

本书在写作过程中，不仅进行了大量的文献调研，研究团队还分为多个小组奔赴南京、苏州、常州武进等地进行实地考察，与高新区科技主管部门、企业、中介服务机构等进行访谈、问卷调查等，获得了大量一手资料，为本书的案例研究和实证研究提供了翔实的数据。研究工作还获得了南京邮电大学管理学院、英国格拉斯哥大学亚当·斯密商学院的支持和帮助，在此一并表示感谢。南京邮电大学管理学院研究生黄印、闵家梁、朱琛、陆纪任、余小莉、梁宸、李琦、蔡安琪、肖嘉乐、童泽昊等同学参与了问卷调查和本书的资料整理工作，对他们的辛勤劳动表示衷心的谢意。还要感谢英国格拉斯哥大学亚当·斯密商学院 Yukun Shi 教授在英国访学的一年里给予我的帮助和指导，感谢亚当·斯密商学院每周举行的学术沙龙，为本书的写作拓宽了视野。最后，要感谢我的家人，他们对我工作一贯的理解和支持是我前行的动力。

　　本书的研究内容是复杂网络理论应用在高新技术产业集群创新实践中的积极探索，希望以此抛砖引玉，为学界和产业界更多专家学者开展深入研究提供思路，敬请各位专家及读者提供宝贵意见，批评指正。

彭　英

2025 年 4 月

目　　录

第1章 导　　论

1.1　研究目的及意义

2022 年 10 月在北京召开的中国共产党第二十次全国代表大会，是在全党全国各族人民迈上全面建设社会主义现代化国家新征程、向第二个百年奋斗目标进军的关键时刻召开的一次十分重要的大会。习近平在党的二十大报告①中将科技创新的战略意义提升到新的高度，为今后我国依靠科技创新引领和支撑社会主义现代化建设进一步发展指明了方向和路径。

根据 2023 年 2 月 28 日国家统计局发布的《中华人民共和国 2022 年国民经济和社会发展统计公报》的统计数据，2022 年全年国内生产总值（gross domestic product，GDP）达 1 210 207 亿元，比上年增长 3.0%。全年规模以上工业中，高技术制造业增加值比上年增长 7.4%，占规模以上工业增加值的比重为 15.5%；装备制造业增加值增长 5.6%，占规模以上工业增加值的比重为 31.8%。在全年规模以上服务业中，战略性新兴服务业企业营业收入比上年增长 4.8%。全年高技术产业投资比上年增长 18.9%。全年电子商务交易额为 438 299 亿元，按可比口径计算，比上年增长 3.5%。全年网上零售额为 137 853 亿元，按可比口径计算，比上年增长 4.0%。全年新登记市场主体 2908 万户，日均新登记企业 2.4 万户，年末市场主体总数近 1.7 亿户。全年研究与试验发展（research and experimental development，R&D）经费支出 30 870 亿元，比上年增长 10.4%。截至 2022 年末，正在运行的国家重点实验室 533 个，国家工程研究中心 191 个，国家企业技术中心 1601 家，大众创业万众创新示范基地 212 家，国家级科技企业孵化器 1425 家，国家备案众创空间 2441 家。截至 2022 年末，有效专利达 1787.9 万件，其中境内有效发明专利 328.0 万件；每万人口高价值发明专利拥有量 9.4 件；全年共签订技术合同 77 万项，技术合同成交金额 47 791 亿元，比

---

① 《习近平：高举中国特色社会主义伟大旗帜　为全面建设社会主义现代化国家而团结奋斗——在中国共产党第二十次全国代表大会上的报告》，https://www.gov.cn/xinwen/2022-10/25/content_5721685.htm，2022-10-25。

上年增长 28.2%[①]。党的十八大以来，每年高技术产业增加值增速均高于规模以上工业水平。高技术产业作为产业价值链的中高端部分，已逐步成为培育经济发展新动能的重要着力点和支撑平台。

在新科技革命推动国际分工的深化和全球价值链重构的大背景下，发展高新技术产业、建设世界级先进产业集群，是国民经济健康持续发展和提升国际竞争力的关键。国家之间的竞争本质在于科技水平的竞争，是科学技术向生产力转化的竞争，创新能力已经成为世界各国在日趋激烈的国际竞争角逐中立于不败之地的决定性因素。建立在现代科学技术最新成果基础上的高新技术产业，属于技术密集型产业，其有利于社会劳动生产率的提高，可以有效降低生产要素和资源的损耗，对产业结构的优化起到良好的促进作用。

西方学术界关于创新理论的提出，始于 1912 年熊彼得的《经济发展理论》。20 世纪 60 年代，集群作为独具生命力的"社会生产综合体"（Becattini，1978）获得成功，大量涌现的产业集群为企业技术创新提供了新的温床。然而，随着知识和信息在经济发展过程中的作用日益明显，原有基于空间的集聚现象已经不能单纯依靠运输成本和集聚的外部经济性来获得竞争力，空间集聚并不必然意味着集群区域持续竞争优势和创新能力的产生，因此，基于集群的网络式创新活动成为一种重要的创新范式。集群创新网络作为一种独特的创新组织形式，由于其具有集群资源共享、知识溢出效应、成熟的创新环境、创新人才的集聚及创新风险的分散等特性，引起学术界的广泛关注。

"高新区"，又被称为"高新技术开发区"或"高新技术产业园区"，是高新技术产业在一定区域内的集合，是一种具有创新性的产业集群。从世界范围来看，各国均有高新技术产业园区的典型代表。硅谷（Silicon Valley），位于美国加利福尼亚州北部的大都会区旧金山湾区，是高科技企业云集的圣塔·克拉拉谷（Santa Clara Valley）的别称。硅谷形成之初是以研究和生产以硅为基础的半导体芯片而得名的。硅谷是电子工业和计算机产业的创新创业地，尽管其他高新技术产业园区也在不断发展壮大，但硅谷仍然是高科技技术创新和发展的开拓者，选择硅谷落户的计算机企业已经超过1500 余家。一百年前这里曾是一片果园，但是自从英特尔、苹果、谷歌、脸书、惠普、思科、特斯拉、雅虎等高科技公司的总部在这里落户之后，短短的几十年之内，涌现了众多繁华的城镇。此外，日本的筑波科学城、

---

① 资料来源：国家统计局发布的《中华人民共和国 2022 年国民经济和社会发展统计公报》。

英国剑桥科学园区、"欧洲硅谷"苏格兰高科技园区、"瑞典硅谷"基斯塔科技园、德国慕尼黑科学园、俄罗斯新西伯利亚科学城、加拿大卡尔顿高科技区、法国格勒诺布尔科技园区、意大利蒂尔蒂纳国家高科技区、新加坡国家高科技园、印度班加罗尔科技园等都是世界上著名的高科技园区，它们是区域乃至国家的技术增长极，是以创新为显著特征并创造了巨大经济效益的高新技术产业集群。

作为 21 世纪保持强国优势的法宝，美国、日本、韩国以及欧盟国家都加快了高新技术产业创新和发展的步伐。众多发展中国家也在积极努力，并采取各种政策措施来鼓励和促进本国高新技术产业的发展，以缩小与发达国家之间的差距。高新技术产业发展已经引起世界各国的普遍重视。

我国高新技术产业园区从 20 世纪 80 年代起步以来，对促进科技成果的转化、培育创新型的高科技企业和企业家、孕育新的技术革命和新兴产业、推进新型经济的发展进程发挥了根本性的推动作用，成为国家和地区实现高新技术产业化、促进经济增长和社会持续发展的有效方式和重要手段。

1985 年 3 月 13 日，中共中央作出《关于科学技术体制改革的决定》（中发〔1985〕6 号）。该决定指出，现代科学技术是新的社会生产力中最活跃的和决定性的因素，全党必须高度重视并充分发挥科学技术的巨大作用。同时规定了当前科学技术体制改革的主要任务。由此，我国高新技术产业迅速成长。

1986 年 3 月，面临世界高技术蓬勃发展、国际竞争日趋激烈的严峻挑战，在充分论证的基础上，党中央、国务院果断决策，启动实施了"国家高技术研究发展计划"（简称 863 计划），旨在提高我国自主创新能力，坚持战略性、前沿性和前瞻性，以前沿技术研究发展为重点，统筹部署高技术的集成应用和产业化示范，充分发挥高技术引领未来发展的先导作用。

随后，1988 年，国家"火炬"计划的实施，推动了以高新技术开发区为载体的高新技术产业集群的发展。高新区作为政府"火炬"计划的重要组成部分，在政府的强力推动下开始发展。北京中关村是中国于 1988 年建立的第一个国家级高新技术产业园区，标志着我国高新技术产业集群开始进入初创时期。

紧接着，我国的高新技术产业进入快速发展时期，尤其是近十年以来，一批具有竞争力的高新技术产业集群迅速成长，就长江三角洲（简称长三角)、珠江三角洲(简称珠三角)来说,众多的高新技术产业为地方型经济带来巨大增长进而为国家带来巨大经济效益。以江苏省为例,产业基础良好,技术创新能力较强,集群效应凸显,战略性新兴产业集群异军突起,具备形成世界级先进制造业集群的现实条件。同时,发展世界级先进制造业集群是引领产业转型发展的重要举措,也是贯彻党的二十大精神、加快江苏建设制造强省、促进产业迈向全球价值链中高端的重要抓手。统计公报显示,2022 年全年,江苏省地区生产总值达 122 875.6 亿元,迈上 12 万亿元新台阶,比上年增长 2.8%。其中,第一产业增加值达 4959.4 亿元,增长 3.1%;第二产业增加值达 55 888.7 亿元,增长 3.7%;第三产业增加值达 62 027.5 亿元,增长 1.9%。全年三次产业结构比例为 4∶45.5∶50.5。全省人均地区生产总值达 144 390 元,比上年增长 2.5%。2022 年全年江苏省工业战略性新兴产业、高新技术产业产值占规模以上工业比重分别为 40.8%、48.5%,均比上年提高 1.0 个百分点。规模以上高技术服务业营业收入比上年增长 10.1%,对规模以上服务业增长贡献率达 62.2%,其中互联网和相关服务增长 14.2%。全年数字经济核心产业增加值占 GDP 比重达 11%。规模以上工业中,高技术、装备制造业增加值比上年分别增长 10.8%、8.5%,对规模以上工业增加值增长贡献率分别为 48.6%、85.2%,占规模以上工业比重为 24.0%、52.6%,均比上年提高 1.5 个百分点。分行业看,电子、医药、汽车、电气、专用设备等先进制造业增加值分别增长 6.3%、11.0%、14.8%、16.3% 和 6.0%。新能源、新型材料、新一代信息技术相关产品产量较快增长,其中新能源汽车、锂离子电池、太阳能电池、工业机器人、碳纤维及其复合材料、智能手机、服务器产量分别增长 93.2%、23.4%、36.2%、11.3%、64.6%、49.5% 和 114.3%。全年高技术产业投资比上年增长 9.2%,拉动全部投资增长 1.7 个百分点。在主要行业中,科技成果转化服务、研发与设计服务、电子商务服务等行业投资增长较快,分别增长 26.4%、23.5% 和 20.1%。在制造业投资中,电气机械和器材制造增长 25.4%,计算机通信和其他电子设备增长 12.0%,通用设备制造增长 9.7%。全年全省专利授权量为 56.0 万件,其中发明专利授权量为 8.9 万件,增长 29.7%;PCT(patent cooperation treaty,专利合作条约)专利申请量为 6986 件。年末全省有效发明专利量 42.9 万件,比上年末增长 22.8%;万人发明专利拥有量 50.4 件,增长 22.4%。科技进步贡献率达 67.0%,比上年提高近 1.0 个百分点。全省签订技术合同 8.74 万项,比上年增长 5.8%;成交额 3889 亿元,增长 29.0%。省级以上众创空间 1176 家,比上年增长 9.4%。高新技术产业快速发展,全省高新技术企业年度新增超

7000 家，总数超 4.4 万家，获得科技部入库登记编号的企业超 8.7 万家，约占全国 1/4。全省已建国家高新技术产业化基地和火炬特色产业基地 182 个。科研投入力度持续加大，全社会 R&D 活动经费支出与地区生产总值之比突破 3.0%，R&D 人员达 77.7 万人年。全省拥有中国科学院和中国工程院院士 118 人。在各类科学研究与技术开发机构中，政府部门属独立研究与开发机构达 451 个。建设国家和省级重点实验室 190 个，省级以上科技公共服务平台 259 个，工程技术研究中心 4945 个，院士工作站 156 个[①]。

当前，在全球科技飞速发展，技术创新带动产业转型的关键时期，为了能够提升我国产品的国际竞争力、在全球产业链分配中掌握主动权、在长期经济发展中不断升级，深入探索高新技术产业集群创新的影响因素及作用机理，促进高新技术产业集群整合创新资源，对集群创新进行合理投入，是贯穿产业集群创新的重要命题。

区域内的高新技术产业集群的形式，不仅可以使其成为区域经济增长的重要来源，其创新技术和产品的产出还有利于产业链、价值链、创新链的发展，从而可以促进区域产业结构的调整和优化，使产业集群向创新型、技术密集型和持续发展型转变。因此，对高新技术产业集群及其创新网络进行研究，具有重要的理论和实践意义。

本书通过对高新技术产业集群创新网络形成、演化与空间特征的梳理，构建基于复杂网络的创新网络概念模型，并应用计算机仿真工具，结合对典型高新技术产业集群内部企业、组织机构的调查和案例研究，探求集群创新网络对创新绩效的影响机理，以及在集群创新网络演进过程中由单集群内生龙头企业、多集群共生引领性子集群的一般发展规律，为集群持续创新、产业合理布局提供理论依据和政策启示。研究成果对丰富集群创新管理的复杂系统理论具有重要学术意义，对指导当前国际环境下我国高新技术产业集群获得创新驱动引领能力也具有重要的理论价值。

本书研究的主要目的如下所示。

（1）通过文献回顾、理论分析和走访调研典型高新技术产业园区的政府管理部门、科研院所、企业、高校等，了解我国高新技术产业集群及其创新活动现状。

（2）探讨我国高新技术产业集群创新网络特征，包括网络结构、复杂

---

① 资料来源：江苏省人民政府网站，《2022 年江苏省国民经济和社会发展统计公报》，2023-03-03。

网络特征、产业集聚度分析、创新网络和创新网络特征对创新绩效的影响机理。

（3）获得基于复杂网络的创新网络概念模型，应用物理学领域和计算机领域的相关研究成果，从社会网络和复杂网络的视角考察集群创新网络的统计性质，构建基于复杂网络的产业集群创新网络的演化模型。

（4）实现高新技术产业集群创新网络演化的计算机仿真。探讨创新网络节点的演化及增长情况，对单集群和多集群创新网络分别进行研究。

（5）给出高新技术产业集群创新网络优化策略和提升创新能力的政策建议。

1.2 研究方法与实验方案

1.2.1 研究方法

本书研究拟采用多种方法相结合，主要研究方法如下。

（1）文献研究的方法。在研究设计阶段，通过广泛收集和研读国内外相关领域的研究文献，分析、梳理关于高新技术产业集群创新系统中创新网络理论和复杂系统理论等相关领域的研究现状，对所研究问题进行提炼。文献计量分析时借助了 CiteSpace 知识图谱分析工具。

（2）田野调查的方法。该方法是本书研究获得一手数据的主要研究方法。通过进入高新技术产业集群及集群内企业和组织开展调查研究，进行参与观察和深度访谈，观察和测量研究对象的创新行为。与其他在实验室准控制状态下的研究相比，田野工作主要是实地进行的。

（3）理论分析与实证研究结合的方法。该方法利用现有的相关集群创新和知识管理理论，结合物理学领域关于复杂网络理论的研究成果，分析和描述集群创新主体的知识活动的动态行为，探索创新网络构建和演化的途径，并提出研究假设；然后，通过实地调查和案例分析进行数据采集、统计分析和仿真实验，进而验证或质疑假设，提炼研究成果。

（4）定性判断与定量计算结合的方法。该方法通过辨析高新技术产业集群创新系统中创新网络演化的机理，根据定性的数理分析建立集群创新主体的多主体数学模型和创新网络模型，根据定量的编码方法结合统计分析和案例分析进行计算机仿真实验，验证创新主体的学习机制与创新网络演化的规律。

（5）案例研究法。案例研究法是实地研究的一种。研究者选择一个或几个场景为对象，系统地收集数据和资料，进行深入的研究，用以探讨某一现象在实际生活环境下的状况，回答"如何改变""为什么变成这样""结果如何"等研究问题，同时包含了特有的设计逻辑、特定的资料搜集和独特的资料分析方法。该方法可采用实地观察行为，也可通过研究文件来获取资料。相对于其他研究方法，该方法能够对案例进行厚实的描述和系统的理解，对动态的相互作用过程与所处的情境脉络加以掌握，可以获得一个较全面与整体的观点。

1.2.2 实验手段和关键技术

本书研究的实验方案主要有实证研究部分（包括提出假设、量表设计、数据编码、样本选择、数据采集和分析、验证假设等步骤）和计算机仿真实验部分（包括建模、编程、运行程序、结果分析和优化等步骤）。具体的实验手段和关键技术如下所示。

（1）量表设计。量表包括集群创新绩效的量表、集群创新网络特征的量表。为保证测量工具的信度和效度，本书研究量表的初稿，部分参考使用国内外已有文献的相关量表，再根据调查目的和调研对象的反馈加以适当修改和调整。

（2）数据来源。需要收集的相关数据包括：所研究集群创新网络的参与主体有哪些，主体特征、相互联系、相互影响如何，主体间知识流动的规律怎样。这些问题的探讨，拟通过对现有集群管理理论的回溯、对案例集群内各单位的问卷调查和二手资料的分析获取。例如，节点总数的数据源于政府统计数据，节点自身的变化以及节点之间的联系可以采用访谈（如专家咨询法，通过当面、E-mail 或电话方式访谈相关专家、学者、企业管理者）＋问卷（如通过当面调查、通信或 E-mail 调查、电话调查、留置调查等方式进行问卷调查）＋媒体的方式获取。进行问卷调查获取一手数据时，需要以满足抽样误差的要求为依据来确定样本容量。本书拟进行调查的实施步骤如下。

第一，准备阶段，按照调查目标制订年度调查计划。准备阶段包括如下几个方面的过程：选择调查点，熟悉调查点情况，撰写详细的调查提纲和设计调查表格，熟悉相关理论与基础知识。

第二，开始阶段，也就是正式进入调查阶段，包括如下几个方面的过程：首先，要取得当地政府的支持；其次，到达调查点所属区、县后，进一步了解当地情况；最后，选好着手调研的企业或组织。

第三，调查阶段，也就是"参与观察"与"深度访谈"阶段。采用问卷访谈或非问卷访谈的形式，注意资料的准确性，反复核实收集的材料。每天做笔记，边调查边整理。

第四，撰写调查研究报告阶段。对调查情况进行汇总，总结研究成果，形成初步的调查研究报告。

第五，补充调查阶段。对前期调查过程中遗漏、误差或是需要补充的内容进行补充调查，并完善形成最终的调查研究报告。

（3）数据分析。将现有数据分成两部分，一部分用于探索性因子分析（exploratory factor analysis，EFA），找出观测变量的潜在因子结构；另一部分则在该因子结构的理论假设基础上用于验证分析，从而保证研究的完备性和严谨性。采用聚类分析、路径分析、因子分析等多变量分析方法，主要使用的分析软件包括 SPSS 25.0 和结构方程建模分析软件 AMOS 24.0。

（4）复杂网络建模和计算机仿真。在研究集群创新网络的复杂网络特征时，借鉴复杂网络理论的分析方法，主要采用美国西北大学开发的多主体模拟计算机软件环境平台 NetLogo 6.2.2（NetLogo 4.0 以上的版本，在原有三类主体基础上增加了支持 links 主体），对高新技术产业集群创新网络演化和优化等问题开展情景模拟实验。由于信息传输和节点交互都具有涉及对象多、影响因素复杂、运行过程延伸范围广等特点，实际的观察和统计需要耗费大量的资金和人力，且需要强大的技术支持才能确保数据获取的精确性，而软件 NetLogo 提供了一个相对开放的模拟平台，正适用于对复杂系统进行过程的仿真，用户可以按自己的需求编程，因此，项目组选用 NetLogo 仿真软件作为研究集群创新网络演化和多集群创新网络交互的有效工具。此外，还采用了 Ucinet 软件和 GIS 绘图，以及 Matlab 和 Python 软件进行可视化仿真分析。

1.3　本书的框架结构

1.3.1　研究框架

本书研究在国内外文献收集整理和前期研究的基础上，初步形成集群创新系统中网络演化的理论框架；分析我国高新技术产业集群发展现状及创新网络特征；构建基于复杂网络的高新技术产业集群网络演化模型，并应用多主体模拟软件平台 NetLogo 编制程序，开展计算机仿真实验；提出实证研究假设，通过样本采集、统计分析和案例研究，验证或质疑假设，提炼研究成果。研究的技术路线如图 1.1 所示。

理论基础   研究流程   研究方法及工具

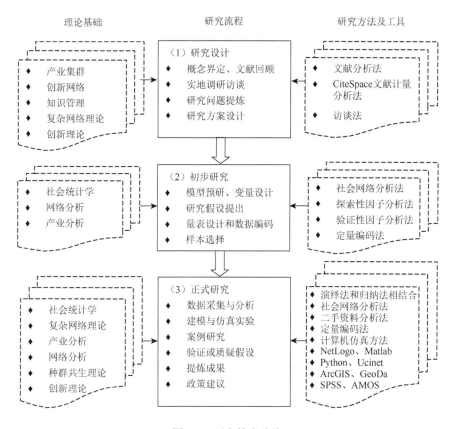

图 1.1 研究技术路线

1.3.2 本书的结构

全书共分为 9 章，各章主要内容如下所示。

第 1 章为导论。该章阐明了本书研究的目的及意义、研究方法以及框架结构。

第 2 章为国内外相关研究综述。该章对于国内外高新技术产业集群创新以及复杂网络理论的相关研究成果进行概述及述评。

第 3 章为我国高新技术产业集群发展概况。该章分别从高技术制造业和高技术服务业阐述我国高技术产业的发展现状，分析了我国高技术产品贸易现状和国家高新区的发展状况，以及政府相关政策的演进，并采用产业集聚度测度模型刻画了我国高新技术产业集聚度。

第 4 章为我国高新技术产业集群创新网络分析。该章阐述了高新技术产业集群创新网络的构成、典型创新网络拓扑结构及其集群体现，辨析了高新技术产业集群的复杂网络特征及其对集群创新的影响机理，并以南京软件产业集群为示例，分析了其创新网络的统计特征。

第 5 章为高新技术产业集群创新网络演化建模与仿真。该章基于复杂网络理论构建演化模型，利用 NetLogo、Matlab 仿真软件进行节点增长、节点演化、单集群和多集群创新网络演化研究，采用数理模型分析集群创新网络的自组织耦合演化机理。

第 6 章为高新技术产业集群创新网络对创新绩效影响的实证研究。该章采用实证分析的方法，研究高新技术产业集群创新网络对创新绩效的影响机理。

第 7 章为常州武进国家高新技术产业开发区案例研究。该章通过对江苏常州武进国家高新技术产业开发区的案例分析，写实描述了该集群的形成、多集群共生演化路径，实证分析了创新网络对创新绩效的影响机理，以及近十年以来的产业转型升级、集群发展的创新成效。

第 8 章为高新技术产业集群创新网络优化策略及政策建议。该章结合我国高新技术产业集群在新阶段的新定位，从创新网络优化的视角，提出相应的发展策略及政策建议。

第 9 章为结论与展望。该章总结全书的研究成果，阐明了在研究过程中的局限之处，并展望未来可能的研究方向。

1.4 本 章 小 结

本章在阐述理论背景和现实背景的基础上，提出了本书的研究主题，阐明了研究目的和研究意义，梳理了研究思路、研究方法并搭建研究框架。

第2章 国内外相关研究综述

2.1 高新技术产业界定

1971年,《技术和国家贸易》一书中首次提到"高技术"。韦氏词典对"高新技术"的定义是:运用尖端方法或仪器进行的技术活动。高新技术产业是以高新技术为基础,从事一种或多种高新技术及其产品的研究、开发、生产和技术服务的企业集合。这种产业所拥有的关键技术往往开发难度很大,但一旦开发成功,却具有高于一般的经济效益和社会效益。由于各国所在环境的经济发展和科技力量不同,对高新技术产业含义的理解有一定的差别。国际普遍认可经济合作与发展组织(Organization for Economic Co-operation and Development,OECD)对高新技术产业的认定。高新技术就是指那些能够改变人类生产生活方式,提高劳动生产率,推动社会进步的新知识、新工艺、新技术及其应用产品和服务。由此得到高新技术产业的五个特性:①R&D的投资力度较大;②对于政府具有战略意义;③产品及工艺迅速老化;④资本投入巨大,风险较大;⑤R&D成果的产业化与其国际贸易之间存在着高度的国际合作和竞争性。

1994年,OECD基于这五个特性和10个加盟国22个企业部门R&D成本支出与销售额之比的研究,建议将研发费用占比超过7.1%的行业作为高新技术产业,超过2.7%小于7.1%的,则被认为是中技术产业,小于2.7%的,称之为低技术产业。目前,这一定义已经成为各国政府在制定本国产业政策时普遍采用的依据。2001年,OECD又按照国际新标准对高新技术产业进行了重新定义,其依据是13个加盟国家1997年度产生的R&D经费支出强度平均值,把计算机和办公设备的制造业,无线电、电视和通信设备制造业,医药制造业,航空航天制造业以及医疗、精密与光学科学仪器制造业认定为高新技术产业。OECD对高新技术产业的界定更加关注高新技术产业发展过程中的科技创新投入所占的比重,如今这种界定方法已被国内外学者广泛接受。

我国在建设中国特色社会主义的进程中,对高新技术产业的划分既遵循OECD的分类标准,同时也充分考虑适应我国国情和经济发展现状。

1986 年 3 月，中国实行 863 计划，首次认定生物、航天、信息、激光、能源、自动化与新材料是高新技术产业中优先发展的 7 个技术领域。1988 年，我国启动了"火炬计划"，使高新技术产品得以普及化，高新技术企业得以产业化并走向国际市场。"火炬计划"中包含了七类我国重点培育发展的高新技术产业，它们分别是生物技术、新材料、微电子与信息技术、光机电一体化、高效节能、新能源以及环保。

1996 年和 2000 年，科技部先后颁布了《国家高新技术产业开发区外高新技术企业认定条件和办法》（国科发火字〔1996〕018 号）、《国家高新技术产业开发区高新技术企业认定条件和办法》（国科发火字〔2000〕324 号），将新材料及应用技术、现代农业技术、航空航天技术、核应用技术、新能源与高效节能技术等作为高新技术产业。

2008 年，科技部、财政部、国家税务总局公布了《高新技术企业认定管理办法》（国科发火〔2008〕172 号），将电子信息技术、生物与新医药技术、航空航天技术、新材料技术、高技术服务业、新能源及节能技术、资源与环境技术、高新技术改造传统产业列为国家重点支持的高新技术领域。

2011 年，国务院办公厅印发了《关于加快发展高技术服务业的指导意见》（国办发〔2011〕58 号）。

2013 年，国家统计局印发的《高技术产业（制造业）分类（2013）》，将信息化学品、电子及通信设备制造业等六个产业部门划分为高新技术产业。

2016 年，《高新技术企业认定管理办法》（国科发火〔2016〕32 号），将高新技术改造传统产业变更为先进制造与自动化。

2017 年，国家统计局依据《国民经济行业分类》（GB/T 4754—2017），对《高技术产业（制造业）分类（2013）》进行了修订。本次修订延续 2013 年版的分类原则、方法和结构框架，根据新旧国民经济行业的对应关系，仅进行了行业结构的对应调整和行业编码的对应转换，形成《高技术产业（制造业）分类（2017）》。借鉴 OECD 关于高技术产业的分类方法；分类表中第一类至第五类内容可与有关国际分类基本衔接，能够满足国际比较的需要。该分类规定的高技术产业（制造业）是指国民经济行业中 R&D 投入强度相对高的制造业行业，包括：医药制造，航空、航天器及设备制造，电子及通信设备制造，计算机及办公设备制造，医疗仪器设备及仪器仪表制造，以及信息化学品制造等六大类。

2018 年，国家统计局又在《高技术产业（服务业）分类（2013）》的基础上对服务业进行了修订,仍采用了原分类的基本结构框架;同时,参照国际相关分类标准并以《国民经济行业分类》(GB/T 4754—2017)为基础制定分类。该分类规定的高技术服务业是采用高技术手段为社会提供服务活动的集合,包括信息服务、电子商务服务、检验检测服务、专业技术服务业的高技术服务、研发与设计服务、科技成果转化服务、知识产权及相关法律服务、环境监测及治理服务和其他高技术服务等 9 大类。

在各个省、直辖市层面,根据各自的实际情况,对高新技术产业进行了界定。例如,2009 年,上海市发布的《关于加快推进上海高新技术产业化的实施意见》指出,根据国家重点产业调整和振兴规划提出的要求,参照《上海产业发展重点支持目录(2008)》的内容,依据上海现有的产业基础、科研技术水平和人才支撑条件,确定推进高新技术产业化发展的九个重点领域,即新能源、民用航空制造业、先进重大装备、生物医药、电子信息制造业、新能源汽车、海洋工程装备、新材料、软件和信息服务业。

2011 年,福建省发布了《福建省"十二五"战略性新兴产业暨高技术产业发展专项规划》,该规划指出高技术产业指那些以高技术、新技术为基础,从事相关产品的研究、开发、生产和技术服务的产业集合,主要包括生物医药、先进环保、高新技术改造传统优势产业等。2011 年,福建省统计局发布了《福建省高新技术领域目录》,文中指出高技术产业的相关领域包括 9 个一级领域、42 个二级领域和 226 个三级领域。9 个一级领域分别为:高技术服务业、高技术改造传统产业、电子信息技术、航空航天技术、新材料技术、新能源及节能技术、生物与新医药技术、资源与环境技术以及其他。

2013 年,浙江省修订的《浙江省高新技术产业(制造业)统计分类目录》包括了十个行业,分别是食品制造业,核燃料加工业,化学原料及化学制品制造业,医药制造业,非金属矿物制品业,设备制造业,交通运输设备制造业,电气机械及器材制造业,计算机、通信和其他电子设备制造业,以及仪器仪表制造业。

2018 年,江苏省公布的《江苏省高新技术产业统计分类目录》(2018年修订),主要包含以下 8 个行业,分别是:航空航天制造业、电子计算机及办公设备制造业、电子及通讯(信)设备制造业、医药制造业、仪器仪表制造业、智能装备制造业、新材料制造业、新能源制造业。

山西省于 2022 年根据《国民经济行业分类》,将高新技术产业定义为研发投入大、产品附加值高、国际市场前景良好的技术密集型产业,其具备智力性、创新性、战略性和资源消耗少等特点。在统计上，高新技术产业是指国民经济行业中研发经费投入强度相对高的制造业行业。

国内的专家学者在研究中对高新技术产业进行了界定，如郭辉（2004）将高新技术产业界定为：电子通信制造业、新材料工业、生物制药与医疗器材业、光机电一体化产业、软件产业、航空航天业、新能源工业和环保产业。李瑞华（2006）将高新技术产业界定为医药制造业、通用及专业设备制造业、计算机及其他电子设备制造业、仪器仪表和文化办公用机械制造业等。李新和王敏晰（2009）将高新技术产业界定为电器、机械及器材制造业，通信设备、计算机及其他电子设备制造业，仪器仪表及文化办公用机械制造业和信息传输，计算机服务和软件业。谭兵等（2011）将高新技术产业定义为生物、信息和新材料，直接或间接的生产转化和开发利用生物信息与新材料产品的行业，以及为生物信息和新材料产品的生产转换和开发利用提供工具手段等基础设施的行业。刘蔚然等（2015）指出高新技术产业作为技术和经济的纽带与桥梁，是加快经济向集约式发展方式转变的重要动力，是促进产业结构优化升级的"助推器"。李红和左金萍（2018）基于创新生态系统的概念，将高新技术产业界定为特定的区域环境中，面向市场，面向高新技术的创新需求，以高新技术企业和科研机构为依托，大学、政府和中介机构是创新的主体，拥有金融和其他因素的支持，通过创新资源与信息流动形成协同合作、共竞共生、共同演化、开放的复杂系统。

本书关于高新技术产业的界定范围，主要依据国家统计局颁布的相关标准，即高技术产业（制造业）是指国民经济行业中 R&D 投入强度相对高的制造业行业，包括：医药制造，航空、航天器及设备制造，电子及通信设备制造，计算机及办公设备制造，医疗仪器设备及仪器仪表制造，信息化学品制造等 6 大类；高技术服务业是采用高技术手段为社会提供服务活动的集合，包括信息服务、电子商务服务、检验检测服务、专业技术服务业的高技术服务、研发与设计服务、科技成果转化服务、知识产权及相关法律服务、环境监测及治理服务和其他高技术服务等 9 大类。

2.2　产　业　集　群

2.2.1　产业集群相关研究

1909 年，德国经济学家阿尔弗雷德·韦伯在其《工业区位论》一书中首次系统地阐述了"工业区位理论"（industrial location theory），并提出"集聚"（agglomeration）的概念，其主要是指产业的空间集聚（industrial agglomeration）。产业的空间集聚可以形成产业集群，但并不是所有的产业集聚都可以形成产业集群。虽然有的产业集聚在一起，但是相互之间没有联系，就不能形成产业集群。

20 世纪 60 年代以来，集群作为独具生命力的"社会生产综合体"（Becattini，1978）取得了极大的成功。20 世纪 90 年代掀起了西方产业集群理论研究的热潮，对集群的研究内容越来越丰富，从产业集群的形成与演化机制、集群竞争力的形成和评价、集群创新机理、集群政策及实证研究等方面展开深入研究，在开展研究时学者各自对产业集群的概念进行了界定，Porter（1990）在 *The Competitive Advantage of Nations*（《国家竞争优势》）一书中将产业集群界定为：既存在竞争又存在合作关系，且在相邻地域范围内形成集聚的关联企业和机构，其对产业集群概念的界定得到了学界的普遍认同。

国内对产业集群及其理论的研究，是伴随着珠三角、长三角等地区制造型企业集聚出现的，产业实践与理论发展的协同推动了该领域的研究。目前学术界对于产业集群问题已有较为全面而深入的研究成果，但对其概念、类型和形成机制方面尚没有统一定论。针对产业集群内涵的描述，学者从不同知识背景、不同研究视角出发，曾提出过各种名称，主要有"簇群""集群""产业区""科技园""块状经济""专业镇"等。曾忠禄（1997）认为，所谓产业集群，就是各种企业集中于一个地理位置，包括某一产业的企业以及与该产业有关的其他产业和支持性产业的公司。徐康宁（2001）认为，同类产业的企业和机构在一定地理范围内形成的有竞争优势的整体就是产业集群，这个整体内企业和机构之间保持一定的相互联系。王缉慈（2002）和王缉慈等（1998，2001）从经济地理角度审视产业集群，提出集群内除了相关联企业以外，中介机构、科研院所、高校和政府部门等其他成员都是集群的主体，并强调地方网络和根植性这两个集群特征。崔焕金（2005）认为，产业集群具有生物群落行为的特点，其自身是社会生态系统，集群内生物群落的行为形成集群竞争优势，集群竞争优势生态学成因是产业集群竞争优势之源。李春娟和尤振来（2008）对产业集群的界定是，为克服市场失灵与内部组织失灵，一批自主独立而又互相联系的小企业，按照专业分工与合作而成立的机构，这类机构的架构是在纯市场与层级机构间，与市场相比，具有稳定性，与层级组织相比，具有灵活性。喻登科和周荣（2015）从集群中的知识流动视角出发，将产业集群视作一个由经济、社会、技术、组织、管理、地理等各个层面认知构成的系统观。曾可昕和张小蒂（2021）认为产业集群是现代产业发展的重要组织形式，形成集群竞争力的重要源泉通常是外部经济。

虽然目前尚未对产业集群的概念进行明确统一的界定，但总体上对产业集群的内涵和特征达成共识。

（1）从地理空间来看，产业集群指企业聚集于某一地域范围，有其地理邻近性与聚集性。

（2）从产业结构来看，集群特点以产业关联性为主，产业集群是建立在同一或关联产业中企业间分工与合作的基础上的，既有纵向专业化分工，又有横向协作关系。

（3）从组织结构来看，集群企业构成了正式或者非正式的经济与社会关系网络，各有关配套组织及机构齐全，构成专业化柔性综合体。

（4）从演化特征来看，产业集群是从不断的发展中进化而来的，在由低向高发展的过程中，由简到繁动态发展，并且保持对外联系，构成了一个开放系统。

（5）从社会环境来看，产业集群通常会在共同文化背景与制度环境中，形成一种不可替代的社会资本，即根植性的特点。

基于生命周期理论进行产业集群的研究是早期学者的研究重点，有助于人们认识产业集群的发展规律。陈剑锋和万君康（2002）基于生命周期理论综述，提出产业集群中技术创新集群生命周期的概念，并对其进行了初步研究。王雅芬（2007）指出，产业集群是产业组织发展最重要的特征之一，更是进行技术创新活动最主要的组织形式。在对生命周期理论进行综述的前提下，结合产业集群不同发展阶段，分别对产业集群技术创新特点进行研究，对当前我国产业集群技术创新发展面临的困境及制约因素进行剖析，从政府、中介机构、集群企业三个层次论述提高中国产业集群技术创新能力的有效方法。解学梅和隋映辉（2008）根据科技产业集群生命周期划分方法，将其分为萌芽期、成长期、成熟期及衰退期四个阶段，每个阶段又细分为若干子阶段，从而揭示了科技产业群各阶段所呈现的主要特性。

产业集群升级也是学者关注的重点领域。张辉（2005）指出，地方产业集群沿着全球价值链向上提升，并非自然发生的，而是处于一种"不进则退"的激烈竞争中。这种等级性不仅表现为地理距离、经济发展水平等因素对产业集群竞争力的影响，还体现在产业集群内各企业间相互关系与互动方面。在全球价值链片断化之后，每一个价值环节都有一套严密的价值等级体系。跳跃式发展导致地方产业集群不断向上游延伸，而蔓延式发展则使其逐步从产业链开始向下延伸。梅述恩和聂鸣（2007）认为，全球化使以产业集群为发展模式的地方经济逐步纳入全球框架，产业集群需重视外部联系，持续增强竞争力；基于全球价值链理论，提出基于技术能力与市场拓展能力两个维度的产业集群升级途径；最后，对晋江鞋类产业集群提升路径进行实证剖析。张杰和刘志彪（2008）通过大量实践观察，得出了社会信用体系的是否缺失与知识产权保护制度的是否缺失是集群升级的两个制度层面的要素，实际上，它们已经成为中国地方产业集群能否嵌入全球价值链，实现集群升级的关键要素。在此基础上，其从区域角度出发，基于产业集群视角，探讨社会信用体系建设与知识产权保护对地方产业集群融入全球价值链和提升其升级能力的影响机制。刘荷（2018）在产业集群相关理论和实践基础上，建构出集群网络嵌入对企业国际化成长影响的理论模型，在该模型中资源获取能力起到了中介作用，集群开放性起正向调节作用。其选取 213 户集群企业作为研究样本，开展问卷调查，研究认为，集群网络嵌入对于企业的国际化发展具有积极的作用。杨爽和胡轶楠（2018）基于产业集群和企业内部资源的研究，在横向与纵向螺旋相结合的角度下，构建了产业集群基础上的企业知识创造模型，为促进知识创造绩效的提高提供了一个新的视角。研究认为，知识创造既需要内部资源，也需要外部环境支持。罗黎平（2018）则是从组织间关系的协同治理角度出发，通过分解产业集群的韧性和其运行流程，为研究如何增强产业集群韧性构建总体分析框架。李春友和鲁晓玮（2021）基于生态系统理论，按照物质生产方式确定社会生产方式的逻辑，探讨产业活动类型和生态系统耦合模式（固定耦合、约束耦合、自由耦合、自适应耦合等）相匹配对污染密集型产业集群升级的影响机制。

胡大立（2013）认为随着经济全球化和贸易自由化进程的不断深入，全球价值链的各个环节日益呈现出空间可分布性。在此基础上形成了世界范围内广泛存在的国际分工体系。中国地方产业集群是区域经济的载体，正在以另一种形式迅速嵌入到全球价值链中。近年来，我国在全球价值链中扮演着重要角色，成为世界第二大经济体。但是由于各种原因，长期以来，我国产业集群一直"锁定"在全球价值链低端环节，并且陷入了"贫困性"增长与"逐底式"发展的两难境地。因此，如何突破这一瓶颈成为当前亟待解决的问题。张凡（2016）研究发现，从 20 世纪 90 年代后期开始，产业集群升级研究大体遵循"集群外部层面—集群层面—集群异质性主体层面"这一逻辑发展。孙国民和陈东（2018）对新兴产业集群从全新视角界定，并提出了战略性新兴产业集群产生和发展五要素，构建了一种新的动力动态演化模型，针对新兴产业集群各方面概述，与发展相结合，提出了新兴产业集群的四个新的发展趋势。韩春花等（2019）认为在复杂的动态环境中，构建产业集群创新群体知识协同行为模型，具有现实意义。所建模型能较好地体现出时间连续变化动态演化规律，还体现了在复杂动态环境中，产业集群创新与群体知识协同行为之间内在关联的本质要求。宓泽锋等（2022）基于区域创新集群的相关概念辨析，提出基于长三角一体化战略的区域创新集群概念，并通过研究发现，区域创新集群的发展符合"点—轴"发展理论，区域创新集群技术创新联系具备"全球—地方"创新网络阐述的多种类型知识交互耦合的特征，在同质性知识交互的基础上，异质性知识的交互同样占据重要地位。

随着数字经济的发展，学者对高新技术领域的虚拟产业集群产生了极大兴趣。罗鸿铭和郝宇（2004）认为网络经济时代已经来临，给高新技术企业的共同成长带来新机遇。在先进信息网络管理平台的支持下，建设虚拟产业群，可以打破地域条件制约，把分散于全国的高新技术企业，按照行业价值链进行整合，改善原料、资金、技术、劳动力利用程度，提高整体群体竞争力，这不仅可以保持高新技术企业的灵活性、反应敏捷等特征，还可以形成群体规模，从而取得整体竞争优势。夏亚民和翟运开（2007）指出，高新区对促进我国经济社会发展具有举足轻重的作用，产业发展和创新，是高新区重新起飞的根本。其还以产业集群、虚拟企业等概念为基础，并对两者的差异和联系进行对比分析，将虚拟产业集群视为两者合作的一种创新表现形式，是高新区成长成才的一个重要抉择；最后提出高新区虚拟产业集群培育的路径选择。宋昱雯和于渤（2008）介绍了产业集群与虚拟企业共同发展的组织模式，即虚拟产业集群形成的组织背景，分析了虚拟产业集群形成的必要性，阐述了它的概念内涵及其组织属性，以及成员组成和实现形式等问题，最后，对中国虚拟产业集群发展提出了政策建议。

高长元和程璐（2011）提出高技术虚拟产业集群，即高技术领域虚拟产业集群管理模式，是高技术产业不断发展，整合区域创新资源的有效手段。在对高技术虚拟产业集群中知识溢出的内涵进行界定的基础之上，对其知识溢出主体、知识溢出的方式及影响因素进行了剖析，通过研究不同高技术虚拟产业集群组织模式中知识溢出问题，对高技术产业集群进行虚拟化运作，提供了知识管理方法与理念。庞俊亭和游达明（2011）应用虚拟产业集群理论，阐明虚拟产业集群的开放性、择优性和稳健性，以及区域产业经济发展所面临的风险，提出提高集群创新能力的对策、树立集群品牌、建构多中心网络群落风险回避路径。何晓燕和高长元（2013）指出目前我国高技术产业集群发展放缓，基于协同学序参量的作用原理，从强化序参量的角度，构建高技术虚拟产业集群（high-technology virtual industry cluster，HTVIC）知识资本增值的价值创造机制，提取机制和评估机制，目的在于以知识资本增值来促进 HTVIC 的发展，并最终推动高技术产业集群的持续快速发展。吴哲坤和金兆怀（2015）将虚拟产业集群与传统产业集群进行了对比，确定了虚拟产业集群应用范围及特征，得出了虚拟产业集群为高新技术产业集群发展提供了方向与优势载体的结论，并根据我国虚拟产业集群发展现状，提出我国需要采取强化跨区域合作的措施，加强科研支持，强化大数据理念，警惕风险，以其他方式推动我国虚拟产业集群的良性发展。黄蕊和李雪威（2021）基于虚拟集群理论，借助源点目标点（origin-destination，OD）成本矩阵法发现：我国文化产业虚拟集群的地理分布呈现出非均衡的状态，即在胡焕庸线右侧虚拟合作广泛，而胡焕庸线左侧虚拟合作贫乏。

芦彩梅和徐天强（2015）运用科学计量软件 CiteSpace Ⅲ，基于 Web of Science 收录的 1990～2013 年产业集群研究方面的 924 条文献数据进行分析，分别对国家、机构、代表人物、研究热点、知识基础进行可视化分析，试图清晰呈现国际产业集群研究整体架构。樊贵莲等（2017）选取了 1988~2015 年国际产业集群的相关研究文献作为分析资料，利用 CiteSpace Ⅲ可视化软件，通过文献的共被引、关键词共现、国家合作网络等来分析知识图谱，在时间与空间的维度上，从微观、中观、宏观的几个层次梳理了国际产业集群的研究现状。赵璐（2019）将产业集群视为国家战略性组织，具有高度网络化特征，网络化才是实现其优质发展的最好途径。在总结了德国、美国、日本产业集群网络化的发展经验和启示之后，提出"一核心、三机制、五步骤"的中国产业集群网络化发展路径。王恺乐等（2021）通过对国际典型先进制造业集群发展的案例分析，探讨其发展的特点和经验，对成渝地区双城经济圈世界级先进制造业集群的构建提出参考借鉴。研究发现，国际先进制造业集群的发展，有注重创建完善政策体系、注重科技创新和先进技术的研究开发、注重区域优势的利用和集群内的合作、注重成熟的创新生态系统的建设、注重服务业和制造业的结合等特征。

因产业集群形成的地理空间特征，经济地理是其不可或缺的研究视角。由于临时性产业集群可以有效避免永久性产业集群面临的知识锁定困境，较好地解析流动空间的价值，单双等（2015）对其代表性文献从地理邻近与面对面交流、知识流动与关系平台、区位选择、临时性产业集群与永久性产业集群的关系等方面进行了梳理，并在此基础上展望临时性产业集群未来的研究方向。罗胤晨等（2016）首先以经济地理学为研究视角，梳理了 20 世纪 70 年代末以来西方产业集群研究内容的发展脉络，将产业集群理论的演进划分为萌芽、发展和深化三个阶段。其次，对进入 21 世纪后产业集群研究的新动向进行归纳，发现研究焦点主要集中于网络、时间、空间和技术四个维度，同时在研究内容上呈现出四种变化特征和倾向：①从"集群结构"到"集群网络"的网络复杂性；②从"静态集群"到"集群演化"的时间动态性；③由"持久性集群"向"临时性集群"转变的空间非嵌入性特征；④由"实体性集群"向"虚拟性集群"转变，实现了技术互联网性。最后，以此为基础进一步说明了它给国内产业集群研究带来的启示与启发。周灿和曾刚（2018）采用文献计量分析法，对产业集群的研究理论脉络、热点领域和知识基础等进行系统梳理，明晰了学术争议与研究前沿。结果显示，研究的热点主要集中在集群创新与集群网络两个方面。产业集群与技术创新关系研究、本地联系与外部联系相对重要程度等研究议题仍存在争论，全球集群网络是国际上热点研究领域之一。吴磊等（2021）以演化经济地理学理论为基础，讨论集群的性质、空间内涵与其在知识驱动下的协同进化，发现集群建立在联系和结构"知识共同体"之上；集群空间是由"多样化"与"联系"构成的多样联系空间，它的本质就是集群获取外部知识的源泉所在。

　　针对不同类别的产业集群，学者也进行了广泛的探索。郭立伟（2016）认为新能源产业集群是生态集群、新兴产业集群、创新型产业集群，绝大多数是可持续能源集群。新能源产业只有实现集群化发展，才能更有效地促进新能源产业的规模化，提升新能源产业的创新能力和竞争能力。对新能源产业集群竞争力的评价主要是基于钻石模型。新能源产业集群影响因素主要集中在新能源产业集群形成影响因素、新能源产业集群竞争力影响因素和新能源产业集群区位选择影响因素三个方面。新能源产业集群的升级模式主要是基于政府的干预、价值链提升、研究合作组织驱动三种研究视角。龙跃（2018）为了解决战略性新兴产业集群在发展过程中所面临的产业技术储备短缺和市场培育滞后共存的问题，从产业集群、战略性新兴产业集群、产业集群协同发展的相关理论及其与生态学的整合角度，对战略性新兴产业集群协同发展相关理论基础进行概述，发现已有理论研究中存在的普遍规律和"缺口"问题。李丹等（2019）以产业集群创新理论为基础，研究区域内环境通过创新网络的中介作用，构建时尚创意产业集群的创新绩效理论模型，实证研究发现，创新网络开放度和创新网络合作度对区域环境和时尚创意产业集群创新绩效的中介作用存在差异。李宇等（2019）以以"创新型企业"为核心形成的产业集群为样本，通过对 2008～2012 年国家部委发布的 5 批"创新型企业"进行问卷调查，分析收集的资料，构建了结构方程模型，证实了以创新型企业为主的产业集群通过企业衍生、技术衍生等活动，促进了集群创新绩效的提升。卫军英和吴倩（2019）从"互联网＋"角度研究文化创意产业集群，说明"互联网＋"对于文化创意产业集群意义，以及在生产和消费过程中，文化创意产业集群内嵌于全球和地方网络、线上线下关系网络，在网络中现身，编织本地网络且接入更大的网络，吸收"关系"溢出的价值。

还有学者按照地域分布对于地方性产业集群进行研究。童超等（2019）以武汉东湖高新区为例，借鉴巴泽尔的国家理论和产权思想对知识产权政策进行研究，研究认为，政府明晰产业集群内部知识资源产权，能够实现资源优化配置，避免在公共领域造成资源浪费等问题。郭春良和王瑾瑜（2019）从群租视角研究产业集群向中西部地区转移的区位选择问题，研究认为，对集群租金的追逐对产业集群转移具有重要影响，各地区租金差异会对产业集群转移区位选择产生影响。张治栋和王亭亭（2019）对长江经济带八个城市群的面板数据进行实证分析，对于产业集群与城市群在区域经济发展中的功能着重进行了探讨，研究认为，无论是产业集聚还是城市集聚，对于促进区域经济增长都有明显的促进作用，产业集聚与城市集聚良性互动，还能促进区域经济发展。严帅等（2019）对广州市智能装备产业进行了研究，针对目前智能装备产业集群不平衡、分工水平较低开展调查，利用空间地域等地理学手段，研究了这一产业集群的发展状况，提出了产业发展与空间布局的系列重要建议。王美霞等（2020）基于多维集群分析框架，从水平、垂直、制度、外部和关系五个维度分析了长株潭工程机械产业集群发展历程与成长机制。苏文松等（2020）以高科技园区如何促进智慧产业集聚为研究导向，分析了中关村科技园区智慧产业集群的演化过程、动力因素和集聚模式。黄利春和梁琦（2021）基于质量变革视角，研究顺德世界级家电产业集群通过供给侧结构性改革、产业链整合和主攻智能制造的产业集群升级路径。谭维佳（2021）以深圳新一代信息通信产业集群促进机构的角色为例，研究产业集群中企业间竞合关系。赵作权等（2022）使用国家发展和改革委员会、工业和信息化部、科学技术部 3 个国家级产业集群和阿里巴巴集团线上产业带数据，利用空间统计可视化及线上产业带与产业集群匹配方法，估计我国国家级产业集群的数字化水平。郎昱等（2022）使用京津冀城市群八个城市 2005～2019 年的面板数据，构建了北京、天津作为单核心或者双核心城市主导产业向周边城市关联产业与高产值产业扩散效应模型，并用其对京津冀城市群核心城市扩散和回流效应进行了拟合。结果发现首都和地区中小型城市之间存在较大的发展差距，使得第二大城市承接发展转移的中介功能增强，并且通过连接首要城市，促进承接发展转移的中介城市产业发展。刘晨阳和景国文（2023）采用 2004～2019 年地级市面板数据，将创新型产业集群试点政策视为准自然实验，建立渐进双重差分模型，实证研究创新型产业集群试点政策对地区全要素生产率的影响效果及作用机制。

除了以上几个方面，近年来，学者还从不同角度研究了产业集群及其自主创新能力。陆根尧和云鹤（2010）在讨论了产业集群自主创新能力的内涵、考察相关评价体系之后，建立了跨层面的统一的自主创新能力评价体系；以典型案例为依据，采用主成分分析方法，以生产要素密集度差异较大的三类产业集群为例，实证检验其自主创新能力；研究发现，典型个案资本密集型产业集群整体自主创新能力强于劳动密集型产业集群，并结合各自的特点给出建议。陈金丹等（2011）提出，目前知识已成为产业集群，甚至是区域经济发展的一种重要资源，关系到集群能否生存和发展。以集群知识演化为舞台，集群网络结构会对知识扩散和创新绩效产生影响。其尝试将社会网络分析方法和数值仿真技术相结合对江苏南京大明路服务产业集群和汽车销售产业进行实证分析，对现实的集群网络进行直观描述和数值分析。在此基础上，通过对集群知识演化过程的建模和仿真，对比分析了现实集群网络以及重连、随机两个模拟网络上知识扩散和创新的绩效，并提出了现实集群网络进一步优化的方向。吉敏等（2011）提出，集群的网络优势所驱动的创新升级，才是产业集群提升的实质，从产业集群网络特性出发，对集群升级中网络演化形态进行分析，集群发展过程中的各个阶段，节点之间一定的网络关系占据主导地位，使集群网络表现出不同网络结构与关系特征。运用社会网络分析方法，对内生型集群升级进程中网络演化形态进行了分析。结果验证了在不同升级阶段下，集群网络各自反映了以社会网络为中心、以经济网络和知识网络为代表，集群内网络升级全过程处于稳态—非稳态状态。

汤临佳和池仁勇（2012）认为产业集群的生存和发展能力在很大程度上依赖于其自身结构，而集群结构则主要由企业的集聚结构与支撑结构构成。通过设计大企业集中度、集群品牌、专业市场等指标度量集群结构指数，根据对浙江省产值超 50 亿元的 112 个集群数据的收集和分析，将产业集群分为四类。结果显示，当前绝大多数集群处于大企业集中度不高、支撑结构不够健全的块状经济形态。同时通过对集群生存能力、发展能力和适应能力指标体系进行设计，最后选取样本中的四个典型聚类进行统计分析。研究表明，集群结构和生存能力、发展能力与适应能力呈显著正相关关系，也就是伴随着集群内大企业集中度的增加，综合支撑体系的不断完善，集群适应能力增强。

乔彬等（2014）指出，产业集群升级依赖于技术创新和制度创新之间的整合与匹配。基于对产业集群技术创新和制度创新的融合机理及测度方法的讨论，采用参数回归等方法进行研究，使用 2004~2011 年 22 个代表性产业集群数据，对集群技术创新和制度创新的整合路径与整合质量进行研究。研究发现，我国产业集群技术创新和制度创新的整合质量总体上没有实现完全整合的最优目标，融合有一个间断平衡期，周期约 4 年，技术创新带动制度创新与两者相互融合水平高于制度创新促进技术创新路径；融合会影响集群绩效，融合水平每增加一个百分点，集群绩效可以提高 3.6%；整合对集群资产负债率的影响同样存在，但是对集群可持续发展变量的影响效果并不明显。

滕堂伟（2015）系统梳理了国外区域开发研究的主流杂志及有代表性学者的相关研究文献，把产业集群的研究学术脉络归纳为新区域主义范式、曼彻斯特学派"当地—全球"张力范式、演化经济学范式与关系经济学范式等。研究认为，随着人们对产业集群理论理解的不断深入，实践层面也在不断推进，学术界对于长江经济带产业集群发展的理解，正发生或者必然会发生如下转变：由单一的区位视角向地方视角和经济带区域视角的共存转变；由区域内产业转移的接续关系向集群之间的协作互动转变；由注重集群国际联系到经济带内部区域联系；由关注集群规模增长向集群创新能力转变；由集群之间竞争到经济带内部集群互动结网发展。

然而，伴随着经济发展进程中知识与信息的地位越来越显著，原来以空间为主的集聚现象，已无法仅靠运输成本与集聚的外部经济性获取竞争力，空间集聚并不一定意味着集群区域形成持续竞争优势，形成创新能力。所以，集群创新网络作为一种独特的创新组织形式，由于其具有集群资源共享、知识溢出效应、成熟创新环境、创新人才集聚、创新风险分散等特点，在学术界受到了普遍重视。崔蕊和霍明奎（2016）提出，网络是创新资源的一个重要流动通道，产业集群可以通过建立知识协同创新网络来推动知识创新，促进地区间的知识与信息在集群中进行沟通与扩散。对知识协同创新网络基本含义进行定义，对产业集群知识协同创新网络建设框架进行分析；提出产业集群知识协同创新网络协同机理，它由战略协同和组织协同组成，由资源协同与制度协同相结合。其还对吉林省光电子产业集群进行了案例研究，之后对吉林省光电子产业集群中知识协同创新网络建设框架进行了剖析，对协同机制与运行策略等进行了研究。

付韬等（2017）提出了聚焦于企业核集群的技术创新扩散网络连通性的研究，深入分析了网络的形成机理，提出了集群中最终产品的交互结构—生产网络—技术创新网络的三阶段产生方法。基于此，其考察了三个现实中的焦点企业核形集群的技术创新网络，产生现实集群技术创新网络所对应的网络样本，并根据渗流理论中的经典模型，解析了以上网络样本的连通性，得到了若干共性规律：网络节点纵向和横向结网概率均处于中度水平（0.3~0.6），就可以确保网络整体连通；仅在子网内部连接的情况下，能产生最终产品最多的焦点企业，其核心子网的连通性也最佳；整个网络的连通性越差，横向结网的概率取值越低，同时从属于众多焦点企业核心子网的桥接节点对整个网络连通性的贡献越大。何金廖等（2018）以全球生产网络理论为基础，采用问卷调查法、深度访谈法，重现上海创意产业集群中地方—区域—全球三个不同地理维度下产业链接网络结构与联系强度，采用三角坐标法分别从劳动力市场、外部供给和消费市场等方面对上海创意产业进行检验，论述了学习与创新网络所发挥的作用；概述了上海创意产业集群全球生产网络及其局部—全球互动关系的基本特点，揭示了我国大都市区域文化创意产业集群地方嵌入与全球网络的形成机制。戴万亮等（2019）在产业集群环境下以知识获取为中介变量，实证检验网络权力对技术创新的作用机制与边界条件。李宇等（2019）结合资源依赖理论，从双向技术溢出视角揭示"有核"集群的技术溢出效应和集群创新绩效的关系。姚山季等（2021）基于三阶段 DEA（data envelopment analysis，数据包络分析）和 Malmquist 模型，分别从静态和动态角度分析长江经济带各省市产业集群技术创新效率的时间变化和空间差异。王鹏等（2021）以 2008~2019 年长三角、珠三角、京津冀城市群为研究对象，运用投入产出关系构建产业集群网络，在测度受 2008 年金融危机冲击后的城市经济韧性的基础上，实证检验了集群网络结构特征对城市经济韧性的直接影响与创新水平的中介机制。唐魏（2022）基于知识溢出视角，探究了链式产业集群对物流业技术创新的影响机制。张琪绮（2022）通过构建长三角地区的生物医药产业集群竞争力评价指标体系，运用熵值法分析了2014~2018 年长三角地区生物医药产业的竞争力水平。周胜男等（2023）

基于 2013～2021 年相关专利合作数据,构建江苏省生物医药产业集群创新合作网络,提出了促进产业集群形成链式、模块化和集群化生态性创新组合模式发展的建议。

综上,关于产业集群的研究日趋成熟和研究视角越来越多样化。产业集群已成为产业经济学、区域经济学、新经济地理学、新经济社会学、创新理论和战略管理学等学科领域共同关注的热点,并伴随着经济增长理论、创新理论、复杂网络理论、演化经济学理论、竞争理论等前沿理论的融合发展而不断深化。

2.2.2　高新技术产业集群的特征

高新技术产业集群是指高新技术领域中关联的企业和其他支撑机构聚集于某一地域范围,在长期交互过程中形成设施完善、体系健全、结构合理的创新网络体系。高新技术产业集群以高新技术产业为主导产业,群内高新技术企业居多,也包括关联配套支持企业、中介服务机构以及提供科技支持的高校、科研机构等。我国高新技术产业是一个包括"高技术产业"与"新技术产业"在内的具体名词,它是指当代尖端技术制造高新技术产品行业的总和,这里尖端技术有信息技术、新材料、生命科学、空间科学和其他技术等。高新技术产品既包括有形产品,也包括无形服务。国内外发展高新技术产业集群的实践表明,高新技术产业集群与传统产业相比,其创新活动显著活跃,相应地,高新技术产业也更多地趋向于以产业集群的方式存在并发展起来。

学者研究高新技术产业集群,提出了除产业性质不同以外,与传统产业集群相比,高新技术产业集群的形成和发展动因也有其特殊之处(王林雪和孙惠,2005;郝宇和陈芳,2005;綦良群和李楠,2007;陈金梅和赵海山,2011;俞园园和梅强,2015;姜鸣凤和马力,2019)。传统产业集群以纺织服装、五金产品等传统工业部门为主,传统产业的产品耗能耗材高、附加值低,外部经济和规模经济的获取是传统产业集群集聚的主要动因,故而产业集聚的关键因素是地理位置以及原材料、劳动力等资源要素。对于高新技术产业而言,其产品往往具有较高的附加值,生命周期较短,市场需求弹性较高,关联性强,这使得高新技术产业集群有产业关联性和产业带动性,对经济增长的推动力强劲,能有效地带动区域经济的发展。对于高新技术产业集群,创新技术和创新氛围才是最重要的集聚因素,也是集群效应的主要体现,高新技术企业通过地理集聚充分利用区域内的创新资源和创新制度,形成有机的创新互动系统和高效率创新源。

高新技术产业集群形成与发展，从外在表现看，主要为高新技术领域中关联企业等组织集聚现象，就集群经济发展本质而言，主要取决于能够形成一种行之有效的创新机制与氛围，可见，对于高新技术产业集群来说，如何形成群体的创新效应，是体现其创新能力和整体竞争力的关键，这种所谓的群体创新效应就是在特定的产业集聚区内，成员之间形成一种互动、资源共享、风险共担、创新成本降低、创新绩效提高的群体效应。因此，成熟的高新技术产业集群的特征表现在以下几个方面。

1. 特殊地理空间的选择

高新技术产业属于知识密集型行业，它的产品的特点是工艺复杂、生命周期较短、附加值高、研发费用高，高新技术产业集群在地域位置的选择上，往往需要拥有稠密的人才资源、便捷的交通、发达的通信和基础设施较好等条件，由此引来高水平、高技能人才集聚，为开展创新活动提供良好的条件。高新技术产业集群是具有区域根植性的，凭借该区域所拥有的地理优势和产业特色的资源条件，它可以推动集群发展和区域经济发展融为一体，相互依存，相互协同，相互促进，实现共同发展。

2. 创新要素的集聚

高新技术产业集群因其产业特性，在创新资源集聚方面更具吸引力。高新技术产业集群通常是以各种科技园区为载体而持续发展起来的，政府为了促进高新技术产业发展，往往可以给集群带来好的政策、设施及其他软硬件环境，形成创新、创业的积极氛围，吸引高新技术企业和中介机构的进入、风险投资与金融机构的进入；另外，对高新技术产业集群来说，高校与科研机构是创新的重要来源与构成要素，其经常和企业交互，为企业提供智力支持、人才支持等方面的保障。集群内开展创新活动所需的人才、资金、技术、知识等要素在各集群主体间频繁流动，资源的利用率和配置效率得以提高，加快了集群技术创新的速度，形成了独特的集聚效应，集群的创新功能得到增强。

3. 复杂网络系统的形成

高新技术产业集群自身就是特殊地域中相关联产业的企业、中介机构、科研院所等组织的集聚体，符合复杂开放系统的特点，并且集群成员在互动过程中形成了持续稳定的联结关系，具有网络特征。在以高新技术产业集群为核心的网络生态系统中，高新技术企业及其他配套企业、科研院所、中介机构、政府部门、大学、金融机构等均成为网络节点，在创新活动中发挥着重要作用。高新技术产业集群网络成员职能不一，性质也不相同，经营活动与目标有区别，形成了错综复杂的竞争与合作，既有矛盾，也有合作，促成一个密切联系网络。高新技术产业集群创新网络特征在本书后面的章节将进一步阐述。

2.2.3　高新技术产业集群研究现状

伴随着世界范围内的高新技术产业园区的不断涌现，高新技术产业集群这一现象已经引起了国内外学者的广泛关注，高新技术产业集群在理论上的研究也越来越成熟。通过研究国内外高新技术产业集群相关文献，发现当前高新技术产业集群研究多从经济、地理和实证分析的视角出发，并取得了一系列可供参考的结果，正是这些前人学者的研究成果，为本书研究打下了扎实的理论基础。

国外学者在高新技术产业集群问题上多把高新技术产业集群作为创新产业集群来进行研究，通过引入创新理论，对高新技术产业集群的培育、孵化和发展问题进行了探讨，以特色高新技术产业集群为例，并主要集中在高新技术产业园区的成功经验与失败教训。Saxenian（1991）对硅谷内的计算机系统创新产业集群进行分析，指出制造商、供应商及生产商所形成的企业网络对区域的技术经济活力有积极的促进作用；Kodama（2007）基于政府主导的视角，研究了日本高新技术产业园的发展现状，表明在新知识创造活力的同时促进形成一个横向一体化战略社区网络；Wood 和 Parr（2005）以德国耶拿光学工业集群与慕尼黑电子产业集群为例进行了实证研究，研究认为，高新技术产业地理集聚和区域研发合作、区域创新产生之间不存在必然关系；Arbia 等（2012）对米兰的高新技术产业的空间分布进行研究，分析其空间聚类模式，以及其空间异质下的依赖性；Chyi 等（2012）通过对中国台湾新竹高新技术产业集群进行实证调查，分析了知识溢出对集群凝聚性的积极作用；Keeble（2018）考察了农村和小城镇环境与高科技产业增长之间普遍存在显著关联的原因，强调了特殊的地方环境和不同的地方社会经济结构所产生的不同类型的高技术发展及其影响因素。

Baptista（2001）对产业集群中创新的重要作用进行了分析，认为一个产业集群要想延长生命周期不断发展进步，就有必要持续创新并提升创新的强度。Tan（2006）在高新技术产业集群创新研究中选取了中关村作为实例，分析表明其在 20 年的发展进程中不断进行着体制创新和技术创新，认为高新技术产业集群的创新在集群发展的不同阶段也应随之升级。Reid 和 Carroll（2007）认为成功的集群创新需要在创新过程中有较高水平的社会资本投入，而且投入要持续和充足。同时在创新过程的最初期的社会资本投入是最重要的。

　　国内学者对于高新技术产业集群的研究主要集中在高新技术产业集群的形成机理、影响因素、发展模式、集群竞争力评价、成功案例的启示与借鉴等方面。王缉慈和张晔（2008）、王缉慈和朱凯（2018）、王缉慈（1991，1998，2022）认为，高新技术产业集群区位指向因素为智力密集度、开发性技术条件、人才、信息网络、基础设施等，以及从全球视角出发，基于创新集群的理论，提出了中国高新技术产业开发区和科技园区发展的理想目标——实现创新集群。学者聚焦硅谷高新技术产业园区，分析了现有产业集聚的问题，指出硅谷的成功是整合整个国家对科技理解的水平、投资环境的优势、商业文化等多种复杂的因素结合到一起才能够实现的结果（盖文启和王缉慈，1999；李国麟和吴若陶，2000）。童旭红（2004）通过分析高新技术产业建设的区位决策，总结出我国区位决策因素主要有集聚因素、区域因素和创新因素，并为我国高新技术产业园区的建设提供建议。赵玉林和汪芳（2007）采用投入产出方法，从高新技术产业间的联系以及高新技术产业与传统产业的联系两个层次，实证分析并对比研究高新技术产业的联系效应，指出需要加强的内部产业部分及高新技术产业对其他产业的改造及提升。王铮等（2005）认为高新技术产业集聚区取决于产业集群，提出高新技术产业集聚的环境因子有人力资本、知识环境、气候环境、商贸环境等。郝宇和陈芳（2005）对中国高新技术产业集群在发展过程中所形成的三种典型组织模式进行了研究，发展之初是以价值链裂变为格局，发展期以供应链整合为主，发展成熟期以虚拟链集聚为主。任家华和王成璋（2005）从全球价值链的角度分析高新技术产业集群的发展阶段，对中国高新技术产业集群升级研究提供了新视角，奠定了理论基础。王霄宁（2005）基于新经济社会学，利用与此相关联的社会网络分析理论和方法，对产业集群开展了定量化的研究工作。陈柳钦（2008）认为社会资本在高新技术产业集群中起着巨大的作用，能够对高新技术产业集群选址、发展速度、信息交流产生影响，并能够有效地解决高新技术企业技术创新网络存在的契约缺口，社会资本投入有利于推动高新技术产业集群中各个主体间的合作。杨沙和戴锦（2009）从创新网络观的角度出发，基于集群创新网络的理念，分析集群创新网络在集群发展过程中的功能。杨斌等（2010）提出了高新技术产业集群核心竞争力培育模式，为高新技术产业集群核心竞争力培育指明知识资本增值的方向，并对核心竞争力提供衡量指标。张小兰（2010）指出高新技术产业集群发展中环境污染的负面效

应，提出为实现经济可持续发展，循环经济是我国高新技术产业集群的又
好又快发展必由之路。宇红（2011）从网络、规范和信任等角度出发，基
于社会资本理论，针对高新技术产业集群发展过程中存在的集群内企业信
任关系较低、社会关系网络互动不足、自主创新不够等问题进行了分析，
并对今后我国高新技术产业集群发展提供对策建议。刘光东等（2011）对
国内外典型生物医药产业集群的全球价值链地位进行了分析，以中国生物
医药高新技术产业集群的成长为例，对中国生物医药产业集群改造和提升
进行了思考。

　　在高新技术产业集群创新机理和发展路径方面，国内学者也进行了理
论探索并提出了合理建议。刘哲明（2010）认为产业集群的发展不能单一
地靠企业集聚效应，通过对珠三角产业集群进行企业集聚程度的测量，发
现集群中的集聚程度过高反而会对产业集群创新不利，从而提出了为促进
高新技术产业集群的合理发展应建立完善的创新体系和知识保护机制。李
大为等（2011）从高新技术产业集群创新网络的角度出发对集群升级过程
进行了阶段性的划分，认为集群创新网络不是在某一时点人为建立的，而是
通过长时间的融合，从小范围的基础网络逐渐形成和发展壮大的，最终产生
了依靠网络的大量技术创新。周劲波和曾艳（2011）与前人的研究不同，区
别于从整体上分析创新机制，其着重从资金投入和创新孵化器两个方面对高
新技术产业集群的创新过程进行阐述，认为资金投入是促使集群创新的最根
本动力，而创新孵化器则是在扶持现有创新企业的基础上促进更多创新产生
的关键机构。毛广雄等（2016）以江苏省为案例区域，研究了不同行业高新
技术产业集群化转移的时空过程，探索其转移的空间路径，并从集聚经济、
创新能力、政策激励等因素分析了其内在机理。朱婷婷和戚湧（2019）基于
国家自主创新示范区凝心聚力的创新内涵，从系统动力学的角度对国家自主
创新示范区聚力创新的内在机理进行了分析。杨博旭等（2020）基于熵值赋
权法的综合评价方法，利用 2003～2017 年《中国高技术产业统计年鉴》数据，
对我国 30 个省份的高新技术产业创新要素集聚进行分析，并建构了创新要素
集聚的发展道路。研究结果表明，中国高新技术产业的创新要素集聚水平总
体呈不断上升的态势，与此同时，各省间集聚水平也有显著差异。

　　对于高新技术产业集群的创新影响因素研究，Park 等（2012）对韩国
IT（information technology，信息技术）创新产业集群的发展进行了研究，
探讨了科技迅速发展的路径和关键因素，发现产业集群快速发展的过程中
与国外公司的合作对集群创新有重要影响。Zukauskaite 等（2012）对瑞典
南部的高新技术产业集群进行了研究，分析了在产业集群创新的过程中大

学知识的重要作用，发现了大学和产业合作创新不应只关注技术发展或R&D，给其带来的文化影响也不容忽视。Lu等（2013）认为高新技术产业集群不断进步的竞争能力来源于创新，而技术交易是提升竞争力的重要途径，但是在研究技术交易和创新产品之间的关系时应考虑滞后效应。Tsai和Chen（2013）认为企业技术进步带来的产业内创新发展是一种溢出效应，研究了创新特征如何影响产业集群的溢出效应。结果表明，电子信息产业集群中R&D溢出效应在制造企业中要明显大于设计企业，集成电路设计企业依靠专利授权来促进核心技术创新。Ozcan和Islam（2014）认为高新技术产业集群中的专利活动和技术扩散正在逐渐被合作的、国际的新进入者驱使，通过对纳米产业集群的分析，探讨了协作专利的产生和这一过程的关键要素。发现部分国家如韩国等的集群网络存在如三星这样的大型机构作为主导，又如中国的协作创新的关键因素是高等院校和科研机构。Park等（2016）发现核心技术的类型（即信息技术、生物技术、纳米技术和医疗技术）显著影响集群对新工作岗位创造和企业经济绩效的影响强度。Meliciani等（2022）调查欧洲地区在知识学习网络中的网络权力对其创新率和经济增长所起的作用。

杨杰（2010）认为影响产业集群创新的作用要素较多而且复杂，其中产业集群的主体要素是对创新产生作用最为关键的，高新技术企业、大学和科研机构、金融机构、中介服务机构以及政府等创新主体的行为都直接影响着集群的创新产出。此外集群创新对周围环境的要求是较高的，完善的基础设施、合理的市场竞争机制、良好的创新氛围都对集群产出至关重要。颜克益等（2010）全面分析了高新技术产业集群创新绩效的影响因素，通过对中国1998年到2007年各省数据的分析，总结出高新技术产业集群的组织结构、创新文化和国际化程度对于集群创新的影响作用较为显著。卢华玲等（2012）则与颜克益的观点不同，认为高新技术产业集群创新最为重要的影响因素是创新投入因素，提出创新投入不仅仅包括企业对研发的投入，还包括政府投入的经费、风险投资的加入和对技术人才的投入等多方面，通过各方面组织的支持和相互作用最终得到创新产出。远亚丽和唐卫宁（2013）从低碳的视角对高新技术产业集群创新进行了分析，将产业集群创新的主要影响因素和体现归结为技术创新、知识创新、创新支撑机构以及政策支持四个方面，并对实际案例进行了实证研究，发现对集群创新能力影响最为显著的因素是技术创新，其他因素也都对高新技术产业集群的创新做出了不同程度的贡献。何中兵（2022）结合物联集群企业发展特点，提出物联集群网络嵌入力、物联集群信息融合力、物联集群协同创新力三个概念，运用结构方程模型对三个概念的结构性特征进行验证性因子分析（confirmatory factor analysis，CFA）检验，并就信息融合力与网络嵌入力对协同创新力的双因素效应进行检验。

学者对于高新技术产业集群创新能力的评价也做出了大量研究。范如国和张鹏飞（2010）通过建立"韬"模型来对高新技术产业集群的创新能力进行评价，评价指标包括技术、吸引能力和环境支撑，并依据此模型对我国中关村和美国硅谷进行集群创新能力的比较和评判，通过模型分析发现我国中关村高新技术产业集群在三个评价指标方面的表现相对美国硅谷都较弱。王静华（2011）构建了产业集群创新能力的综合评价指标体系，并在每个层次下细分多个量化指标，通过建立相对应的神经网络模型并训练模型，来对集群创新能力进行综合评判。欧光军等（2013）建立的产业集群创新能力评价的指标体系与王静华的较为相似，从主体要素、创新支撑环境和集群产出三个方面进行评价。此外，还通过因子分析的方法和 SPSS 软件，对我国现有的几十个高新区做出了实证分析，从而为我国高新技术产业集群的发展关键要素提供了理论依据。袁旭梅等（2018）基于云概率优势关系的多准则决策方法，对 2010～2015 年中国 6 个区域 18 个省（直辖市）的高新技术产业区域协同创新能力进行了实证研究，探索其区域协同创新能力的水平及波动情况。宋华和陈思洁（2021）提出了企业核心能力的主要维度，构建了含协调能力、创新扩散能力和知识触达能力的创新生态系统中系统层次核心能力模型，着重指出，这三类能力可以较全面地体现创新生态系统的自组织性、涌现性、适应性和协同演化性等基本特征。

近十年高新技术产业集群对技术创新和区域经济增长做出突出贡献，国内外学界关于高新技术产业集群创新研究已成为热点话题。创新集群是新的区域治理模式，产业集聚、知识外溢和协同发展，促进集群相关企业和支持性机构紧密互动而加速创新，提升创新引领能力，在特定的技术和产业发展方向上带动经济社会全局和长远发展。

2.3　复杂网络理论

2.3.1　复杂网络的定义及复杂性表现

关于复杂网络（complex networks）的研究，源起于数学和统计物理学，它从一个全新的视角为社会关系、工程技术、经济管理、医药及其他诸多领域中各种复杂系统的研究提供了一种研究思路，构成了多学科交叉、多方法融合的新兴学科领域。复杂网络，简而言之即呈现高度复杂性的网络，其构成部分是一些元素（节点）的集合和元素（节点）之间的联系，虽然复杂网络的构成节点相对简单，但是节点间的交互机制却具有很高的复杂性。钱学森给出的复杂网络的定义是，具有自组织、自相似、吸引子、小世界、无标度中部分或全部性质的网络。复杂网络的复杂性具体表现在以下六个方面。

（1）结构错综复杂：形成网络的节点数目繁多，网络规模庞大，网络结构表现出多种不同的特征。

（2）网络产生进化：节点或连接的增加与减少导致复杂网络的结构发生变化，呈现出进化特性。例如，万维网的访问，访问者可能随时增加或减少，即网页随时可能打开或断掉，导致其网络结构始终处于变化之中。

（3）连接的多样性：连接节点之间的权重不同，且连接可能会存在方向上的不同。在社交网络中，体现在意见领袖的不同影响力和网络信息的传递途径。

（4）动力学上的复杂性：构成网络的节点集合可能不是线性动力学系统，如节点的存在状态可能会随时间的推移而不断发生变化。

（5）节点元素的多样性：组成复杂网络的节点是多元的，它可以代表现实网络中的任何物体。例如，在一个从人际关系中抽象出来的复杂网络，节点代表着独立的个体；在一个万维网构成的复杂网络上，节点代表了不同的访问页面。

（6）多重复杂性相互融合：表现在上述五种复杂性相互作用、相互影响，使结果更加难以预料。

以电力供应网络为例，对其进行研究需考虑确定网络拓扑结构这一网络演化过程。在网络两节点间能量传输较为频繁，致使两节点之间的连接权重还将越来越大，只有在不中断学习与记忆的帮助下，其网络性能才会逐渐提高。通信网络、社交网络服务（social networking service，SNS）也呈现这样的特性。复杂网络技术可用于刻画从工程、生物到社会的各种开放的复杂系统架构，并为研究其拓扑结构及动力学性质提供了强有力的分析手段。

2.3.2　复杂网络的研究内容

复杂网络理论是复杂性科学理论的重要前沿分支学科之一。在复杂网络理论出现前，人们认为大规模组织网络具有全随机性，通常是利用ER（Erdős–Rényi）随机图来建模研究的，随机图理论就成了复杂网络研究中的基础理论。无论是在社会科学、生命科学还是在信息科学中，都存在着拥有十分复杂的拓扑结构特征的网络结构。这种网络结构的形式既不是完全规则的，也不是完全随机的，如在度分布中出现肥尾现象、高集聚系数、边与边之间的相称性或非相称性、社团结构与分级结构（hierarchy structure）等。在有向图网络中，还会出现相互性、三角显著性等其他方面的特征。

最经典的两类复杂网络模型是小世界网络（small-world network）与无标度网络（scale-free network）。小世界网络，又称为小世界效应，是复杂网络的特性之一。1998 年，康奈尔大学理论与应用力学系博士生沃茨（Watts）与其导师斯特罗加茨（Strogatz）合作，在《自然》杂志上发表了题为《"小世界"网络的集体动力学》的论文，标志着小世界网络模型的建立。小世界网络的判定准则有两个，分别是特征路径长度短和高集聚系数。Barabasi 和 Albert（1999）发表于 Science（《科学》）杂志的文章 "Emergence of scaling in random networks"（《随机网络中标度的涌现》）则揭示出复杂网络的无标度特性。无标度特性是指网络的度分布满足幂律分布。

复杂网络研究的内容主要包括：网络的几何性质、网络的形成机制、网络演化的统计规律、网络上的模型性质、网络的结构稳定性以及网络的演化动力学机制等问题。在自然科学领域，网络研究的基本测度包括节点、社区、图等层面。节点层面包括节点的度（degree）及其分布特征，度的相关性，集聚程度及其分布特征，最短距离及其分布特征，节点的介数（betweenness）及其分布特征。社区层面主要包括社区发现、社区演化等。

目前，复杂网络模型主要包括随机图、规则网络、无标度网络、小世界网络、局域世界演化网络等。复杂网络通常使用节点来代表被研究的事物，使用图的边缘表述事物间的关联。节点数较多，边稀疏，是复杂网络最基本的特点。在大规模的充分网络中（即节点数充分大），刻画网络通常使用的统计指标为聚类系数、度分布与平均路径长度。小世界网络的特点表现为平均路径短、聚类系数大，并且无标度网络的度分布表现为幂律分布。

随着复杂网络理论的不断发展，复杂网络已经广泛应用于社会网络的研究中，其中对于网络结构的研究较为丰富，如 Schilling 和 Phelps（2005）提出网络结构直接影响知识创造能力和网络潜力，网络结构密集的集群提供信息传输能力强，能够增进网络节点之间的沟通和协作。非冗余连接的结构使企业的网络能最大程度地利用更广泛的资源。Shibata 等（2008）以复杂网络理论和区域创新网络为基础，分析日本山形地区产业集群案例，指出了解网络结构与物理密度对于增强集群区域学习、知识的流动与资源转化效率的提高是非常必要的。姚玉舟（2008）提出，网络的主要结构构成是网络节点，也就是在网络的行为节点。张永安和李晨光（2010）基于网络结构的统计变量，构建创新网络结构影响创新资源模型，并且采用仿真与实证结合的方式，模拟集群创新网络结构对创新资源使用过程的影响。陈雄辉等（2010）利用复杂网络理论，建立广东区域创新能力的指标测度，计算广东21个市区域创新网络的度分布、平均最短距离、集聚系数、网络组成和其他信息，由此认识到广东区域创新能力现状和内在联系，探索内在的发展规律。

王飞（2011）运用复杂网络理论和方法，构建了生物医药创新网络结构，分析创新网络的结构特征，通过网络内节点之间的链接关系探讨区域内生物医药创新网络的演化过程。朱福林等（2016）利用调查问卷数据，剖析网络强度和网络地位作用于企业创新和增长的内在机制。研究发现，网络强度和网络地位对企业成长没有直接显著正向影响路径，但是网络强度是通过激励产品创新来实现企业成长的。网络地位通过推动技术创新而引发产品创新，继而显著正向影响企业成长，在此过程中，网络地位正向调节网络强度作用机理，并且网络强度与网络地位没有相似的正向调节作用，由此得出，企业建设社会网络时，应重视与关键节点联结强度，提升网络地位，继而加强创新，直到推动企业的发展。詹坤等（2017）构建联盟组合网的网络特征和创新能力的理论模型，提出相应的理论假设。采用大样本问卷调查与实证分析相结合的方法，验证了理论模型与假设。研究表明，网络地位和网络关系是通过控制治理和资源流动对企业创新能力产生间接的影响。朱丽等（2019）基于复杂网络中的网络权力和创新扩散的视角，发现保证科技政策有效实施的根本条件是有效干预网络创新扩散。刘亮等（2019）基于复杂网络理论中的多尺度理论，对科研合作模式的宏观、中观、微观问题进行研究，将该分析方法应用于复杂网络领域的科学家合作网络之中，有效地揭示不同规模合作模式及其行为机制。殷瑞瑞等（2019）提出了产业集群治理应从网络节点间关系出发，在复杂网络视角下制定产业升级和区域协同发展等战略。赵存东和李永福（2023）应用复杂网络建模理论，将有向性引入BBV（Barrat-Barthélemy-Vespignani）模型，构建了基于政府干预的产业集群创新演化加权网络模型。用计算机仿真模拟了产业集群创新演化网络初始、成长和发展三个阶段，通过调整参数改变网络中加边概率来表示政府干预程度的变化，重点对集群网络集聚系数和平均最短路径长度等指标的相应变化进行分析，探讨了政府干预在产业集群创新演化的不同阶段给网络结构带来的影响。仿真结果显示，政府干预对不同阶段的产业集群创新演化加权网络拓扑结构具有不同的影响，政府干预程度应与产业集群创新演化各阶段的实际情况相适应。

张翼（2017）采用社会网络分析方法，检验了 1998～2015 年我国的省际太阳能技术创新的空间关联网络结构特征，结果表明在样本期内，中国太阳能技术创新的空间联系网络密度呈逐年上升态势，网络结构不平等程度在降低，它的稳定性逐渐提高。在技术创新网络方面，上海、江苏、山东、天津、广东、辽宁和北京等地居中心地位，并且起到了主要的中介作用。太阳能技术创新空间关联网络是跨省协同创新机制形成的良好条件。

吴松强等（2018）基于组织理论，基于利用式—探索式—知识搜索视角，构建"产业集群网络结构特征、知识搜索与企业竞争优势"的关系研究模型。基于 178 份软件企业问卷调查数据进行了实证检验，研究发现，产业集群网络结构特征中的网络稳定性、位置中心度对知识搜索和企业竞争优势有积极影响；利用式知识搜索正向影响企业的竞争优势；利用式知识搜索对产业集群网络结构特征和企业竞争优势之间的关系起到部分中介的作用。罗鄂湘和韩丹丹（2018）使用了 2006～2015 年集成电路产业企业合作专利数据，建设中国集成电路产业企业合作网络，基于此，其利用负二项回归模型对结构洞（structure hole）和技术多元化与企业技术创新能力关系进行研究。研究结果显示，结构洞对企业技术创新能力的影响呈倒"U"形，结构洞与企业技术创新能力之间的关系受技术多元化的负向调节。戴勇等（2018）根据 209 家地方产业集群企业的问卷调查数据，对集群的网络结构、吸收能力与技术创新绩效之间的相互关系及相互作用机制进行实证分析。陈肖飞等（2018）在对以奇瑞汽车集群为代表的轮轴式产业集群进行实地调研的基础上，采用企业半结构式访谈与问卷调查相结合的方法，对 2014 年度集群内企业之间的社会交流网络、产业联系网络、创新合作网络进行了实地考察，对企业网络结构特征及其形成机制进行深度刻画。结果发现企业网络的中心性比较突出，表现出明显的"核—边"构造。这表明核心企业在集群内部具有绝对的"市场权利"、"技术权利"和"网络权利"，在企业网络的形成中起着重要的主导作用。

贾军和魏洁云（2018）根据中国知识产权局披露的企业申请专利数据，采用关联规则挖掘方法，计算太阳能发电各个技术领域间的交互影响值，完成了对太阳能发电技术网络的构建。基于社会网络分析方法研究了太阳能发电技术网络的结构特点及演化。研究表明，2006 年至 2017 年，太阳能发电专利技术领域持续聚焦，并且收敛到某些技术领域中。根据太阳能发电技术的网络结构特点，它具有鲜明的小世界特征，具有"核心—边缘"的结构。度数中心性和中介中心性指标都反映出网络的集中趋势，演变过程呈现出逐步聚焦的特点，历经核心多极化、核心集聚以及核心扩散的三个阶段，它体现了太阳能发电技术由多元化技术领域向核心技术领域不断发展和推进的历程。杨春白雪等（2018）以新兴技术为研究对象，分析了新兴技术"多核心"创新网络的形成要素，构建了影响因素模型。实证研究表明，知识状态与认知邻近性对网络结构都有显著影响，知识势差对网络中心性的影响以及认知邻近性对网络规模的影响均不明显，知识转移是知识因素影响网络中心性、网络连接强度过程中的中介。唐青青等（2018）从吸收能力出发，运用社会网络理论，基于外部知识利用视角，考察知识深度与知识创新之间曲线关系，以及在主体不同网络特征中这种关系的动态变化。负二项面板回归的结果显示，知识深度对知识创新的影响呈倒"U"形，并且主体所处网络规模与关系嵌入强度都会弱化该曲线关系。网络越大，知识深度对知识创新呈倒"U"形影响越缓；关系嵌入强度越大，知识深度和知识创新之间呈倒"U"形关系，且关系越趋缓和。

现实世界中的复杂网络在结构上会存在或多或少的不同。尽管它们表面看起来互不相同，但在一些性质和处理方法上，它们却存在很多相同之处。复杂网络理论研究的目的在于通过寻求它们的共性即规律性，找到并掌握普遍适用于处理此类复杂系统的技术方法与手段。

2.3.3 复杂网络的一般特征与测度指标

1. 复杂网络的一般特征

复杂网络可以用来描述自然界和人类社会中的许多复杂系统，通过对复杂网络相关文献进行总结分析，认为复杂网络具有以下特征。

第一，网络节点的数量通常是非常大的，甚至是庞大的。为了揭示复杂网络总体行为，需统计分析海量数据，清楚地了解节点和它们之间连接所具备的统计特征。第二，网络结构复杂多样。现实世界多数网络结构并非完全规则，也不完全是随机网络，往往是确定性和随机性之间的混合结构。对于具体的复杂网络而言，随机性和确定性的混合方式与程度是不同的。由于网络系统由大量节点、子系统构成，结构庞大而复杂，因此复杂系统一般可用复杂网络来描述。第三，网络节点复杂多样。在复杂网络中，节点可能为同类节点，也可能是不同类型的节点，节点间相互作用形式多样且复杂，而且，复杂多样性也存在于节点的权重之中。网络结构呈现出非均匀性。第四，网络在时间和空间上表现出动态演化特性。一般网络系统都表现出随时空变化而动态演化的特点，呈现出迭代、混沌等时空复杂性，出现系统非线性、非均衡的动力学。第五，网络具有多层次性。从宏观、中观到微观，从经济、社会、工程、技术等不同领域，体现了层次差异。第六，定量刻画的统计特征不断完善。有学者提出了复杂网络的一些特征量和度量方法用以表示网络的拓扑结构特性和功能等，主要包括平均路径长度、聚集系数、度与度分布、强度分布、边权分布、关联性等。

2. 复杂网络的测度指标

随着复杂网络理论研究的不断深入，一些学者不断完善复杂网络的测度指标。复杂网络的统计特征由聚集系数、度与度分布、平均路径长度、无标度特性、小世界效应等进行表征。复杂网络的网络属性的度量指标主要包括平均路径长度、聚集系数、度与度分布等指标。

1）平均路径长度 L

在复杂网络中平均路径长度可以体现任意两节点间平均距离。网络内两节点间的距离，即连接两节点最短路径上所含边的个数，能较好地体现网络内所有节点到节点之间的距离均值，说明了网络内节点之间分离的程度，反映了网络的全局特性。

在无向网络中，任意两节点间的平均距离值为网络的平均路径长度：

$$L = \frac{1}{\frac{1}{2}N(N+1)}\sum_{i>j}d_{ij} \tag{2.1}$$

其中，N 为网络节点数；d_{ij} 为顶点 i 到顶点 j 的最短路径。需要注意的是公式中的 L 包括了从每个顶点到其自身的距离。网络要能够用来定义"小世界效应"，将网络平均节点度固定，L 的值随着网络规模 N 以对数速度或慢于对数速度增长，那么该网络具有小世界效应。

2）聚集系数 C

聚集系数能够测度网络中长度为 3 的环（即三角形）的结构特征，通俗地说就是你的朋友的朋友也可能是你的朋友。在复杂网络的结构分析中，对聚集系数有两种定义。一个是从传递性的角度，Barrat 和 Weight（2000）提出聚集系数为

$$C^{(1)} = \frac{3N_{\Delta}}{N_3} \tag{2.2}$$

其中，N_{Δ} 为网络中三角形的个数；N_3 为网络中连通三点组的个数；连通三点组是指一个由三个节点构成的集合，此三个节点中的任意两个节点之间都存在路径，使得两个节点被直接或间接地相关联。

另一个是由 Watts 和 Strogatz（1998）提出的，节点的局部聚集系数

C_i 为包含节点 i 在内的三角形的个数/以 i 为中心节点的连通三点组的个数,计算公式为

$$C_i = \frac{2E_i}{k_i(k_i-1)} \tag{2.3}$$

其中,E_i 为节点 i 的 k_i 个邻居节点之间实际存在的边的条数。由节点的局部聚集系数定义网络的聚集系数为

$$C^{(2)} = \frac{1}{N}\sum_i C_i \tag{2.4}$$

聚集系数和平均路径长度在复杂网络的研究中得到普遍关注,在这两个测度指标下,研究者通过大量的经验研究发现实际网络普遍呈现出小世界的网络结构,即具有短的平均路径长度及高的聚集系数。

3)度与度分布

顶点度定义为与顶点 i 连接的其他顶点的数目,通常记为 k_i,网络中所有节点的度的平均值称为网络的平均度,记为 k:

$$k = \frac{\sum_{i=1}^{N} k_i}{N} \tag{2.5}$$

其中,N 为节点数量。

度分布 $p(k)$ 表示随机取一个节点,其度为 k 的概率,也等于网络中度为 k 的节点的数目占网络中节点总数目的比值,即

$$p(k) = \frac{N_k}{N} \tag{2.6}$$

其中,N_k 为度为 k 的节点数量。

对任意一个给定的复杂网络,其顶点度分布可以通过顶点度的直方图来显示。在 Erdos 和 Renyi(1986)的研究中,他们认为图中每条边是否存在的概率都是一样的,因此,随机图中的顶点度分布服从大 n 极限下的泊松(Poisson)分布或者二项分布。显然,现实中这样的概率并不存在,现实世界中网络的顶点度分布和随机网络度分布相比有很大差别。很大一部分现实世界中网络的顶点度分布均偏离泊松分布很远,向右倾斜程度较大,这说明该分布的右边尾部比较长,而其度值远超过平均数值。

2.4　集群创新与创新网络

2.4.1　集群创新

西方学者熊彼特在《经济发展理论》(1912 年德文版,1934 年英文修

订版）中提出了创新理论。Porter（1998a）在技术创新维度上对集群竞争优势问题进行讨论，得出集群可以从对创新机会的理解、获得创新资源、低成本的创新试验、持续的竞争压力这四个方面促进创新。Hamdouch（2007）总结创新集群的特点包括：①处于相同政策环境中不同规模的组织及机构在地理上的集聚；②集群组织之间、个人之间有正式的及非正式的互动，这些互动可以是有规律地、在特定场合或通过关系网络开展的；③在特定的行业领域或知识领域，集群内组织能够通过合作开展与创新有关的活动。

　　尽管关于产业集群创新的研究中，尚未给出产业集群创新的确切定义，学者对这一概念也没有达成一致，但许多研究试图基于不同视角阐释集群创新。部分学者尝试从知识层面定义并解释集群创新（Tallman et al.，2004；陈柳钦，2007）。Tallman 等（2004）将知识分为组成性知识及整体性知识，整体性知识是集群创新的动力，能使企业有别于集群外企业，然而在大多数集群内，组成性知识是集群企业主要交流的内容，整体性知识在集群中的流动不足。Polanyi（1958）将知识分为显性知识及隐性知识，前者指已形成明确的传播形式，即有正式载体、用规范语言表达的知识，后者则指与直接经验相关而尚未纳入正式传播载体的知识，Ziman（1978）将隐性知识理解为某种程度的"科学直觉"，Howells（2002）根据创新的过程提出，相较于显性知识，隐性知识在创新过程中有更重要的作用。部分研究则从社会资本角度探讨集群创新，洪启嘉（2004）认为群内企业所拥有的社会资本决定了集群创新能力，群内企业的高度互信促进了企业合作创新行为，并进一步促进新知识在集群中的传播与扩散，使集群形成高度互学的创新组织。邵云飞和成斌（2008）认为，产业集群创新是指建立在专业化分工与合作基础上，处于同一行业或者相关行业中的企业、协同供应商、客户、政府、科研院所或者其他组织等簇内各种行为主体，因地域临近，创新聚集效应明显，集群内企业间迫于竞争压力，纷纷通过协作、学习和其他机制促进了创新、溢出与扩散协同创新进程的出现。彭宇文（2012）认为，集群创新是以"网络范式"为基本特征的技术创新组织，它伴随着技术创新组织的演进而发展，并不断完善，同时，还离不开产业集群自身的发展和变化。周文等（2015）认为集群创新是指利用知识互补效应，劳动力流动效应和溢出效应等加快集群内企业知识流动的创新过程。孔晓丹和张丹（2020）从知识增值的角度指出，集群创新网络通过知识共享的方式实现企业的创新，通过技术合作等途径构建多主体协同创新的组织模式，从而实现知识创新、风险共担、利益共赢。目前对于产业集群创新的研究，具体从以下几个方面展开。

1. 集群创新与区域发展

许多学者从宏观视角研究区域发展与集群创新的互动。一方面，集群创新水平能够作为地区整体创新水平的衡量标准，Chang 等（2012）以中国台湾科学园为例，发现集群创新提升了整个地区的发展和成长。Bröcker等（2003）认为集群创新通过提升集群竞争力及就业水平提升了整个地区的发展水平。Cooke（2001）则认为集群创新通过使产业升级来促进地区的经济发展。另一方面，集群创新需要整体区域的政策、技术、文化环境提供支撑。在诸多影响集群创新的变量中，政府政策对集群创新具有显著的正向作用（Mejia-Trejo et al.，2011），而文化建设能够为集群创新提供长期发展的动力；Liu 等（2013）回顾世界各地成功制酒集群，对尚处于初步发展阶段的中国喜马拉雅山地区制酒业集群提出建议，其中包括维持健康可持续的地区制酒文化；Iammarino（2005）通过对意大利集群创新系统的研究，强调地区文化对于集群的持续成长、实现创新的重要作用。盖文启和王缉慈（1999）从知识与创新、技术进步与应变的区域政策、全球化和本地化、新的产业空间以及创新环境概念等五个方面，探讨了改进我国区域创新政策的启示。洪锦端（2017）指出集群创新已从初期依赖资本、劳动力要素积累的现代区域经济发展模式转向人才、知识、科技、信息资本在内的综合要素的投入，创新发展成了区域经济高速、高效发展的必要途径与关键性措施。陈洋（2021）将德国海德堡创新集群作为德国集群现象的一个缩影，分析政府政策扶植这一宏观环境中，创新集群对于区域发展所起到的作用，研究指出，通过打造问题研究导向型创新集群来突破企业和大学、研究机构紧密合作之壁垒，形成了研究—生产—商品价值链，创新集群可以强有力地推动区域经济发展，形成知识经济格局。

2. 集群创新机理

创新活动是由内部和外部资源共同支撑的，具体的创新过程可以被分为以下两个阶段：第一，科学家和工程师在实验室或者其他研发场所得出新的成果；第二，这些以知识或其他形式存在的成果被外部组织（包括企业、大学、政府实验室等）吸收（Axelrod and Cohen，2000）。创新是由内部专业知识和外部刺激共同催化的成果，特别对于知识密集型产业，如果仅依靠内部知识创造，将会面临一系列的发展瓶颈，创新的关键在于获取外部知识（Tsang，2000）。

创新本身具有一定的开放性和聚集性，产业集群恰好能够为其提供平台。能够促成创新的资源通过突出的产业集群集聚，不仅能增强企业作为个体的创新能力，还可为整个集群的创新过程提供动力（Hoen，1997），从而使集群环境中的企业较之孤立的企业在创新开展中更具优势。也有学者认为集群与创新的关系不大，鞠芳辉等（2012）根据中国制造业产业集群发展现状，得出的结论是：集群产品的知识宽度太狭窄，过分模块化，缺少以通用核心技术为基础的关联产业，同质化竞争和合作造成的制约等使得企业和整个集群创新能力的培养受到了阻碍。谢子远和鞠芳辉（2012）则认为，若集群内大部分企业仍然选择采用内部知识与技术"自我封闭的道路"进行知识创造，集群创新能力也将停留在一个比较低的水平上。

Hollenstein（2003）以瑞士的服务业产业集群为研究对象，分析了其与制造业产业集群创新模式的区别。李琳和杨田（2011）从多维邻近视角出发，结合产业集群创新理论以及邻近效应，以我国六大汽车产业集群为研究对象进行实证分析和检验，研究发现，地理邻近对于产业集群的创新绩效具有正效应；纵向组织相邻对集群创新绩效的影响为负，且横向组织相邻呈正效应；地理相邻和纵向组织相邻对于集群创新绩效的作用存在替代关系，与横向组织相邻存在互补关系；直接创新投入与集群发展水平均对集群创新绩效的提高具有促进作用。王静和谭礼楠（2011）将集群发展阶段划分为形成、发展和成熟三个阶段，结合经济学的相关理论分析了企业在不同阶段进行创新所面临的形势特点和阻力因素，并在此基础上提出了相关的发展建议。张妍和赵坚（2020）利用区位熵和动态集聚指数，测度和分析新区规模以上工业的产业集聚度，并从集聚效应与政策效应两个方面论证了影响新区产业集聚水平提升的渠道。研究结果显示，产业集群建设与有效发展离不开产业政策、要素禀赋和本地市场、主导产业根植性与关联产业支持的综合影响，若只依赖地方政府利用行政权力执行一般性优惠产业政策，就会造成产业集聚或者"企业扎堆"，集聚效应不足。过分倚重优惠政策，将导致企业不重视长久的集聚效应，由此造成集聚区根植性不足。

许多研究着眼于如何通过成为集群成员提升自身创新能力，即企业加入集群后的创新机制。Baptista 和 Swann（1998）发现在强联系集群中的企业相比同行业的其他企业更有可能实践创新，同时研究证实了企业的地理集聚形成的知识外溢有利于促进创新。另外，他们发现处于同一集群的企业，所占市场份额与其创新呈显著正向关系。Aharonson 等（2014）以加拿大的生物技术行业为研究对象，同样通过实证分析得出集群中企业的创新能力优于集群外的同行业企业。另外，通过量化并测量企业创新水平，该研究得出集群企业的创新水平是其他互不联系的企业创新水平的9倍。Beaudry和Breschi（2003）借鉴了Baptista和Swann（1998）的研究范式，发现集群中无创新活动的企业对同行业其他企业的创新进程有消极影响。兰娟丽等（2020）以小世界网络模型为基础，构建了基于产业集群小世界网络的知识转化效益传递收益分析模型，并对其进行了仿真研究，研究发现，伴随着产业集群知识网络内企业成员之间交流频率增加，聚集度、知识转移效率和能力有较大提高，由此，最终增强了知识转移创新收益从而提升集群竞争优势。

3. 集群创新模型

针对产业集群创新构建的主要模型如下所示。①钻石模型（Porter，1990）。产业集群的影响因素包括六个方面：需求条件、生产要素条件、产业结构战略与竞争、相关支撑产业、政府和机遇。该模型强调创新是企业的持续竞争力，忽视了这些要素间的联系，属于静态分析模型。②GEM（general equilibrium model，一般均衡模型）（Padmore and Gibson，1998），包括环境（资源和基础设施结构）、企业（相关企业和企业结构）和市场（内部市场和外部市场）三对要素六个因素，同样是静态模型，但较之于钻石模型，GEM考虑到了因素之间的互动关系，更具实际效用。③二系统模型。Cooke（2002）通过对比欧洲11个地区的区域创新网络，将区域创新系统分为知识产生扩散子系统和知识应用开发子系统。④四要素模型。Radosevic（2002）从国家、行业、区域和微观四个层次分析了集群创新的影响因素，认为层次间的互动构成了区域创新系统。该模型考虑到企业网络和网络组织者对创新能力提升的作用，但是忽略了开展创新活动的微观机制。⑤动态主体模型。孙沛东和徐建牛（2004）从创新活动微观行动者角度出发，构建"动态主体模型"，并将作为个体的企业放到产业集群创新的组织网络和制度环境中进行研究。⑥结构方程模型。徐吉祥和孙遇春（2011）聚焦国家级开发区集群，构建了相应的理论模型来研究创新能力、创新环境和创新绩效三者之间的关系，总结出相比环境中的技术和经济因素，人才的因素显著影响创新能力，而创新能力能够显著影响直接创新绩效和间接创新绩效。彭飞和王忻（2019）以金融的视角，考虑高端制造业的行业特点，选取集群创新能力的标记指标，进而提出影响技术创新集群的资本分布、支出结构、金融支撑力度等五大关键因素。吕璞和马可心（2020）根据集群供应链上配套企业和核心企业风险承受能力的不同，建构配套企业和核心企业协同创新模型，设计了以相对风险分担为核心的收益分配机制，并且和现行的分配方式作了对比。研究发现，建立在相对风险分担基础上的分配机制，可以提高企业双方协同创新参与意愿，并使得企业获得的利益与其承担风险更为匹配，实现调动配套企业主动投资积极性的目标。

学者还从集群创新系统的角度进行了研究。张学伟和刘志峰（2010）认为产业集群创新机制的构建是产业集群生存发展的内在要求和必要条件，其不仅可稳定集群内在关系、导控集群要素行为，也可扩大集群整体实力，而创新机制形成的动力则来源于产业集群解决资源供需矛盾、扩大规模效应、提升适应能力和风险抵御能力的需要。武开和徐荣贞（2012）分析了隐性知识与显性知识的区别与联系，利用知识螺旋结构模型，对集群产业内部技术溢出与扩散过程及路径进行研究，全面阐述知识溢出的产生与扩展，厘清产业集群模式下技术知识溢出与创新耦合关系研究。慕静和毛金月（2012）运用了系统动力学原理与方法，通过确立科学合理的原则，甄选系统流入、流出的影响因素和其他要素指标，以物流产业集群中企业为例进行研究，构建集群创新动力学模型，进行仿真分析，进一步探寻集群创新动力机制。王雷（2013）则以全球价值链作为研究背景，对比分析了市场主导型、技术主导型和生产主导型三种集群创新模式，并指出企业的研发能力、外资企业嵌入和集群区域科研院所与高校的密集度等因素都将影响集群创新模式的选择。慕静和毛金月（2012）在阐述集群产品创新集成理论逻辑的基础上，提出把协同学引入产业集群网络创新能力的研究，从而构建基于创新集成的集群网络能力整合生成的系统分析框架，同时引入知识粒度这一概念，设计创新知识共同体及其运行机制。张凤凉和刘丽（2012）对集群创新各因素进行了探索，并对珠三角区域产业集群创新发展状况及存在问题进行剖析，从培养创新能力、建立公共服务平台与设施、构建产学研合作体制、介绍有关配套措施、树立企业及集群品牌以及提高品牌知名度等六个方面，对产品质量保障体系进行加强与调整，并提出相应的应对措施。顾婷婷（2016）通过增加知识子系统来构建新的产业集群创新系统，在此基础上研究人力资本迁移流动对产业集群创新系统内企业技术创新的作用机制，认为人力资本迁移流动通过知识溢出效应改变产业集群创新系统及其内部企业的整体知识水平，进而影响技术创新效率。回亮潺和伍玉林（2020）基于协同创新并围绕双维度框架模型对战略性新兴产业集群技术创新能力进行分类和构建，将创新主体要素优势嵌入并整合到集群中，重点分析其主体技术创新能力在战略性新兴领域及其协同创新系统中的实践模式和主导效用。宓泽锋等（2022）利用二步系统广义矩阵估计（generalized method of moments，GMM）模型测度融入区域创新集群的深度与广度对地方创新集群的影响。

2.4.2 创新网络

Baba 和 Imai（1989）首次提出了创新网络的概念，将创新网络视为系统创新的基本体系，组织之间的联合机制以创新合作关系为主。Freeman（1991）对创新网络这一概念进行了继承和深化，将创新网络视为一种以系统性创新为目标的基本制度安排，内涵是企业之间创新合作关系，并根据创新网络的正式组织形式，把创新网络分为 10 类。在此概念提出之后，越来越多的学者开始关注创新网络。国内一些学者提出，创新网络已成为产业集群创新过程的一种组织现象。盖文启和王缉慈（1999）以北京中关村地区为例研究技术型区域发展的创新模式及其创新网络，指出在区域技术创新过程中，区域创新网络的构建对创新活动发生的作用尤为重要。徐华（2002）认为，创新网络就是由若干中小企业为求生存而形成的合作创新系统。王大洲（2001）认为创新网络引发了创新活动。霍云福等（2002）对创新网络的概念进行了界定，并且指出，创新网络是平等的，其合作具有长期性，整体效益具有互补性，组织形式具有开放性等特点；认为创新网络是由商业机构、大学、科研机构、政府、资本市场和中介机构构成的，同时，对各主体之间的联结形式也进行了剖析。张伟峰和万威武（2004）分析了创新网络的形成过程、概念与特点，得出了创新网络的形成动机主要在于创新能力有限与资源稀缺。创新网络的主要类型包括虚拟组织网络、第三意大利模式、核心网络、风险资本网络、联合体网络等。

关于创新网络的研究，丰富了产业集群创新的研究内涵。研究主要集中在以下几个方面。

在协同创新网络构建与治理方面，范群林等（2014）将嵌入性案例分析方法与定量测量相结合，选择国内高端装备制造业的龙头企业：以东方电气集团东方汽轮机有限公司作为研究对象，开展了以协同创新为核心的网络分析。以国家创新系统为研究对象，进行知识环境分析，并在此基础上，分析两者间通过交易成本在协同创新网络生成机制中的作用。尚林（2015）论述协同创新网络的四个主体——政府、企业、科技中介、高校和科研院所的行为及其影响效果，实证考察了协同创新网络下不同主体给网络效率造成的冲击，调研认为，高校和科研院所、科技中介及政府所扮演角色的大小对创新网络效率具有很强的正向关系。韩周等（2016）认为，实现企业长远发展的创新途径是加强协同创新，组建协同创新网络，较好地发挥社会、资金和政府的作用。罗茜等（2018）从理论上系统梳理创新网络治理机制，对于创新网络的形成、治理、创新以及整合机制的概念进行了解释，并设置了绩效测量指标，同时将熵值法运用于指标权重的确定，将灰色关联法和格序决策法相结合，给出灰格序的评价方法；以江苏省产业技术创新战略联盟为例，发现治理机制在影响创新网络治理绩效方面表现出较明显的周期性。其中，形成机制是先导性的，是整合机制和创新机制产生作用的先决条件，创新机制存在滞后性，必须以有效形成和整合机制为前提。胡海鹏等（2018）分别从企业、高校和科研院所层面入手，采用社会网络分析和空间分析方法，从行业视角出发，剖析产学研内部、外部的合作创新网络空间特征，探究内部产学研合作。胡珑瑛和刘颖（2019）认为，由于受诸多因素影响，协同合作主体之间存在着运行过程中的矛盾，继而对协同创新行为与绩效产生影响。其以利益、知识因素、结构为中心，研究发现在集群创新网络发展过程中，既有独立的一面，也有相互影响的一面，政府需建立和执行有效管理策略。刘丹等（2019）在生态系统理论与演化动力学模型的基础上，建构科技型小微企业创新生态系统的网络框架与网络联结模式，并运用竞争、互利共生与捕食关系的演变模型，分析了演化模型均衡点和稳定条件。研究发现，创新生态位的重叠度决定竞争的激烈度，系统演化的均衡条件在于各主体之间的高度分工，并有适量的嵌入。余维新等（2020）使用了单案例、多阶段分析流程，考察了关系治理机制对于网络成员适应行为的作用机制，构建了相关理论模型。研究结果显示，关系扩散机制对网络成员静态适应性行为具有促进作用，对动态适应性行为及临界适应性行为均不利。吴万明等（2022）实证分析了知识异质性通过知识协同的中介作用影响创新绩效的作用机理以及治理机制的调节作用。研究发现，知识异质性、知识协同对创新绩效的影响都呈现倒"U"形曲线。

在创新网络演化方面，蒋同明和刘世庆（2011）提出了区域创新网络演化自组织模型，分析发现，区域创新网络耗散性和自组织性，主要表现为创新主体（网络节点）与网络所处环境的互动，这些互动关系反过来推动区域创新网络进行自我调节、自我完善。同时，区域创新网络形成的过程可以划分为孕育期、成长期、成熟期等三个时期。吕国庆等（2014）根据长三角地区装备制造业的共同申请专利的数据，采用社会网络分析方法，绘制了产学研创新网络并分析其结构和空间特征，发现长三角装备制造业创新网络的演化具备明显的阶段性特征，且仅停留在初级阶段。叶斌和陈丽玉（2015）构建了区域创新网络竞争与合作共生演化模型，给出共生演化模型平衡点及稳定性条件后，模拟分析了区域创新网络共生演化过程。研究发现，区域创新网络内不同创新主体共生演化结果主要由共生作用系数值决定。余维新等（2016）通过理论推演的方式，基于 A—U 创新过程，将创新网络演化过程分为流动阶段、转换阶段和稳定阶段，从结构、关系和知识对创新网络演化的特征角度进行研究。胡海鹏和吕拉昌（2018）研究中关村产学研合作创新网络的时空演化，为中关村产学研合作提供政策参考。阮平南等（2018）根据网络节点之间的关系，提出多维邻近性和网络结构，采用德温特与 Thomson Innovation 专利数据库，运用指数随机图模型，从社会、地理、机构、科技以及制度等五种不同邻近性对于 OLED（organic light emitting diode，有机发光二极管）技术创新网络演化动力进行实证分析。研究认为，社会与科技邻近性的比例在逐步上升，成为创新网络发展演进的主要驱动力量。王建国等（2018）选取内蒙古地区产学研合作中的专利数量作为研究样本，采用社会网络分析法，探究内蒙古地区产学研合作与创新网络结构演变路径和趋势，得出内蒙古优势产业主要是农畜牧业、化工冶金和电力制造业等。石乘齐（2019）以网络宏微观转化的中间层次组织间依赖关系为切入点，构建了创新网络演化模型，并做了数理仿真，研究认为，创新网络由组织知识提升与外部创新目标改变这两种力量综合驱动而形成、以组织之间的知识合作和社会互动的方式演进。吕拉昌等（2019）研究了城市群创新网络的空间演化问题，着重以京津冀城市群为例，在分析京津冀城市群部分调查数据的基础上，得出城市群创新关联，揭示京津冀城市群创新网络空间组织特点。戴靓等（2022，2023）基于中国 285 个地级及以上城市间论文合作发表和专利联合申请的截面数据，构建中国城市知识创新网络，分析其结构演化特征，并采用多元回归的二次指派程序（multiple regression quadratic assignment procedures，MRQAP）从邻近性视角探讨其演化机制；采用网络视角揭示长三角地区协同创新的时空格局与演化机制，提出区域创新空间优化和高质量发展的政策建议。陈钰芬和王科平（2023）基于多维邻近性视角，利用专利合作数据，分阶段考察技术、制度、地理和社会四类邻近性对人工智能合作创新网络演化的影响。

在创新网络的测度指标以及生命周期方面，何晓清（2017）通过构建创新网络的评价指标，重点研究了高技术产业与中低技术产业两大网络节点，搜集 30 个省份的面板数据，采用分区域与门槛回归相结合的方法，实证分析了创新网络对区域创新的影响。研究认为，创新网络直接推动区域创新，这一效应随区域创新网络升级而弱化；在创新网络水平差异区域，创新网络在区域创新中的作用路径存在差异。胡绪华和徐骏杰（2017）在对相关文献进行梳理的基础上，总结了中国电子信息产业沿着京津冀、珠三角、成渝、长三角等地区的发展方向以及按顺序演化的板块化发展空间分布模式等，并按照各个板块的产业形成机制及成长特征，分别与产业生命周期的各个阶段相对应（成熟期、准成熟期、成长期和进展期）。根据专利数据，利用社会网络分析法，分别绘制了 2001～2003 年、2004～2006 年、2007～2009 年、2010～2012 年和 2013～2015 年五个阶段的电子信息产业技术创新网络演化图。魏龙和党兴华（2017）对惯例复制微观动态及网络复制困境进行了研究，对常规惯例与柔性惯例的复制及对网络行为的偏好进行了分析，运用多主体仿真方法，构建一个基于惯例复制技术创新网络演化模型，比较分析惯例复制行为在不同情景中对技术创新网络演化差异的影响。孙耀吾和谈媛嫡（2018）将创新网络结构划分为企业、平台和行业三个层次，构建了基于技术、研发能力、产品架构能力的三螺旋结构模型，揭示技术领导力构成三螺旋的演化机理与规律，并以华为公司手机模块化创新网络为例进行了案例研究。研究发现，主导企业的技术领导力随模块化创新网络的演进而呈现增长趋势；处于模块化创新网络演进过程中的各个阶段，在技术领导力构成中起主导作用的技能是不同的。这对模块化创新网络主导型企业推动三种能力的和谐发展具有重要意义，对增强技术领导力有重要的启示意义。杨翘楚和王佳希（2023）以全球十大创新城市集群在美国专利商标局中的专利文本为数据源，建立城市、细分技术领域和典型企业的多属性节点创新网络，划分时间段对上海网络地位的演化进行测度和分析，研究发现，上海在创新网络中的地位沿着"边缘者"到"跟随者"再到"领跑者"的路径不断攀升。

在对创新网络内部的研究中，阮国祥和阮平南（2011）把网络成员知识共享策略划分为"共享"、"不共享"以及"回敬"三种类型，根据演化博弈理论构建了成员间知识分享博弈模型，利用 NetLogo 平台搭建了仿真模型，分析了知识共享博弈在不同收益条件下所实现的演化均衡状态，结果表明信任和惩罚机制都是创新网络知识共享的重要治理机制，创新网络管理者应降低网络成员之间的信任成本，促进网络成员间的信息沟通，确保机制的有效性。申小莉（2011）提出创新网络中知识转移绩效的影响因素模型，在此基础上进行了问卷调研，对知识转移机制中关系调节效应进行研究和验证，得出了选择合适的知识转移机制能够较大程度地补偿转移知识特性给知识转移绩效带来的负面影响，建构高效的学习机制，是破解这一难题的有效手段,其中既有个体学习,也有组织学习。胡登峰和李丹丹(2012)通过对知识转移度与维度的概念剖析,提出了知识转移螺旋上升过程模型,将知识转移度的影响因素分析应用到中国高校知识产品实际问题中,提出建立完善的知识转移体系、加强创新平台建设、促进企业内部的产业化创新将有助于解决知识转移中的广度、速度和深度问题。任宗强和吴志岩(2012)在融合传统资源观和网络嵌入基础上,通过调研企业抽象数据处理,构造出系统的动力学模型,对合作创新时的情况进行仿真模拟,研究嵌入属性(技术距离、地理距离与创新资源存量的关系)引起的异质性、匹配度和能力变化之间的联系,探讨资源异质性对合作创新行为和能力动态变化的影响。洪燕真和戴永务(2015)以企业社会资本理论为基础,采用社会网络分析法,并通过问卷调查,获取福建各大产业集群 82 户林业企业有效反馈的信息,对林业产业集群内企业网络结构和创新绩效之间的关系进行研究。研究认为,伴随着林业产业转型升级速度的不断加快,林业企业创新对创新网络环境的依赖程度日益增强,优势集群创新网络结构对林业产业集群企业创新活动必不可少,此外,企业处于集群网络中的居间位置,集群中蕴藏着大量知识、信息、人才和其他创新资源,这些资源使得集群中林业企业对创新资源的支配能力得到加强。潘李鹏和池仁勇(2018)基于集群内部创新网络的知识结网尺度测度方法,进一步论述了知识网络结构与创新之间的关系机制。郑小勇(2021)在整体网络密度模型与层级回归分析的基础上,对集团内部知识网络密度进行了分析、对地理分散性与产品创新能力之间的关系做了实证检验。结果表明,商业集团内的技术和市场知识的网络密度都与集团渐进性的产品创新能力存在正向关系,地理分散性在二者与渐进性产品创新能力之间的关系中都起到了积极的调节作用。

利用复杂网络理论来研究创新网络的结构特征也是创新网络研究的重要组成部分。辛晓睿等(2017)以 1988 年至 2015 年间上海农业技术领域的合著论文及联合申请专利资料作为原始数据,分别对科学知识网络和技术知识网络进行了刻画。采用复杂网络和空间分析方法以城市、地区、国家等三个层次为研究对象,在网络整体结构、关键节点及其空间结构对比三个层面,描绘了上海农业创新网络结构和演变特征。研究发现,上海农业创新网络演变呈现出显著的阶段性,呈现"核心-边缘"结构,地理邻近并没有削弱其重要性;在科学网络上,研究机构中心性显著高于企业,科研院所在创新网络中处于中心地位;技术网络结构相对松散,呈现链状结构,且目前正处于起步阶段。孙冰等(2018)对创新网络小世界效应和新技术扩散效率的关系进行探讨,引入技术重叠度概念,刻画新技术创新特性，提出了转换成本这一操作性定义，用以度量潜在用户感知和转化新技术，进一步形塑了创新网络小世界效应影响突围性技术传播的模型，讨论了构念之间的内在联系。基于吉林省新能源汽车创新网络的实证研究，对以上作用关系的考察表明，小世界效应和创新网络新技术扩散效率之间存在显著正相关关系，且技术重叠度参与其中；技术重叠度在小世界效应和扩散效率的关系中起了部分中介作用；转换成本的小世界效应和扩散效率的关系、技术重叠度和扩散效率的关系都存在倒"U"形的调节效应。郭燕青和何地（2017）、何地和白晰（2018）、何地和郭燕青（2016）、苏策等（2021）以共同申请的发明专利数据为基础建立了创新网络，运用社会网络分析法，从网络结构和网络特征两个角度全面分析了网络发展状况，探讨了网络中心度、结构洞对网络创新产出的影响。綦良群和周凌玥（2019）基于装备制造业对企业协同创新网络的结构特征进行了研究，仿真分析了影响均衡策略实施的关键因素。研究认为，在和知识密集型企业进行知识转移的过程中，装备制造企业吸收知识的能力、双方知识互补程度和协同效应增强，有利于知识转移。赵昕等（2018）收集 2009 年至 2016 年我国海洋领域专利申请数据，构建以专利权人作为节点、以合作关系作为连接的创新网络，更进一步量化规模、结构和其他网络特征，研究得出，相较于企业，专利权人倾向于与子企业以及关联企业合作，学术专利权人的合作伙伴则更为多元化。任庆鹏和张辉（2019）从创新网络的角度对老工业基地产业升级的路径进行了研究，建议在微观上进行改革突破，在要素层面上加快创新的生成，从洛阳市的案例分析得出老工业基地要基于整合产业要素构建产业互联网体系，形成"全域孵化"的创新格局。董睿和张海涛（2022）基于不同发展阶段的系统结构、主体行为和价值生成方式，从复杂网络视角构建创新生态系统知识转移模型，运用数理仿真对其各发展阶段进行演化分析，探索知识转移绩效的影响因素。

关于创新网络的演化机制，曹兴等（2018）基于核心企业主导型创新网络，以企业创新合作行为为实验背景，利用初始禀赋异质进行公共品博弈试验，通过各种机制的介绍，检验和比较了不同机制对提高公共品实验期数的作用，以及在促进网络成员合作方面的功能，然后甄别最优机制。研究显示，奖励机制和领导机制分别带来的影响无法保持高水平合作；惩罚机制、奖惩联合机制以及领导机制之下的奖惩联合机制则能够有效地减轻合作脆弱性。贾卫峰等（2018）通过构建技术创新网络节点间的知识匹配模型，利用 NetLogo 本身自带 Logo 语言，模拟了创新网络下核心企业的发展历程。研究发现，节点之间知识存量差异大小与网络节点核心性的形成时间呈正相关关系；网络节点间知识匹配度、差异度和网络节点核心性平均形成时间之间存在倒"U"形关系；网络节点知识影响力差异大小与其核心性形成时间均值呈反比例关系。高杰等（2018）立足于自发秩序中科学共同体的视阈，把中国特色高水平基础研究科技创新团队——创新研究群体合作网络看作是一类变革中的特殊科学共同体，把它的演化过程概括为"三阶段，两转折"，通过分析创新研究群体网络的演化机理，并对一个优秀创新群体进行探索性案例研究，初步开启了他们合作和发展的"黑箱"，对其重要节点和阶段划分进行了拆解，并对组织形态的演变进行了分析，针对创新群体解决问题和发展治理等提出相关建议。王宏起等（2018）以综合优势为理论基础，以中国新能源汽车产业为例，采用解释性案例与专利计量嵌入结合的方法进行研究，揭示了以主导优势为基础的战略性新兴产业核心能力的生成机制。研究显示，随着产业主导优势历经碎片化的网络、单一辐轴网络向多中心小世界网络动态演变，产业核心能力依次从小生境产品仿制创新能力、产品系列化自主开发能力到全面拓展的产业协同创新能力，两者一起演变，并随着产业综合优势的提升而同步增长。游达明和刘诗（2022）基于中国专利数据库中深圳2007～2021年联合申请专利数据构建深圳产学研专利合作网络，运用Gephi和ArcGIS等分析工具及社交网络分析方法，探究深圳产学研专利合作网络的演化特征。

关于创新网络与创新绩效的关系，曾德明等（2014）基于2006～2010年中国汽车产业158家上市公司的专利数据，使用Ucinet社会网络分析软件构建了各时间窗下协作研发网络，并对混合截面数据进行分析与假设检验，研究结果表明企业到国外建立研发机构对于创新绩效具有积极的作用，企业在网络中的中心地位越高，越有利于企业创新绩效的提升。利用国际化战略，获取网络位置优势，是促进企业创新绩效提升的重要途径。姚云浩和高启杰（2014）选取四川剑门蜀道（剑门关）核心景区附近的旅游企业作为研究样本，利用回归模型对旅游企业的网络关系嵌入问题进行实证研究。研究认为，网络强关系对企业创新绩效具有促进作用，企业之间互惠程度及关系持久性与创新绩效显著正相关，在旅游企业关系嵌入与创新绩效关系中，创新扩散起到了部分中介作用。齐昕（2019）通过对创新网络进行划分从而产生有调节反馈的中介效应模型，进一步考察垂直与水平层面创新网络对于双元性学习差异化作用，研究认为，水平与垂直层面的创新网络都能够强化企业双元性的创新网络特征。经验证，与水平网络相比，垂直网络的质量受网络强度影响较大，双元性学习的效果较好，且垂直网络规模对双元性学习具有显著影响。网络管理能力的增加对垂直与水平网络的规模均有正向的作用。李雪松等（2022）构建了数字化转型促使企业融入全球创新网络进而提升创新绩效的理论分析框架，基于 2008～2020 年中国制造业上市公司数据，运用 Heckman 两阶段模型，研究了数字化转型背景下，企业融入全球创新网络这一开放式创新行为对其创新绩效的影响。

对于产业集群中存在的创新网络，一些学者基于实际的案例进行了实证研究。刘兰剑（2014）将 SEM（structural equation model，结构方程模型）运用于我国 240 家汽车企业调查数据中，并进行实证分析，认为网络能力和创新绩效交互作用显著正向影响网络地位，提出企业应利用网络资源能力，取得更高网络地位，提升产业控制力。陆霄霞（2015）主要以浙江集群企业为例，通过问卷调查的方式得到 2018 份有效问卷，通过数据分析研究先验知识以及网络关系强度对集群企业创新绩效的影响，研究发现：网络强度越大，集群企业利用式创新能力也越强，反过来，先验知识相关性也强化了这一促进作用；网络强度越低，集群企业探索式创新能力也越强，以及先验知识多样性对该效应的强化作用越大等。赵炎等（2015）搜集了美国 SDC Platinum 数据库中 2000～2008 年的数据和中国知识产权网中的专利数据以及从企业年报、企业网站等渠道得到的企业具体信息，选取我国通信设备行业联盟创新网络为研究样本，基于网络密度影响创新绩效，赋予企业地理位置动力学特征，用负二项回归，考察了企业区域位置，企业之间地理邻近性和网络密度交互作用如何影响创新绩效。研究认为，地理邻近性对于创新绩效具有显著影响，企业位于三大经济圈内，对于创新绩效并不显著，且企业之间的地理邻近性在网络密度与创新绩效之间可以起到正向调节作用。李明昕和罗强（2021）以 2010～2019 年 A 股上市公司为研究样本，探讨了高管网络中信息传递、资源互补利用等因素对企业科技创新能力的作用机理。研究表明，高管网络各中心性都显著正向影响企业科技创新能力，对区域经济发展也有明显调控作用。

关于创新网络内部企业创新绩效的研究，宋晶等（2015）通过向具有代表性的 32 家企业发放问卷的形式得到有关创新网络的数据，考察在合作创新中，不同网络能力类型对合作创新绩效所产生的影响，并且讨论了异质地域文化情境下这种影响效应之间的差异。研究认为，网络利用能力促进合作创新绩效在三地样本中都得到验证，基于维持现状的渐进性创新行为，有利于促进合作稳定程度与合作满意程度、稳步提高创新能力等方面的研究。施放和朱吉铭（2015）通过问卷调查，获得浙江省 228 户高新技术企业的有效资料，对创新网络与组织学习对创新绩效的作用机理进行了研究，并且构建了"创新网络—组织学习—创新绩效"框架模型，对数据进行实证分析，得到了企业创新网络规模、网络中心性能对企业创新绩效具有直接推动作用；知识获取、知识利用对企业创新绩效也有直接推动作用；创新网络可以通过知识的获得、知识利用对企业创新绩效具有间接促进作用，这说明，组织学习在创新网络与创新绩效之间起到了部分中介的作用。刘学元等（2016）建构了网络关系强度、企业吸收能力与创新绩效关系的理论模型，并通过问卷调查的方式，对中国 278 户制造业企业进行抽样调查，主要考察了企业创新网络的关系强度问题、吸收能力对创新绩效影响，研究认为，创新网络关系强度与企业吸收能力都对企业创新绩效具有显著正向影响，并且企业吸收能力对网络关系强度与企业创新绩效的关系起到了非完全的中介作用。该研究没有考虑各个维度的网络关系强度和吸收能力对创新绩效的影响。谢嘉康和谢琳琳（2022）在对"主体—知识—绩效"要素分析的基础上，依据超网络理论从异质性网络映射联系视角建立重大工程知识创新超网络模型，构建出创新主体子网、创新知识子网和创新绩效子网三个子网络模型并建立起跨层级映射联系，为积极培育和有效治理重大工程知识创新网络提供了理论依据。

在创新网络与产业集群方面，也有学者进行了相关研究。吉敏等（2011）从产业集群网络特征出发，对集群升级中网络演化形态进行剖析，通过问卷调查与企业访谈，以启东天汾电动工具产业集群为研究对象，并运用社会网络分析方法，对内生型集群升级进程中网络演化形态进行剖析。研究表明，处于不同演化阶段的集群网络，以社会网络为中心、以经济网络和知识网络为代表，呈现稳态—非稳态的升级过程。史焱文等（2015）基于社会网络分析法，通过去寿光蔬菜产业集群和鄢陵花木产业集群进行实地问卷调查，研究鄢陵花木与寿光蔬菜集群各网络间的关系及创新网络结构的联系。赫连志巍和王丽莹（2018）对创新活动过程与创新能力扩散过程以及两者的耦合作用进行了分析，识别了创新网络活跃度影响因子，构建了集群创新网络的活跃度模型，并用 Matlab 对其进行了仿真模拟。结果表明：平均路径长度和创新网络活跃度显著负相关，集聚系数、中心度对创新网络活跃度有显著的正向影响；异质性创新能力分布均匀，吸收能力适中，有利于启动集群创新网络活跃度；集群创新网络各节点间关系强度、转移意愿、溢出效应与共同的认识，集群创新网络的活跃度均达到了新的高度。戴佩华（2022）选取重庆市 164 家集群企业的调查数据进行实证分析：渐进式创新模式下，与外部网络关系嵌入相比，集群内网络关系嵌入更容易提升企业创新绩效；突破式的创新模式下，与内部网络关系嵌入相比，集群外部网络关系嵌入能够更有效地促进企业创新绩效的提升。

从本质上来看，创新活动是一个复杂的知识搜索过程，在这个过程中，知识被创新主体以多种方式增加、删除、转换、修改、重新组合或重新解释。知识流动被认为是创新活动的基本形式，知识网络是知识资源流通与交互的主要途径，创新可看作知识流动的结果。基于以上视角，相关学者提出了知识网络、知识地图、知识空间等概念来表示知识流动的结网形式，加深了人们对集群创新中知识网络的进一步认识。

Kleinholz 等（1990）认为，颠覆原有的核心知识并改变知识元素间的联系是形成突破性技术创新的必要条件。沿袭该观点，Cohen 等（2007）提出，为了提高企业创新绩效，研发人员需要广泛整合散布于组织内、外部的不同领域的前沿知识，革新现有技术的核心知识元素，探索知识元素之间可能的联系，进行创造性的重组。在此过程中，Schillebeeckx 等（2021）认为由知识元素及其联系所构成的知识网络起到重要作用。孙骞和欧光军（2018）等基于知识链、价值链视角，构建多重网络嵌入与企业创新绩效影响关系模型，并通过实证这两种网络嵌入都会对企业创新绩效产生正向促进作用，且吸收能力起到了积极的中介作用。Yao 等（2020）将集群网络嵌入划分为由研究者组成的合作网络嵌入和由知识要素组成的知识网络嵌入，研究发现这两种网络嵌入均对企业绩效起到正向的影响。Cao 等（2021）将网络嵌入划分为由产学研组成的社会网络和由知识元素节点组成的知识网络，研究发现社会网络的关系资本与企业开发性创新和探索性创新均存在明显的倒"U"形关系，知识网络的深度和广度对企业双元创新存在着不同的影响。王炳成等（2021）从知识赋能的角度出发，研究发现知识跨界搜索和知识网络嵌入构成了商业模式韧性得以实现的关键因素，也就是两者至少必须具备其中的一种，以有效促进商业模式韧性。

同时，随着全球进入大科学时代，科学研究的复杂性、系统性、协同性显著增强，科技创新从线性范式向非线性和学科交叉范式转变，体现在任何一项创新成果所包含的专业知识和特定技术越来越多，而创新绩效的提高需要研发人员探索以往不熟悉且缺乏相关经验的，处于行业前沿的，甚至因缺少知识基础而高度不确定性的技术，使得单个研发人员或企业依靠自身力量很难掌握一系列跨学科、跨领域知识，难以充分汇聚创新资源，故只有彼此密切配合、协同创新才可能实现。因此，以研发人员或组织为节点、以创新合作关系为连接所构成的创新合作网络，成为创新资源流动的渠道，影响着突破性技术创新。Bresciani 和 Ferraris（2016）研究发现外部创新合作网络嵌入和内部创新合作网络嵌入之间并不相互排斥，两个网络之间存在相互依赖关系，这导致双重网络嵌入企业能获得更好的创新绩效。

目前关于集群知识网络的研究多以企业为创新主体，研究以企业为节点的知识流动特征。

2.4.3　集群创新中的知识网络

1. 知识网络研究现状

集群是由生产网络、社会（合作）网络和知识网络相互融合而成的复杂网络结构。其中，知识网络是生产网络和社会网络发生与发展的积累和标志，是集群创新的重要源泉和获取持续竞争力的关键。国内外学者对集群创新系统中知识网络的界定，包括对知识网络的内涵和知识网络的构成要素的界定。

情报学领域关于知识网络的研究最早可以追溯到 Price（1965）提出的"引证网络"，管理学领域关于知识网络的概念最早是由瑞典工业界于 20 世纪 90 年代中期提出。美国科学基金会（The National Science Foundation，NSF）认为知识网络是一个提供知识、信息的利用等的社会网络。Beckmann（1995）认为，知识网络是进行科学知识生产和传播的机构与活动。Kobayashi（1995）认为知识网络是由具有知识创造力的节点的集合以及节点间的联系所组成的系统。在欧洲创新研究小组（Groupe de Recherche Europen sur les Milieus Innovateurs，GREMI）的推动下，许多学者（Cooke，1993；Morgan et al.，1997）开展了对集群创新系统中知识网络的研究。Carbonara（2004）研究认为，在产业集群知识网络中存在强联结与弱联结，如果企业仅仅具有其中的一种，则不可能取得很强的市场地位。Arbia 和 Basile（2007）认为集群创新系统中知识网络节点之间的连接具有复杂性。Kang 等（2007）认为知识网络弱联结对探索式学习有积极影响，且强联结对利用式学习具有积极的影响。Tiwana（2008）考察了知识网络中强联结及其对立性、互补性，得出强联结有利于异质性知识资源的获得，但是知识整合能力不足，而且强联结具有知识整合的能力，却缺乏获得异质性知识的能力。随着网络理论研究的深入，越来越多的学者开始从知识网络结构的角度去探索知识网络的内涵。Song 等（2005）的研究表明，在许多实际知识网络中，在一定的长度与尺度范围内，的确存在自相似，从而使知识网络从微观走向宏观，指导一些学者展开对知识网络结构和功能涌现性问题的探讨。Mentzas 等（2006）根据网络社区的特征（开放、封闭）以及知识交换的特征（交易、共享）两个维度，将知识网络划分为知识社区、知识链、知识供给、知识市场四种类型。Cappellin 和 Wink（2009）认为在特定的聚类背景下，知识网络就是这些包含着丰富知识资源的不同类型主体或者网络节点所建构的、能够促进知识转移而形成的各种较为稳定的正式关系与非正式关系之和，普遍具有知识溢出、柔性聚集的特点，以及集群拓展、信任增强的基本功能。Krätke（2010）认为知识网络是知识参与者之间的一种社会网络，其价值实现过程需要通过个人、群体和组织各层次上的知识创造和传递来实现，其本质是一种模式或隐喻。Cárcamo 等（2014）将知识网络引入海岸资源管理中，认为一个地区知识网络的高集聚有利于该地区的行政管理与治理。Brennecke 和 Rank（2017）采用多层次网络方法，考察企业知识网络如何影响发明人之间的工作互动。Mascia（2018）则提出了知识共享网络，研究了保健领域多种理论机制下知识共享网络的形成。

国内学者蒋恩尧和陈寿金（2002）等从技术层面的角度出发，将知识网络定义为一个用于解释大量的资料与信息，记录、包装并传递专业知识给员工、业务伙伴、顾客及供应商的网络体系；李丹等（2002）认为知识网络是组织与能为其提供所缺知识的外部组织进行合作所相应构成的网络体系；赵晓庆和许庆瑞（2002）认为知识联结网络是企业关系网的重要来源，是企业竞争的重要来源；张丽妮（2004）认为广义上的知识网络是指知识的参与者在个人、团体、组织、组织之间实现知识的创造和传递的社会网络。姜照华等（2004）从区域经济的角度，认为知识网络是区域创新体系的骨架，企业、高校、中介机构、政府等是区域知识网络结构上的节点（单元），节点之间存在多元相互作用关系，从而形成一个有机整体。宁钟（2001）认为知识在集群内的传递和使用过程中，不仅没有损耗，而且会由于知识资源的积累、共享而增加。孙锐（2006）认为知识网络便于知识的共享和转移，提高知识的吸收能力和集成能力。成伟和王安正（2006）认为知识网络由三个要素构成：知识单元、知识活动和知识。知识单元是完成知识活动、控制知识的主体，知识活动是知识单元交换知识资源的表现形式，知识是知识单元获取知识的行为目的。智力活动包括有意识的知识创造、知识学习和无意识的知识活动。郝云宏和李文博（2007）对知识网络的意义进行了如下定义：一种网络系统，通过节点（企业、人、研究团体等）之间的知识创造、知识共享等链接，建立在一定的关系链基础上。知识网络可以分为知识主体之间的网络、知识与人之间的网络、知识与知识之间的网络。万幼清和王战平（2007）认为产业集群知识网络的基本架构可以分为产业集群内部知识网络和产业集群外部知识网络。陈得文和陶良虎（2008）认为产业集群知识网络的运作分为知识共享和知识转移两个阶段，集群有效的知识网络运作有助于集群互动学习机制的形成。马德辉和包昌火（2008）认为知识网络由核心层、中间层和外围层构成。其中，核心层包括企业员工、集团和团队周围的共同关注和任务；中间层包括企业的其他组、团队或部门的一些成员；外围层包括政府部门、客户、供应商、分销商、科研机构、竞争对手等。从整体的角度来看，企业知识网络结构内外层次相对松散，是企业内外部正式和非正式网络的结合，该模式有利于企业内外各种社会网络的和谐与统一，挖掘嵌入企业内外社会网络的隐含知识资源。赵晶等（2009）认为产业集群知识网络是根植性地方网络，一个重要特点是内部企业、供应商、客户和其他机构之间的互动、知识互补。高璞娴和李蛟（2010）认为知识网络主体，尤其是同类主体之间（如企业与企业之间、高校与高校之间）存在激烈竞争。张寒冰（2011）认为集群知识网络是一种依托于公司间的社会关系网络的网络形式，其主要表现在企业间以及不同企业的员工间非正式的技术、经验等的知识共享和转移。王斌（2014）认为集群知识网络实质上是产业链或价值链形成的各种能力要素的组合。易明等（2017）从集群边界的交互学习的观点出发，集群知识网络由知识存量、合作意愿、可靠性、吸收力、竞争关系五个方面构成。李利勤和李金瓯（2018）基于物流产业知识网络的竞争视角，认为物流业的知识网络是由共享性资源、创造性以及竞争强点构成。何明芮（2020）认为产业集群知识网络的组成节点是集群企业、政府、集群创新导向服务提供商及专业服务提供商。王玮（2021）认为知识网络由企业供应商、政府、消费者组成，有效实现了企业间的信息交流，减少企业间或企业部门间信息的不对称，促进企业稳定成长。曹兴和谭蒙盼（2023）以自动驾驶技术为研究对象，通过对专利数据库关键词的提取，构建了知识耦合网络，并从网络结构、节点属性和知识元素关系属性，分析不同技术时期知识耦合网络形成的动力机制。

我们认为，集群创新系统中的知识网络是用以描述集群内主体之间知识活动关系的一种复杂网络结构。知识网络的构成要素为知识、知识主体和知识活动。在集群创新系统中，知识主体一般包括生产商、批发商、运输商、零售商、消费者、公共服务机构、代理机构、政府、大学、科研机构等。知识主体之间的相互作用和联系形成了知识网络。随着知识网络的演化，集群内部的知识主体的学习机制得到发展，二者之间相互促进。

2. 集群创新中知识网络的演化

关于集群创新系统中知识网络的演化问题，国内外学者进行了广泛的研究。日本学者 Nonaka（2007）提出著名的显性知识和隐性知识转化的完整模型——SECI［社会化（socialization）、外在化（externalization）、组合化（combination）、内隐化（internalization）］模型，被认为合理地揭示了知识共享过程的实质。Nonaka（1994）提出了知识转化螺旋模型，应用了认识维和存在维两个维度来描述组织知识的聚集和转化过程。Akgun 和Doymaz（2005）通过实证检验了在新产品开发过程中，参与者群体稳定性、信任等因素与知识网络的相关假设。Fleming 等（2007）在分析不同区域知识网络演化的差异性和导致差异性的触发因素后，验证了知识网络规模统计分析模型。Boschma 和 Wal（2007）以意大利南部鞋类集群为研究对象，探讨了处于知识网络优势网络位置的企业对适应性行为的影响，验证了知识网络具有分布不均匀的特点。Arbia 等（2008）以结构洞效应为理论基础构建实证分析模型，以智利酒业集团为研究数据来源验证了知识网络节点间的交互作用机制影响网络知识联结的形成。Dantas 和 Bell（2009）建立了基于学习创新的知识网络形成与演化模型，验证了知识网络结构及网络成员的复杂多样性。Conklin 等（2013）以老年人健康研究转移网络为实例描述了知识中介在知识网络演化中的作用，指出知识中介拥有领导者的影响力而不是权力。Arroyabe 等（2015）基于社会网络设置，构建了产业集群内知识分享网络演进仿真模型，研究发现，知识储备和知识共享在内外两个方面分别推动着产业集群分散和聚合演化，并随着产业集群不断演进，它的知识水平和知识共享能力随之不断变化。Choudhury 和 Uddin（2016）认为，相较传统网络拓扑结构和网络结构关系随着时间推移择优重连，监督式学习机制更能预测知识共享网络演化趋势。Friedrich 等（2020）通过博弈机制模型分析了企业之间个人知识共享的意愿，研究发现，游戏化措施与活动的推出，能够激活职工的心理认同感，由此，提升了知识管理系统共享内容质量，便于共享知识。Yuan 等（2022）采用基于偏差修正的非百分位 Bootstrap 方法实证研究了知识创新网络碎片化故障对高新技术企业技术实践的影响机制和传导路径，论证了知识创新网络碎片化故障对高新技术企业技术实践的主效应显著的假设。

　　国内学者王铮等（2001）基于神经网络的物理模型，建立了政策参与调控的知识网络模型。姜照华等（2004）建立了产业集群知识网络演化的动态模型，将知识网络与网络外部以及参与者之间的知识流作为知识网络演化中的一个重要变量。马萍和刘丽明（2004）认为产业集群成员通过知识转移、知识转化和知识收获的循环过程不断丰富和更新集群的知识库，从而不断与集群的其他成员交换知识。李勇和郑垂勇（2006）认为网络的知识转移效率受到企业自身吸收能力、所转移的知识特性等多方面因素的影响。傅荣等（2006）将产业集群参与者的交互偏好划分为任务导向和知识导向，建立了基于多智能体的产业集群知识网络模型，并对知识网络演化模型进行了仿真计算。谈正达等（2006）采用社会网络分析方法建立了集群内企业间知识共享关系网络模型，并分析了网状集群网络中企业间知识分享关系演变的动态特征。谢丽君和何燕子（2006）基于知识转化螺旋模型（knowledge transformation spiral model，KTSM）构建了产业集群创新系统的知识流动的动态模型。该模型除 KTSM 中的两个维度以外增加了知识生命周期的维度。孙文彬（2006）在分析产业集群环境因素的基础上，将产业集群的学习机制分为纵向企业学习、横向企业学习和支持环境的机构学习。集群成员可以通过信息交流准确地将自己定位在这个空间中，使得彼此之间的知识转移路径清晰，其学习速度明显优于产业集群之外的成员。基于超循环理论，刘刚（2007）研究了知识网络中的知识反应循环、催化循环和超循环，并建立了知识网络的超循环结构。研究认为，知识的自我增强和交互增强所形成的耦合关系使知识网络达到了稳定的结构状态。程德理（2007）认为集群内知识网络内部的知识流动与共享过程通过相应的学习机制得以实现。丁瑶（2009）通过构建一个虚拟知识网络进行仿真试验，发现具有高中介性或高中心性的主体知识水平演化最快。万君和顾新（2008）从交易成本的角度研究了知识网络的形成机制，认为知识的复杂性是知识网络形成的根源，知识交易成本的节约是知识网络的驱动力。姚宏霞等（2009）以主动知识主体和无生命主体系统为知识交互主体，改进了知识转移的螺旋模型，提出了互联网群体协作的知识网络演化模型。周浩元等（2009）建立了一个基于多智能体的计算实验模型，以模拟复杂工业知识网络的演化，并发现处于网络中心的主体可以在知识竞争中获得领先地位。李贞和张体勤（2010）发现随着企业技术知识存量和质量的提高，企业的外部知识网络从无序到有序，从低级到高级。网络的规模不断扩大，多样化程度不断提高，网络的力量不断增强，隐性知识的可用性变得更加便利，知识网络的类型也从非正式网络演变为合作网络附属网络。单海燕等（2011）基于知识相关性的局部偏好连接机制和偏好删除机制，对知识网络演化模型进行了建模，模拟了知识网络的累积度分布，发现局部偏好连接机理和知识相关性的偏好删除机制对知识网络的演化具有重要意义。万君和顾新（2012）在研究了知识网络形成和演化的周期性和规律性后，提出了知识网络生命周期模型，并确定了目标企业的生命周期阶段。陈金丹等（2013）通过分析集群环境下企业知识网络的规模和异质性，构建了影响整个网络演化模式的动态外部环境的四维分析模型。王斌（2014）

运用网络组织理论和产业集群理论，基于网络结构构建了集群知识网络的共生演化模型，验证了集群知识网络节点的共生关系在网络密度、特征路径长度、加权聚合和知识交互率的影响下发生变化的假设，得出集群知识网络是按照共生宽度和深度的四种组合由低级向高级不断演化的结论。兰娟丽和雷宏振（2015）从微观层面出发，从产业集群企业之间的合作关系出发，构建了产业集群内知识网络下基于知识溢出的企业合作演化博弈模型，指出知识溢出的收益、合作成本、合作风险和合作概率都会影响系统演化的结果。梁娟等（2017）结合自适应知识交互行为，采用多智能体建模和仿真方法，分析了知识权力动态变化引起的产业集群中多个知识网络的演化。唐洪婷和李志宏（2018）针对大众协同创新社区中知识的增长和消退机制，构建了知识超网络动态演化模型，应用该模型的拓扑特性指标对社区中的知识分布特性进行分析，提出了基于动态超图的新的知识分类，并以此识别高价值的社区知识。许培源和吴贵华（2019）等运用社会网络分析方法，研究了粤港澳大湾区知识创新网络结构的空间演化与形成机制。杨坤等（2020）基于创新网络节点间共生关系的分类和知识协作过程的熵变理论，在 Lotka-Volterra 模型的基础上，以序参量指标为调节变量，构建了创新网络节点间知识协作过程的机制模型。结果表明，创新网络的知识产出水平受节点自然增长率、节点间合作意愿指数、节点间竞争指数、节点知识熵、节点结构熵等五个因素的影响。周志刚等（2021）通过构建有限理性和知识潜力条件下主客体组织跨组织知识共享演化博弈模型，研究分析了创新网络中主客体组织跨组织知识共享的战略选择。

随着复杂网络理论研究的兴起，基于复杂网络的分析方法被逐渐应用到知识网络的研究领域。复杂网络最一般的抽象是无权网络，Watts 和 Strogatz（1998）通过建立 W-S "小世界"网络模型，认为较短的平均路径长度（交流频率）使得网络能够更快速、更准确地传播信息，较高的集聚系数（交流集中度）可以促进团队内部大量、频繁的知识交流。Latora 和 Marchiori（2003）基于无向权重网络讨论了小世界网络模型的效率和成本，为创建低成本的知识共享网络提供了研究依据。Cowan 等（2004）通过建立复杂网络上的一种知识扩散模型和一种知识增长模型，分别研究了网络结构与知识扩散间的关系、网络结构与知识增长间的关系。Sherif 和 Xing（2006）从复杂适应系统（complex adaptive system，CAS）角度构建了组织知识网络模型，认为知识是在主体刺激-反应的关系认知中产生的。Choi 等（2010）结合小世界网络的无标度特征，并利用仿真模拟法，验证了以知识流动为基础的创新扩散行为正向促进网络的演化。Rusanen 等（2014）

认为复杂网络的强联结特性使企业间存在较高的信任度和合作意愿，更有利于隐性知识的获取和新知识的产生。Devarakonda 和 Reuer（2018）基于复杂网络理论，验证了以强联结的核心知识网络和弱联结的外围知识网络构成的双重网络结构增强了企业的关系能力和创新性。Zhou（2020）利用复杂网络分析技术将复杂系统描述为知识协作网络，并以此研究知识转移过程的网络结构鲁棒性和功能鲁棒性是如何变化的。国内学者李金华（2007）、李金华和孙东川（2006）在 W-S 模型的基础上提出了知识在网络上的传播模型，认为网络的随机化程度越大，知识在网络中的扩散速度越快，知识分布越均匀；通过仿真研究，发现知识流动导致网络知识同化，网络结构依赖于两种机制，即最优性和随机性。林敏等（2009）在无标度网络、小世界网络、规则网络和随机网络上模拟了知识转移过程，通过对比研究发现，无标度的网络具有明显的结构特征优势，可以提高知识转移的效果。张磊等（2010）利用复杂网络理论和网络分析工具提出了模拟案例网络的优化策略，这反映了从网络角度分析知识转移的有效性。刘骄剑等（2012）构建了企业制造能力评估的复杂网络模型，在此基础上分析和计算了网络的关键特征参数，并评估了知识节点的重要性。赵健宇（2016）建立了基于知识创造行为的知识网络演化模型，并发现小世界网络比随机网络和普通网络更适合企业共享知识。阚双等（2018）分析了复杂产品产业集群知识网络的主体、资源和动态机制，构建了具有动态特征的多组织知识学习超级网络模型。刘国新等（2021）从复杂网络的角度分析了创新网络中知识转移过程演化的内涵，并参考 BA（Barabási-Albert）的无标度网络演化模型构建了企业创新知识网络的优选网络演化模型；只有当知识潜在差异存在，并且知识转移受到知识源转移和传播意愿与宿主接受能力的合力影响时，知识转移才能有效。

　　然而，由于无权网络仅反映节点之间的连接方式，而不能描述节点之间相互作用的方向和强度，其模型有其局限性。权重网络（Boccaletti et al.，2006）不仅能更好地体现真实网络的特点，而且反映了网络中节点之间的相互作用细节，有利于把握知识网络系统的复杂特性。因此，近几年关于权重网络的研究工作发展很快（Barrat et al.，2004a；Tieri et al.，2005；Dai et al.，2018；Abreu and Martins，2019；Weber and Neumann，2021；Divya et al.，2022；汪秉宏等，2005；张鹏等，2005；刘慧等，2006；覃森等，2007；刘珊等，2007；苏俊燕等，2008；赵志刚等，2018；邹容等，2019；刘敏等，2020；徐开俊等，2021；邰昌鸿和刘向阳，2022）。邓丹等（2006）使用加权小世界网络模型，基于成员之间的沟通关系来量化知识共享的效果。席运江和党延忠（2007）提出组织知识存量的加权知识网络模型，并通过对边进行加权和对节点赋值来实现组织知识及各知识点存量的表示与度量。范彦静和王化雨（2008）通过对无标度知识网络的模拟，发现知识的传播速度明显呈钟形，传播速度一开始较低，然后逐渐加快，达到最大值，最后逐渐降低。曹吉鸣等（2012）基于加权社会网络结构的视角，结合小世界网络理论和系统动力学，对隐性知识扩散策略进行了模拟和进化分析。基于复杂网络理论，王道平等（2017）使用边缘权重来表示知识转移的强度。在加权网络的基础上，他们提出了敏捷供应链知识服务网络的演化机制，提出了知识服务网络演化趋势，并进行了仿真实验，以验证敏捷供应链信息服务网络的无尺度特征，揭示了其演化过程。苏加福等（2018，2020）基于加权知识超网络模型提出了知识网络稳定性的测度与分析方法，并提出一种基于无向加权网络（undirected weighted network，UWN）的知识流动效率测度模型。

一些学者提出了具有社团结构的网络模型，包括以 BA 模型为代表的基于无权网络的模型。在物理学界，关于权重网络演化模型方面的成果，主要包括以点权为驱动机制的 BBV 模型、以边权为驱动的 DM（data mining，大数据挖掘）模型和流驱动的中科大模型。

对于集群创新系统中知识网络及其演化的实证研究，国外学者 Saxenian（1991）通过对硅谷的研究发现，知识网络的发展促进了集群的创新。Kabecha（1999）研究了肯尼亚的集群创新系统发现，以中介组织为核心的知识网络更有利于促进中小企业技术进步。Vonortas（2002）通过研究拉丁美洲多个国家的集群创新系统发现，政府的服务政策和措施在中小企业技术进步中发挥着重要作用。Yamawaki（2002）和 Britton（2003）分别证明，日本和加拿大产业集群内的网络连接在提高创新能力方面比区域间连接和国际交易更具优势。Phelps（2010）从联盟网络的角度证明，产业集群促进了联盟知识网络的形成，企业在集群中的地位决定了网络的结构和连接模式。Huong（2011）通过实证研究，认为知识网络企业通过知识交流和共享，引发新的关联和联系，产生新的内涵，并有助于软件集群产业的升级。Lorenzen 和 Mudambi（2013）在对印度电影娱乐产业集群宝莱坞和班加罗尔软件集群进行研究的过程中发现，分散化的全球知识网络更利于知识溢出。Chaminade 和 Plechero（2015）以欧洲国家、中国和印度的信息和通信技术产业为研究对象，发现本地创新网络的厚度和创新程度是将它们连接到全球创新网络的关键因素。Bathelt（2004）通过对北京三个生物医药产业园区的实证研究得出结论，大学和其他研究机构是知识开发和技术转移的关键来源，也是产业知识网络的重要节点。Backman（2018）对瑞典工业能效网络数据进行了实证分析，发现价值、实际经验、信任、知识创造和非正式会议是使知识网络能够充分支持中小企业实施节能措施的重要因素。Lyu 等（2020）收集了 3D 打印、虚拟现实、混合动力汽车和无人机四个新兴产业的专利数据，对理论模型进行了验证，研究结果表明，开放式创新的广度和深度对创新激进性有正向影响。Zhi（2021）从多层次网络的视角，整合协同网络和知识网络的研究，探讨了城市层面的协作网络和知识网络对节能产业创新的影响，实证结果表明，城市在知识网络中的集聚指数和影响力与创新能力呈正相关关系，而与地理距离则呈现倒"U"形效应。

国内学者通过对我国长三角、珠三角等地的集群创新系统的研究发现，知识网络有利于集群主体创新能力的提高（王珺，2002；盖文启，2002；朱华晟，2003；魏江，2004；李青，2003；蒋翠清等，2006；陶勇等，2007；崔颖，2008；李欣苗，2009；王瑛，2011；陈伟等，2013；刘雪锋等，2015；张曼和菅利荣，2017；郑小勇，2019；吴松强等，2020；张润东等，2021；佟家栋和范龙飞，2022）。李志刚等（2007）通过对合肥高新区的实证研究，验证了网络结构变量对集群内部企业创新能力和绩效的影响。陈得文和陶良虎（2008）对湖北装备制造业集群进行了分析，认为目前湖北已初步形成了产学研合作机制，但是由于集群生产网络专业化、模块化发展不足以及社会网络发展不完善严重影响了知识共享的程度和转移的效率，因此知识网络难以有效运行。赵晶等（2009）以柳州市低压电器产业集群为例，研究了基于集群知识网络的技术学习路径研究，探讨了知识网络的构筑对产业集群技术学习的推动作用和作用机理。陈金丹等（2011）以南京大明路汽车销售与服务产业集群为数据来源，对现实的集群网络进行了直观描述和数值分析，通过对集群知识演化过程的建模和仿真，对比分析了现实集群网络与重连、随机两个模拟网络上知识扩散和创新的绩效，并提出了现实集群网络进一步优化的方向。卢艳秋等（2012）通过对知识转移模型的实证分析得出结论，影响价值网络内知识成功转移的主导因素依次是知识转移环境、知识转移模式、网络环境和知识转移能力。陈艳艳和王文迪（2013）构建了基于可吸收性的知识创新网络与企业创新绩效的概念模型，并对中国知识密集型服务企业的协同创新网络与公司创新绩效之间的关系进行了实证研究。魏江等（2014）对五个制造业集群中的 206 家企业进行了实地调查，发现集群企业在本地和超本地知识网络中的同时嵌入与企业创新能力的提高有着重要的影响关系。孙兆刚（2015）调查了重点省份的产业集群，采用结构模型方法，进行了假设检验，并讨论了创新优势与知识网络之间的关系。其论证了产业集群的知识网络对创新优势的形成具有不同程度的影响。产业集群局域网络作为一个知识平台，是产业集群创新优势形成的基础。陈旭升和董和琴（2016）从系统分析的角度研究了知识共创、嵌入和突破性创新绩效之间的关系。知识共创和网络嵌入对激进创新有积极影响。在知识共创网络中，可用资源识别指数对过程激进创新绩效的影响大于前端不确定性。在知识网络嵌入中，信息共享壁垒指数对产品激进创新的影响强于企业力量，知识共创和网络嵌入具有明显的协同效应。李纲等（2017）使用聚类样本数据和结构方程模型进行了实证研究，以探讨企业从外部知识网络获取新关键知识的网络吸收能力对创新绩效的影响。基于社会网络的视角，姜照君和吴志斌（2018）构建了网络连接强度、知识吸收能力和创新绩效的概念模型，并利用园区 634 家文化企业的微观数据，实证检验了网络连接强度对江苏国家广告产业园区文化企业创新绩效的影响。谢伟伟等（2019）选取长江中游28 个城市群作为研究区域，分析网络特征，探索网络邻近性的机制，发现地理、社会、技术和人力资本邻近性对知识合作网络具有显著影响。张玲等（2020）根据知识社会化的方向性将其划分为知识流入和知识溢出，并以集群网络的位置为调节变量，讨论了知识社会化对集群企业竞争优势的影响。结果表明，中心性对知识流入和知识溢出对集群企业竞争优势的影响的中介作用均减弱，而结构空洞对知识流入和知识溢出对集群企业竞争优势的影响的中介作用分别增强和减弱。郑小勇（2021）采用全球网络密度模型和层次回归分析相结合的方法，对集团内知识网络密度、地理分散度和产品创新能力之间的关系进行了实证研究。

　　国内外学者的大量研究成果，无疑为本书的研究提供了基础。但是，基于现有理论研究视角和方法存在以下局限性：①大部分学者在肯定知识网络对集群知识主体间知识活动的促进作用时，往往忽视后者的学习机制对知识网络的反作用，而这种反作用可以通过刻画知识网络结构的演变或知识网络优化的趋势来体现；②集群创新系统中的知识网络，由于环境的复杂性和集群知识主体（如大企业、中小企业、中介组织、科研机构、政府等）的参与程度不同，可能形成不同点权、边权的网络结构，而这些不同类型的网络结构对于集群知识主体学习机制的影响也不同，忽视这种差别不利于客观地分析和评价二者之间的关系。本书研究力图借助复杂网络理论的经典模型，结合对典型集群的调查和案例研究，为新形势下优化集群网络、提升集群创新能力提供理论依据和策略建议。

2.5　基于 CiteSpace 的创新网络知识图谱分析

近年来不同学科领域和范畴背景的众多学者都围绕创新网络开展了一系列学术活动，研究成果大量涌现。国内外对于创新网络的研究热点集中在创新网络形成、创新网络结构和创新网络治理方面。文献计量分析工具软件 CiteSpace 常被用来进行某一领域科研成果的可视化分析，下面我们采用 CiteSpace 6.1.3 版本来分析创新网络研究的演进脉络及前沿热点问题。

2.5.1　数据来源

本节以"创新网络"为主题，为形成适合 CiteSpace 软件处理的数据，外文数据库选择 Web of Science，中文数据库选择中国知网。本节选取 2000～2022 年中国知网核心期刊数据库文献作为中文数据来源，以"集群创新网络"或者"产业集群创新网络"为主题词，设定文献检索时间跨度为 2000～2022 年，共搜索 1389 篇文献。其次，在 WOS（Web of Science）核心数据库中以"industrial cluster innovation network"为主题词，设定文献类型为"article""review"，语言为"English"，共检索出相关文献 803 篇。之后，阅读文献标题与摘要并手动删除会议文献、报纸文献、征文启事以及与主题不相关的文献，共得到有效中文文献 995 篇，英文文献 246 篇，发文量随年份分布如图 2.1 所示。

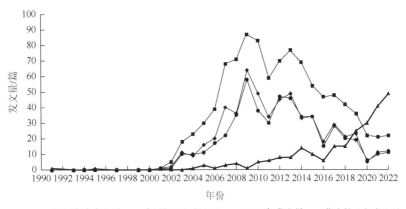

图 2.1　集群创新网络年发文量对比图

CSSCI 是指 Chinese Social Sciences Citation Index，中文社会科学引文索引

国内外关于集群创新网络的研究始于 20 世纪 90 年代,涌现于 2000 年,国外研究总体处于稳步增长状态。国内研究在 2000～2010 年发展迅猛,分别于 2007 年与 2009 年达到峰值。这种情况与我国产业集群的发展实践密切相关,特别是我国东部地区的产业集群已基本进入成熟阶段。另外,特色产业园区的设立也进一步加快了产业集群的形成,相关研究也随之兴起。随着研究的深入,从 2012 年至今,国内产业集群创新网络研究相对成熟,研究角度向核心企业与网络知识权力的方向转变。此外,还出现了云计算、信息量度、学习深度等新的研究课题。

数字经济时代,网络化协同创新成为产业集群创新网络的新兴研究方向。协同创新网络的创新绩效、内部网络结构、运行治理机制都是一些学者的研究重点。也有相关研究将机器学习、数据挖掘及大数据分析等人工智能技术运用于集群创新网络中,关注在更大空间内构建产业协同创新网络。

2.5.2　产业集群创新网络研究热点前沿分析

1. 关键词共现分析

对所获取的文献关键词做共现分析可以探析文献主题,关键词是作者对文献内容的高度概括,通过关键词分析可以了解到产业集群创新网络领域内的研究角度、研究热点与主要研究方向。

使用 CiteSpace 软件,将时间节点设置为 1991 年 1 月到 2022 年 12 月,节点类型选择"关键词",选中"pruning sliced networks"选项后运行,得到关键词共现图谱,如图 2.2 所示,并总结出排名前十五的高频关键词及其中心性,如表 2.1 所示。

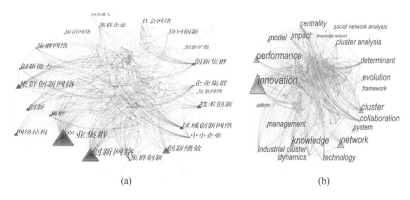

(a)　　　　　　　　　　　　(b)

图 2.2　集群创新网络研究关键词共现图谱

表 2.1 集群创新网络研究高频关键词

排名	频次	中心性	中文关键词	频次	中心性	英文关键词
1	367	0.60	产业集群	66	0.39	innovation
2	228	0.49	创新网络	29	0.18	network
3	64	0.21	创新绩效	25	0.17	performance
4	57	0.18	集群创新网络	23	0.12	cluster
5	53	0.12	技术创新	21	0.14	knowledge
6	50	0.07	创新	18	0.08	model
7	41	0.07	网络结构	13	0.08	evolution
8	39	0.11	区域创新网络	13	0.03	system
9	37	0.09	创新能力	11	0.10	collaboration
10	36	0.14	创新集群	11	0.09	impact
11	35	0.08	企业集群	10	0.11	dynamics
12	33	0.10	集群创新	10	0.04	cluster analysis
13	25	0.09	复杂网络	10	0.05	technology
14	24	0.04	集群企业	10	0.04	social network
15	24	0.05	集群	8	0.03	management

在图 2.2 中,国内图谱中共有关键词节点 527 个,节点关系连线 1231 条,国外图谱中共有关键词节点 452 个,节点关系连线 2206 条。节点大小与关键词标签大小代表着关键词出现频次的多少,节点间连线粗细表示关键词间联系的密切程度。关键词的中心性是分析关键词重要程度的依据。通常,研究热点的关键词中心度大于或等于 0.1。

由表 2.1 可知,创新绩效、创新能力、网络结构、区域创新网络是国内集群创新网络研究热点词汇;knowledge、performance、dynamics、collaboration 是国外研究热点词汇。从中心性看,创新绩效、区域创新网络是国内研究的关键节点;knowledge、dynamics、collaboration 是国外研究的关键节点①。可见,国内研究重心为讨论集群创新网络对企业创新绩效的影响。其中,网络结构—企业资源与能力—企业绩效的框架是国内主要的研究方法,这种模型能够有效地挖掘出创新网络的内部创新机制与网络结构间的关系。区域创新网络作为产业集群创新网络的重要分类,运用复杂网络理论研究区域产业转移及区域技术创新扩散是其主要研究方向。与国内研究不同,国外研究侧重于从动力学角度去分析产业集群创新网络结构中的知识流动。集群内企业之间,以及与大学、科研机构等其他创新组织

---

① 选取标准除分别考虑频次、中心性外,还考虑了与主题有高度相关性,且不是主题本身。

的协同创新网络也是国外研究热点。这体现了国内学界的研究内容紧密围绕我国实现经济总量增长与超越的产业集群发展实践。此外，协同创新网络作为创新网络的一种，对提高企业资源获取能力和提升企业创新绩效有着显著影响。

2. 关键词聚类分析

CiteSpace 关键词聚类后会显示聚类模块值 Q 和平均轮廓值 S，分别表示聚类图谱的显著性与同质性。当 $Q>0.3$ 时，代表聚类划分结构显著；当 $S>0.5$ 时，代表聚类划分合理。对国内外文献进行了聚类分析，分别识别到国内聚类 12 个，国外聚类 12 个，如表 2.2 所示。中文聚类的 Q 值为 0.6679，S 值为 0.8726，表明中文聚类合理；外文聚类 Q 值为 0.5643，S 值为 0.8231，表明外文聚类合理。

表 2.2　产业集群创新网络研究关键词聚类

国内研究				国外研究			
聚类名称	大小	平均轮廓值	年份均值/年	聚类名称	大小	平均轮廓值	年份均值/年
产业集群	84	0.928	2010	strategic alliance	48	0.803	2010
创新网络	66	0.899	2011	industrial cluster	47	0.836	2016
企业集群	52	0.787	2008	industrial symbiosis	38	0.813	2013
创新绩效	50	0.824	2009	technical knowledge network	33	0.873	2011
技术创新	49	0.808	2007	innovation network	32	0.865	2014
复杂网络	48	0.877	2009	network lifetime	27	0.83	2014
集群创新	35	0.861	2009	global production network	23	0.818	2016
创新能力	35	0.815	2014	cluster management	23	0.771	2013
社会网络	32	0.957	2008	innovation system	21	0.962	2018
创新集群	27	0.846	2011	small world networks	20	0.914	2012
集群	24	0.889	2016	location selection	20	0.831	2015
集群网络	17	0.921	2017	comparative institution forces	17	0.803	2010

结合表 2.2，国内研究侧重于企业创新绩效、技术创新以及在复杂网络和社会网络等理论基础上进行创新网络研究，国外研究强调产业集群的演化、典型模式和集群管理等。

由此，将国内产业集群创新网络近 20 年的热点研究主题归纳为以下三类。

（1）创新绩效影响机制研究。企业积极加入集群创新网络除为应对市场环境下的竞争外，最根本的目标是提高企业的创新绩效以获得核心竞争力。企业的创新绩效也是集群创新网络创新扩散效应的集中体现。一些学者对创新网络内部企业创新绩效影响因素及机制进行了广泛研究。例如，Egbetokun（2015）基于尼日利亚公司的创新调查数据探讨了公司创新绩效与企业战略、投资组合之间的关系。颉茂华等（2020）发现在产业集群中，与竞争对手及供应商合作能提高企业生产率，与大学或研究院等科研机构合作能改善新产品销售。

早期对创新绩效影响机制的研究相对局限，例如，从多维邻近性角度去探讨地理邻近性对我国汽车和软件产业的创新绩效的影响，并未从关系嵌入强度、吸收能力等更微观角度去探讨创新绩效的影响机制。然而，影响创新网络内企业创新绩效的因素具有多样性，并且，企业创新绩效的提高是通过内外部不同路径实现的。企业除自身的研发能力外，其吸收外部信息知识的能力能够有效提高企业的实际运营水平，进而实现技术优化并提升企业的创新绩效。因此，对于产业集群创新网络中的企业主体而言，优化创新绩效的重点在于提高自身对知识信息资源的吸收能力、提升内部技术创新水平以及完善产业集群内部结构，从而达到创新能力提升与创新绩效优化的良性循环。

（2）创新网络形成演化模式研究。创新网络中创新主体与网络机制的不同会导致不同创新网络在演化动力、路径、阶段上都存在显著差异。首先，对创新网络演化动力的研究，多从企业生命周期的角度出发。基于知识权力视角，根据不同企业生命周期将创新网络演化动力划分为技术推动力、策略调控力、网络结构阻力及外生推动力。研究普遍认为，外部技术和市场变化是产业集群创新网络演化的直接动力，产业集群内部企业对发展变革的渴望与企业高层对创新网络的追求是推动集群创新网络不断演化的更深层动力。其次，在不同的创新网络演化阶段，网络的演化路径也会存在差异，演化路径会随着外部行业、技术、制度以及经济文化环境的变化而变化。国内相关研究从演化的理论基础、不同类型集群创新网络的演化路径及治理问题等方面进行了深入探究，这些研究极大地丰富了创新网络演化路径的情境性。总体来说，集群内企业的创新路径是在一定限制条件下原有创新路径与创新网络共同演化的结果。最后，创新网络的演化需要经历多个不同的阶段，随着创新网络参与主体增加以及主体间关系强度提升，集群创新网络也在不断完善。基于价值链的协同关系演化遵循"节点协同→价值链协同→网络协同"的三阶段创新网络演化模型。

（3）基于网络理论的结构特征研究。关于产业集群创新网络结构的研究是创新网络研究的主流方向。复杂网络理论、社会网络理论、结构洞理论、网络嵌入理论和弱联结理论都为产业集群创新网络的研究提供了理论基础。创新网络核心企业之间的"弱关系网络结构"具有"非冗余性"的特点，这有利于核心企业之间的探索突破性创新，而核心企业与配套企业之间的强关系有利于利用式创新。

随着产业集群的产生、发展、成熟，集群的演化特征逐渐向多重网络过渡，多重网络模型在集群创新中的应用正逐渐成为研究热点，创新网络具有高知识密集和智力密集的特点，需要创新主体之间有强大的知识学习网络支撑。因此，用多重网络模型来分析高新技术产业集群内部的知识网络、创新网络、合作网络等是适合的，多重网络嵌入对集群边界拓展与知识学习绩效间的中介效用正成为一些学者的研究主题。

综上所述，基于我国产业集群创新网络研究的关键词聚类与共现分析可知，国内一些学者对创新网络的研究主要从创新绩效、演化与典型模式以及内部结构特征三个角度进行分析，由此归纳出产业集群创新网络研究框架，如图 2.3 所示。

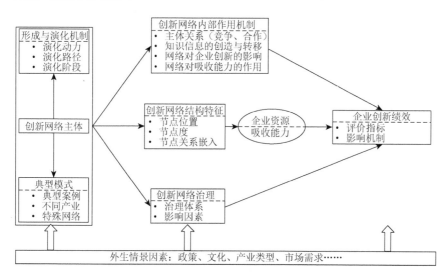

图 2.3　产业集群创新网络的研究框架

从以上分析数据可知，"复杂网络"聚类和"社会网络"聚类的年份均值分别为 2009 年和 2008 年，并且"复杂网络"关键词和"网络结构"关键词的中心性分别为 0.09 和 0.07。这体现出我国早期关于产业集群创新网络的研究是围绕社会复杂网络理论来开展的。与之相对应，"创新绩效"的年份均值为 2009 年，中心性较高，为 0.21。基于上述 CiteSpace 量化分析结果，本章认为随着创新网络的不断演化，企业作为产业集群中创新主体的地位越发突出，这造成了集群中不同企业地位、网络结构的分层。未来相关研究可从创新网络中企业无标度性出发，研究企业主体之间的差异性对演化动力、创新绩效、协同创新、企业权力及网络结构的影响。现已有研究基于集群企业间知识资源依赖的不对称性，关注网络权力对集群创新网络治理绩效的影响，也有相关研究将机器学习、数据挖掘及大数据分析的人工智能技术运用于集群创新网络中，关注在更大空间内构建产业协同创新等。但此类研究尚未涉及企业主体差异对创新网络特征的作用机制，有待国内学者深耕。

2.5.3　产业集群创新网络研究关键词演变趋势分析

为观察产业集群创新网络在不同时期的热点主题，在关键词共现分析基础上，对产业集群创新网络研究的关键词进行分时区列示，如图 2.4 所示，将同一时间点内的关键词节点移动到相同时区中，结合图 2.1 和图 2.4 可知，国内外产业集群创新网络发展趋势大致相同，但前沿趋势有所区别。国内产业集群创新网络的研究可以分为三个演化阶段。

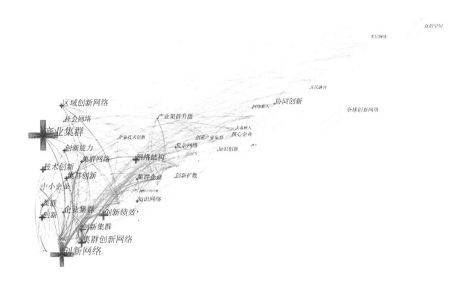

(a)

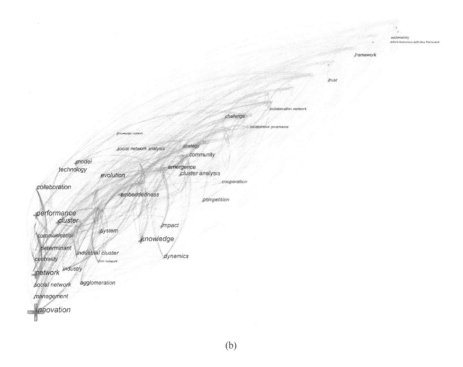

(b)

图 2.4　产业集群创新网络关键词共现时区图谱

第一阶段：20 世纪 90 年代～2006 年，萌芽期。这一时期国内集群创新网络研究多定位于集群创新网络的形成原因以及网络内企业创新能力这两方面。随着全球产业集群、经济数字化、知识资源网络化的发展，企业面临着严峻的竞争压力，竞争也开始从生产销售阶段深入到研发过程，而构建集群创新网络提升企业创新能力作为提高企业技术研发能力的关键因素，也逐步进入国内一些学者的视野。

第二阶段：2007～2011 年，成长期。由图 2.4 可知，除创新绩效外，关于产业集群创新网络的主要研究方向都在这一时期出现。2007 年，国家提出"提高自主创新能力，建设创新型国家"的发展战略。2010 年，"十二五"规划中明确提出支持企业技术研发与区域集群科技建设，构建集群创新网络是规划中的重要内容。这一时期，国内学者就产业集群创新网络的内部结构、创新绩效、吸收能力、知识扩散转移及协同创新等方面进行了深入的讨论。同时，利用微观扩散模型对创新网络进行仿真，探讨复杂社会网络结构、局部网络效应及企业主体偏好异质性对创新网络中创新扩散过程的影响。

第三阶段：2012 年至今，成熟期。在这一时期，国内产业集群创新网络的研究相对成熟，研究在已有方向的基础之上朝着核心企业与网络知识权力的方向转变。在这一阶段研究中还出现了云计算、信息量度、学习深度等新的关键词。其中，云计算的技术运用能够对集群创新网络知识转移过程中的传播趋势、节点变化及企业行为做出更智能化的预测。例如，基于云计算中心的集群创新网络能够降低企业数据中心建设的投入，重构各类知识、信息及资源的传播网络，也能在创新网络中构成一种新型、可移动且具有位置相关性的云传播模型。此外，基于深度学习的仿生集群智能控制技术也逐渐成为集群网络治理热点，因其具有使用简单、计算快速、模式机动的优点，能够有效解决饱和式集群竞争、智能交通系统以及多智能体物流等问题。集群创新网络体系与云计算等智能信息技术的投入为我国现阶段产业集群发展提供了动力，推动了我国创新驱动发展战略以及科技成果转化战略的落实。

总体而言，我国的集群创新网络研究有一个明显的从萌芽到快速发展，再到成熟发展的过程。在快速发展的阶段，关于产业集群创新网络的研究主题呈井喷式涌现。另外，学界关于产业集群创新网络的研究，与党和国家制定的创新发展战略以及产业政策紧密结合，说明集群创新网络的研究具有较强的时代性。

2.5.4　基于创新网络图谱分析的结论与展望

本节通过对国内外产业集群创新网络研究文献进行梳理，并对国内研究热点及趋势进行分析，主要得出以下结论。

（1）从研究阶段来看，国内外发展趋势大体相同，我国从 2000 年至今集群创新网络领域内的发文数量总体呈上升趋势。根据关键词共现图谱、关键词聚类图谱、关键词共现时区图及我国相关政策信息，本书将我国集群创新网络研究划分为萌芽期(20 世纪 90 年代～2006 年)、成长期(2007～2011 年)、成熟期（2012 年至今）三个阶段。

（2）从关键词共现图谱、关键词聚类图谱及高频关键词表来看，国内集群创新网络的研究热点关键词有创新绩效、创新能力、网络结构、区域创新网络等，以模型仿真分析和国内典型产业集群研究为主要的研究方法。knowledge、performance、dynamics、collaboration 是国外研究热点。

（3）从关键词聚类结果来看，国内集群创新网络研究的热点主题包括：①对产业集群创新绩效影响机制的研究，其中着重探讨了创新绩效的影响因素以及影响机制等；②对创新网络演化及典型模式的研究，其中包括创新网络演化动力、路径、阶段等；③基于复杂网络、社会网络、网络嵌入、多重网络等网络理论对产业集群创新网络内部结构特征的研究。

国内产业集群创新网络研究经历早期的理论探索、机制认知和政策融合后，现已进入多维度稳定发展阶段。创新网络的研究进程揭示了创新网络发展的必要性、现阶段的实践特点以及研究瓶颈。未来对于产业集群创新网络的研究，还要在以下几个方面进一步深入展开。

（1）改善创新网络内部多主体价值共创机制，彰显企业网络吸收能力。数字时代的来临，使创新网络内部主体的知识权力和网络节点层次发生变化，主体之间的弱联结状态更加突出，信息爆炸也使得企业必须要与更多的主体进行协同创新以获得知识信息资源。上述情况使得创新网络主体间知识转移关系的强度得到削弱，创新网络也朝着松散化的方向发展。与此同时，国内学者对集群的创新绩效除关注于外部因素或网络结构外，还关注对网络能力的研究。在这种情况下，创新网络内的创新主体必须突出"嵌入"与"耦合"关系的重要性，用价值共创为创新网络的演化与发展赋能。此外，知识信息资源的数字化会加剧创新网络的不确定性与风险性，网络节点需要强化自身动态网络能力以适应这种复杂情景，这种能力有助于抓住外部数字环境中的机遇，从而提升创新绩效。

（2）定位数字化情景，探寻集群创新网络新的演化机制及网络模式。知识信息资源的数字化影响了已有集群创新网络的不确定性、无边界性、互联性。数字化情景的影响主要有四个方面：一是创新网络主体更丰富、网络边界日益扩张；二是创新网络结构规模与异质性扩大，逐渐变成以核心节点为中心的弱联结网络；三是传统创新网络治理模式受到挑战；四是新型数字化创新网络模式不断涌现。

（3）基于复杂网络基础理论，进一步从微观层面研究集群创新网络的结构属性与特征。传统集群创新网络结构研究大都基于某一新进入创新网络的节点受网络内部节点度、中心性与吸收能力的影响。区分微观视角下企业联结的网络本质可能成为未来的研究方向，未来研究可以探究不同联结（企业、学校、研究机构、政府）对集群创新网络创新绩效、知识转移效率、吸收能力的影响机制。另外，还可以基于不同网络联结组合的创新网络模式，探究不同行业、不同生命周期的最优网络联结组合，讨论其对创新绩效的影响。

（4）紧密围绕党和国家创新政策的指引展开研究。从关键词共现时区图谱中发现国内产业集群创新网络发展具有萌芽期、成长期和成熟期三个阶段，其演变规律与该时段内的国家政策息息相关，有很强的时代特性。同时，云计算、机器学习、大数据技术等新兴技术也可能成为未来的研究热点。因此，未来集群创新网络的研究需要深刻研读领会党和国家的大政方针，构建具有中国特色的产业集群创新网络。习近平在党的二十大报告中指出：推动战略性新兴产业融合集群发展，加快发展数字经济，促进数字经济和实体经济深度融合，打造具有国际竞争力的数字产业集群[①]，为今后我国产业升级和高质量发展进一步指明了方向和路径。未来产业集群创新网络的研究必将沿着该方向和路径继续深化。

2.6　本 章 小 结

从相关理论回顾和文献综述可以看出，关于高新技术产业、集群创新、集群创新网络、集群知识网络等方面已经有了丰硕的研究成果，这为本书奠定了研究基础，新的研究热点领域也为本书的研究提供了思路。

第一，总结了国内外不同时期对于高新技术产业概念的界定。在已有研究的基础上，发现在各省区市层面，根据各自的实际情况，对高新技术产业的划分界定略有不同。

第二，梳理了关于产业集群的研究脉络，介绍了高新技术产业集群的特征以及关于高新技术产业集群的研究现状。在文献分析的基础上发现，高新技术产业集群的形成和发展从外部表现形式来看主要是在高新技术领域内的关联企业和其他机构的地理空间的联结和集聚现象；从集群经济发展的实质来看，主要有赖于是否形成了有效的创新机制和创新氛围。通过文献研究还发现目前基于复杂网络演化视角对高新技术产业集群网络的研究还有发展空间，这些可能成为今后进一步研究的领域。

第三，介绍了复杂网络的定义、复杂性表现、研究内容和测度指标。通过文献整理发现，现实世界中的复杂网络在结构上会存在或多或少的不同。尽管它们表面看来互不相同，但在网络属性上却存在很多相似之处，其统计特征可由指标测度，并借助复杂网络理论探求其发展规律，找到并掌握普遍适用于刻画此类复杂网络的技术方法与手段。

第四，学界基于网络视角研究产业集群创新，大体分为两个研究主线：一是基于产业集群网络的社会属性，即创新系统内各创新主体之间

[①] 《习近平：高举中国特色社会主义伟大旗帜 为全面建设社会主义现代化国家而团结奋斗——在中国共产党第二十次全国代表大会上的报告》，https://www.gov.cn/xinwen/2022-10/25/content_5721685.htm，2022-10-25。

的联结关系形成的创新网络；二是基于创新系统中的知识流动，即描述集群内主体之间知识活动关系的知识网络。对这两条研究主线分别进行了文献综述。

第五，采用 CiteSpace 文献计量分析软件，借助可视化的知识图谱分析对国内外创新网络研究的演进脉络及前沿热点问题进行了剖析。

第3章 我国高新技术产业集群发展概况

为便于掌握中国高新技术行业的发展现状、全球竞争情况以及中国各地区间的对比情况，并兼顾数据口径的统一，本章采用的数据资料主要取自于科学技术部和国家统计局公开发布的科技统计信息、国家统计局社会科技和文化产业统计司编著的《中国高技术产业统计年鉴2021》以及世界银行（World Bank）官网公布的2020年世界发展指标（world development indicators）。其中，《中国高技术产业统计年鉴 2021》根据国家统计局2017年颁布的《高技术产业（制造业）分类（2017）》整理汇编而成，因此统计对象为在高新技术产业占比较大的制造业，包括医药制造业，航空、航天器及设备制造业，电子及通信设备制造业，计算机及办公设备制造业，医疗仪器设备及仪器仪表制造业，信息化学品制造业六大类。高技术服务业则来自国家统计局于2018年制定的《高技术产业（服务业）分类（2018）》，高技术服务业是采用高技术手段为社会提供服务活动的集合，包括信息服务、电子商务服务、检验检测服务、专业技术服务业的高技术服务、研发与设计服务、科技成果转化服务、知识产权及相关法律服务、环境监测及治理服务和其他高技术服务等九大类。

3.1 我国高技术产业发展现状

3.1.1 高技术制造业发展现状

总体来看，中国高科技产品主营业务的收入总量正在逐渐增加，至2020年已达到17.5万亿元，占制造业的比例达到18.2%。其主营业务的总收入在各个行业类别中差距比较明显，其中电子及通信设备制造业占比超过了总收入的50%。东部地区的高科技行业分布地理聚集特点较为突出，其高科技产品营业总收入占全国的比重达到68.7%。内资企业产值占比相比2019年继续上升，比例已达59.8%，提升了1.0个百分点。在研发投入方面，我国高技术产业的总体水平稳步上升，但地区间在研发投入方面的差距依旧明显。此外，在大中型制造业企业研发经费中，大中型高技术产业企业的研发经费占据了1/3的份额，研发经费投入强度为2.67%。

1. 高技术产业规模持续扩大，占制造业比重小幅波动

从图 3.1 可以看出，2020 年高技术产业主营业务收入较上年增长 9.9%，达到 17.5 万亿元。2015～2020 年我国高技术产业主营业务收入总体处于增长状态，但高技术产业主营业务收入增长率呈现出波动的态势。2015～2018 年主营业务收入增长率逐年下降，到 2018 年，增长率甚至是负数，这代表当年高技术产业主营业务收入较上年出现下降。但 2018 年之后，主营业务收入增长率迅速增加，回到了一个较高的水准。

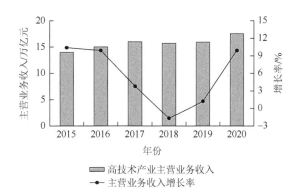

图 3.1　高技术产业主营业务收入及增长率

资料来源：《中国高技术产业统计年鉴 2021》

依据图 3.2，2005～2020 年，我国高技术产业主营业务收入占制造业主营业务收入的比例呈现一个"U"形。收入占比从 2005 年开始不断下滑，

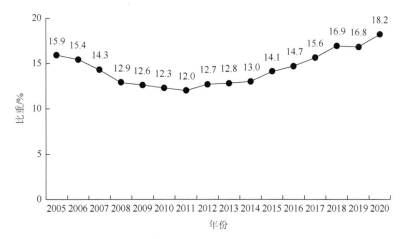

图 3.2　高技术产业主营业务收入占制造业的比重

资料来源：《中国高技术产业统计年鉴 2021》

直到 2011 年占比下降到最低水平 12.0%，此后开始触底反弹，高技术产业主营业务收入占制造业的比例逐渐上升，到 2017 年大致回到了 2005 年的水准，到 2018 年开始超越 2005 年的比值，2020 年更是达到了 18.2%，创历史新高。

2. 行业规模差异明显，部分产业地理集中度高

从图 3.3 可以看出 2020 年我国高技术产业主营业务收入的行业分布状况，其中，电子及通信设备制造业独占鳌头，主营业务收入的占比为 63.0%，与 2019 年基本持平；其次是医药制造业（14.3%，较上年下降 0.7 个百分点）和计算机及办公设备制造业（13.2%，较上年提高了 0.2 个百分点）；而航空、航天器及设备制造业和信息化学品制造业主营业务收入占比则较低，分别为 2.4% 和 0.3%。

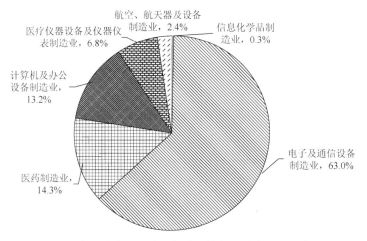

图 3.3　高技术产业主营业务收入按行业分布（2020 年）

资料来源：《中国高技术产业统计年鉴 2021》

高技术产业的地域分布具有高地理集中度的特征。以广东、江苏两省为核心的东部地区高技术产业主营业务收入（119 876 亿元）占全国的比重高达 68.7%，其中，广东（50 185 亿元）、江苏（27 193 亿元）两省占全国的比例更是高达 44.3%。浙江（10 138 亿元）、四川（9434 亿元）两省紧随其后，中西部地区集中度较为接近，而东北地区高新技术产业发展远远落后于其他地区。

从各行业的地域分布来看，东部省份，特别是沿海省份，是计算机及办公设备制造业的主要分布地区，广东和江苏两省在该领域同样处于核心地位，两者的营业收入加起来占全国的 47.0%；此外，电子及通信设备制

造业在东部沿海省份也显示出高度的集聚程度，其收入占到了全国总收入的 73.2%，仅广东、江苏两省在全国的占比就达到了 52.6%；而江苏和广西在医疗仪器设备及仪器仪表制造业领域中表现较为突出，分别占全国该行业比重的 22.4% 和 17.2%；医药制造业的地区分布与上年相比变化较小，江苏和山东两省领跑该领域，两者的占比分别为 14.5% 和 10.5%。

3. 内资企业所占比重稳步上升，港澳台资企业及外资企业在部分行业仍是主力军

随着我国内资企业自主创新能力的提高，内资企业在高技术产业中的数量也在不断上升。2020 年，内资企业的主营业务收入占全国比重已达到 59.8%，相较上年又提升了接近 1.0 个百分点，继续保持增长趋势；与此同时，港澳台资企业和外资企业主营业务收入占比继续下降，分别下滑至 18.3% 和 21.8%，如图 3.4 所示。

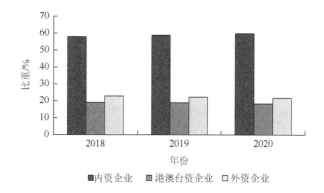

图 3.4 内资企业、港澳台资企业和外资企业高技术产业主营业务收入占全国比重

资料来源：《中国高技术产业统计年鉴 2021》

如果从区域来看，2020 年四大地区内资企业、港澳台资企业和外资企业高技术产业主营业务收入占比情况表现出巨大差异：港澳台资企业和外资企业在东部较发达地区占据优势，内资企业在中西部地区表现优异。内资企业在东部地区的收入占比相比其他地区处于劣势，其营业收入占东部地区营业收入比重最低，只有 56.1%；相比而言，内资企业在其他地区表现较好，中部、西部和东北地区的内资企业占比都超过了 60%，其中，中部地区内资企业营业收入所占比重最高，为 70.8%，西部和东北地区内资企业营业收入占比分别为 64.9% 和 66.7%。总体来看，港澳台资企业和外资企业在东部沿海省份表现突出。以上海的高技术产业营业收入为例，其中外资企业占据的比重达到 44.3%，港澳台资企业占比达 29.3%；此外，

江苏的外资企业占比为 40.8%，港澳台资企业占比为 19.6%，港澳台资企业和外资企业同样占据优势。

4. 产业研发经费持续增长，区域研发投入差异显著

近年来，中国在高技术行业的 R&D 经费也保持持续增长。2020 年大中型高技术产业企业 R&D 经费已达 4649.1 亿元，比 2019 年增长 22.2%。高技术产业 R&D 经费投入强度为 2.67%，相较于 2019 年提升了 0.26 个百分点。在六类行业中，医疗仪器设备及仪器仪表制造业的 R&D 经费投入强度为 3.79%，远高于其他五类行业；计算机及办公设备制造业的 R&D 经费投入强度为 1.2%，处于末尾水平。

从行业分布来看，2020 年高技术产业 R&D 经费支出（内部支出和外部支出的总额）和有效发明专利数情况如图 3.5 所示，电子及通信设备制造业两项指标均遥遥领先于其他行业，而信息化学品制造业两项指标都处于最低水平。医疗仪器设备及仪器仪表制造业在 R&D 经费支出上较少，但有效发明专利数却在六个行业中排第二，可见其创新转化效率较高。与之相对的是航空、航天器及设备制造业，R&D 经费支出多，但有效发明专利数较少。

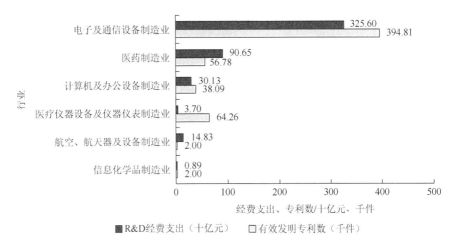

图 3.5　高技术产业 R&D 经费支出和有效发明专利数按行业分布（2020 年）

资料来源：《中国高技术产业统计年鉴 2021》

从地域分布来看，东部地区不论是高技术产业 R&D 经费支出占比，还是高技术产业 R&D 的经费投资强度，都处于领先地位。其高技术产业 R&D 经费占全国高技术产业 R&D 经费的比例高达 73.8%，远高于中西部地区，其中主要贡献来自广东和江苏两省，并且广东、江苏两省高技术产

业 R&D 经费占全国的比重也是最高的，分别达到 29.9% 和 16.0%；此外，东部地区高技术产业 R&D 经费投入强度同样全国最高，达到 2.86%，东北地区其次，为 2.63%，中部及西部地区则更低，分别为 2.54% 和 1.82%。

3.1.2　高技术服务业发展现状

高技术服务业具有技术含量和附加值高，创新性和辐射力强等特征，是我国经济高质量发展的先导产业。第四次全国经济普查统计数据显示，我国高技术服务业蓬勃发展，生产效率稳步提升，行业集中态势明显，区域集聚效应突出[①]。

1. 高技术服务业蓬勃发展

1）产业规模迅速扩大，产业比重持续上升

党的十八大以来，党中央、国务院大力实施创新驱动发展战略，出台了一系列政策，有力推动了我国高技术服务业的快速发展。2018 年末，全国从事高技术服务业的企业法人单位达 216.0 万个，较 2013 年末（2013 年为第三次全国经济普查年）增加 157.9 万个，增长 272%；从业人员达 2063.2 万人，增加 902.8 万人，增长 77.8%。高技术服务业企业法人单位数和从业人员的增幅分别高出服务业企业法人单位数和从业人员增幅 107.9 个和 25.0 个百分点。

2018 年末，全国从事高技术服务业的企业法人单位数和从业人员占全部服务业企业法人单位的比重分别为 14.9% 和 13.7%，较 2013 年末提高了 4.3 个和 1.9 个百分点，服务业高端化步伐加快。

2018 年末，高技术服务业企业法人资产总计 311 873.0 亿元，较 2013 年末增加 164 229.6 亿元，增长 111.2%；负债合计 157 462.1 亿元，平均资产负债率为 50.5%，处于适宜水平；全年高技术服务业企业法人实现营业收入 116 722.0 亿元，占全部服务业企业法人单位的 7.7%，较 2013 年增加 61 259.1 亿元，增长 110.5%。

2）内资企业数量占优，外资企业水平较高

如表 3.1 所示，从登记注册类型看，内资企业法人单位在高技术服务业企业法人单位中占绝对优势，其单位数、从业人员占高技术服务业企业法人单位比重超九成，营业收入、资产总计占比超八成。

---

① 资料来源：国家统计局网站，《第四次全国经济普查公报（第七号）》。2013 年为第三次全国经济普查年份；2018 年为第四次全国经济普查年份；2023 年为第五次全国经济普查年份。

表3.1　按登记注册类型分组的高技术服务业企业法人单位、从业人员及主要经济指标

登记注册类型	企业法人单位		从业人员		营业收入		资产总计	
	数量/万个	比重/%	数量/万人	比重/%	金额/亿元	比重/%	金额/亿元	比重/%
内资	213.3	98.7	1 905.8	92.4	97 553.1	83.6	263 141.0	84.4
港澳台商投资	1.6	0.7	84.9	4.1	10 936.3	9.4	27 226.5	8.7
外商投资	1.2	0.6	72.5	3.5	8 232.5	7.1	21 505.4	6.9
合计	216.1	100.0	2 063.2	100.0	116 721.9	100.0	311 872.9	100.0

注：因四舍五入存在相加不为100%情况

　　在着力增强自主创新能力的同时，我国也不断扩大高技术服务领域对外开放，完善外商投资管理制度，引导外商投资我国高技术服务业。2018年末，港澳台商投资、外商投资企业法人单位数合计占比虽仅为1.3%，但户均从业人员、户均营业收入和户均资产分别是内资企业的6.5倍、15.5倍和14.6倍，显示我国高技术服务业外资企业发展水平较高、实力较强。

　　3）行业劳动生产率稳步提升

　　2018年末，高技术服务业企业法人单位的平均劳动生产率达56.6万元/人，较2013年末提高8.8万元/人。从登记注册类型来看，高技术服务业企业法人单位中，港澳台商投资、外商投资的劳动生产率明显高于行业平均水平，分别达到128.9万元/人和113.5万元/人，是高技术服务业企业法人单位平均劳动生产率的2.3倍和2.0倍。

　　2. 行业集中态势明显

　　1）信息服务占据高技术服务业近半壁江山

　　近年来，根据《国务院办公厅关于加快发展高技术服务业的指导意见》（国办发〔2011〕58号）要求，我国在信息技术服务等领域积极开展应用示范，以基础设施升级促进信息服务业务发展。2018年末，高技术服务业八个行业大类中，信息服务的企业法人单位数、从业人员、营业收入和资产总计分别为96.6万个、990.7万人、67 487.2亿元和150 777.6亿元，分别占全部高技术服务业企业法人单位的44.7%、48.0%、57.8%和48.3%，比重远超其他行业大类。

　　2）专业技术服务等三大行业成为高技术服务业重要支柱

　　专业技术服务业的高技术服务、研发与设计服务、科技成果转化服务等三个行业大类的企业法人单位数、从业人员、营业收入和资产总计占高

技术服务业企业法人单位的比重在 7%～25%，虽低于信息服务，但已具有较大规模，成为高技术服务业重要支柱。

3. 区域集聚效应突出

1）高技术服务业主要集中在东部地区

从区域分布来看，东部地区的高技术服务业在全国占明显优势。2018 年末，东部地区高技术服务业企业法人单位数、从业人员、营业收入、资产总计分别占全国高技术服务业企业法人单位的 63.5%、64.2%、73.4%和 74.2%，中部地区占比分别为 21.8%、20.4%、14.1%和 11.9%，西部地区占比分别为 14.6%、15.4%、12.5%和 13.9%，东部地区远高于中、西部地区之和。

从省份来看，高技术服务业企业法人单位主要集中在北京、江苏、浙江、山东、河南和广东，上述 6 省（市）合计的企业法人单位数、从业人员、营业收入、资产总计分别占全国高技术服务业企业法人单位的 55.2%、52.8%、59.1%和 60.2%。单位数、从业人员最多的地区是广东，分别占全国高技术服务业企业法人单位的 16.8%和 14.1%；营业收入、资产总计最高的地区是北京，分别占全国高技术服务业企业法人单位的 19.1%和 28.8%。

2）京津冀、长江经济带高技术服务业集聚

近年来，我国通过完善创新创业服务体系建设，促进创新资源向优势区域汇聚，着力培育出一批创新能力强、创业环境好、特色突出的高技术服务业集聚区。2018 年末，京津冀和长江经济带区域集中了全国 50%以上的高技术服务业。京津冀区域高技术服务业企业法人单位数、从业人员、营业收入、资产总计占全国高技术服务业企业法人单位的比重分别为 16.8%、17.6%、23.3%和 32.7%，长江经济带区域占比分别为 36.8%、41.3%、43.9%和 38.6%。

3.2　我国高技术产品贸易状况

根据科学技术部公布的最新统计数据，我国高技术产品贸易总量继续增长，2018 年我国高技术产品贸易进出口总额为 14 085.65 亿美元，同比增长 12%；高技术产品出口额为 7430.44 亿美元、进口额为 6655.21 亿美元，分别较上年增长 10.8%、13.4%；高技术产品进出口贸易占商品贸易比重与2017 年基本持平，为 30.5%。

2018 年我国高技术产品进出口额按技术领域分布情况如表 3.2 所示。可以看出，出口的技术领域中计算机与通信技术、电子技术为构成主体，其中,计算机与通信技术仍居绝对主导地位,达 5050.28 亿美元,较 2017 年增长 9.6%,占高技术产品出口总额的 68%;电子技术领域出口额则居于第二位,达到 1415.25 亿美元,较 2017 年增长 17.9%,占高技术产品出口总额的 19.0%。从进口额来看,电子技术仍独占鳌头,其在 2018 年的进口额达 3574.24 亿美元,较 2017 年增长了 15.5%,占高技术产品进口总额的 53.7%;计算机与通信技术同样位居第二位,其进口额为 1243.85 亿美元,较上年增长 9.1%,占进口总额的 18.7%。值得注意的是,生物技术增长最快,在出口和进口方面的增幅明显高于其他技术领域,出口的主要目标市场为中国香港、美国和欧盟。

表 3.2　2018 年我国高技术产品进出口额按技术领域分布情况

技术领域	出口额/亿美元	出口额占总额比例/%	出口额同比增长率/%	进口额/亿美元	进口额占总额/%	进口额同比增长率/%
合计	7430.44	100	10.8	6655.21	100	13.4
计算机与通信技术	5050.28	68.0	9.6	1243.85	18.7	9.1
生命科学技术	325.98	4.4	16.3	363.89	5.5	10.0
电子技术	1415.25	19.0	17.9	3574.24	53.7	15.5
计算机集成制造技术	163.89	2.2	12.6	582.79	8.8	27.3
航空航天技术	91.46	1.2	26.0	404.53	6.1	15.1
光电技术	289.81	3.9	−7.9	403.23	6.1	−4.6
生物技术	9.28	0.1	31.3	24.60	0.4	39.1
材料技术	74.60	1.0	2.2	48.17	0.7	13.9
其他技术	9.89	0.1	27.1	9.89	0.1	−8.9

注:因四舍五入,数据存在微小偏差

按企业类型划分,高技术产品贸易出口仍以中外合资企业和外商独资企业为主,但它们的份额持续下降,到 2018 年其所占的比重为 65.3%,较 2017 年下降 3.9 个百分点。其中,外商独资企业所占比重从上年的 53.2% 下降到 50.4%,保持着超过一半的份额,外商独资企业仍然是我国高技术产品出口额的主要贡献者;以私营企业为主的其他类型企业占高技术产品出口额的 27.6%,比 2017 年提高 3.6 个百分点;国有企业占高技术产品贸易出口的比重也从 2017 年的 6.8% 小幅上升到 7.1%。

2018 年中国高技术产品进出口主要贸易伙伴与 2017 年基本相一致。其中,中国香港、美国、韩国、日本和荷兰仍然是高技术产品出口的前五大贸易伙伴,其所占比重分别为 24.0%、20.0%、5.5%、4.9% 和 4.7%;中国台湾、韩国、日本、美国和马来西亚在高技术产品进口贸易伙伴中排前

5 位，其所占比重分别为 19.6%、17.9%、8.6%、8.2% 和 5.2%。

2018 年我国高技术产品出口从技术领域分布看，美国、中国香港和欧盟是计算机与通信技术的主要出口地，三者所占比重分别为 25.4%、22.0% 和 15.5%；中国香港是电子技术的主要出口地，占该技术领域出口的 39.0%，其次为东盟、韩国和中国台湾，分别占 16.3%、9.9% 和 8.7%；美国、欧盟和中国香港是航空航天技术领域的前三出口地，分别占该技术领域出口的 23.9%、16.9% 和 13.2%。

2018 年我国高技术产品进口从技术领域分布看，东盟、韩国和中国台湾是计算机与通信技术的主要进口地区，分别占我国该技术领域进口的 34.0%、11.1%、7.4%；电子技术进口主要来自中国台湾、韩国和东盟，三者分别占我国该技术领域进口的 29.1%、23.7% 和 16.3%；航空航天技术进口则主要来源于美国和欧盟，二者分别占我国该技术领域的 52.4% 和 38.8%。

我国高技术产品进出口额在"一带一路"共建国家实现了进出口贸易的双增长。2018 年中国对"一带一路"共建国家的高技术产品出口额为 1609.1 亿美元，较 2017 年增长 13%，占我国高技术产品出口总额的 21.7%；从"一带一路"共建国家进口达 1149.6 亿美元，较上年增长 16.4%，占我国高技术产品进口总额的 17.3%，较上年提高 0.5 个百分点。

从高新技术产业 2012～2020 年的出口总额来看（图 3.6），中国高技术产业出口总额由 2012 年的 5938.94 亿美元逐步增至 2020 年的 7577.24 亿美元，到 2020 年，我国高技术产业出口总额占全球主要国家比重为 23.8%。观察出口总额比重变化趋势，可以发现 2012～2020 年中国高技术产业出口总额占全球主要国家比重波动较小，一直维持在一个较高的水平，在 2015 年

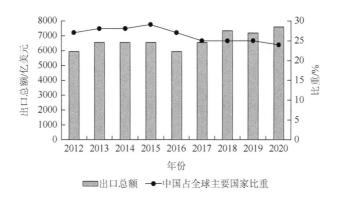

图 3.6　2012～2020 年中国高技术产业出口总额及中国占全球主要国家比重

资料来源：世界银行官网公布的 2020 年世界发展指标

达到峰值 29%后略有回落，但到 2020 年仍接近 1/4。早在 2005 年中国的高技术产业出口总额就已超过美国，在全球的地位逐步上升，显得日益重要，而且 2005 年至今中国高技术产业出口总额就一直居于全球第一的位置。

再从全球其他国家或地区的高技术产业出口总额分布来看，2020 年中国（7577.24 亿美元）、德国（1806.64 亿美元）、韩国（1639.89 亿美元）、新加坡（1612.71 亿美元）、美国（1434.89 亿美元）高技术产业出口总额居全球前五名，分别占全球主要国家高技术产业出口总额的 23.8%、5.6%、5.1%、5%、4.5%，这五个国家的高技术产业出口总额占据了全球主要国家 44%的高技术产业出口额。比较排名第一的中国与第二的德国，中国的高技术产业出口总额约是德国的四倍，由此可知中国高技术产业出口在世界上的优势地位。

3.3　我国国家高新区发展状况

截至 2020 年，中国已有 169 家国家高新区（表 3.3），其生产总值已达 13.6 万亿元，同比增长 12.4%，占国内生产总值比重为 13.3%。其中，园区生产总值占所在城市生产总值的比例达到 50%以上的高新区有 8 家，达到 30%以上的有 31 家，达到 20%以上的有 58 家。2020 年国家高新区内企业实际上缴税费总额为 18 625.9 亿元，占当年全国税收收入的比重达到 12.1%。可以看出，近些年国家高新区的经济规模总量不断扩张，在持续支撑国民经济平稳健康发展和推动地方区域经济动能优化升级方面发挥了巨大的作用。

表 3.3　国家高新区区域分布表

序号	省区市	高新区名称	总数	批准时间	主导行业
1	北京	中关村科技园区	1	1988.05	电子信息、光机电一体化、新材料、新能源及高效节能、生物医药、医疗器械
2	天津	天津滨海高新区	1	1991.03	新能源、信息技术、节能环保
3		石家庄高新区		1991.03	生物医药、电子信息、先进制造
4		保定高新区		1992.11	新能源、能源设备、光机电一体
5	河北	唐山高新区	5	2010.11	装备制造、汽车零部件、新材料
6		燕郊高新区		2010.11	电子材料、新材料、装备制造
7		承德高新区		2012.08	装备制造、食品材料、生物医药

序号	省区市	高新区名称	总数	批准时间	主导行业
8	山西	太原高新区	2	1992.11	光机电一体化、新材料、新能源
9		长治高新区		2015.02	煤化工、装备制造、生物医药
10	内蒙古	包头稀土高新区	3	1992.11	稀土材料及应用、铝铜镁及加工、装备制造
11		呼和浩特金山高新区		2013.12	乳产品、化工
12		鄂尔多斯高新区		2017.02	生物制药、节能环保、云计算
13	辽宁	沈阳高新区	8	1991.03	信息技术、智能制造、生物医药
14		大连高新区		1991.03	软件
15		鞍山高新区		1992.11	工业自动化、系统控制、激光
16		营口高新区		2010.09	装备制造、新材料、信息技术
17		辽阳高新区		2010.11	芳烃及精细化工、工业铝材
18		本溪高新区		2012.08	生物医药
19		锦州高新区		2015.02	汽车零部件、精细化工、食品
20		阜新高新区		2013.12	液压装备、农产品加工、电子信息
21	吉林	长春高新区	5	1991.03	汽车、装备制造、生物医药
22		长春净月高新区		2012.08	数字经济、影视文旅和现代服务业
23		吉林高新区		1992.11	化工、汽车及零部件、电子
24		延吉高新区		2010.11	医药、食品
25		通化医药高新区		2013.12	医药
26	黑龙江	哈尔滨高新区	3	1991.03	装备制造、电子信息、新材料
27		大庆高新区		1992.11	石化、汽车、装备制造
28		齐齐哈尔高新区		2010.11	装备制造、食品
29	上海	上海张江高新区	2	1991.03	电子信息、生物医药、光机电一体化
30		上海紫竹高新区		2011.06	集成电路、软件、新能源、航空
31	江苏	南京高新区	18	1991.03	软件、电子信息、生物医药
32		苏州高新区		1992.11	电子信息、装备制造、新能源
33		昆山高新区		2010.09	电子信息、机器人、装备制造
34		无锡高新区		1992.11	电子设备、电气机械器材
35		江阴高新区		2011.06	新材料、微电子集成电路、医药
36		常州高新区		1992.11	装备制造、新材料、光伏
37		武进国家高新区		2012.08	电子设备、电气机械器材、通用设备
38		泰州医药高新区		2009.03	化工、电子信息、生物医药
39		徐州高新区		2012.08	通用设备、电子设备、汽车

续表

序号	省区市	高新区名称	总数	批准时间	主导行业
40		苏州工业园		1994.02	电子信息、机械制造、生物医药、人工智能、纳米技术
41		南通高新区		2013.12	通用设备、交通运输设备、纺织服装鞋帽
42		镇江高新区		2014.01	船舶及配套、通用设备、电器机械器材
43	江苏	盐城高新区	18	2015.02	智能终端、装备制造、新能源
44		连云港高新区		2015.02	装备制造、软件及信息服务
45		扬州高新区		2015.09	数控装备、生物技术、光电
46		常熟高新区		2015.09	通用设备、计算机、电子设备
47		宿迁高新区		2017.02	新材料、装备制造、电子信息
48		淮安高新区		2017.02	电子信息、新能源汽车及零部件、装备制造
49		杭州高新区		1991.03	信息技术、生命健康、节能环保
50		萧山临江高新区		2015.02	装备制造、汽车、新能源、新材料
51		宁波高新区		2007.01	电子信息、新能源、节能环保、新材料
52	浙江	绍兴高新区	8	2010.11	新材料、电子信息、环保
53		温州高新区		2012.08	激光及光电、电商、软件
54		衢州高新区		2013.12	氟硅钴新材料
55		湖州莫干山高新区		2015.09	生物医药、装备制造、地理信息
56		嘉兴秀洲高新区		2015.09	智能制造、新能源、新材料
57		合肥高新区		1991.03	家电及配套、汽车、电子信息
58		蚌埠高新区		2010.11	汽车零部件、装备制造、电子信息
59	安徽	芜湖高新区	6	2010.09	装备制造、汽配、新材料、医药
60		马鞍山慈湖高新区		2012.08	新材料、节能环保、化工
61		铜陵狮子山高新区		2017.02	光电光伏、装备制造、铜材加工
62		淮南高新区		2018.02	先进装备制造、新能源、生物医药
63		福州高新区		1991.03	电子信息、光机电、新材料
64		厦门火炬高新区		1991.03	电子信息、半导体及集成电路、软件
65		泉州高新区		2010.11	电子信息、纺织鞋服、机械汽配
66	福建	莆田高新区	7	2012.08	电子信息、机械
67		漳州高新区		2013.12	电子信息、装备制造、生物医药
68		三明高新区		2015.02	机械装备、林产加工、纺织轻工
69		龙岩高新区		2015.02	机械、专用车、环境科技

续表

序号	省区市	高新区名称	总数	批准时间	主导行业
70	江西	南昌高新区	9	1992.11	生物医药、电子信息、新材料
71		新余高新区		2010.11	新能源、钢铁装备、新材料
72		景德镇高新区		2010.11	航空、家电、化工
73		鹰潭高新区		2012.08	铜基新材料、绿色水工、智能终端
74		抚州高新区		2015.02	汽车及零部件、生物制药、电子信息
75		吉安高新区		2015.09	电子信息、精密机械、绿色食品
76		赣州高新区		2015.09	钨新材料、稀土、食品
77		九江共青城高新区		2018.02	生物医药、电子信息
78		宜春丰城高新区		2018.02	高端装备制造、生命健康、新材料
79	山东	济南高新区	13	1991.03	电子信息、生物医药、智能装备
80		威海火炬高新区		1991.03	医疗器械、医药、电子信息、新材料
81		青岛高新区		1992.11	软件信息、医药、智能制造
82		潍坊高新区		1992.11	动力装备、声学光学、生命健康
83		淄博高新区		1992.11	新材料、生物医药、装备制造
84		济宁高新区		2010.09	工程机械、生物制药、新材料
85		烟台高新区		2010.09	信息技术、汽车零部件、海洋生物及制药
86		临沂高新区		2011.06	电子信息、装备制造、新材料
87		泰安高新区		2012.08	输变电设备、矿山装备、汽车及零部件
88		枣庄高新区		2015.02	新信息、新能源、新医药
89		德州高新区		2015.09	生物、机械、新材料
90		莱芜高新区		2015.09	汽车及零部件、电子信息、新材料
91		黄河三角洲农业高新技术产业示范区		2015.01	农业生物、食品、农业服务
92	河南	郑州高新区	7	1991.03	电子信息、装备制造
93		洛阳高新区		1992.11	装备制造、新材料、高技术服务
94		安阳高新区		2010.09	装备制造、电子信息、生物医药
95		南阳高新区		2010.09	装备制造、新材料、光电
96		新乡高新区		2012.08	电子电器、生物医药、装备制造
97		平顶山高新区		2015.02	机电装备、新材料
98		焦作高新区		2015.09	装备制造、新材料、电子信息
99	湖北	武汉东湖高新区	12	1991.03	光电子信息、生物、装备制造
100		襄阳高新区		1992.11	汽车、装备制造、新能源、新材料

续表

序号	省区市	高新区名称	总数	批准时间	主导行业
101	湖北	宜昌高新区	12	2010.11	新材料、先进制造、纸制品、盐化工
102		孝感高新区		2012.08	光机电、先进制造、纸制品、盐化工
103		荆门高新区		2013.12	再生资源利用、环保、装备制造、生物
104		仙桃高新区		2015.09	新材料、生物医药、电子信息
105		随州高新区		2015.09	汽车及零部件、农产品深加工、电子信息
106		黄冈高新区		2017.02	装备制造、食品饮料、生物医药
107		咸宁高新区		2017.02	食品饮料、先进制造、新材料
108		荆州高新区		2018.02	生物医药
109		黄石大冶湖高新区		2018.02	生命健康、高端装备制造、新型材料、节能环保、光电子信息、现代服务业
110		潜江高新区		2018.02	光电子信息、装备制造
111	湖南	长沙高新区	8	1991.03	装备制造、电子信息、新材料
112		株洲高新区		1992.11	轨道交通装备、汽车、生物医药
113		湘潭高新区		2009.03	新能源装备、钢材加工、智能装备
114		益阳高新区		2011.06	电子信息、装备制造、新材料
115		衡阳高新区		2012.08	电子信息、电气机械器材、通用设备
116		郴州高新区		2015.02	有色金属精深加工、电子信息、装备制造
117		常德高新区		2017.02	设备制造、非金属矿制品
118		怀化高新区		2018.02	生物医药、农产品精深加工、装备制造
119	广东	广州高新区	14	1991.03	电子信息、生物医药、新材料
120		深圳市高新区		1991.03	电子信息、光机电一体化、生物医药
121		中山火炬高新区		1991.03	电子信息、生物医药、装备制造
122		佛山高新区		1992.11	装备制造、智能家电、汽车零部件
123		惠州仲恺高新区		1992.11	移动互联网、平板显示、新能源
124		珠海高新区		1992.11	电子信息、生物医药、光机电一体化技术
125		东莞松山湖高新区		2010.09	电子信息、生物技术、新能源
126		肇庆高新区		2010.09	新材料、电子信息、装备制造
127		江门高新区		2010.11	机电、电子、化工
128		源城高新区		2015.02	电子信息、机械、光伏
129		清远高新区		2015.09	机械装备、新材料、电子信息

续表

序号	省区市	高新区名称	总数	批准时间	主导行业
130	广东	汕头高新区	14	2017.02	印刷包装、化工塑料、食品
131		湛江高新区		2018.02	新材料、新能源、生物医药与健康
132		茂名高新区		2018.02	新材料、新能源、新一代信息技术、高端装备制造、生物医药和绿色健康食品
133	广西	南宁高新区	4	1992.11	电子信息、生命健康、智能制造
134		桂林高新区		1991.03	电子信息、生物医药
135		柳州高新区		2010.09	汽车、装备制造、新材料
136		北海高新区		2015.02	电子信息、海洋生物、软件服务
137	海南	海口高新区	1	1991.03	医药、汽车及零部件、食品
138	重庆	重庆高新区	4	1991.03	汽车、电子及通信设备、新材料
139		璧山高新区		2015.09	装备制造、互联网
140		荣昌高新区		2018.02	消费品、电子信息、生物医药、智能装备
141		永川高新区		2018.02	装备制造、电子信息、新型材料、智慧交通与安全
142	四川	成都高新区	8	1991.03	信息技术、装备制造、生物
143		绵阳高新区		1992.11	电子信息、汽车及零部件、新材料
144		自贡高新区		2011.06	节能环保、装备制造、新材料
145		内江高新区		2017.02	医药、装备制造、新材料
146		乐山高新区		2012.08	新能源装备、电子信息、生物医药
147		泸州高新区		2015.02	装备制造、新能源、新材料、医药
148		攀枝花钒钛高新区		2015.09	钒钛钢铁、化工、有色金属加工
149		德阳高新区		2015.09	通用航空、医药、食品
150	贵州	贵阳高新区	2	1992.11	装备制造、电子信息、生物医药
151		安顺高新区		2017.02	装备制造、医药、航空机械
152	云南	昆明高新区	3	1992.11	生物医药、新材料、装备制造
153		玉溪高新区		2012.08	装备制造
154		楚雄高新区		2018.02	生物医药、装备制造
155	陕西	西安高新区	7	1991.03	半导体、智能终端、装备制造
156		宝鸡高新区		1992.11	先进制造、新材料、电子信息
157		杨凌农业高新技术产业示范区		1997.07	绿色食品、生物医药、涉农装备
158		渭南高新区		2010.09	精细化工、装备制造、新能源、新材料

序号	省区市	高新区名称	总数	批准时间	主导行业
159	陕西	榆林高新区	7	2012.08	煤化工
160		咸阳高新区		2012.08	电子信息、生物制药、合成材料
161		安康高新区		2015.09	富硒食品、生物医药、新材料
162	甘肃	兰州高新区	2	1991.03	生物医药、电子信息、新材料、新能源
163		白银高新区		2010.09	生物医药、电子信息、新材料、新能源
164	青海	青海高新区	1	2010.11	精细化工、有色金属、生物医药
165	宁夏	银川高新区	2	2010.11	现代纺织产业、绿色食品加工产业和再生资源循环经济产业
166		石嘴山高新区		2013.12	新材料、装备制造、纺织
167	新疆	乌鲁木齐高新区	3	1992.11	新材料、电子信息、生物医药
168		昌吉高新区		2010.09	装备制造、生物科技、新材料
169		新疆生产建设兵团石河子高新区		2013.12	信息技术、通用航空、节能环保

资料来源：根据中国科学技术部火炬高技术产业开发中心官网资料整理

注：长春、上海、苏州、无锡、常州、杭州均有两家国家高新区，见表中加粗的高新区；苏州工业园享受国家高新区同等政策

3.3.1 经济规模稳步增长，高新区经济迈向高质量发展

国家高新区继续以中高速实现增长。2020 年，169 家国家高新区实现的营业收入、工业总产值、净利润、实际上缴税费、出口总额分别为 427 998.1 亿元、256 355.8 亿元、30 442.3 亿元、18 625.9 亿元、44 726.6 亿元，较 2017 年分别增长 11.0%、6.7%、16.6%、0.2%和 8.1%。根据对 2015 年 147 家国家高新区的同比核算，高新区企业净利润、营业收入、出口总额较 2015 年的年均增长率分别为 12.6%、10.1%和 7.0%。

高新区内的产业规模显著扩大，中小型民营企业总量持续增长。2020 年，有 358.7 万家工商企业在国家高新区完成注册，其中当年新注册企业数量为 72.0 万家，较 2019 年增长 25.1%。从企业规模看，小微企业仍是高新区的主要组成部分，到 2020 年，169 家国家高新区内共有 5556 家大型企业，占比 3.4%；20 560 家中型企业，占比 12.4%；9336 家小型企业，占比 56.5%；45 880 家微型企业，占比 27.7%。

高新区依然是全国经济效率的标杆与高地。2020 年国家高新区企业技术性收入 5.9 万亿元，占营业收入的比重达到 13.7%，较 2019 年提升

了 1.4 个百分点；技术服务出口达 2916.0 亿元，占出口总额的比重为 6.5%，较 2019 年提高 0.3 个百分点。此外，2020 年国家高新区人均净利润为 12.8 万元/人，其劳动生产率为 36.6 万元/人，是全国全员劳动生产率的 2.7 倍。

3.3.2　高新区加快构筑人才新高地，创新产出成果丰硕

全国高新区企业人才梯队的构成进一步优化。2020 年，国家高新区企业有 514.4 万名科技活动从事人员，占全部从业人员总数的 21.6%，较 2019 年提高 0.5 个百分点；R&D 人员数量为 296.1 万人，折合全时当量为 225.7 万人/年；每万名从业人员中 R&D 人员折合全时当量为 849 人/年，是全国每万名从业人员中 R&D 人员（69.7 人/年）的 12.2 倍。国家高新区内有 942.6 万名从业人员具有本科以上学历，占就业人员总数的 39.5%，较 2018 年同比增长 11.9%。

从专利申请数、专利授权数、有效专利数、新增注册商标数等方面来看，国家高新区正成为全国专利产出的中心，在创新成果产出方面效果斐然。2020 年，国家高新区企业共提交 92.9 万件专利申请，其中 47.2 万件为申请发明专利，40.3 万件为申请国内发明专利；专利授权数达到 61.8 万件，其中，18.2 万件发明专利授权，15.1 万件国内发明专利授权；有效专利共 296.4 万件，其中，100.5 万件有效发明专利，86.4 万件境内有效发明专利。与 2019 年 169 家高新区同口径相比，各类型专利产出量增幅均在 10% 以上。此外，2020 年，国家高新区企业当年新增注册商标数为 15.1 万件，每万人拥有注册商标为 459.9 件，较 2019 年提高 80.3 件/万人；高新区每万人拥有软件著作权 608.9 件、集成电路布图 8.1 件、植物新品种 1.0 件。

国家高新区已形成较为完备的区域技术创新体系，在体现技术创新的功能上效果显著，较好地促进了科学技术转移的进行。2019 年，国家高新区企业研发的新产品产值和新产品销售收入分别达 8.6 万亿元和 8.8 万亿元，分别比上年增长 4.9% 和 1.9%。新产品销售收入占产品销售收入的 29.8%，较上年下降 2 个百分点。国家高新区企业技术合同交易非常活跃，2020 年国家高新区企业认定登记的技术合同成交金额已达到 8017.4 亿元，占全国技术合同成交额的比重为 28.4%。

在增加科技产出的同时，国家高新区不断推动生态建设和环保发展。截至 2020 年底，169 家国家高新区中已有超过一半的高新区获得国内或国际认证机构评定认可的 ISO 14000 环境体系认证。从能源消耗来看，

2020 年国家高新区工业企业万元增加值综合能耗为 0.451 吨标准煤，平均能耗较 2019 年继续降低。

3.3.3 加强平台载体建设，不断推动科技经济融通发展

在国内"大众创业、万众创新"浪潮之下，国家高新区发挥其天然优势，进一步完善各种创新平台载体的构建，包括积极吸纳高校和科研院所入驻园区、积极培育产业促进服务组织、促进产学研协同、持续推动高新技术创新孵化链条构建和各种创新服务组织向集群化方向发展等措施。发展和设立高新技术企业孵化器和加速装置以及众创空间、引进高新技术金融专营机构和技术创新风险投资组织、在园区内引进建设产学研合作的创新中心和科技转化机构等措施逐渐促进了创新服务组织的聚集效应，营造出引导创新、鼓励创新、促进创新、保护创新的园区环境和氛围。

国家高新区通过推动产学研合作技术创新中心建立、科技转化机构建立，促进企业与社会各种科技要素间的协作和互动，将进一步推动科技成果价值化。截至 2020 年底，国家高新区内共有生产力促进中心 503 个，其中国家级 111 个；各类产业技术创新战略联盟 1805 个，其中国家级 174 个；累计建成技术转移机构 2175 个，其中经认定的国家技术转移示范机构 313 个。

3.3.4 产业结构不断优化，推动高端产业集聚

高技术产业已经成为国家高新区产业的主体构成，而高技术制造业和高技术服务业共同构成了高技术产业。2020 年，在 169 家国家高新区中属于高技术产业的企业达 90 129 家，占全部高新区企业数量的 54.5%，比 2019 年提高 2.3 个百分点，从业人员达 1059.3 万人，占高新区从业人员总数的 44.4%。

2020 年，高技术制造业和高技术服务业创造的营业收入为 149 547.8 亿元、工业总产值为 83 463.8 亿元、净利润为 13 598.3 亿元、上缴税额为 5757 亿元、出口总额为 28 820.5 亿元，占高新区总体各类主要经济指标的比例均超过 30%，其中，出口总额占相关指标最高，其占高新区企业比重达 64.4%。

2020 年，国家高新区高技术制造业和高技术服务业的主导产业表现出较明显的集中特征。其中，高技术制造业中有 68 家以电子及通信设备制造业为主导产业的高新区，高技术服务业中有 38 家以信息服务为主导产业的国家高新区。

2020 年，高技术产业中有 2.1 万家企业属于高技术制造业，总共占高新区统计企业数的 12.4%，占比较上年下降 0.5 个百分点，实现营业收入 8.4 万亿元。

相较于高技术制造业,高技术服务业已是推动高新区发展的主要力量。2020 年,在 169 家国家高新区中高技术制造业企业有 2.1 万家,高技术服务业企业有 7.0 万家,分别占高新区统计企业的 12.4%和 42.1%,其数量之差有三倍之多。从业人员共 1059.3 万人,占高新区从业人员总数的比重为 44.4%。从企业数量、员工人数、营业收入、净利润、税额和贸易总额来看,高技术服务业普遍远超高技术制造业,担任未来高新区发展的重要角色。东大软件园、齐鲁软件园、西部软件园、长沙软件园、北京软件园、天津华苑软件园、湖北软件基地、杭州高新软件园、福州软件园、金庐软件园、西安软件园、大连软件园、广州软件园、上海软件园、南京软件园、长春软件园、厦门软件园、合肥软件园和南宁软件园等 44 个园区先后被认定为国家火炬计划软件产业基地,这些基地已经成为全国软件产业的支柱力量。

3.4　我国高新技术产业集群政策

我国政府高新技术产业集群发展的相关政策可追溯至 20 世纪 80 年代初期。早在 1984 年 6 月,国家科委《关于迎接新技术革命挑战和机遇的对策》的报告呈送国务院,明确提出要制定高新技术园区和设立企业孵化器的优惠政策;1985 年 3 月,中共中央作出《关于科学技术体制改革的决定》,明确指出要在有条件的城市试办新技术园区;1985 年 7 月,中国科学院与深圳市政府兴办了中国第一个高新区;1988 年 5 月,在中关村电子一条街的基础上,国务院批准建立第一个国家高新区——北京新技术产业开发试验区,并颁布 18 条优惠政策;1991 年 3 月,国务院 12 号文件颁布,批准建立 26 个国家高新区并制定全国适用的扶持政策;同年 4 月,邓小平同志“发展高科技,实现产业化”的题词发表;1992 年在邓小平同志南方谈话的指引下,11 月国务院又批准建立 25 个国家高新区。1997 年 6 月,为解决中国干旱半干旱地区农业发展和 21 世纪中国粮食问题,国务院特别批准建立杨凌农业高新技术产业示范区。2006 年 1 月,经浙江省人民政府申请,国务院批准宁波省级高新区升格为国家级高新区。2009 年 3 月,为应对金融危机,经湖南、江苏省人民政府申请,国务院又新批准湘潭、泰州两个省级高新区升格为国家级高新区。截至 2020 年,全国共批准建设国家高新区 169 家。

在随后的发展中,国家依据本国高新技术产业的发展情况,适当参考发达国家的成功经验,通过采取大力发展高新技术产业开发区的政策措施推动高新科技的产业化建设,具体形式主要表现在政府出台执行各种支持高新技术产业开发区成立与建设的优惠政策。自 20 世纪 80 年代以来我国政府出台的一系列促进高新技术产业集群发展的政策或计划如表 3.4 所示。

表 3.4　我国主要高新技术产业集群发展政策

目标	年份	政策	具体措施
促进创办高新区	1984	《关于迎接新技术革命挑战和机遇的对策》	制定高新技术园区和设立企业孵化器的优惠政策
	1985	《中共中央关于科学技术体制改革的决定》《关于支持发展新兴技术、新兴产业的请示》	采取特殊政策，选择发展智力密集区，使之形成具有不同特色的新兴产业开发区；提出在北京、上海、武汉、广州等区域试办高新区；启动实施"国家高技术研究发展计划（863 计划）""火炬计划"
提高产业创新能力	1991	《国务院关于批准国家高新技术产业开发区和有关政策规定的通知》《国家科委国家体改委关于深化高新技术产业开发区改革，推进高新技术产业发展的决定》《中华人民共和国海关对国家高新技术产业开发区进出口货物的管理办法》	将 51 个地方高新技术开发区提升为国家级高新技术开发区，予以政策优惠，促进产学研机构与高新技术企业的合作活动，提升创新水平
	1992	《国务院关于增建国家高新技术产业开发区的批复》	
	1999	《中共中央 国务院关于加强技术创新，发展高科技，实现产业化的决定》	引导产学研合作、促进技术创新能力的提升
促进产业集群不断发展	2007	《国家发展改革委关于促进产业集群发展的若干意见》	加大集群发展力度
	2009	提出实施一百个产业集群的示范工程	
	2002	《国家技术创新计划管理办法》	形成完善产业技术创新体系，增强企业自主创新能力，推动建立产业技术创新战略联盟
	2006	《国家高技术产业发展项目管理暂行办法》	
	2009	《国家技术创新工程总体实施方案》	
	2011	《创新型产业集群建设工程实施方案》	
推动产业集群创新升级	2012	《高新技术产业化及其环境建设"十二五"专项规划》	加强原始创新和知识产出，建立更为顺畅的产学研合作关系，加快推行股权激励机制，鼓励企业加大研发投入，加大平台建设力度，大力支持协同创新
	2016	《关于加快众创空间发展服务实体经济转型升级的指导意见》	
		《"十三五"国家科技创新规划》	
	2017	党的十九大报告"促进我国产业迈向全球价值链中高端，培育若干世界级先进制造业集群"	
	2018	《国家农业科技园区发展规划（2018—2025 年）》	
	2022	《"十四五"国家高新技术产业开发区发展规划》；党的二十大报告"加快实现高水平科技自立自强"	

资料来源：作者根据政府网站资料整理；党的十九大报告来源 https://www.gov.cn/zhuanti/2017-10/27/content_5234876.htm，党的二十大报告来源 https://www.gov.cn/xinwen/2022-10/25/content_5721685.htm

根据国家在不同时间段内发布的高新技术产业集群发展政策的目标及措施，可以将时间段划分为四个阶段。第一阶段（1990 年以前）：雏形期，相关政策旨在从无到有促进创办高新区，具体措施包括在北京中关村、上海张江、武汉东湖、广州天河等地区试办高新区、实施"国家高技术研究发展计划（863 计划）"和"火炬计划"、制定高新技术园区和设立企业孵化器的优惠政策等；第二阶段（1991 年至 20 世纪末）：生长期，有关政策旨在提高产业创新能力，具体措施主要是通过制定优惠政策鼓励产学研组织和高新技术公司间开展协作活动，以此提高企业技术创新管理水平，并引导产学研协同，提高企业科技创新；第三阶段（21 世纪初至 2011 年）：发展期，相关政策旨在促进产业集群不断发展，更加强调加大集群发展力度，推进形成产业技术创新战略联盟；第四阶段（2012 年至今）：升级期，有关政策措施旨在推动产业集群创新升级，目前已有的政策措施包括构建更加完善的产学研合作关系，加速引入股权激励机制，引导中小企业增加研究投资，强化平台构建力量，支持协同创新建设等。

3.5 我国高新技术产业集聚度分析

产业集聚度是一种反映产业的地区集聚程度的指标，它可以用来描绘某个地区特定产业集中度和专业化的状况，为区域社会经济的发展提供指导依据。常见的产业集聚度测度方法有行业集中度（industry concentration）、赫芬达尔-赫希曼指数（Herfindahl-Hirschman index）、空间基尼系数（spatial Gini coefficient）、空间集聚指数（EG index）、产业聚集指数（industrial agglomeration index）、区位熵（location quotient，LQ）等，每种方法各有优缺点和适用场景。

3.5.1 产业集聚度测度模型

1. 空间基尼系数

空间基尼系数的概念最早于 1991 年出现，当时被用来测度美国制造业的集聚水平。该模型的优点在于比较简便直观，可用图形来清晰地呈现产业集聚情况，适用于检验某经济体"中心-边缘"格局的合理情况。劣势则是由于未考察企业之间的体量差别，当基尼系数大于零时并不代表存在聚集现象。正是因为空间基尼系数中缺少了对具体的行业组织以及地域差异

的考虑，很容易造成人们在用其描述行业集聚程度时常常会产生空间失真的情况。其计算公式为

$$G = \sum (S_i + X_i)^2 \qquad (3.1)$$

其中，G 为空间基尼系数；S_i 为 i 地区某产业就业人数占全国该产业就业人数的比重；X_i 为该地区就业人数占全国总就业人数的比重。空间基尼系数的值位于 0～1 区间内，且与产业集群的集聚程度成正比，当 G 值等于 0 时表明产业在空间内处于均匀分布的状态，当 G 值为 1 时说明产业在该地区高度集聚。

2. 赫芬达尔-赫希曼指数

赫芬达尔-赫希曼指数的理论基础来自贝恩的"结构-经营-表现"（structure-conduct-performance）理论（Bain，1951），是指某特定市场上所有企业的市场份额的平方和，它一开始被用来衡量市场竞争和垄断的关系。其倒数经常在实际分析中被用作产业多样化的测量指标。其优缺点也很明显：由于赫芬达尔-赫希曼指数考虑了企业总数和企业规模这两个因素的影响，因此它对产业或者企业市场集中度的反映较为准确。除此以外，它还能够反映市场垄断和竞争程度的变化情况，以及可以对产业内企业的合并与分解做出灵敏反映，计算方法也相对简单一些。但赫芬达尔-赫希曼指数无法对空间联系以及相互依赖关系这样的区域间关系进行说明，且它测量的是绝对集中度，不能测量相对集中度。赫芬达尔-赫希曼指数的失真情况同样存在，即较高的赫芬达尔-赫希曼指数无法反推出较高的产业集聚度，较低的赫芬达尔-赫希曼指数也不能肯定产业集聚不可能会发生。

$$H = \sum_{i=1}^{N} Z_i^2 = \sum_{i=1}^{N} \left(\frac{x_i}{x} \right)^2 \qquad (3.2)$$

其中，x 为产业市场总规模（一般选用某产业的总就业或者总产值）；x_i 为 i 企业的规模（i 企业的就业或者产值）；$Z_i = x_i / x$ 为 i 企业的市场占有率；N 为该产业内企业的数量。从式（3.2）可以得出 $H \in [1/N, 1]$，当 H 的值为 1 时，说明产业在空间的某一区域内高度集聚；当 $H = 1/N$ 时，表明该产业在空间内处于绝对平均分配的状态。

3. 区位熵

区位熵也称生产的地区集中度指标或专门化率，是比率的比率，最早由 Haggett（1977）提出并首先用于区位分析中，它也是度量产业集聚水平的主要指标之一。其经济含义是一个给定区域中产业占有的份额与整个经济中该产业占有的份额相比的值，这个份额可以是产值、就业人

数、销售收入、资本等。通过区位熵系数的计算，不仅可以清晰方便地将不同地区的某产业集聚程度进行对比，还可判别统计地区某产业的集聚水平在国内处于哪种层次。区位熵的公式如下：

$$LQ_{ij} = \frac{q_{ij} / q_j}{q_i / q} \qquad (3.3)$$

或

$$LQ_{ij} = \frac{q_{ij} / \sum\limits_{j=1}^{m} q_{ij}}{\sum\limits_{i=1}^{n} q_{ij} / \sum\limits_{i=1}^{n} \sum\limits_{j=1}^{m} q_{ij}} \qquad (3.4)$$

其中，LQ_{ij} 为 j 地区的 i 产业在全国的区位熵；q_{ij} 为 j 地区的 i 产业的相关指标（产值、就业人数等）；q_j 为 j 地区所有产业的相关指标；q_i 为在全国范围内 i 产业的相关指标；q 为全国所有产业的相关指标。

一般区位熵值以 1 为界限，值越大，表明地区产业集聚水平就越高。当 $LQ_{ij} > 1$ 时，我们认为 j 地区的区域经济在全国来说具有优势，即该地区 i 产业专业化水平高于全国平均水平；当 $LQ_{ij} < 1$ 时则反之。

以上三个产业集聚水平的测量指标各有其特征和适用范围，数据也都较容易获取，其中，空间基尼系数和赫芬达尔-赫希曼指数可以用图形展示结果，会较为直观，但未考虑到将区域和规模差异；区位熵在对比各区域产业集聚水平时有良好的效果，但在使用这一指标时要注意的前提条件是假设各区域各产业劳动生产效率是等量的。

3.5.2　我国高新技术产业集聚度刻画

根据当前我国高新技术产业的集聚特点、各类统计指数特点以及相关研究结果，本节将选取空间基尼系数、赫芬达尔-赫希曼指数和区位熵（专业化指数）来实现对高新技术产业集群集聚度的阐述。

基于 2000～2021 年的《中国统计年鉴》、各省市统计年鉴以及《中国高技术产业统计年鉴》中的就业数据，并将中国 31 个省区市划分为东部、中部、西部、东北四大区域（按照国务院对经济区域的划分标准），如表 3.5 所示。

表 3.5　我国四大经济区域划分范围

区域	所含省区市（不含港澳台）
东部地区	天津、河北、上海、江苏、浙江、福建、山东、广东、海南、北京（10省市）
中部地区	安徽、江西、河南、湖北、湖南、山西（6省）

区域	所含省区市（不含港澳台）
西部地区	广西、重庆、四川、贵州、云南、西藏、陕西、甘肃、青海、宁夏、新疆、内蒙古（12 省区市）
东北地区	吉林、黑龙江、辽宁（3 省）

使用 3.5.1 节介绍的三个产业集群集聚度测度模型空间基尼系数、赫芬达尔-赫希曼指数、区位熵对我国四大区域高新技术产业集群的集聚度进行定量测度和刻画。

中国四大经济区域的空间基尼系数和总体行业集中度如表 3.6 所示。四大经济区域的空间基尼系数全都大于零，表明各区域的高新技术产业存在一定的集聚态势。从 2000～2021 年来看各区域的集聚水平，中国东部区域的空间基尼系数大大超过了中部地区、西部地区和东北地区；中部地区与西部地区的空间基尼系数较为接近，而东北地区的空间基尼系数极低，与其他地区的差距明显。

表 3.6 2000～2021 年中国四大经济区域空间基尼系数及总体行业集中度

年份	空间基尼系数				行业集中度		
	东部地区	中部地区	西部地区	东北地区	CR2	CR4	CR8
2000	0.077 492	0.017 914	0.008 475	0.000 455	30.902 68	42.152 86	61.656 43
2005	0.183 669	0.033 758	0.027 055	0.000 462	48.339 22	60.689 83	75.765 04
2013	0.099 693	0.023 432	0.031 358	0.001 832	48.420 51	58.943 55	75.345 28
2014	0.089 656	0.021 113	0.031 074	0.002 055	47.691 85	58.436 80	74.486 14
2015	0.081 294	0.018 493	0.029 919	0.002 002	47.002 10	58.064 07	73.977 02
2016	0.074 932	0.016 498	0.029 521	0.002 195	46.466 61	57.948 82	73.531 06
2018	0.085 808	0.010 713	0.024 418	0.002 200	46.375 18	56.982 97	72.728 25
2019	0.077 778	0.008 591	0.023 438	0.002 076	45.382 49	56.573 73	72.357 07
2020	0.063 788	0.005 611	0.021 334	0.002 115	44.560 82	55.790 65	71.796 50
2021	0.064 779	0.005 349	0.023 373	0.001 953	44.277 60	55.958 92	71.944 49

注：考虑到每年数据都展示会导致图表拥挤，因此 2013 年前选取一个时间点以清晰反映长期趋势，而 2017 年数据缺失，未统计

图 3.7 可以更清晰地体现近几十年来我国四大经济区域空间基尼系数的变化情况；我国东部地区的空间基尼系数一直处于所有区域中最高，即东部地区高新技术产业的集聚现象最为显著，这也与我国东部地区的高新技术产业的发展水平相吻合。但东部地区的波动幅度较大，在经历

了 2005 年的最高值后一直处于减少趋势直至趋于平稳；中部和西部地区的空间基尼系数及波动情况一直处于相近水平，但中部地区表现出平缓的下滑趋势，而西部地区表现出平缓的上升态势，说明中部和西部地区的高新技术产业集聚水平一直保持较为稳定的发展状态；东北地区的空间基尼系数一直处于较低的水平，表明该区域高新技术产业集聚程度不高。东部地区的空间基尼系数一直居于首位，可见在国家大力发展高新技术产业的方针以及政策的影响下，东部地区也制定相应政策扶持高新技术产业的发展，保持其集聚增长的态势。这些都与东部地区强调科技创新、重视培养创新型人才、源源不断提供资金与技术支持、建立企业-科研机构-高校-科技服务机构一体化的创新平台有密不可分的关系。

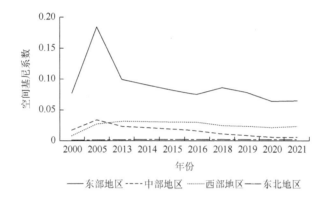

图 3.7　2000～2021 年中国四大经济区域高新技术产业空间基尼系数变化情况

图 3.8 为 2000～2021 年我国高新技术产业总体行业集中度变化情况，图中曲线 CR2、CR4、CR8 分别代表当选取高新技术产业从业人数排名前 2 个省区市、前 4 个省区市、前 8 个省区市的从业人员总数计算行业集中

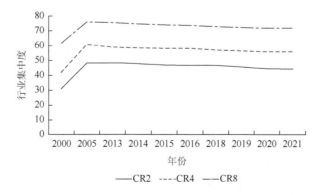

图 3.8　2000～2021 年中国高新技术产业总体行业集中度变化情况

度时各年的数值变化情况。从表3.6和图3.8均可看出，近年的中国高新技术产业行业集中度CR2均大于44、CR4均大于55、CR8均大于71，充分反映了中国高新技术产业的高集聚状态。高新技术产业行业集中度在2000～2005年经历了快速的上升之后开始趋于平稳并略微降低的态势，近年的总体行业集中度较为稳定。

2000～2021年中国31个省区市（不含港澳台）高新技术产业区位熵的计算结果如表3.7所示。在各年期间，全国各地区高新技术产业区位熵大部分分布在0～3。其中广东、江苏、上海的区位熵平均都超过了2，其高新技术产业集聚度处于全国领先地位，说明这三个地区的高新技术产业发展与专业化水平较高并且发展具有一定优势。除此之外，从全国角度来看，整体的高新技术产业区位熵水平不高，但中国的高新技术产业集聚度总体发展水平不断提升，这也是我国及各省区市的地方政府重视科技创新以及扶持高新技术产业发展的结果。

通过以上对中国高新技术产业空间基尼系数、行业集中度、区位熵等集聚度指标的计算，可以将2000～2021年中国高新技术产业的空间集聚特征概括为三点：①从全国来看，中国高新技术产业的集聚度水平呈现随时间增长的趋势，同时高新技术产业集聚度的空间分布不均衡程度逐步提高；②从四大经济区域来看，东部地区的高新技术产业集聚程度较高，中部地区、西部地区的高新技术产业集聚水平处于中等且相近，东北地区的高新技术产业集聚度则处在较低水平，这与地方经济基础和高新技术的发展水平有关；③就国内各省区市来说，我国的高新技术产业正逐步向京津冀地区和长三角、珠三角等地区集聚，广东、江苏与上海尤为突出，三者的高新技术产业集聚程度居于全国前三位。

总体而言，中国高新技术产业集聚所呈现出的渐进演化特征可从两个方面进行解释：一是中国高新技术产业的集聚水平不断提升，有利于各地区高新技术产业充分利用高新技术产业集聚地区的经济、科技、政策等优势资源，提高了重点区域内高新技术的发展水平，从而带动了全国范围内高新技术的发展；二是集聚效应提高了组织效率，降低了中间成本并促进更广泛的分工协作和知识的迅速传播，给我国在高科技领域的创新发展带来巨大活力和提供持久动力。但是，高新技术产业空间集聚情况也显示我国高新技术产业发展空间分布不平衡，这种不平衡的情况会对我国高新技术产业的协同发展造成不利影响，空间集聚水平的提升也意味着地区间高新技术产业发展的不平衡程度也在增加。与我国京津冀地区和长三角、珠三

表 3.7　2000～2021 年中国各省区市高新技术产业区位熵

地区	2000 年	2005 年	2013 年	2014 年	2015 年	2016 年	2018 年	2019 年	2020 年	2021 年
北京	4.704 391	2.720 139	1.497 780	1.421 559	1.303 209	1.246 165	1.256 012	1.227 373	1.120 645	1.212 005
天津	5.257 052	3.712 063	1.903 259	1.981 880	1.759 237	1.424 552	1.655 719	1.646 775	1.581 098	1.500 057
河北	0.536 130	0.356 372	0.280 711	0.275 582	0.289 241	0.285 698	0.313 871	0.303 120	0.300 980	0.310 979
山西	0.550 892	0.335 636	0.458 241	0.434 135	0.410 170	0.426 314	0.312 960	0.297 165	0.329 952	0.294 581
内蒙古	0.298 025	0.237 258	0.137 930	0.121 472	0.152 909	0.163 055	0.161 597	0.151 260	0.153 912	0.159 095
辽宁	1.606 549	0.877 143	0.515 756	0.483 495	0.462 814	0.428 154	0.413 855	0.426 543	0.407 251	0.393 772
吉林	0.239 169	0.547 037	0.636 803	0.611 243	0.588 073	0.594 729	0.346 875	0.326 383	0.308 994	0.321 646
黑龙江	1.009 605	0.538 515	0.242 099	0.222 945	0.224 972	0.176 104	0.196 237	0.207 904	0.160 726	0.215 420
上海	5.311 016	5.157 926	3.187 566	2.478 794	2.399 875	2.130 373	2.108 662	2.031 120	1.794 637	1.699 606
江苏	1.663 522	2.498 609	3.076 660	2.996 115	2.973 951	2.846 991	2.703 280	2.518 543	2.433 401	2.467 552
浙江	1.472 497	1.584 101	1.075 247	1.055 815	1.060 001	1.089 349	1.248 322	1.295 647	1.271 131	1.355 430
安徽	0.290 658	0.201 118	0.285 456	0.340 997	0.351 731	0.382 747	0.441 725	0.451 490	0.648 934	0.674 659
福建	1.391 037	1.409 160	0.878 489	0.819 251	0.778 465	0.802 858	1.155 600	1.243 167	1.184 826	1.257 979
江西	0.867 369	0.551 915	0.637 738	0.696 969	0.802 069	0.878 583	1.183 770	1.306 681	1.340 389	1.311 256
山东	0.582 108	0.698 298	0.624 966	0.640 980	0.631 123	0.652 371	0.650 693	0.591 581	0.567 692	0.564 329
河南	0.387 147	0.281 240	0.590 472	0.623 644	0.660 290	0.679 819	0.743 490	0.783 187	0.750 665	0.738 644
湖北	0.704 704	0.392 519	0.473 062	0.506 374	0.547 035	0.561 214	0.631 153	0.632 280	0.678 408	0.731 967
湖南	0.384 200	0.207 831	0.447 488	0.439 317	0.451 232	0.461 076	0.591 182	0.607 979	0.746 637	0.783 238

续表

地区	2000 年	2005 年	2013 年	2014 年	2015 年	2016 年	2018 年	2019 年	2020 年	2021 年
广东	3.741 621	5.019 481	3.698 803	3.651 714	3.577 897	3.586 205	3.327 389	3.307 278	3.139 057	3.050 574
广西	0.290 398	0.200 787	0.267 570	0.280 129	0.291 033	0.295 997	0.294 869	0.284 710	0.284 787	0.288 310
海南	0.342 521	0.208 695	0.216 558	0.173 914	0.173 199	0.169 177	0.218 764	0.218 138	0.212 943	0.204 763
重庆	0.649 875	0.402 729	0.774 815	0.846 182	0.918 475	1.003 245	1.134 200	1.184 583	1.382 372	1.243 580
四川	0.780 707	0.495 731	0.619 337	0.604 642	0.607 488	0.570 065	0.655 203	0.695 573	0.724 348	0.703 945
贵州	0.916 032	0.396 523	0.150 173	0.221 445	0.268 079	0.321 259	0.401 146	0.380 218	0.325 338	0.275 093
云南	0.186 374	0.108 385	0.072 046	0.077 421	0.084 750	0.092 398	0.128 460	0.131 977	0.129 560	0.145 199
西藏	0.176 368	0.086 412	0.042 024	0.045 731	0.029 243	0.028 258	0.043 667	0.058 722	0.053 432	0.059 579
陕西	2.258 980	1.136 315	0.666 447	0.682 381	0.667 022	0.723 296	0.725 662	0.775 439	0.714 075	0.678 855
甘肃	0.569 550	0.223 216	0.112 250	0.102 402	0.102 905	0.104 161	0.127 911	0.132 667	0.123 560	0.128 744
青海	0.239 587	0.177 931	0.112 557	0.130 169	0.148 308	0.167 399	0.247 614	0.269 202	0.214 572	0.328 906
宁夏	0.521 634	0.326 952	0.113 895	0.121 064	0.177 985	0.209 597	0.283 044	0.281 427	0.314 463	0.329 270
新疆	0.140 057	0.070 358	0.023 744	0.035 607	0.053 087	0.067 678	0.074 511	0.059 604	0.063 936	0.054 980

角等地区相比,我国东北地区和部分中西部地区城市的高新技术产业的集聚水平还处在较低的层次,这不仅给东北地区以及部分中西部地区高新技术产业的长远发展带来不利影响,更无法使高新技术产业促进经济社会发展的引领作用发挥出来。

因此,为了加快促进我国高新技术产业的集聚式发展,不仅要进一步提高高新技术产业在空间上的集聚水平,还应加速推动中国高新技术产业区域的平衡发展策略,鼓励经济和科技比较发达的省区市进行对口支援,扶持经济相对落后的地区加速高新技术产业的集聚发展。同时,高新技术产业集聚发展程度相对较低的东北地区以及部分中西部地区省份也要制定鼓励高新技术产业发展的优惠政策,加速东北及部分中西部地区内高新技术产业的集聚发展。

3.6 本章小结

本章旨在介绍中国高新技术产业集群的发展概况,主要内容涉及中国高新技术产业的发展现状、高新技术产品的国际贸易状况、中国各地高新区的建设状况和政府高新技术产业集群发展政策,测量高新技术产业集聚度。为保证数据来源可信和数据口径一致,选用了我国科学技术部和国家统计局等政府部门的官网公布的最新数据资料、《中国高技术产业统计年鉴2021》及2020年世界银行发布的世界发展指标作为数据来源。

总体来看,我国高技术制造业在发展过程中显示出四大特征:一是高技术产业规模持续扩大,占制造业比重小幅波动;二是行业规模差异明显,部分产业地理集中度高,主要体现为行业分布逐渐向东部地区集聚;三是内资企业所占比重稳步上升,港澳台资企业及外资企业在部分行业仍是主力军;四是产业研发经费持续增长,区域研发投入差异显著。我国高技术服务业近年来蓬勃发展,生产效率稳步提升,行业集中态势明显,区域集聚效应突出。

从高新技术产品国际贸易情况来看,中国在高新技术产品贸易中已经占据相当的优势地位。高新技术产品出口额呈现波动上升态势,并且出口总额占全球主要国家比重虽然有所波动,但一直保持在 1/4 及以上。我国高新技术产品处于贸易顺差,出口的技术领域以计算机与通信技术、电子技术为主。值得注意的是,尽管外商独资企业和中外合资企业的总出口所占份额在逐渐减少,但目前仍是外商独资企业和中外合资企业居多,尤其是外商独资企业占据了一半的份额，内资企业所占的份额仍有很大的提升空间。

我国政府促进高新技术产业集群发展的政策演进，可以划分为四个时间阶段。第一阶段（1990 年以前），旨在促进创办高新区；第二阶段（1991 年至 20 世纪末），意在提高产业创新能力；第三阶段（21 世纪初至 2011 年），旨在促进产业集群不断发展；第四阶段（2012 年至今），推动产业集群创新升级。

在国家优惠政策的激励下，国家高新技术产业集群迅速发展，截至 2020 年涌现出 169 家技术先进、创新成果丰硕的国家高新区。高技术制造业与高技术服务业已形成了我国高新区建设发展的重要基础，尤其是高技术服务业已成为促进高新区建设发展的重要动力。

本章最后选取空间基尼系数、赫芬达尔-赫希曼指数和区位熵，对我国高新技术产业集聚度进行刻画。结果显示，我国高新技术产业的集聚度水平逐年上升；集聚度的空间分布不均衡程度逐步提高；高新技术产业呈现出逐渐向京津冀地区和长三角、珠三角等地区集聚的趋势。

第4章　我国高新技术产业集群创新网络分析

4.1　创新网络的构成

　　创新网络是由多个主体基于多种形式的联结关系耦合形成的，其组织构成主要包括四大类：①企业；②高校及科研机构；③政府；④中介服务机构。创新网络的核心主体是企业，而主要联结机制是企业与其他主体之间的合作创新。现阶段，创新网络的关系不仅局限于企业与企业之间，作为创新网络主体的企业通过与其他企业、高校及科研机构、政府、中介服务机构等各种异质组织进行互动，催生出更多创新的可能。

　　本章认为，集群创新系统中的知识网络是用以描述集群内主体之间知识活动关系的一种复杂网络结构。知识网络的构成要素为知识、知识主体和知识活动。在集群创新系统中，知识主体一般包括生产商、批发商、运输商、零售商、消费者、公共服务机构、代理机构、政府、高等学校、科研机构等。其主体间的相互作用和联结关系形成产业集群创新网络，如图4.1所示。随着创新网络的演化，集群内部的知识主体的学习机制得到发展，二者相互促进。

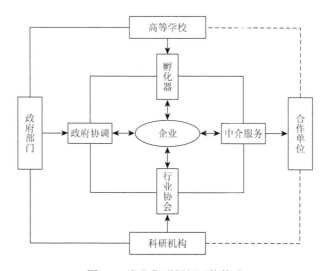

图 4.1　产业集群创新网络构成

创新网络可以分为中心层、衍生网络（第二层）和创新网络（第三层）。中心层就是产业自身的创新网络，包括企业产品创新部门、研发中心、产业技术创新中心等，彼此联系支持形成网络。创新活动是一个漫长而复杂的过程，光靠企业和产业创新部门不足以完成，还需要高等学校和科研机构的参与，因此形成第三层的创新网络。在这一层次的网络中，政府部门以科研资金的注入和优惠扶持政策的形式参与创新、鼓励创新，合作单位指外部潜在的资源机会，在图中用虚线来区别的原因是与外部资源合作的行为通常不会由网络中的行为主体直接产生。第三层的创新网络实际上是为中心层的创新成果服务的，因此要通过衍生网络对网络主体产生影响。

衍生网络，简而言之就是伴随着产业发展而产生的主体再反过来服务于产业而形成的网络。例如，高等学校在与产业和企业合作过程中，出现了科技孵化器、科创园等创新载体，更直接地促进创新活动的完成。在企业与外部资源合作的同时，又衍生出一些情报买卖、技术交易、人才培训的机构。行业协会在产业集群大规模出现时重要性便得到凸显：促进企业行为规范化、自律化和产业间的资源共享。孵化科创园、行业协会、中介服务机构等均是衍生网络中的主体。随着产业进一步发展，创新网络的行动主体将越来越多，网络结构也将愈发复杂。

创新网络的复杂性体现为创新主体之间的复杂联结关系，如图 4.2 所示。高新技术产业集群创新网络的多重性，体现在空间分层和逻辑分层的维度。在空间上，多集群共生创新网络是由若干相关子群集聚形成的产业

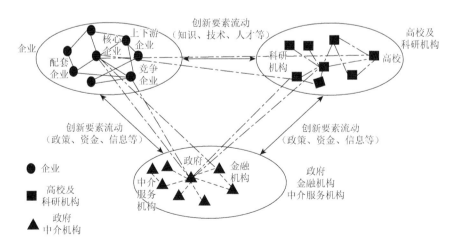

图4.2   产业集群创新主体的复杂联结关系

集群创新网络，并可延伸至跨域、跨国的创新网络；在逻辑上，依据创新主体的联结属性，可分为产业链或资金链或人才链或创新链深度融合的支持网络、知识网络、集群生态网络等。

在产业集群创新网络中现存的联结关系主要包括以下四大类。①企业-企业：核心企业在集群发展中发挥引领带动作用，成为创新网络中新知识和新技术的主要创造者。中小企业在技术创新上也扮演着关键的角色，它们可能具备更好的创新能力，尤其是在突破性创新上。企业之间的联结关系包括企业与基于产业纵向链条的上下游关系的供应商、采购商，横向竞争及合作关系的其他企业等。企业之间的竞合关系有助于促进知识共享和协同创新，提升整个集群的竞争力。②企业-高校（或科研机构）：在知识网络中，知识作为重要媒介，其转移和增值在培育创新的过程中尤为重要，高校和科研机构作为高新技术产业集群创新系统的重要组成部分，为知识创新提供了重要的基础和保障。企业与高校（或科研机构）的联结关系主要有三种可能。第一，企业与高校开展研发合作，此种"企业-高校"关系形式较为普遍；第二，高校自身创办企业，此种"企业-高校"关系模式为亲缘关系，在该种关系模式下，企业与高校之间无论是在信息共享上还是合作交流范围上的关系都更为深入；第三，企业内部设立独立的科研机构，课题组在调研过程中发现，这种联结关系在高新技术产业集群的核心企业或是龙头企业较为常见。③企业-政府：在创新网络中，企业与政府的联结关系主要基于政府对于企业的各类管理职能，表现为四种形式。一是政府科技创新相关部门与企业的联结；二是政府信息中心相关部门为企业提供咨询；三是政府对企业各方面活动的监管；四是政府为企业提供政策支持等。政府在创新网络中，扮演着沟通桥梁和组织协调者的角色，有助于创造基础条件并促进创新资源的共享和优化。④企业-中介服务机构：主要包括企业与行业协会的联结，技术中介服务机构为企业提供技术服务，其中包括技术评估、信息咨询、技术代理等；企业与风险投资机构的联结，银行及其他金融服务机构为企业提供金融服务等。中介服务机构的设立，有助于降低企业的交易成本，推动集群企业的创新发展，从而提升产业集群的核心竞争力。知识与技能的流动性体现为创新网络的成员涉及多个领域的专业知识和技能，其在网络内部持续不断地流动与融合，这需要成员具备高度的适应性和协作能力。创新网络是一个动态的生态系统，其成员、结构和功能都会不断发生变化。在这种动态变化的背景下，成员之间的合作和决策也在不断演化。

4.2 典型创新网络拓扑结构及其集群体现

4.2.1 总线形网络

总线形网络以一条主线为媒介，所有节点直接与主线相连，如图 4.3 所示。总线形网络具有结构简单灵活、无法集中控制、对总线依赖度大等特点。对总线的依赖性主要体现在：①主线的故障会导致所有节点崩溃；②主线的负载能力有限，网络难以长期生长。

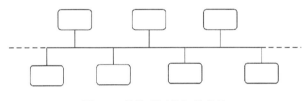

图 4.3　总线形网络拓扑结构

在计算机网络中，采用单条传输线为传送媒介，每个节点可以通过适当的硬件端口直接连接到传输介质上，这种布局方法被称为总线形网络拓扑结构。在集群创新网络形成过程中，链式集群创新网络依托产业链展开并成长，与总线形结构较为匹配。如今，链式产业集聚和上下游供应链竞争是集群发展中的普遍现象，集群网络中的关系主要体现为基于产业价值链的"供应商-用户"，作为产业链相邻环节的创新主体之间的互动是集群中最典型、最频繁的活动。

此类集群围绕同一产业展开，对总线的高依赖在集群网络中体现为整个集群对行业的依赖，导致产生几个主要问题：①与行业相关的意外事件的发生往往会对整个集群产生冲击。以南亚的巴基斯坦锡亚尔科特外科手术集群为例，在受到美国食品药品监督管理局（Food and Drug Administration，FDA）的出口禁运政策影响时，整个集群都陷入危机。②产业升级直接影响集群升级，产业发展的弱化将引起整个集群的萎缩。③集群的创新大部分来源于产业链上下游成员之间的交互学习，因而易受"木桶效应"的影响，某环节成员较弱的学习能力可能导致整个集群的创新活力不足。基于此，对于链式集群创新网络的优化，一方面应充分发挥公共组织在集群危机管控中的重要功能；另一方面应注重集群的整体行业转型及产业升级，尤其是中低端的加工制造业，应当主动地向知识密集型服务业转型，以促进链式集群学习能力及创新绩效的不断提高。

4.2.2　星形网络

作为基本网络拓扑结构之一，星形网络是最常见的组网形式。星形网络由中心节点和非中心节点组成，在星形网络中，每个节点和中心节点之间均有直达链路，呈辐射状分布，如图 4.4 所示。星形网络中的资源的流动必须经过中心节点，整个网络对中心节点的依赖度高，中心节点的故障将导致整个网络瘫痪。

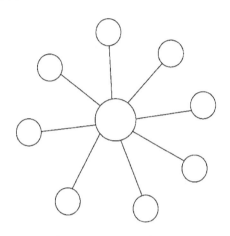

图 4.4　星形网络拓扑结构

星形网络对应的集群创新网络结构为核形集群创新网络。核形集群创新网络以集群中某个核心成员为中心，而其他成员则成为该核心成员的主要产品供应商并和核心成员实现信息交互，其生成的核形网络兼具创新网络及生产网络特性。

核形网络在国内外集群中普遍存在，尤其存在于产品组件类型多样、产业链环节众多的行业，如通信设备、汽车、机械设备等。在集群创新网络中，作为网络核心成员，一方面，核形结构有助于其有效分配资源——将非核心组件外包给周边组织、集中资源进行产品核心组件的研发及产业化、对关键性组件开展突破式创新；另一方面，核心成员通常承担产业链最终环节的集成及销售等面向市场的工作，有必要对整个集群创新网络进行全局化的引领和管理。

4.2.3　树形网络

树形网络是一种分层网络结构，每层网络有层内的核心节点，如图 4.5 所示。树形网络是一种比较理想的网络形态，网络结构相对对称、稳定，信息能够有序抵达每个节点；网络中节点对单个节点的依赖度低，因而具备较高的容错能力；分层形式有利于拓展节点，促进网络成长。

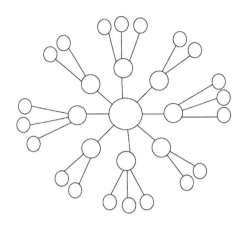

图 4.5　树形网络拓扑结构

　　树形网络本质上是星形网络的拓展——星形网络的分层罗列形成了树形网络。树形网络也是一种复合网络组网形式。在集群创新网络中，树形网络同样是核形（星形）集群创新网络的优化范例。在核形（星形）集群创新网络中，出于利益等因素，核心成员对于核心组件的剥离比率低下，核心成员倾向于将产业链上的核心环节控制在自身内部，周边组织难以介入。对于非核心成员，其能开展的创新因自身资源限制仅能支撑修正性、改进式的简单创新，依靠自身资源和能力，其创新进度难以与核心成员相匹配，由此形成集群整体创新水平发展的瓶颈。针对核形网络的特性，核心成员应对以其为中心的集群创新网络进行分层管理，根据成员实力划分为一级核心、二级核心等，将业务分级分包，使集群创新网络由核形结构分层级网络发展。在创新活动进行时，核心成员应根据所处的不同层级分配创新任务，促进群内合作关系的建立，使整个集群获取协同创新效应。

4.2.4　网状网络

　　网状网络也称为全连接网络，网络中的节点两两相连形成了网状网络，如图 4.6 所示。网状网络中任意两个节点相互联系，组网的链路数越多，网络越稳定可靠，但组网的经济成本较高。因而网状网络具备信息流通效率高、形态复杂、管理费用高等特点。在现实集群网络中，网状网络通常与总线形网络、星形网络、树形网络进行耦合，分别构成集群创新网络的复合型网络结构。

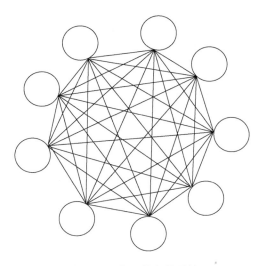

图 4.6　网状网络拓扑结构

4.3　创新网络的统计特征描述及度量

产业集群内部创新主体之间的联结形成创新网络，创新网络的特征能够决定集群的知识资源分布、知识整合程度以及集群内知识共享和协同创新的行为方式，从而影响集群创新。

产业集群创新网络的复杂性特征主要体现在以下几个方面：第一，创新网络节点数量较多；第二，创新网络结构复杂多样；第三，创新网络节点复杂多样，节点间相互作用形式多样，使网络结构呈现出非均匀性；第四，创新网络在时间和空间上表现出动态演化特性；第五，创新网络的多重性；第六，定量刻画的统计特征不断完善。本节分别从网络结构特征、网络位置特征和网络关系特征三个维度描述集群创新网络的统计特征及其度量。

4.3.1　网络结构特征

网络（network）也称为图（graph），是一个由多个顶点（vertex）及连接顶点的边（edge）组成的集合。在网络中，通常用 n 表示顶点的数目，用 m 表示边的数目。在大多数网络中两个顶点之间都只有一条边，极少数情况下，两个顶点之间有多条边，称之为重边（multiedge）。在极特殊情况下，还会存在连接到顶点自身的边，称之为自边（self-edge）。既没有自边也没有重边的图被称为简单网络（simple network）或简单图（simple graph），存在重边的网络被称为重图（multigraph）。

对于网络结构的考察，对内可以观测网络的规模，即网络中行动者的数量，反映网络的范围和多样性；对外可以考察网络的开放程度。

首先，网络规模。一些有关创新网络的研究会将网络中的孤立点，即没有连接的行动者去掉来测量网络的规模，得出的网络规模数值实际则为网络的包含度，可以用一个网络中的成员总数减去网络中的孤立成员数目来表示，也可以通过被连接的行动者数目与总行动者数目之比来度量。网络连通度表示网络中行动者之间联结的程度，用网络中任意两个行动者的最大路径长度来测量。其次，网络密度指网络中实际连接数与可能连接数的比例。

创新网络是一个开放的系统，集群内的企业及其他组织机构是集群创新网络中的成员，网络的开放体现在其成员的开放，外界的成员能够加入到网络中成为网络中的新成员，网络中的成员可以退出所在的创新网络，此时网络的开放是网络成长或退化的前提。同时，网络的开放还体现在对外资源流通上的开放。每个成员都与集群外部的企业、大学或科研机构、政府组织、中介组织等开展着多样的关系，有着基于信息、知识、资金、人力等多种形式的资源交流，这样的开放使资源跨越物理边界自由流动。因此，集群创新网络的开放度体现在其成员多大程度地跨越组织边界对外交流，并且跨越地理边界实现跨集群、跨区域的互动。创新网络会因其所处地理位置、文化环境、基础设施等因素而有不同的开放程度，度量网络的开放程度可以通过考察网络中成员对外的开放程度实现。随着通信技术的不断升级、网络世界对现实的不断介入，集群创新网络的开放度有了更多提高的可能。

对于网络结构的考察，还可以考虑网络整体结构，通用的指标有网络规模、网络密度、聚类系数、网络嵌入性等。因其所考量的对象都是以整体网络布局为主，故而它们都反映了网络的疏密情况以及网络主体集聚程度。例如，网络规模指的是网络中行动者的数量，规模的大小会影响到行动者之间的关系。一般而言，网络的规模越大，节点间互动的机会就越多，创新的机会也越多，创新能力也越强。不过，网络规模也并非越大越好，在网络发展期，规模是越大越好，更易于产生规模效应。一旦网络发展到特定的阶段，大的网络规模反而不利于网络整体的功能发挥，这时搭便车等机会主义行为开始频发，反而不利于网络创新，不利于网络资源的优化分配。网络密度反映了网络成员的密切联系程度，通常网络密度越高，成员之间联系就越密切，信任度也就越高，越有利于创新知识与结果的快速传递。从拓扑结构来看，高密度网络缩短了信息传递的平均路径，从而加快了数据传递速度，更有利于创新。与网络密度类似的是聚类系数，它不但能反映创新网络的联结密度，也能反映网络的连通性和传递性。聚类系数表示一个图中节点集聚程度的系数。在现实的网络中，尤其是在特定的网络中，由于相对高密度连接点的关系，节点总是趋向于建立一组严密的组织关系，这种可能性往往大于在两个节点之间随机建立关系的平均概率。集聚程度高的创新网络意味着联结密度高，主体节点之间的联系紧密。聚类系数指标的使用能够很好地衡量网络结构效率，学界通常使用该指标来反映网络结构对创新的影响。

结构嵌入可以导致创新主体更频繁地、更密集地去联合那些受到网络限制的网络成员，以信息价值作为激励，使得那些受限的创新主体重新调整合作伙伴。结构嵌入同样能够让更多的创新主体投入到创新过程中去，使得创新网络中创新主体数量增加，从而促进创新网络整体结构进一步优化。所以，网络整体维度的测量能够从宏观上更好地把控网络结构的发展。全局聚类系数的度量，概括了整个网络（全局）中的集群，并可应用于无向和有向网络。在实际测量中，往往将所有顶点局部聚类系数的平均值作为网络整体聚类水平的表征。

4.3.2　网络位置特征

网络中个体的位置特征主要体现在成员在网络中的重要程度，即网络位置的中心性。在社会网络分析测量方法中，中心性可以进一步分为三个具体维度：度数中心性（degree centrality）、中介中心性（betweenness centrality）和邻近中心性（closeness centrality）。

1. 度数中心性

度数中心性从相对直观的角度衡量中心性：网络成员在网络中与越多的成员构成联系，则其在网络中越接近中心地位，拥有越大的权力。度数中心性可以直接用节点的度（degree），即网络成员在网络中的直接联系数目来测量，假设网络中有节点 v，则

$$C_D = \deg(v) \tag{4.1}$$

其中，$\deg(v)$ 为节点 v 的度。

为便于节点间的比较，可将节点度与节点可能的最大度数相比，通过标准化度数展开分析，具体如下所示：

$$C_D = \deg(v) / n - 1 \tag{4.2}$$

其中，n 为网络的节点总数。

网络中心势以某一节点的度数中心性为基础，刻画网络图的整体中心性，用来测量整个网络的连通情况对少数行为者的依赖程度，值越大表示网络整体向某些重要节点偏离程度越高，表达式为

$$C = \frac{\sum_{i=1}^{n}(C_{\max} - C_i)}{\max\left[\sum_{i=1}^{n}(C_{\max} - C_i)\right]} \quad (4.3)$$

其中，$C_{\max}$ 为图中最大的点度中心度数值；C_i 为第 i 个节点的点度中心度数值。

2. 中介中心性

中介中心性最早用以量化在社交网络中的个人多大程度地担当他人交流的中介。当网络中的成员频繁出现在其余成员交互的路径上，其余成员需要开展联系时必须通过该成员，该成员则在其余成员交流的过程中担任了重要角色，同时对其余成员间的互动有控制的能力，因而可以认为其在网络中占据中心地位。对于中介中心性的测量，主要通过计算特定节点出现在其余节点最短连接路径上的次数。假设节点 v 所在的无向网络 $G = (V, E)$，V 为网络中所有节点集合，E 为网络中所有连边的集合。对于任意一对节点 (s, t)，它们之间所有的最短路径数目为 σ_{st}，其中包含节点 v 的最短路径数目为 $\sigma_{st}(v)$，节点 v 的中介中心性可以表示为

$$C_B(v) = \sum_{s \neq v \neq t \in V} \frac{\sigma_{st}(v)}{\sigma_{st}} \quad (4.4)$$

将该值比上除节点 v 以外所有可能的连接数目，可得测量中介中心性的标准化值：

$$C_B(v)' = 2\sum_{s \neq v \neq t \in V} \frac{\sigma_{st}(v)}{\sigma_{st}} / (n-1)(n-2) \quad (4.5)$$

其中，n 为网络节点总数。

3. 邻近中心性

邻近中心性表达了网络中节点能够接近网络中其余所有节点的容易程度，在特定情况下，邻近中心性相比度数中心性更被重视，因为其反映了网络成员能够独立施加控制的程度。网络成员与其他成员越接近，则其对他人的依赖性也就越轻，体现在信息传递和接收过程中就是该成员的自主性更高，因而在网络中的核心作用更明显。测量邻近中心性，可以通过节点到其余所有节点的最短路径长度之和进行比较。另外，为便于比较，在该求和值的基础上取倒数求得节点的邻近中心性，如下所示：

$$C_C(v) = 1 / \sum_{v \neq t \in V} d_{vt} \quad (4.6)$$

其中，d_{vt} 为节点 v 和 t 之间的最短路径长度。

上述公式一般表示为

$$C_C(v)^{-1} = \sum_{v \neq t \in V} d_{vt} \qquad (4.7)$$

标准化形式表示为

$$C_C(v)^{-1} = \sum_{v \neq t \in V} d_{vt} / n - 1 \qquad (4.8)$$

节点位置的另一广泛应用指标是结构洞，通过结构洞可以更全面地处理冗余性关系问题。处于结构洞位置的创新主体，与网络中的其他创新主体间的联系是非冗余的。就目前的结构洞研究而言，主要存在两个方面的争议：一是网络结构洞对创新主体创新行为具有良好的刺激效果，它扩大了创新主体可接触的信息的多样性，该观点认为节点位于网络中的重要位置有利于创新主体获得信息优势和控制优势；二是有观点认为只有与处于网络结构洞较少的稀疏网络中的个体保持强连接才有利于创新主体的技术创新活动。

结构洞对不同类型创新活动的影响是不同的。一般拥有更多网络结构洞的创新主体能够拥有多元的、非冗余的信息资源，有利于促进创新主体探索式技术创新活动；而当创新主体进行应用性技术创新时，更多时候需要较少的网络结构洞来防止机会主义行为的发生。与这类似的是，当创新网络处于探索式技术创新阶段时，其结构洞数目应该增多，而在应用性技术创新阶段，结构洞数目则应减少，故结构洞数目在创新网络的各个发展阶段都是不同的，都是根据具体的网络运行而定的。当网络形态稳定时，其结构洞的数量必须维持在一定的水平且变化不大，这样才能够使创新网络信息传递效率最优，从而有助于网络创新效果的提升。

4.3.3　网络关系特征

网络中成员的关系对应图论中的边（edge），网络关系的特征包括关系强度、持续性、多样性、关系方向等，对应创新网络情境如表 4.1 所示。

表 4.1　网络关系特征

关系特征	定义	创新网络情境下的示例
直接/间接性	两个行动者之间是否需要通过两个或多个行动者	A 是 B 的上游企业，B 是 C 的上游企业，A 与 C 通过 B 间接联系
频率	特定时间段内联系发生的次数	A 与 B 平均每月四次业务往来
持续性	联系存在的时间	A 与 B 进行研发合作超过三年

关系特征	定义	创新网络情境下的示例
多样性	两个行动者通过多重关系连接的程度	A 是 B 的上游企业，同时 A 与 B 在专利研发申请上进行合作
关系强度	描述时间、感情程度、亲密程度或者互惠程度（频率和多样性也可以被用以度量强度）	a 企业是 A 高校成立的，其工作人员大部分为 A 高校老师，与 A 高校信息高度共享
关系方向	从一方指向另一方的关系特性	A 高校向 B 企业提供调研报告以及专利成果，B 企业不能向 A 高校提供科技成果
对称性	关系的双向程度	A 企业与 B 企业互通市场信息

关于网络关系特征的划分，从企业的视角，可将网络关系特征划分为关系稳定性、复杂化程度、对称公平性这三类；从产业集群的视角，可将网络关系特征划分为网络稳定性、联系紧密程度和关系质量三个层面。根据本书研究对象高新技术产业集群的自身特点，其网络关系特征可通过关系强度、关系质量和关系稳定性等三个层面来描述。

在上述关系特征中，关系强度是网络分析中的重要概念，对于关系强弱的研究是图论中加权图的一种延伸，同时，关系强度在创新网络中的讨论也最为广泛。在图论中，关系强度直接被抽象为网络关系的权重，在现实领域，主要通过联系时间、情感强度、亲密程度和互惠程度四个维度来进行网络关系强度的度量。根据此标准，可把网络关系强度细分成两种：①强关系，指联络频繁、比较密切的关系；②弱关系，指缺乏联络且相对疏离的关系。若集群创新网络呈现出强关系，集群成员之间就可以更便捷地进行经验交流、知识分享和信息的传播。集群网络表现出强关系的好处就在于集群内创新主体强关系的建立可以有效提高信息的占有率和共享性，从而促进集群的创新效率。弱关系则与强关系相反，在具有网络弱关系特征的集群中的创新主体，其相互联系、交流的频率很低，集群网络结构松散，在这种情况下，集群内创新主体可获得的外部资源就会出现质量参差不齐、信息重复不对称的情况。因此，高新技术产业集群治理机制对创新绩效的影响因网络嵌入关系不同存在着显著差异，在强关系网络中，非正式治理机制对渐进性创新有显著的正向影响；而在弱关系网络中，正式治理机制则对根本性创新有显著的正向影响。

集群网络的关系质量特征反映的是网络内各个主体之间目标行动的相似性、联系的密切程度。关系质量其实就是创新主体与集群网络中其他主体间关系状况的一种评价，良好的关系质量有助于创新主体有效规避网络内其他成员的投机行为，使其通过集群网络获得的信息与资源更加可靠。关系质量包括过程中产生的心理感受，未来发展如信任合作、共享信息和解决问题的意愿。其中，信任是组织间正常进行生产、研发合作活动以及信息、知识、经验交流的前提与基础。信任合作可以增加组织间在集群网络中对知识源进行分享和帮助以更好地理解新知识的意愿，组织间能够信任地进行敏感信息交互，促进主体间知识的转移，并且正是因为有了信任，才能够更好地降低机会主义倾向，对产生的冲突进行协调，降低交易成本，促进主体间的合作。进行共享信息，不仅能使集群网络内的创新主体得到更加及时、准确、有效和更大范围的信息，还可以获得超过预期的信息或者隐性知识。相互间解决问题，通过相互协调，降低误解的风险，扫除合作会遇到的障碍和成本问题，能够更好地促进集群创新主体的创新，进而推动集群创新发展。关系质量可以看作网络内部成员进行深层次合作的前提，好的网络关系质量能够推动资源的分享与转移，创新主体从外部获取和吸收资源也变得愈加容易，能有效提升创新绩效。保持创新主体间良好的关系质量，可以帮助其发现发展过程中潜在的合作伙伴，能够及时获得真实有利的市场技术相关信息。集群创新主体若想从外部获得相应的技术创新资源，可以与供应商、客户等发展良好的合作关系。维持良好的关系质量十分重要，关系质量好，创新主体间资源的转移与吸收效率也会提升，关系质量差，双方自然而然会减少接触和交流，不利于知识转移。

集群网络的关系稳定性同样重要，即集群网络的各个关系性质是趋于不变的，还是趋于改变的。在集群创新网络中，主体之间的关系可能是友善的，也可能是互相抱有敌意的。创新主体要想与其他网络主体建立起资源共享和合作交流的关系，就必须通过一系列行为树立起良好的信誉，并会评估其他网络成员的信誉状况，进而影响相互之间的信任与行动决策。这一特征对应的就是集群网络的关系稳定性，集群网络中创新主体间彼此建立稳定的关系可以促进和加强技术、知识、信息等资源的学习共享，最终推动整个产业集群的发展进步。

4.4 创新网络统计特征对集群创新的影响机理

随着集群成员之间互动关系的进一步发展，集群技术创新进入到网络式发展的阶段。一方面，创新过程不再单纯是由技术、市场某一单维因素驱动，市场多因素的互动、数字化与信息化等技术趋势以及产业链成员之间的交互为创新网络的发展酝酿了宏观和微观环境；另一方面，创新主体之间基于多种形式的互动愈发密切及多元。产业链上的上下游关系、同行业的竞争关系、基于多样化商业模式的合作与合并关系等铺垫了整个集群关系网络，催生出基于网络的集群技术创新阶段。那么，集群创新网络作为一种新型创新范式和机制如何影响创新，本节从创新网络的统计特征出发，基于 4.3 节分析的网络结构特征、网络位置特征、网络关系特征，分别探讨不同网络特征对集群创新的影响。

4.4.1　网络结构特征对创新的影响

结构嵌入维度体现了组织在网络中的空间位置特征，由于组织空间位置特征的异质性，其对信息、知识及资源的获取与利用也存在异质性，故会对集群创新产生影响。一方面，位于网络中心位置的业务单元往往拥有最好的技术创新能力和最佳的生产效率；另一方面，从本质上讲结构嵌入性意味着个人或组织可以通过其知识、信息和资源等特质参与到创新网络结构中作为创新的主体，异质的知识、信息和网络资源对于创新网络主体之间的协同发展也是有益的，能够提高主体间知识、信息和网络资源的互补性。

结合上文中对网络结构特征的描述，本节主要从网络规模与网络密度两个特征阐述网络结构特征对创新的影响。

1. 网络规模与创新

如前文所述，网络规模可以通过利用网络中成员数目来体现网络包含的成员范围。基于资源论视角的竞争优势理论，强调了网络范围扩大对竞争优势培育的重要性。网络成员范围的扩大意味着网络中可能存在更多不同类型的组织、团队及个人，进而使网络中的知识、技术、能力和意见的多样性得以提高。网络中的成员能够通过对这些异质化资源的整合为生产经营中存在的问题提供综合性的解决方案。在创新方面，对现存的不同事实片段进行整合、重组是创新产生的关键环节，较高的网络规模通过提升网络资源的多样性而成为催生创新的土壤。

在集群创新网络中，企业、高校、中介服务机构等创新主体依托地理邻近优势有更多互联互通的机会。联系数目对创新的影响呈显著正向作用。网络规模的提高随着集群规模不断地扩大，新进入的成员增多使集群内有更多潜在新技术、新资源值得探索，集群创新网络能够作为创新成果传播的通道，使集群整体的创新水平提高。另外，在发展成熟的集群内，由于创新主体普遍具有较高的技术学习能力，通过主动学习，积极挖掘创新机遇，而网络规模的扩大为创新主体提供了更多潜在的学习对象。基于上述分析，可以初步得出网络规模对集群创新有正向作用。

2. 网络密度与创新

网络密度反映了网络中关系的疏密程度。高密度的集群网络主要具有以下特点：首先，成员对于集群网络的忠诚度普遍较高，成员之间会相互监督以防违反网络内部规则的事件发生；其次，成员之间具有高度的信任及共享意识，这种共享及互惠准则在长期发展的集群网络中成为成员的一种行动惯例，甚至会促进成员行为的同化；最后，从经济角度出发，高密度的集群网络加强了集群地理优势创造的成本优势，能够从学习成本、生产成本、市场成本、机会成本等多方面节约集群成本。

高密度的集群网络结构对于集群创新的作用是双向的。按照创新的幅度差异，创新可以具体界定为突破式创新和渐进式创新。突破式创新在科学技术上与现有技术不同，具有开创性意义的产品或技术创新，往往能够开拓新的市场及应用。渐进式创新则是在现有技术进程上进行的深入开发，如进行产品的更新换代，不涉及全新的技术原理。

一方面，高密度网络中的联系数目多，包括信息在内的知识流动效率高，尤其是对于在非正式交流中更易流通的隐性知识，能够在密集的网络中快速传播，从而使集群成员能够不断更新现有的技术知识库，在现有产品及服务的基础上进行带有修正性、改造式的渐进性创新行为。因此，在高密度集群范畴内可以将其理解为渐进式创新。

另一方面，高密度集群对于突破式创新具有一定程度的阻碍作用。究其原因可以细分为二。其一，由于网络成员在高密度网络中形成的高度忠诚，一旦有网络成员为突破式创新打破固有规则则会受到其他成员的反对，权衡进行创新的成本（包括破坏原先建立的网络关系、网络地位，进行突破式创新的风险）和收益，大多突破式创新决策难以形成；其二，集群概念强调本地化地理集聚，然而过度封闭的集群创新网络会导致集群发展锁定、本地套牢等集群退化现象。作为创新环境的一部分，集群外部的知识源是集群内部组织的学习对象，集群内部网络的知识流动效率高于集群外部网络，但起决定性作用的知识往往是从集群边界外部依靠"超本地"渠道进入的。因此，集群创新所需的知识源体系是通过"本地信息场"及"全球传播"管道共同实现的。高密度的网络具有高内部集聚度，对网络外部成员的接纳度及包容性则会降低。在内部联系紧密、对外开放不足的网络中，网络成员接收异质信息不足，网络中传播信息的冗余度较高，信息的质量及多元化程度不足以支撑突破式创新成果产生。

不同行业属性的集群创新与网络开放度的互动关系存在差异。例如，在物流产业集群中，所有成员与外部进行信息的交流、核实是日常运营的一部分，集群的常态化开放为创新提供了可能，但并未有效转化为创新。在纽约的时装产业区中，产业区地理上具体集中于第七大道的时尚中心，产业区边界没有明确界定，对周边包括博物馆、美术馆、设计院校、公园等的完全开放使整个区域的创新灵感、创新人才源源不断。在部分传统制造业集群中，网络开放成为集群创新的有效措施，采用全球化的产业链模式为集群开放提供了潜在选择路径。例如，在我国海宁皮革产业集群中，集群内部产品过高的同化程度引起的恶性价格竞争迫使集群内部成员主动寻求外部资源，通过在发达国家寻求合作伙伴，发展如联合实验室、委托研发协议、设立海外技术信息中心等形式的外部关系，从而引入技术，为内部集群创新网络带来创新活力。

因此，虽然在低密度网络中创新主体之间的关系疏松，但作为网络成员的创新主体能够与其余创新主体、机构保持一定的心理距离及不同的身份认同，有机会融入外界的新思维及新方法，开展突破式创新，可见低密度网络是能够通过有效提高网络开放度来促进突破式的创新的。

综上所述，越高的网络密度代表网络中创新主体之间的互动越频繁，信息流动速度越快，知识传递效率越高，有助于隐性知识转移和深入理解复杂知识、整合网络内部资源并最大化其效用，同时有助于网络成员之间信任、互惠机制的形成；而保持较低的网络密度的集群创新网络也有可能通过提升集群网络开放度得以促进创新。因此，网络密度必须在破坏网络开放性平衡之前维持在适当水平，否则，网络结构的高密度和低密度都有可能对网络成员的创新，继而对整个集群的创新产生遏制作用。

4.4.2 网络位置特征对创新的影响

网络位置特征是一种针对创新个体的网络特征，能够提高组织创造新价值及实现经济目标的可能。作为测度网络位置特征的主要指标，中心性是指网络成员在产业集群中占据核心位置的程度。新知识和新信息是新产品开发及新思路产生的基础，网络位置的差异使网络成员对信息资源的获取能力产生差异。网络中的共享行为、知识转移以及信息交换更倾向于发生在中心性较高的位置，因而处于网络中心地位的成员对网络中流动的战略性资源具备先天的获取优势，更有可能通过知识、信息等资源的获取来实现创新。本节根据前文对中心性的描述及度量,从中心性的三个维度——度数中心性、中介中心性和邻近中心性出发,研究网络成员位置特征对创新的影响。

1. 度数中心性与创新

度数中心性代表网络成员在网络中建立关系的程度,可以用在网络中的联系数目表示。成员在网络中建立的联系数目越多,度数中心性就越高。对于创新网络中的创新主体来说,度数中心性高意味着在网络中有更多的沟通机会以及资源交互渠道,因此,有更大的可能接触到市场信息,久而久之能够培养自身对市场的敏感度及对商业环境变化的反应力。另外,度数中心性高带来的广泛信息源能够帮助网络成员先于其同行发现现有创新成果中的问题。

度数中心性高的网络成员对集群创新的影响体现在集群内部与外部两方面。在集群创新网络内部,度数中心性高意味其在网络中的信息来源广、配置资源的能力强、产学研合作参与程度增长、影响力大。因此,该组织往往能够以最小的风险发起合作或是吸引网络中的其他组织,并在创新等方面对集群内部成员具有带动作用。在通过地理集聚形成的小世界网络中,度数高的网络成员对于整个集群的作用非常重要。同时,由于联结数目广泛,创新主体很容易建立自身在集群内外的声望,对于集群外部成员或机构形成吸引力,因此"慕名而来"参与到集群创新网络中,促进集群创新网络的成长。网络联结能力是核心成员推动集群协作创新的重要因素,核心成员的网络联结能力对集群探索型协同创新和利用型协同创新的促进作用尤其明显。

但是,度数中心性高的集群成员难以对集群创新维持长期的正向作用。当网络度分布呈现较高异质性时,即网络中成员拥有的关系资源存在极大不均衡,绝大多数网络成员占有极少的网络联结,而少数成员占有绝大部分的网络联结,一方面,中心成员或组织能够在集群中发挥核心作用,促进整个集群创新;另一方面,集群对中心成员形成依赖,对于集群创新的贡献集中在少数成员,使集群创新网络比较脆弱。许多发展成熟的集群已经呈现出这样的鲁棒性与脆弱性,如我国中关村产业集群,鲁棒性体现在集群中具有较少联系的网络成员对集群影响甚微,中关村内部中小型企业较高的流动性对集群发展没有影响,脆弱性则体现在对核心成员高度依赖导致一旦其出现故障,整个网络将面临瘫痪,如 21 世纪初在中关村产业集群中一些 IT 领航成员的创新能力退化引发了整个集群的创新停滞。

度数中心势是对度数中心性的延伸，用于衡量网络各节点的凝聚程度在多大水平上是围绕着一个或某些重要节点所建立起来的，并以此体现创新网络发展的平衡程度和偏离水平。中心势过低，说明该网络没有明确的集中趋势，节点之间关联并不密切，与之相应的子群之间关联也较少，不利于协作创新的开展；如果中心势过高，说明网络的集中程度很高，网络中核心成员的网络权力增加，其他成员围绕核心成员开展创新合作的程度越来越低，同样不利于集群的创新。例如，集群内部发明人合作关系越集中，知识扩散则呈现出速度下降、范围缩小的趋势。这导致知识在中心区集聚难以向外围区扩散，核心组织的发明人的合作网络存在互动盲区，与其他非中心组织发明人之间的交流不够广泛充分，这种现象会弱化组织对外合作的意愿，不利于组织对外合作关系的维持。技术知识网络中心势对技术创新能力的意义更主要表现在对渐进型技术创新的促进作用上，但随着技术知识网中心势的进一步增强，其对突破性技术创新的负面影响也将越来越大。

2. 中介中心性与创新

中介中心性体现网络成员在多大程度上处于其余成员交互路径上，基于此中介中心性对网络成员创新的影响可以通过结构洞进一步阐述。在网络中，结构洞是信息流通时的"鸿沟"，信息可以在两个连接到同一网络节点但是彼此并不直接相连的节点间传播，那么这个作为中介节点的结构洞看起来就是网络中两个没有紧密连接的节点集合之间的"空地"。拥有结构洞数目多意味着个人或组织有着更多数目的非冗余关系、更多样的信息来源及差异化的联系对象。在社交关系网络中，结构洞作为一种社会资本能够促进各领域的个人在工作、生活、学习等方面的绩效，同时在组织关系网络中，结构洞能够促进不同产业组织的绩效。例如，在半导体制造业中，与行业外部其他技术领域进行联盟的成员有更多机会进行创新，处于结构洞多的位置的成员倾向于有更高的专利产出。在风险投资业的初创阶段，结构洞能够使其发现之前没有合作投资的投资人，进一步发挥牵线作用将其联系到一起。因而，在网络中拥有结构洞使风投组织掌握更多信息及控制权，拥有更多非冗余关系的成员有更多的学习机会和学习行为。在高新技术产业集群中，有更多不同种类合作伙伴、与外界互动形式多的成员有更高的收益及成活率，并且，在创新网络中，拥有结构洞数目多的成员往往有快速学习的能力，同时较之其他成员有更高的创新能力。当成员的中介中心度较高时，合作连接频次多的成员更容易获取高创新绩效；当成员的中介中心度较低时，较高水平的合作强度与特征向量中心度共同正向影响创新绩效,即非中介位置的成员可以通过加强与优势节点成员的合作深度来弥补资源集聚劣势,进而促进创新绩效的提升。

3. 邻近中心性与创新

邻近中心性反映了网络成员联系到其余成员的容易程度。作为一种网络位置特征,邻近中心性反映在网络成员与其余成员的联系路径较短,因而能够更快速、更容易地通过与其他成员的联系而获取资源。相比度数中心性和中介中心性,邻近中心性更能体现出网络成员的网络权力,具有较高的邻近中心性意味着成员能够相对容易地抵达目标对象而不需借助于中介或通过高投入实现,因而在互动的自由度方面具有较高的优势。在创新网络中,邻近中心性高使网络成员能以较低成本搜寻到合适创新源、展开合作关系,从而促进其创新。

在集群创新网络中,除大型核心企业外,高等院校与科研院所也往往具有很大的邻近中心性,从而具有较强的网络资源选择权利,相比企业,其更有机会促进技术创新与协同关系的形成。一方面,高等院校和科研院所可以依靠其雄厚的研发实力和专业资源,获得包含其他院校和公司在内的潜在合作者,而知名院校往往可以发展为所处区域的科研带头者,起到相应的辐射效果;另一方面,校办产业将高校优质的创新科技资源和丰富创业人才资源系统整合,转化为社会化的创新创业资源,联动高校营造创新创业的氛围,这种亲缘合作模式极大地促进了网络中的创新合作强化。

综上所述,可以初步得到网络中心性与集群创新的关系:网络中心性对集群创新有积极的影响作用。

4.4.3　网络关系特征对创新的影响

集群创新网络是集群内部各主体构成的自由平等、理性发展的联结群体,关系嵌入主要会影响网络主体之间信息交换、知识共享、合作开发,有利于通过联结关系得到有益资源,进一步提升创新主体产出水平和提高创新效率。在已有的对关系嵌入性与集群创新之间关系的研究中,大体可以分为两种观点。一种观点认为,关系嵌入性和集群的创新绩效之间是正相关关系,即高联系嵌入性代表着创新网络内的主体之间的关系密切、联系稳定性高、联系效果好且存在着互利性。支持这种理论的研究者指出,关系嵌入性是产出创新成果的前提,创新主体间的关系越强,其在网络上获得的信息和资源就越多。另一种观点则认为,关系嵌入性和集群的绩效间呈现出倒"U"形关系,即关系嵌入性具有相应的临界,一旦超过临界点,过高的嵌入度反而不利于创新绩效的提高。关系嵌入有缔结互信、促进分享等创新驱力，然而关系投资、知行惯性随着嵌入的加强而增加，过度嵌入会抑制创新绩效。

在关系嵌入视角下，本节选取了关系强度作为集群网络的特征来研究其对创新的影响。前期研究把关系强度作为网络内部微观层面的二元指标，研究该特征与宏观层面网络总体表现的互动模式，将网络关系分为强关系与弱关系来探讨关系强度对网络中个体各方面表现与绩效的影响。下面将分别讨论强关系及弱关系对集群创新的影响。

1. 强关系对集群创新的影响

集群建立的强关系具体从以下几个方面促进创新。首先，强关系的建立在时间上需要一定的长度及频度，在资源上需要多方面的投入，关系主体对彼此的介入性更强，由此形成的更多非正式交流有利于知识溢出及新思维诞生；其次，强关系涉及的方面并不局限于技术层面，市场、运营等经济层面的信息也有可能涉及，集群创新主体能够在强关系中培养对市场动态的敏感度，从而实现管理战略的修正及创新；最后，强关系具有较强的互惠性，创新主体与其创新伙伴之间的关系不是一种短期行为，在交互的过程中会从对方的利益出发，这样的合作机制更有利于新技术的产业化。

在整个集群创新网络中，创新主体之间的强关系对集群整体创新具有以下正向影响：提高创新主体在合作过程中的有效沟通能力和合作环境的稳定性，增强创新主体彼此间的诚信水平从而减少相关维护成本；重视对其他创新主体的共享知识的吸纳与转化，以此确保创新主体之间知识共享关系的形成与维持；保证合作创新关系的长期持续与稳定，降低创新主体的合作风险。

随着网络的进一步演化，强关系对于集群创新的消极作用逐渐体现出来。在高新技术产业集群中，其创新元素最终体现在服务、技术而非有形的产品上。相比制造业中通过模仿、集成等方式实现的创新，目前许多集群更倾向于更多原始创新或突破式创新。然而，一方面，强关系的形成有助于知识的深入交流，对原创性创新的促成没有显著作用；另一方面，普遍形成强关系的集群创新网络会自发地对外部关系及资源产生排斥作用，相对封闭的环境使创新主体难以吸收更多元化的信息，阻碍其开展突破式创新。另外，传统意义上通过强关系提供的隐性知识交流的创新的前提之一是集群内部创新主体对技术模仿持默许态度，随着法律知识的普及、商业模式的流程规范化，创新主体间的创新关系逐步发展到通过正式签订协议等方式开展的合作创新关系。正式合作创新关系的形成关键在于搜寻合作机遇、识别合作伙伴以及发展共赢模式，强关系带来的封闭性对新层次的创新关系构建会产生一定的消极作用。

2. 弱关系对集群创新的影响

弱关系的本质是非冗余性，网络成员之间关系强度低意味着以成员为中心形成的个体中心网络之间的覆盖率低，从而网络成员提供的资源对彼此来说边际效用高。以社交关系网络为例，两个关系紧密的朋友往往有很多共同朋友，而伴随冗余关系的信息有较高的重复率。强关系更有助于提供情感支持、服务支持和陪伴支持，弱关系则倾向于提供工具性的支持。强关系与弱关系的区分主要是通过接触时间、情感强度、亲密程度和互惠程度等方面进行区分的。因此，弱关系对创新的影响可以概括为三点：①弱关系连接着各种背景的信息源，因此是新颖知识和最新观点的源泉，能够促进突破式的知识创造和产品创新；②由于情感程度及亲密程度较低，弱关系基础上的共享机制并不完善，因此对成员产生的约束和限制低，创新网络成员能够挣脱普遍认知进行知识探索、新品研发，在创新行为上具备较大的自由度；③由于弱关系涉及的互惠程度低，创新网络成员维持关系付出的成本相比强关系明显较少，较少的投入使之在创新中承担的风险低。因此，可以提出，创新网络中的关系强度对集群创新有负向的影响。

4.5　产业集群创新网络分析——以南京软件产业为例

软件是新一代信息技术的灵魂，是数字经济发展的基础。软件园区作为核心产业载体，也是推动我国数字技术与实体经济深度融合的重要窗口。近年来，软件和信息服务作为我国信息技术创新的重点方向和产业融合发展的关键纽带，呈现出高速发展态势。目前，全国近 350 家软件园区汇聚了超 5 万家软件企业，带动国内软件新技术、新产品、新应用竞相涌现，已成为推动软件产业集聚发展的重要载体。

党的十八大以来，我国软件产业快速发展，核心技术持续突破，产业规模年均增速达到 16%。2022 年，我国软件业务收入首次突破 10 万亿元，同比增长 11.2%，高于 GDP 增速 8.2 个百分点，全国软件和信息技术服务业规模以上企业超 3.5 万家。2023 年 1~2 月，软件产品收入 3379 亿元，其中，工业软件产品收入 390 亿元，同比增长 13.6%。工业软件迎来了高速发展的阶段，已经连续多年高于行业总体增速，尤其是工业互联网等新型信息基础设施的建设和应用，不仅壮大了数字经济核心产业，同时推动了集成电路、工业软件产业高质量发展，也培育出更多新的业态、新的模式。

2022 年 12 月 10 日，工业和信息化部发布的《关于印发中国软件名城（园）管理办法的通知》（工信部信发〔2022〕168 号）分别印发了《中国软件名城管理办法》《中国软件名园管理办法》，进一步规范软件名园管理工作，引导软件园区高水平建设名园。《中国软件名园管理办法》明确提出，中国软件名园特色方向包括关键基础软件、大型工业软件、行业应用软件、新兴平台软件、嵌入式软件等。《中国软件名城管理办法》对申请创建园区明确了具体条件：软件园区软件和信息技术服务业集聚度较高，业务收入规模、增速比较优势明显，具有一定产业特色，拥有若干知名软件企业和产品，对城市主导产业发展具有较强的应用支撑能力；软件园区在服务软件企业方面，拥有较为完善的政策体系和公共服务平台，能够提供适配验证、体验推广、企业孵化、投资融资、法律服务、人才培训等公共服务。

《江苏省"十四五"软件和信息技术服务业发展规划》提出到 2025 年，江苏省软件和信息技术服务业规模力争达到 1.6 万亿元，软件和信息技术服务业高质量发展水平处于全国最前列。《江苏省"十四五"软件和信息技术服务业发展规划》提出"一核两心、双向联动，一廊牵引、多地并进"的发展布局，"一核两心"即南京软件产业综合发展核心区、苏州工业软件发展中心区、无锡平台软件发展中心区；深入贯彻一体化发展理念，围绕"一核两心"的优势特色，以南京为区域核心形成与安徽部分城市密切合作的苏皖联动发展，同时以苏州、无锡为主体形成与上海、浙江部分城市错位互补的协同发展；"一廊"是指西起南京，东至南通，沿途串联镇江、扬州、常州、泰州、无锡、苏州、昆山等地，形成"沿长江软件创新走廊"；支持包括徐州、宿迁、连云港、淮安、盐城等产业新基地充分挖掘自身优势，依托重点企业、重点园区实现差异化、特色化布局，积极培育软件产业增长新动能。

2023 年，江苏省发布《关于推动战略性新兴产业融合集群发展的实施方案》。该方案以习近平新时代中国特色社会主义思想和党的二十大精神为指导，全面贯彻落实中国式现代化重大部署，坚决扛起"争当表率、争做示范、走在前列"光荣使命，以提升产业创新能力为核心，推动全省战略性新兴产业融合集群发展，提出打造 5 个具有国际竞争力的战略性新兴产业集群，建设 10 个国内领先的战略性新兴产业集群，培育 10 个引领突破的未来产业集群。其中，包括加快发展高端软件及信息服务产业集群，加快发展以基础软件、工业软件、行业应用软件为重点的高端软件产业，基于基础软硬件自主技术体系适配优化各类行业应用软件，支持研发一批行业通用软件和信息技术应用创新解决方案，加快建设信息技术应用创新先导区，打响江苏高端软件产业品牌。

南京是首座"中国软件名城"，首批国家级先进制造业集群（软件和信息服务）入围城市，软件产业规模位居全国前列。南京市政府相继出台《南京市打造软件和信息服务产业地标行动计划》《南京市数字经济发展三年行动计划（2020—2022 年）》《南京市推进软件名城提质升级打造万亿级产业行动计划》《南京市推进产业强市行动计划（2023—2025 年）》等扶持政策，为软件行业发展创造良好的"软环境"，明确要增强软件和信息服务产业集群全球竞争力，重点加快发展高端工业软件。2022 年，南京市软件和信息服务业规模达 7408 亿元，占全省的 56.3%。全市拥有重点涉软企业 4000 家左右，发展形成以中国（南京）软件谷、南京江北新区产业技术研创园、江苏软件园等"一谷两园"国家级软件园为核心，以南京徐庄高新区、南京建邺高新区、南京鼓楼高新区等省级园区为支撑的产业集聚区。本节以南京软件产业集群为例，借助合作专利数据构建产业集群创新网络，分析其网络特征，探索南京软件产业集群的发展和演化趋势。

4.5.1　数据采集及处理

作为工业和信息化部正式批准的首座"中国软件名城"，南京的软件产业集聚效应显著，软件和信息技术服务业产业集群入选首批国家先进制造业集群。南京市已发展形成以"一谷两园"国家级软件园为核心，以省级园区为支撑的软件产业集聚区。2022 年，南京市集聚涉软从业人员约 85 万人、重点涉软企业 4000 家左右。其中，上市企业 126 家，南瑞集团有限公司、熊猫电子集团有限公司等中国软件业务收入前百家企业 8 家，国家鼓励的重点软件企业 23 家，均位居全省第一。拥有国家级工业互联网双跨平台 1 个，累计培育省级以上重点工业互联网平台 30 个。构建工业互联网标识解析体系，建设国家顶级节点（南京灾备节点）和递归节点、14 个行业标识解析二级节点，标识注册量 574 亿条、解析量 312 亿次，接入企业 4.31 万家，保持全省第一、全国领先。电子设计自动化（electronic design automation，EDA）是集成电路产业的基础，2022 年底，科学技术部正式批复同意国家集成电路设计自动化技术创新中心（简称"EDA 国创中心"）在南京建设。EDA 国创中心由东南大学与江北新区联合打造，是聚焦关键核心领域突破做出的重大战略部署，通过市场化、多元化、多形式开展基础研究攻关和关键技术突破，打通 EDA 产业——学术合作机制和枢纽，打造集成电路 EDA 技术策源地、产品示范地和人才汇聚地。

本节借助合作专利数据构建南京软件产业集群创新网络，采用的专利数据来自中国国家知识产权局专利数据库。中国专利信息中心作为我国国家级大型的专利信息服务机构，其专利数据库中收录的中国专利数据具有全面性、完整性和权威性的特征。对南京市 607 家软件企业从 2000 年 1 月 1 日至 2018 年 12 月 31 日期间的合作专利数据进行了检索和分析。本节专利数量的统计基于专利申请量而非专利授权量，主要是考虑到专利授权量相对于专利申请量有一定的滞后性，以授权量来分析可能会造成一定程度的数据不全和信息失真。基于专利申请的检索结果在基本覆盖了授权专利所包含的信息的同时，也能规避滞后性带来的误差。

4.5.2 演化阶段划分

南京软件产业集群的发源，最早可追溯到 2000 年 9 月被科学技术部认定为"国家火炬计划软件产业基地"的南京软件园，其先后获得"中国服务外包基地城市示范区""国家软件出口创新基地"等称号。自 2001 年以来，南京市充分发挥科教人才资源优势，积极抢抓机遇，全力打造软件名城，使软件产业进入了快速发展和稳步发展时期，已经成为建设"创新型城市"和"全国重要科教中心"的主要突破口，成为南京市第一优势产业和重要发展战略之一。从总体上看，围绕"软件名城"的形成、建设、发展，先后出台多个政策推动软件产业发展。南京市软件产业集群的发展经历了三个阶段，如下所示。

第一阶段："软件名城"萌芽期（2000～2004 年）。南京市软件企业从 2000 年初的 100 多家，发展到约 500 家，年销售收入从 18 亿元迅速突破百亿元大关，达到 109 亿元，提前一年完成"十五"计划，总体规模在全省占据"半壁江山"，并位居全国省会城市之首。这一阶段，以引进外资为主，吸引了美国 IBM、日本 NEC 等知名软件企业入驻南京软件园。

第二阶段："软件名城"创立期（2005～2010 年）。南京市依托产业基础雄厚、科教资源丰富、人居环境优良的优势，在国内率先提出"建设中国软件名城"的发展战略，软件产业进入快速发展阶段。"十一五"以来软件产业年均增速超过 40%，2010 年产业规模突破千亿元。2010 年 9 月被工业和信息化部授予首个"中国软件名城"称号。这一阶段，开始从引进外资向自主创新转型，建设了南京国际软件产业园、南京软件人才培训中心、南京软件学院等软件产业配套设施。

第三阶段："软件名城"发展期（2011 年至今）。作为国内首个"软件名城"，为打造好品牌，先后出台加速软件产业发展的多项"新规"，进一步提出高标准建设中国软件名城发展战略，把软件产业作为第一大主导产业和第一大支柱产业来培育壮大。该阶段继续加强自主创新，引进阿里巴巴江苏总部、小米华东总部、字节跳动南京研发中心等一批龙头企业重大项目，打造了南京软件产业技术创新中心、南京软件产业创新基金等创新平台，加速了南京软件产业的发展。

结合南京市软件产业集群发展经历的三个阶段，本节将分 2000～2004 年、2005～2010 年、2011～2018 年 3 个时间阶段对南京软件产业集群创新网络的演变规律进行分析。

4.5.3　创新网络的统计特征

在集群创新活动中，产业技术创新战略联盟是由某组织机构主导，以各方共同利益及发展需求为基础，以提升产业技术创新能力为目标，以具有法律约束力的契约为保障，通过适当的组织形式和运作模式结成的比较稳定的政产学研用合作组织。产业技术创新战略联盟的构建可以有效推动产业集群创新网络建设，有助于促进创新驱动型经济的发展。对于南京市软件产业集群来说，产业技术创新战略联盟也是其进行创新合作活动的主要形式之一。专利是指受到专利法保护的发明创造，它是衡量创新成果的重要指标，联合申请专利能够直接反映知识在各创新主体间的流动和转移，是衡量集群创新网络中的创新主体之间合作关系的重要指标。专利对于高新技术产业集群创新产出有着重大的指征意义，它是创新主体提升创新能力、确立竞争优势的源泉。

基于此，本书结合建立产业技术创新战略联盟和联合发明专利这两种形式来刻画南京地区软件产业集群的创新网络。根据南京市软件行业协会及江苏软件产业公共服务平台发布的南京市软件产业园区的企业名录，共选取 607 家企业作为研究对象。在国家知识产权局专利数据库中，将这607 家企业分别输入申请（专利权）人一栏进行检索，自 2000 年 1 月 1 日至 2018 年 12 月 31 日，拥有专利的企业有 244 家，其中拥有和其他行为主体联合申请的合作专利的企业有 87 家，具体如表 4.2 所示。

表 4.2　2000～2018 年南京软件产业联合发明专利一览（单位：个）

专利数目	合作专利数	行为主体数	企业主体数	大学主体数	科研机构主体数	其他主体数
18 538	10 342	556	437	31	73	15

资料来源：国家知识产权局官方网站

注：其他包括政府部门、行业协会和中介服务机构等其他行为主体

总体来看,南京有 40.2%的软件企业进行了申请专利形式的创新活动,其中有 14.33%的软件企业还产生了与其他行为主体合作申请专利的创新活动。在专利合作网络中,行为主体共有 556 个,其中企业、大学和科研机构的数量分别为 437 个、31 个、73 个,其他行为主体包括政府部门、行业协会、中介服务机构、部队和医院等 15 个。虽然与其他行为主体联合开展专利申请的软件企业占比不高,但联合专利在专利总数中占比达到了 55.79%,在一定程度上说明了南京地区软件产业集群的科技创新合作活动较为活跃,且集中在部分软件企业。基于收集的 607 家软件企业信息,选取其中有联合申请专利(87 家企业共计 10 342 条联合专利数据)的企业进行南京地区软件产业集群创新网络特征的研究。

1. 网络结构特征

本节选取网络规模、网络密度两个指标对南京市软件产业集群合作申请专利关系数据构建的创新网络结构进行表征(表 4.3、图 4.7)。在进行分析前,由于南瑞集团有限公司、国电南瑞科技股份有限公司、国电南京自动化股份有限公司、南京南瑞继保电气有限公司、江苏方天电力技术有限公司服务的是特定行业,去除与这 5 家公司合作的南京以外的与软件产业无关的其他地区的电力分公司,以更清晰地展示南京地区软件产业创新网络。

表 4.3　2000~2018 年南京市软件产业集群创新网络结构表征

时间	网络规模/个	网络密度
2000~2004 年	21	0.0684
2005~2010 年	141	0.0715
2011~2018 年	361	0.0601

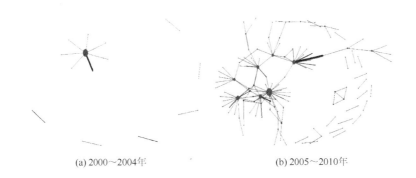

(a) 2000~2004年　　　　　　　　　　(b) 2005~2010年

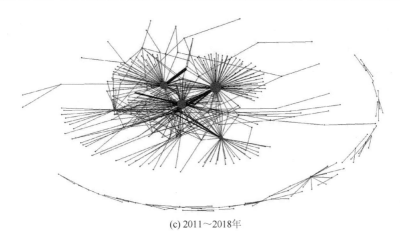

(c) 2011～2018年

图 4.7　南京市软件产业创新网络拓扑图

资料来源：国家知识产权局专利数据库

从网络规模（网络内部行为主体的数目）来看，南京市软件产业创新网络的规模从 21 个增至 361 个，增长的趋势十分明显，越来越多的创新主体参与到软件产业的创新网络中，并为网络带来更多的资源用于合作和知识共享。

除政府以外，大学、科研机构、企业是南京软件产业创新网络的主要主体，其中企业各时间段所占比重依次为 85.00%、78.57%、77.50%。纵向比较不同时间段的同一类型创新主体可以发现，科研机构在产业创新网络中的参与程度逐渐增强，由 2000～2004 年的不参与上升至 2011～2018 年的占比 11.94%；行业协会等其他主体在产业创新网络中的参与程度一直较低，且占比呈现降低趋势，参与南京市软件产业创新网络建设的其他行为主体多为政府部门、医院等；大学在 2000～2004 年创新网络的参与程度最高、在 2005～2010 年创新网络的参与程度最低，其占比分别为 10.00%和 7.86%。

从网络密度来看，其数值的大小反映了网络节点间联结的密切程度，各时间段南京市软件产业创新网络的网络密度均小于 0.5，表明南京软件产业创新网络内部各节点间的联结较为松散，联系紧密度一直处于较低水平，其创新合作水平还有待提升。虽然网络规模在不断扩张，但三个时间段南京市软件产业创新网络的网络密度较为接近，甚至出现了微小幅度的下降，这说明在本节研究选取的时间区间内，其在网络密度水平上并未有明显改善。

总而言之，虽然加入网络的软件企业数量越来越多，但成员间建立起的合作联系却并不多，导致了资源流动的通道较为闭塞。出现这种情况可能是由于大量创新主体涌入网络之后合作成本增加，组织成员不愿冒着高成本的风险向多个创新主体寻求合作联系。这说明南京软件产业的产学研合作创新网络的整体结构较为松散，知识共享的程度不高，核心成员的引领效果尚未凸显，合作创新活动仍有待加强。

2. 网络位置特征

从网络中心势来看，各时间段南京市软件产业创新网络的网络中心势的值已表明一些核心节点开始形成。2000～2004 年、2005～2010 年南京市软件产业创新网络的网络中心势较高，分别为 5.97%、1.11%，说明其创新网络内部已形成了一些重要的核心节点。

从演化的三个阶段来看，2000～2004 年的熊猫电子集团有限公司、南京和聚科技有限公司、江苏东大集成电路系统工程技术有限公司、东南大学、南京国图信息工程有限责任公司等主体占据了网络中心位置，说明其在网络中有较大的影响力，对网络中的资源有较强的控制力；2005～2010 年的国电南瑞科技股份有限公司、熊猫电子集团有限公司、东南大学、南京大学、南京音视软件有限公司等主体占据了网络中心位置。2011～2018 年南京市软件产业创新网络的网络中心势相对较低，为 0.75%，也存在如南瑞集团有限公司、南京软核科技有限公司、东南大学、熊猫电子集团有限公司、国网江苏省电力有限公司电力科学研究院等主体与其他节点联系较为密切，但是这些节点并不占据创新网络的中心，说明在此期间南京市软件产业创新网络内部核心节点的带动作用不如前期两个时间段明显。纵观三个发展阶段，企业在南京市软件产业创新网络中承担了创新主力军的角色，在网络中拥有更大的控制权，大学和研究机构则作为一种有效补充。

总体而言，南京市软件产业创新网络的网络中心势数值波动较大，且逐渐减小。这可能是因为南京市软件产业分布的地区具有经济发展水平相似、创新水平相似、地理邻近等特点，相同或相似的要素条件及默契程度可以节省创新的交易成本，并且随着创新联系强度的提升，产生规模经济效应，进一步减少创新合作的成本，这就导致了它们与其他地区之间的创新联系强度不断减小，创新的区域合作范围也在不断缩小。这说明今后在不同地域范围的合作发展中，南京市应进一步加强核心区与边缘区的创新联结。

3. 网络关系特征

南京市软件产业集群创新主体与合作伙伴之间保持持续的交流联系，

有利于提高创新创业资源和信息在网络中的传递效率，加深创新主体与合作伙伴彼此间的了解和信任，促进合作双方更高水平的合作，提高创新主体持续成长的可能性，从而提高创新绩效。

通过研究南京市软件产业集群创新网络的创新主体在全国城市的地理位置的分布情况，可以了解南京市软件产业集群的创新合作伙伴以及与合作伙伴的关系强度。2000～2004 年，南京市软件产业集群的创新合作伙伴有 90%来自南京市内，仅有少数分布在国内其他城市；2005～2010 年分布在南京市内和国内其他城市的创新合作伙伴的比重分别为 64.29%、35.71%；2011～2018 年分布在国内其他城市的创新合作伙伴有 219 家，所占总量比接近 60%。

在早期，南京市软件产业在全国其他城市的创新合作伙伴仅来自北京市与海口市，在南京市内以玄武区和浦口区等为主；中期南京市软件产业创新网络空间结构呈现出以"北京-上海-广州-杭州"为核心的不规则"四边形"形态，合作较多的国内城市主要有北京、上海、济南、广州、苏州、杭州、郑州、福州、武汉等；近年南京市软件产业集群创新网络空间结构呈现出以"北京-上海-广州-武汉"为核心的"三角形"形态，合作较多的国内区域主要位于北京、上海、济南、广州、武汉、郑州、杭州、苏州、福州、重庆、深圳等核心城市。

南京市软件产业集群内成员的主要技术创新合作伙伴分布在国内区域与南京市内区域，故将其划分为两个尺度：本国尺度与本市尺度，以此来探究南京市软件产业集群网络的关系强度。

从本国尺度来看，南京市内软件产业集群成员与国内其他城市开展技术创新合作活动频度在三个连续时间段内呈现递增趋势，这可能是因为创新初始阶段，需要主体之间频繁交流，相互学习、传递信息，因此网络关系强度不断上升。2000～2004 年南京市软件产业集群成员与国内其他城市开展技术创新合作在全部合作活动中的占比为 18.18%，仅有江宁区（9.07%）和玄武区（9.11%）与国内其他城市开展了合作；2005～2010 年南京市软件产业集群成员与国内其他城市开展技术创新合作的比重为 28.95%，其中江宁区（17.54%）、玄武区（3.50%）与国内其他城市合作较多，雨花台区（0.88%）与国内其他城市合作较少；2011～2018 年南京市软件产业集群成员与国内其他城市开展技术创新合作的比重为 74.30%，其中江宁区（35.42%）、浦口区（26.13%）与国内其他城市合作较多，栖霞区（1.30%）与国内其他城市合作较少。

分布于南京 11 个区的软件集群成员与国内其他城市开展技术创新合

作活动较多，占据全部合作创新活动的 65.47%，其中江宁区、浦口区的软件集群成员与国内其他城市的技术创新合作活动较为频繁，秦淮区和建邺区则较少，六合区、溧水区、高淳区未有集群成员与国内其他城市进行技术创新合作活动。

从本市尺度来看，南京市软件产业集群成员与南京市合作伙伴开展技术创新活动次数占所有合作次数的比重呈现下降趋势，这可能是因为南京市软件产业集群成员与南京市合作伙伴由于地理邻近性等原因长期合作，其开展的创新活动已经进行到中后期，各主体对创新知识及技术基本掌握，主体间交流学习次数频率减低，网络关系强度逐渐下降。2000~2004 年南京市玄武区（38.89%）、秦淮区（22.22%）和浦口区（22.22%）的软件产业集群成员与南京市其他区的成员技术创新合作较多，栖霞区（5.56%）与南京市其他区技术创新合作较少，建邺区、雨花台区、六合区、溧水区、高淳区与南京市内其他区没有合作；2005~2010 年南京市玄武区（25.31%）和江宁区（15.43%）的成员与南京市其他区的成员技术创新合作较多，溧水区（3.70%）和雨花台区（1.85%）与南京市其他区技术创新合作较少，六合区、建邺区、高淳区与南京市内其他区没有合作；2011~2018 年南京市鼓楼区（27.75%）、江宁区（20.10%）、浦口区（19.62%）的成员与南京市其他区的成员技术创新合作较多，六合区（1.44%）与南京市其他区技术创新合作较少，高淳区和溧水区与南京市内其他区没有合作。总体上，南京市软件产业平均 74.29% 的软件产业集群成员与南京市合作伙伴开展技术创新活动，其中鼓楼区、江宁区、浦口区、雨花台区与南京市其他区的创新主体合作较多，高淳区没有和其他区开展合作。

本节以南京市软件产业集群为研究对象，基于专利数据构建了南京市软件产业集群创新网络，并比较分析了不同时间段与不同空间尺度创新网络的特征及其差异，结果发现：①网络结构的"核心-边缘"范式明显，但南京市软件产业集群创新网络总体规模不大、网络整体密度低，且网络主体间以关联关系居多，原因可以归结为部分集群内成员并未申请专利和对自身技术创新的保护。虽然国有企业如熊猫电子集团有限公司、南瑞集团有限公司一直处于创新网络的核心地位，但近年来随着南京众多软件企业的突起，创新网络众多核心的产生已开始弱化其在创新网络中的影响。②南京市软件产业集群创新网络向全国范围辐射的范围不断扩大，强度不断提高，且与北京、上海、济南、广州、武汉、郑州、杭州等城市已形成稳定的合作网络结构。③南京市内软件产业集群以鼓楼区、江宁区、浦口区、雨花台区为核心已形成稳定网络结构，但总体网络结构并不完整、各区域间联系强度较弱且增速缓慢，在一定程度上与集群成员在南京市分布不均衡有关，尚处于动态调整的阶段。

结合南京市软件产业发展的实际，虽然目前南京深入实施高标准建设中国软件名城战略，积极调整产业布局，出台大量相关扶持政策和计划，但南京市软件产业发展仍面临着许多问题，如区域之间发展失衡、市场机制不完善以及受国际竞争环境挤压等。具体来说，作为工业和信息化部首批的"中国软件名城"，南京市拥有着丰富的科教人文资源，应结合自身人才资源和政策战略优势，在构建现代信息服务业人才培养体系、输出现代信息产业人才的同时，从政策上保证软件产业结构的健康和转型升级的及时。同时，结合空间地理信息资源，合理分布大小软件产业园和合理配置资源，避免过于激烈的竞争，加速促进区域内龙头核心企业的培育、引进，推动整个软件产业集群向品牌化升级。

此外，本节认为南京市软件产业集群还可以借鉴其他卓有成效的软件产业集群的发展经验。在产学研方面，如硅谷高新技术产业集群、苏格兰高新技术产业集群，通过集群内大学、企业、科研机构之间相互依赖、有机结合和高效合作，积极引进建设与产业定位相关的高等院校、科研机构等做法，实现产业园区与高校、科研院所互利共赢发展，加强创新网络内部联系，形成良性互动，促进技术创新发展。在成员自主创新方面，如班加罗尔软件产业集群，集群成员进行专业化或者多元化的发展，根据自身条件有针对性地提升自己的创新能力，最终共同推动软件产业集群成员的共同成长和完成集群创新网络的升级。在产业布局方面，如中国台湾新竹科学工业园区，进行适应城市发展的产业布局，产业发展跟上城市发展的步伐，符合城市长远发展规划，遵循经济发展规律，提高信息沟通的效率，最终在招商引资、产品输出、人才交流等得到切实红利。通过借鉴先进产业集群发展的成功经验，加大政府主导的产学研合作，增强集群内部各成员自主创新力，优化产业整体布局等，对南京市软件产业集群进行优化。

4.6 本 章 小 结

本章构建了产业集群创新网络的概念模型，探讨我国高新技术产业集群创新网络的统计特征及其对集群创新的影响机理。

创新网络是由多个主体基于多种形式的联结关系耦合形成的，其组织构成主要包括四大类：企业、高校及科研机构、政府、中介服务机构。创新网络的复杂性体现为创新主体之间的复杂联结关系。高新技术产业集创新网络的多重性，体现在空间分层和逻辑分层的维度。

产业集群创新网络的复杂性特征主要体现在：节点数量多、结构复杂多样、节点复杂多样、在时间和空间上的动态演化特性、网络的多重性、统计特征不断完善。创新网络的统计特征可以从结构特征、位置特征、关系特征三个维度进行描述。结构特征包括网络规模、网络密度、聚类系数、网络嵌入性等；位置特征包括度数中心性、中介中心性和邻近中心性；关系特征包括关系强度、关系质量和关系稳定性等，其中关系强度可分为强关系和弱关系。本章讨论了不同创新网络特征对集群创新的影响，并以南京软件产业集群为例，借助合作专利数据构建产业集群创新网络，分析其网络统计特征，探求南京软件产业集群的发展和演化趋势。最后，针对分析发现的问题给出相应的对策建议。

第5章　高新技术产业集群创新网络演化建模与仿真

网络演化主要研究个体特征、个体间行为互动如何随着时间的推移涌现为整体网络上的演进。因此，构建网络演化的模型需要对网络中个体成员的行为准则进行设定，进而观察整个网络按此准则随时间演化的形态变化。本章用以仿真的工具是 NetLogo 平台。NetLogo 编程仿真平台由美国西北大学于 1999 年发起构建，后由连接学习和计算机建模中心（Center for Connected Learning and Computer-Based Modeling，CCL）持续开发。NetLogo 适用于模拟随时间演变的复杂系统，模拟个体之间交互产生的宏观模式过程。本章在描述不同阶段网络演化的形态特征时，引入了社会网络分析中对整体网络进行测量的相关指标，以便对于网络的演化过程有较为量化的认识。尽管这些指标是静态的，在动态网络分析中，通过计算不同时间的量，能够对不同阶段的网络形态进行直观比较，从而反映网络的变化趋势。

Barabasi 和 Albert（1999）发表了关于无标度网络的研究成果，为创新网络的研究提供了一个新的研究思路。无标度网络的形成基于两个产生机制：一是节点增长，二是节点连接的择优选择。无标度网络度分布遵循幂律分布，即 $p(k) \sim k^{-\gamma}$，网络的集聚系数可以由参数 p 加以调节。

（1）增长（growth）：假设 $t=0$ 时刻，网络最初节点数为 m_0，在此后的每一个时间间隔内，新增节点与原有节点发生 m 条边连接。

（2）择优连接（preferential attachment）：新增节点与原有的节点 i 间的连接取决于节点 i 的度 k_i，且新增节点与节点 i 相连的概率跟节点 i 的度成正比：$p(k_i) = \dfrac{k_i}{\sum\limits_{j} k_j}$。在经过 t 时刻后，网络节点数为 $N = m_0 + n_t$，其中 n_t 为 t 时刻网络新增节点数，此时网络边数记为 m_t，节点度为 k 的概率为 $p(k) \sim k^{-\gamma}$。

可以认为产业集群创新网络的形成和发展具备了无标度网络的一些性质，原因如下：第一，产业集群从形成开始，随着时间的推移，会有新的成员加入，与原有的成员发生联系；第二，新成员加入产业集群，一般会优先与集群内规模和影响力较大的成员发生往来，这符合节点优先选择的原则。

5.1   创新网络节点增长模型及仿真

本节考虑创新网络的成长过程，即一个创新网络由最初的几个节点，逐步增加进新的节点。为了简化研究，同时综合考虑到创新网络的发展实际，提出以下假设。

第一，网络的初始节点数为 2，每单位时间内加入网络的节点数为 1。

第二，产业集群的发展受到空间和其他因素的限制，创新网络的规模不可能是无限制的，因此可以认为创新网络的度是无限制的。

第三，创新网络中的已有节点捕获新加入节点的能力与其节点度有关，即新加入节点连接到已有节点的概率与该节点的度成正比，用 $p(i)$ 表示新加入的节点连接到节点 i 的概率，则有

$$p(i) = \frac{k_i(t)}{\sum k_i(t)} \qquad (5.1)$$

其中，$k_i(t)$ 为节点 i 在 t 时刻的度。又因为每一单位时间内加入 1 个节点，而新加入 1 个节点使得网络的度增加 2，所以有式（5.2）成立：

$$\sum k_i(t) = 2t + 2 \qquad (5.2)$$

在时间 $t \to t+1$ 内，节点 i 获得新加入节点的概率为 $p(i)$，所以 $t+1$ 时刻节点 i 的度分布满足下式：

$$P\{k_i(t+1) = k_i(t) + 1\} = p(i), \ P\{k_i(t+1) = k_i(t)\} = 1 - p(i) \qquad (5.3)$$

综合以上三式得

$$P\{k_i(t+1) = k_i(t) + 1\} = \frac{k_i(t)}{2t+2}, \ P\{k_i(t+1) = k_i(t)\} = 1 - \frac{k_i(t)}{2t+2} \qquad (5.4)$$

由于新加入的节点只能被一个已有节点获得，因此式（5.4）需要修正为

$$P\{k_i(t+1) = k_i(t) + 1, k_j(t+1) = k_j(t)(j \neq i)\} = \frac{k_i(t)}{2t+2} \qquad (5.5)$$

由式（5.5）可以计算出每一时刻节点度的分布情况。由于计算过程十分复杂，涉及随机过程的内容，这里不详细描述。

利用 NetLogo 中的仿真程序对上述模型进行仿真。当网络中节点数量增长至 56 时，仿真结果如图 5.1 和图 5.2 所示。

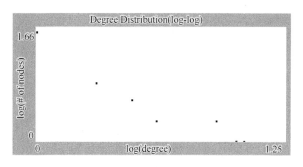

图 5.1　仿真结果（节点数量为 56 时的节点度分布）

横轴为节点度的对数，纵轴为节点数的对数

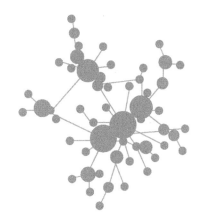

图 5.2　仿真结果（节点数量为 56 时的网络结构）

当网络节点数量为 300 时，仿真结果如图 5.3 和图 5.4 所示。

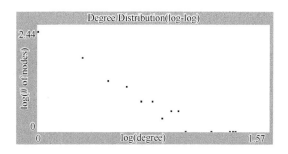

图 5.3　仿真结果（节点数量为 300 时的节点度分布）

横轴为节点度的对数，纵轴为节点数的对数

图 5.4　仿真结果（节点数量为 300 时的网络结构）

当网络节点数量为 600 时，仿真结果如图 5.5 和图 5.6 所示。

图 5.5　仿真结果（节点数量为 600 时的节点度分布）

横轴为节点度的对数，纵轴为节点数的对数

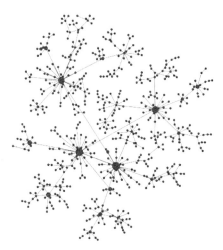

图 5.6　仿真结果（节点数量为 600 时的网络结构）

5.2　创新网络节点演化模型及仿真

本节探讨创新网络的节点演化，即假设网络的节点数不再增加，节点之间的联系逐渐增加对于网络的影响。为使模型简化，提出以下假设。

第一，创新网络的节点数是固定的。在产业集群发展的现实中，由于政策因素、经济因素、技术因素等制约，一定时期内产业集群成员的数量是一定的，没有成员进入或退出产业集群，这一假设也是比较符合实际的。假设节点数为 100。

第二，初始状态下，网络成员间的相互联系比较少，随着时间的推移，成员间的联系开始增多。假设初始状态下网络的度为 30，每一单位时间内，有两个未发生过联系的节点发生联系。

第三，单位时间内，发生新联系的两个节点选择与节点的度正相关，节点度越高，节点被选择到的概率越大。设节点 i 被选择的概率为 $p(i)$，则：

$$p(i) = \frac{k_i(t)}{\sum k_j(t)} \tag{5.6}$$

其中，$k_i(t)$ 为节点 i 在 t 时刻的度；$k_j(t)$ 为节点 j 在 t 时刻的度。同样，由于每单位时间内网络的度增加 2，所以有

$$\sum k_j(t) = 30 + 2t \tag{5.7}$$

在时间 $t \to t+1$ 内，节点 i 的度增加 1 的概率为 $p(i)$，所以 $t+1$ 时刻节点 i 的度分布满足下式：

$$p\{k_i(t+1) = k_i(t)+1\} = p(i), p\{k_i(t+1) = k_i(t)\} = 1 - p(i) \tag{5.8}$$

即有下式成立：

$$p\{k_i(t+1) = k_i(t)+1\} = \frac{k_i(t)}{\sum k_j(t)}, p\{k_i(t+1) = k_i(t)\} = 1 - \frac{k_i(t)}{\sum k_j(t)} \tag{5.9}$$

运用式（5.9）进行迭代计算，也可以计算出网络的度分布情况。

利用 NetLogo 对上述模型进行仿真，当进行到 200 步、400 步、600 步时的结果如图 5.7 所示。

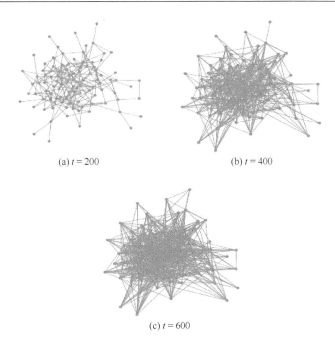

(a) $t = 200$ (b) $t = 400$

(c) $t = 600$

图 5.7   仿真结果（$t = 200$，400，600）

从上面的模型仿真结果可以看出，网络中节点的竞争力对节点度的影响很大，节点度大的节点更容易获得新加入的节点，从而在生成的网络中，会有几个主要节点形成中心节点，中心节点彼此之间往往有直接的联系，并且对网络中的其他节点产生影响。从仿真结果来看，模型一与模型二存在共性，网络中节点的度分布呈现幂律性，往往度较高的节点能够获得更多的节点，度较低的节点获得节点的能力较小。

仿真的结果表明：①在产业集群的发展过程中，会出现一些度连接比较高的中心节点，在集群中形成龙头企业。龙头企业是行业的领军者，其出现往往是由于原材料、技术的独占性，但在产业集群形成初期，龙头企业并不一定存在，由于成员间信息、资源的共享彼此间随机地发生联系，这是一个长期的过程，最终慢慢形成了某些成员控制信息资源的局面，导致龙头企业的出现。②随着产业集群的发展，网络节点的连接增多，网络的连接程度增加。平均最短路径随着网络连接程度的增加会变小，降低了信息传递的成本，有利于集群创新。

集群创新网络中的知识连接过程与小世界网络的形成过程非常相似。特别是对于高新技术产业集群来说，随着信息时代的发展，地理距离不再是集群内部创新主体信息交流的障碍。通过现代信息技术，成员间的知识交流不再局限于与同行、邻居和盟友的"定期"接触，而是突破传统规则束缚，依托网络信息技术搭建资源平台，多方位、多角度开展知识交流与协作。最后产生了一个小世界，成员彼此之间的实际距离"接近"。因此，下面着眼于集群创新主体之间知识网络的构建，并从规则的耦合网络出发，建立一个反映上述高新技术产业集群创新主体之间的知识交换和小世界演化过程的模型。

通常每个创新主体有 5 个左右的战略联盟合作伙伴，因此，建立了知识连接 NW（Newman-Watts）小世界网络模型：以创新主体为节点，点与点若有知识战略关系则用边相连，创新主体所组成的连通图用 $G=(V,E)$ 表示，V 为创新主体的点集，E 为边集。其中，点的个数 $N=|V|$，边的条数 $M=|E|$，连接两个节点 m 和 n 之间的最短路径上的边数用 d_{mn} 表示。网络中，所有两点 m 和 n 之间的最短路径的平均距离为特征路径长度，用 $L(G)$ 表示。对于空间中 N 个点，任选两点的连接方式有 $N(N-1)/2$ 种，所以 $L(G)$ 表示为

$$L(G)=\frac{2}{N(N-1)}\sum_{m\neq n}d_{mn} \tag{5.10}$$

特征路径的长度可以反映网络节点知识传输的距离和效率。特征路径长度越小，创新主体节点的社会距离越小，知识传递效率越高。此外，创新网络的集聚系数被用来描述高新技术产业集群中创新主体的知识协作现象。集聚系数是指网络中各点之间的密切关系和趋势程度，反映在集群创新网络中，是指知识资源要素和经济活动的空间集中趋势程度。集聚能力能够很好地反映高新技术产业集群中创新主体的知识协同创新能力。在上述网络模型中，指向某一个创新主体节点 m 的边数表示该节点的介数，定义为 K_m，即指向 m 点的所有边；在这所有边连接的所有点中，重新连接边，则可能存在最大边数值 $M_m=\frac{K_m(K_m-1)}{2}$。若连接所有节点的实际的边数为 a_m，则集聚系数 C_m 可以表示为

$$C_m=\frac{a_m}{M_m}=\frac{2a_m}{K_m(K_m-1)} \tag{5.11}$$

在创新网络中，节点的集聚系数 C_m 表明该节点对周围点知识的联系度，集聚系数越大，该点与其他节点的连接越紧密，该点和其他节点的联系越强，知识吸收能力越强。另外，也可以使用公式来表示整个网络的整体协作，整个网络中的集聚系数 $C(G)$ 是每个 C_m 的平均值，即

$$C(G)=\frac{1}{N}\sum_{m=1}^{N}C_m=\frac{1}{N}\sum_{m=1}^{N}\frac{2a_m}{K_m(K_m-1)} \tag{5.12}$$

为了简化模型，参照 NW 小世界网络模型建立的方法，假设 t_0 时刻，该创新主体基于空间距离或战略关系与自己左右相邻的 K（K 为 5 左右）

个节点进行战略联盟和知识交流，则形成一个规则网络；随后，各节点为获取新信息，继续交流知识信息，通过某一概率 $P(t)$ 与其他节点建立新的联系，$P(t)$ 随着时间的推移不断增加，则会演化成一个 NW 小世界网络模型。图 5.8 显示了创新网络的形成过程，在这个创新网络模型中，当 $P(t)$ 处于一个较小值的范围时，创新网络中出现了较短路径长度和较高集聚系数特性，即小世界的特性。这反映在高新技术产业集群创新网络知识流动模型中，说明创新主体新建立的知识联系将大大降低知识的传播距离，提高创新主体的知识迁移效率和协同创新能力。

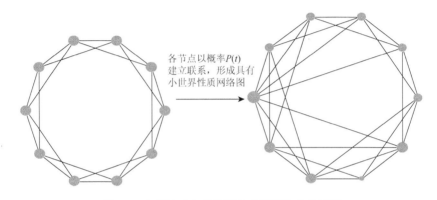

图 5.8   高新技术产业集群小世界网络构建过程

图 5.9 显示了在集群创新网络中，知识联系会使集群网络呈现小世界的现象，$P(t)$ 在较小值变动时，特征路径长度迅速下降。不同的集群规模（图 5.9 中 $N = 100, 200, 300$）对小世界网络中的特征路径影响不大。

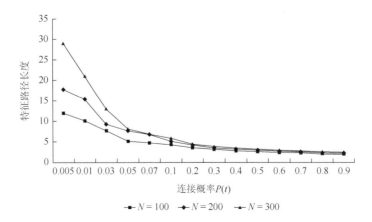

图 5.9   高新技术产业集群小世界网络中特征路径长度随概率变化趋势

由于连接概率 $P(t)$ 的数值范围跨度大且重点观察区间集中于低概率区域，横轴刻度采用非等距分布方法如图 5.10 所示，在一定条件下，集聚系数下降非常缓慢，并保持较高的值，表明随着新知识连接的增加，知识传输速度迅速加快，知识协作能力不会发生很大变化。另外，相邻联盟创新主体节点的数量（图 5.10 中 $K = 4$, $6, 8$）对网络集聚系数有很大影响。随着相邻创新主体节点之间新成员的增加，集聚系数的变化范围大大增加。这表明，加入知识战略联盟伙伴将极大地提高集群网络的知识协作能力，因此我们应该重视集群创新网络结构中的知识战略联盟关系。借助联盟技术合作和研发，创新主体不仅可以整合知识资源，加强协同创新，还可以提高整体集聚能力。

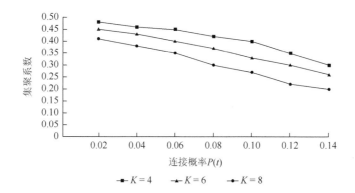

图 5.10　高新技术产业集群小世界网络中集聚系数随概率变化趋势

5.3　单集群创新网络演化仿真

对于单个集群的创新网络演化，基于网络增长的基本准则，描述了推动网络演化的优先连接过程（preferential attachment）：在资源分配到多个成员的过程中，特定成员被分配的可能性与其拥有的资源存量成正比。在自然和人类社会中，这一标准已成为普遍现象，这在创新网络中有所体现。当新节点加入网络时，具有更多关系的现有网络成员更容易与新节点联系，即新节点加入时，新节点与网络节点 i 的关系可以表示为

$$\Pi_i = \frac{d_i}{\sum_j d_j} \text{ 或 } \Pi_i = \frac{d_i}{d_{\max}} \qquad (5.13)$$

其中，d 为网络节点的度，即节点拥有的联系数目；j 为新节点加入网络时网络中现有的节点总数。

为进一步了解基于上述优先连接过程形成的网络形态，可以利用度分布这一网络特征指标。网络中所有节点度的分布情况，可以用分布函数

$p(k)$ 来表示，它表示任意选择一个节点，其节点度等于 k 的概率。上述网络经演化达到稳定状态时，其度分布满足以下公式：

$$p(k) = \frac{B(k+\alpha, \gamma)}{B(k_0+\alpha, \gamma-1)}，其中 B(x,y) = \frac{\Gamma(x)\Gamma(y)}{\Gamma(x+y)}，\gamma = 2 + \frac{k_0}{m} \quad (5.14)$$

其中，Γ 为伽马函数；α、γ 为分布参数。可以得出：$p(k) \propto k^{-\gamma}$，即网络度分布服从幂律分布，具体推导过程涉及随机过程，因其复杂性不再阐述。

结合高新技术产业集群现状调研，具体模型构建过程如下所示。

（1）网络初始状态：NetLogo 网络演化模型中惯用的初始状态是 2 个节点（node）及 1 条关系链（link）。考虑到实际调研中的鼓楼物联网产业园区初步形成核形网络，本章先采用 3 个节点模型演化，经对比发现 $n = 50$ 时演化进程基本一致。

（2）网络增长：设定网络每演化一步，即单位时间（NetLogo 计时器的单位为 tick）内增加 1 个新节点。

（3）新关系的建立规则：服从优先选择过程，新增节点与已存节点 i 相连的概率 P_i 与节点 i 的度呈正比关系，即

$$P_i = \frac{d_i}{\sum_{j=1}^{N-1} d_j} \quad (5.15)$$

其中，d 为节点的度；N 为网络节点总数。

（4）在此基础上进行仿真，直至网络达到稳定状态。

在上述模型基础上，对节点的大小进行设置，使节点直径与其联系数目成正比，得到仿真结果，分析如下所示。

如图 5.11 所示，n 表示网络的节点总数，$n = 50$ 时，网络呈现明显的星形网络结构，新增节点通过依附核心节点加入网络；$n = 100$ 时，核心节点的规模继续扩大，同时，网络的右上方出现了第一个次级核心节点，以该节点为中心形成了局部的子网结构；$n = 200$ 时，网络形态基本不变，在网络核心节点周边逐渐诞生小规模的次级核心。

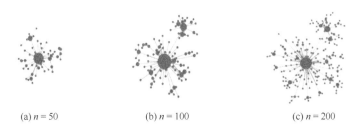

(a) $n = 50$　　　　　(b) $n = 100$　　　　　(c) $n = 200$

图 5.11　单集群网络仿真结果（$n = 50$，100，200）

图 5.12 描述了网络节点数从 400 到 1000 的增长过程。可以发现随着网络的成长，次级中心数目增多，在网络右上位置有两个规模次于核心节点的二级中心，进化到 $n = 1000$ 时，网络右侧形成了由次级中心构成的次级网络层，初步呈现出树形网络的结构特征。

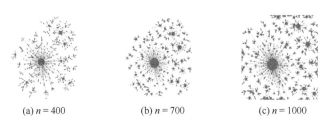

(a) $n = 400$　　　　(b) $n = 700$　　　　(c) $n = 1000$

图 5.12　单集群网络仿真结果（ n = 400，700，1000）

在上述仿真基础上，为追踪初始状态节点在网络演化中的动态，在程序中将这些节点标记为不同颜色。结果显示，初始已有的节点除核心节点全部成为网络后期发展中的二级中心。

通过 NetLogo 平台可以在生成演化进程的同时统计演化阶段的网络特征指标，本章引入度分布曲线对演化过程中的网络特征进行量化分析。在持续观测网络度分布的基础上，本章选取 n = 50, 400, 700 时的 3 个较有代表性的网络形态展开分析。如图 5.13 所示， n = 50 时，网络开始体现出不均匀的度分布：50 个节点中 36 个节点的度为 1，占总体节点的 72%，而核

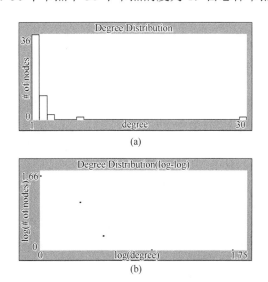

图 5.13　网络度分布统计图（ n = 50）

（a）中横轴为节点度，纵轴为节点数；（b）中横轴为节点度的对数，纵轴为节点数的对数

心节点的度为 30，即网络中 60%的节点均与其相连。由于节点数目较小，下方经 log 函数处理过后的度分布图仅有几个离散的点，不能判断其形状。

如图 5.14 所示，$n = 400$ 时，度分布曲线逐渐呈现幂律分布的函数形状。随着网络发展，核心节点的度为 103，与网络中约 25%的节点产生联系，而 277 个节点的度为 1，占节点数目的 69.25%，相对 $n = 50$ 的度分布特征，此时的网络度分布的不均等程度有所下降，结合前文的仿真图，可以归因于二级核心节点对新增节点的分散。

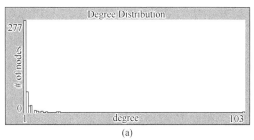

(a)

(b)

图 5.14   网络度分布统计图（$n = 400$）

（a）中横轴为节点度，纵轴为节点数；（b）中横轴为节点度的对数，纵轴为节点数的对数

如图 5.15 所示，$n = 700$ 时，度分布曲线已经呈现出清晰的幂律分布曲线。此时核心节点的度为 145，与网络中约 20.71%的节点产生联系，而 479 个节点的度为 1，占节点数目的 68.43%，相对 $n = 400$ 的度分布特征，此时的网络度分布的不均等程度进一步下降，对应前文中的网络演化形态，网络中出现了多个二级节点，使得新增节点向核心节点集中的趋势被逐步削弱。

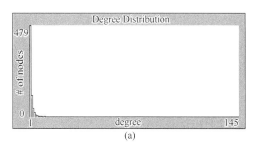

(a)

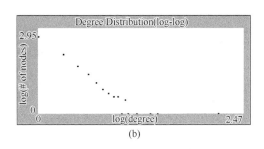

图 5.15　网络度分布统计图（$n = 700$）

（a）中横轴为节点度，纵轴为节点数；（b）中横轴为节点度的对数，纵轴为节点数的对数

可以发现，随着网络的演化，一方面，无标度网络特性逐步明显，即少数核心节点掌握着大部分的网络关系，这些网络中处于中心地位的成员掌握了网络中的优质资源，进一步巩固其在网络中的地位，进入"强者越强"的循环；另一方面，初始状态中网络核心对网络关系的独占性开始减弱，核心节点对网络关系的占有在 $n = 50$ 时达到 60%，而当 $n = 700$ 时已降低到 20.71%，意味着随着演化的进行，网络中的权力和资源逐步分散到网络的二级核心、三级核心，从网络形态上看，次级核心的出现使网络呈现向更理想的树形分层结构演化的趋势。

在实际的创新网络中，知识转移行为的发生伴随着新节点的加入和合作关系的动态演变。基于集群创新网络中知识流动模拟过程中主要变量的定义和数据模型的构建，进一步验证了集群创新网络中的知识转移机制。在创新网络不断扩张和增长的阶段，采用最优传输比和最大接收能力进行知识转移，并演化出最优条件下的知识增长状态。对相关变量和参数进行赋值并编写代码用 Matlab 进行仿真。仿真参数设置如下：网络初始规模 $m_0 = 10$，新节点连接旧节点数为 4，网络演化总节点 $N(t) = 50$。通过仿真条件的设置模拟创新网络中知识流动的演化过程，以此来模拟此情境下的知识增长量效果。为了避免数据的波动和不确定性的影响，取同一组参数重复运算 20 次后的平均值作为最终的仿真结果，仿真后的创新网络结构如图 5.16 所示。在创新网络知识流动演化拓扑结构图中，最终有 50 个节点随机分布在邻近矩阵 100×100 的网络矩阵中，节点之间的连线表示节点之间的知识联系，以增长后的网络为仿真对象讨论创新网络拓展规模后的情形。

图 5.16 是节点数量达到 50 时，对应的产业集群创新网络演化仿真的拓扑结构形态，由该图可以看出在集群创新网络中原有节点的知识联系密切的情况下，新节点的加入会使得成员间的知识流动过程更加复杂，节点

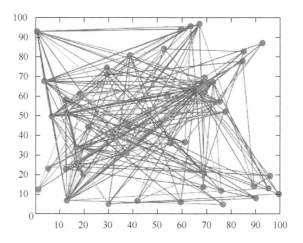

图 5.16 集群创新网络知识流动演化拓扑结构形态

之间会进行更加频繁的知识与互动。由于择优机制的存在，新的创新主体进入创新网络中，与网络中有较高节点度值的核心主体建立联系，同时和具有互补性竞争优势的主体进行知识的交流、建立合作关系，但整体上，创新网络中具有高影响力的节点较少。

对在仿真中得到的创新网络的各个创新主体的节点度进行统计，得到各节点度的直方图，如图 5.17 所示。

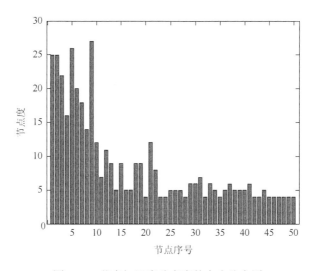

图 5.17 节点知识流动广度的大小分布图

图 5.17 表明，集群网络中出现了少部分知识流动广度较大的核心创

新主体，其度值达到 26 左右，这说明与大部分节点相比，在产业集群创新网络中存在少数核心节点知识流动广度较大，它们在系统中占据重要地位，具有"高连通性"，和很多成员主体之间建立合作，并且一旦这些节点从众多的网络连接中消失，将对创新网络中的其他主体及发展产生很大的打击。而且大部分的节点度值相对较低，集中在 4 和 5 之间，这说明系统中大部分创新主体的知识流动广度较低，只是与很少主体间存在合作关系。

对仿真中得到的网络中各个创新主体的节点度分布进行统计，得到节点度分布直方图，如图 5.18 所示。

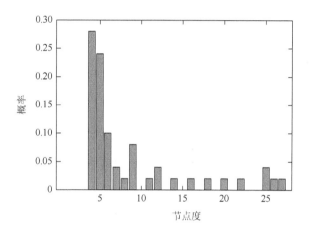

图 5.18　集群创新网络知识节点度分布

由图 5.18 可知，集群创新网络知识流动节点的度服从幂律为 3 的度分布。网络中平均知识节点度为 8.2，平均路径长度为 2.05。度分布较广泛，网络成员节点度的取值范围为(0, 27)，其中小于 15 的节点度集中分布，极少节点的度较大，说明在集群创新网络知识流动的演化过程中存在"强者愈强"的小世界特性，服从广义幂律分布，同时还存在"倾向性依附"的择优连接现象，即出现的新成员节点倾向于连接到最有吸引力的现有节点。

5.4　多集群创新网络演化仿真

多集群创新网络仿真分析试图探究在区域范围内的多集群创新网络从连接稀疏到高度互联的演化路径，并在此基础上对不同演化阶段的网络特征进行描述和分析。随机网络模型由 Erdös 和 Rényi 提出,又称为 ER 模型。ER 模型建立在随机关系的基础上,一方面,该模型与现实中实际网络的稀疏性及存在超大连通组件等特性相符;另一方面,其形成的网络度分布服从泊松分布,与现实中大多网络度分布的不均等性相违。该模型作为经典模型之一被广泛用于研究网络演化,具体利用 ER 模型进行演化,主要有两种方式。

(1)固定边数的 ER 随机图。①初始化:给定 N 个节点和准备增加的边数 M;②随机连边:随机选取一对没有边相连的节点对,并在这对节点之间增加一条边;重复此步骤,直到增加了 M 条边。

(2)固定连边概率的 ER 随机图。①初始化:给定 N 个节点和连边概率 p;②随机连边:随机选取一对没有边相连的节点对,以概率 p 在这对节点之间增加一条边;重复此步骤,直到所有的 N 个节点都被选择过一次。

本章在第二种方式基础上,基于 NetLogo 仿真平台,构建模型如下所示。

(1)网络初始状态:互不相连的 500 个节点,重点考察网络关系的增长趋势,因而保持节点数目在演化过程中不变。

(2)关系增长:设定网络每演化一步,即单位时间内在网络中增加 1 条关系链。

(3)新关系的建立规则:网络初期,新增的关系链通过随机选择一个节点确定关系链的其中一端,另一端则优先选择已选节点的相邻节点;网络发展过程中,新增的关系链仍然随机选择一个节点作为关系链的一端,由于此时该节点周边已形成许多分散的连接子网,该节点与特定子网 $Component_i$ 联系的概率为

$$p(\text{Component}_i) = \frac{\text{size}(\text{Component}_i)}{N} \tag{5.16}$$

其中,size 为子网中的成员个数;N 为网络中所有成员个数。建立连接后,若原先随机选择的节点是孤立的,则有

$$\text{size}(\text{Component}_{i'}) = \text{size}(\text{Component}_i) + 1 \tag{5.17}$$

若原先随机选择的节点在子网 $Component_j$ 中,则:

$$\text{size}(\text{Component}_{i'}) = \text{size}(\text{Component}_i) + \text{size}(\text{Component}_j) \tag{5.18}$$

(4)通过循环上述步骤持续仿真过程,指导网络演化为全连接网络。

利用上述模型对多集群创新网络的演化进行仿真,结果如图 5.19 和图 5.20 所示。

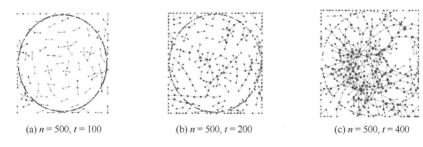

(a) $n = 500, t = 100$ (b) $n = 500, t = 200$ (c) $n = 500, t = 400$

图 5.19   多集群创新网络仿真结果（$t = 100, 200, 400$）

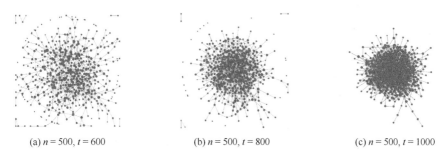

(a) $n = 500, t = 600$ (b) $n = 500, t = 800$ (c) $n = 500, t = 1000$

图 5.20   多集群创新网络仿真结果（$t = 600, 800, 1000$）

首先说明两点程序中的设置：①图中的圆圈是由网络中孤立的节点呈环状排列形成的，并非首尾相连的环状网络，这样设置有助于观察网络中孤立节点的动态；②图中节点直径的大小与其联系数目成正比。

图 5.19 呈现了 $t = 100, 200, 400$ 时的网络形态。当 $t = 100$ 时，网络中散布着由 2～3 个节点构成的子网，整体比较稀疏。由于网络中孤立的节点的度为 0，在图中仅显示为一个圆点，同时此时孤立节点数目较多，整个圆环基本是连续的；$t = 200$ 时，更多节点脱离孤立状态，上一阶段仅包含 2～3 个成员的子网也逐步成长起来；$t = 400$ 时，由孤立节点组成的圆环已开始解体，圆环外部有一些小规模的子网，而圆环内部则初步形成了一个吸纳较多节点的子网。

图 5.20 分别记录了 $t = 600, 800, 1000$ 时的网络形态，下面分而述之。

$t = 600$ 时，由孤立节点组成的圆环已基本解体，上一阶段圆环内规模较大的子网已经成长为网络中最大的子网，子网中心的连接相对外层更为密集。部分节点尚未加入最大子网，分布在子网边界的外围。

$t = 800$ 时，由孤立节点排布形成的圆环此时已经消失。网络 500 个节点中 475 个节点组成了网络的最大子网，比 $t = 600$ 阶段时子网的集聚更紧密，剩余 25 个节点散布在最大子网外围，其中有 4 条关系链及 18 个孤立节点。

$t = 1000$ 时，前阶段作为最大网络子集的子网已延伸至网络所有节点。每个节点都接入了网络，能以直接或间接的方式与其余任意节点产生互动。对于早期就存在于最大子网中的节点此时连接更为紧密，最后加入最大子网的节点往往只与网络中的单个节点相连，处于网络外层。

对网络形态进行分阶段讨论之后，图 5.21 试图反映网络中最大子网不同阶段的成长特征。纵轴统计了最大子网拥有节点占所有节点的比例，该值在 0～1 变动，反映最大子网的规模；横轴统计了网络中平均每个节点的连接数，反映网络的联系密度。程序设计中单位时间内网络中增加 1 条新关系，因此，网络平均连接数增长与演化时间推进相同，图 5.21 可以理解为最大子网的规模随时间的变化。如图 5.21 所示，在节点平均连接数从 0 增长到 1 的初始阶段，最大子网规模增长缓慢，相比网络的整体规模很小，结合 $t = 100$ 时的网络形态，此时网络中存在的是包含由 2～3 个节点形成的分散子网；到达 1 附近的某具体临界值之后，最大子网进入了快速成长期，子网规模持续增长直至包含网络中绝大部分节点；在平均连接数到达 4 时，最大子网进入缓慢增长期，直至到达最大值 1；根据模型构建可知，纵轴数值到 1 之后的图为一条 $y = 1$ 的直线，直到 x 达到 $N - 1$。

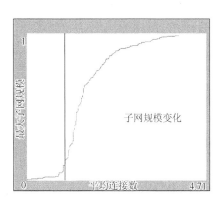

图 5.21　最大子网规模随网络节点平均连接数的变化统计图

通过上述分析可以发现：①网络最大子网与网络节点平均连接数呈正相关关系，由于模型中节点总数恒定，而最大子网体现网络的集聚程度，因此可以得出多集群创新网络的集聚程度与网络节点连接数呈正相关关系；②多集群创新网络在开始处于低速发展阶段，一旦网络节点平均度达到某一阈值，网络内的集聚速度大幅度提升。

更多的经验数据表明，无权网络只能反映网络中节点之间最简单的信息，因此，一些学者开始构建一系列加权网络演化模型。BBV 模型是一个由权重驱动的无向含权无标度网络演化模型，其模型的算法如下。

（1）模型开始于一个由 N_0 个节点构成的初始网络，每条连边的初始化权值为 w_0，单位时间内新增一个具有 m 条边的节点 n，新节点 n 根据公式 $\prod_{n \to i} = \dfrac{s_i}{\sum\limits_j s_j}$ 按照偏好依附的原则与老节点 i 进行连接。

（2）新连边（$n \leftrightarrow i$）权值初始为 w_0，被连接的老节点 i 点权 $s_i \to s_i + w_0 + \delta$，与顶点 i 相连的老邻边 $w_{ij} \to w_{ij} + \Delta w_{ij}$，其中 $\Delta w_{ij} = \delta \dfrac{w_{ij}}{s_i}$，$\delta$ 简单地取某一常数。经过 t 时间间隔后，该算法程序产生了一个具有 $N = t + N_0$ 个节点、m_t 条边的网络。

假设 BBV 模型节点度 k_i、点权 s_i、边权 w_{ij} 以及时间 t 都是连续变量，那么可以得到如下方程。

第一，对于节点 i 的强度 s_i 来说，它的增加既可以是因为一个新增的节点与节点 i 的连接（拓扑生长动力学），也可以是因为与节点 i 的（已经存在或者尚未存在的）相连边的权重的更新（强度耦力学）。所以点权的变化率应该是两项之和。

$$\frac{\mathrm{d}s_i}{\mathrm{d}t} = m \frac{s_i}{\sum\limits_j s_j}(1+\delta) + \sum_{j \in V(i)} m \frac{s_j}{\sum\limits_l s_l} \delta \frac{w_{ij}}{s_j} = \left(\frac{2\delta+1}{2\delta+2}\right)\frac{s_i(t)}{t} \qquad (5.19)$$

注意到每增加一条新边，强度就增加 $2+2\delta$；那么新增一个节点，强度增加 $m(2+2\delta)$；所以时间 t 内总强度增加

$$\sum_i s_i(t) \approx 2m(1+\delta)t \qquad (5.20)$$

初始化 $s_i(t=i)=m$，那么

$$s_i(t) = m\left(\frac{t}{i}\right)^{\frac{2\delta+1}{2+2\delta}} \qquad (5.21)$$

于是可以解析得到点权分布满足幂函数 $P(s) \sim s^{-r}$，其中 $r = 2 + \dfrac{m}{m+2\delta}$ 是点权分布斜率。显然当 $\delta = 0$ 时，该模型的拓扑等价于 BA 模型，指数值恢复为 $r = 3$。

第二，节点度的变化率为：$\dfrac{\mathrm{d}k_i}{\mathrm{d}t} = m \dfrac{s_i(t)}{\sum\limits_j s_j(t)} = \dfrac{s_i(t)}{2(1+\delta)t}$，由此可得 $k_i(t) = s_i(t)/(2+2\delta)$，所以 $s \sim k$。

因为 $P(k,t) = \frac{1}{t+N_0} \int_0^t \delta[k - k_i(t)] \mathrm{d}i$ 。

当 $t \to \infty$ 时， $P(k) \sim k^{-r}$ ，其中 $r = 2 + \frac{m}{m+2\delta}$ 。

第三，边权变化率为： $\frac{\mathrm{d}w_{ij}}{\mathrm{d}t} = m \frac{s_i}{\sum_j s_j} \delta \frac{w_{ij}}{s_i} + m \frac{s_j}{\sum_j s_j} \delta \frac{w_{ij}}{s_j}$ 。

初始化条件 $w_{ij}(t_{ij}) = 1$ ，其中 $t_{ij} = \max(i,j)$ 是新连边开始形成的时刻。

可得 $w_{ij}(t) = (t/t_{ij})^{\delta/(\delta+1)}$ 。

由上式不难推出边权分布与节点度分布非常相似，同样服从某一幂律分布 $P(w) \sim w^{-\alpha}$ ，其中 $\alpha = 2 + \frac{1}{\delta}$ 。

随着加权演化网络的 BBV 模型的发展，其运用在集群创新网络中的知识扩散演化的实例也越来越多。根据 BBV 模型的演化机理，就产业集群的整体知识扩散效率而言，在基于无标度网络模型的集群创新网络演化过程中，整体知识水平持续上升，知识资源分布均匀，这意味着组织间的知识分配相对公平。集群创新网络的总体知识水平与主体的总体吸收能力和主体之间的联系充分性呈正相关。在节点完全加入网络之前，网络规模与整体知识水平呈正相关关系，在节点完全加入网络之后，不同网络规模之间整体知识水平的差距逐渐缩小。在各类知识的扩散效率方面，就网络各类知识总和而言，各类知识的增长速度均经历"加快，减缓，稳定趋于一致"的过程。各类知识的存量大小顺序在演化过程中基本不变，且各类知识存量之间的差距不断加大。

采用或构建合理的网络结构——基于无标度网络模型的协同创新网络结构，即首先让一些拥有高知识存量的大型机构加入集群创新网络，其次逐步让新的中小机构进入网络。一旦网络中的主体之间建立了合作关系，它们就试图实现长期维护。虽然这种合作模式在合作初期可能会缓慢增加，但随着网络中的主体数量的增加，知识会逐渐增加，知识增长速度不断加快并趋于稳定，主体之间的知识水平差距将不断缩小，知识资源能够得到有效与均匀的配置，各主体均能公平地享受知识增长给自身带来的利益。为了进一步提高知识扩散的效率，可以通过提高主体之间的合作水平来提高所有主体的知识吸收能力。从长远看，增加或减少网络规模对整体知识水平几乎没有影响。此外，如果只提高中小机构的知识吸收能力，其所在行业可能会因缺乏原始知识储备而在合作过程中转变为合作对象的主导行业，从而导致知识优势领域的"迁移"和"突变"。

5.5　集群创新网络的自组织耦合演化

在大多数复杂网络模型中,"网络的动力学"和"网络上的动力学"是分开的,研究者常常忽略网络拓扑结构的形成和网络功能性质涌现之间的相互影响。

从自组织耦合演化的视角来看,创新网络的拓扑结构形成主体具有多层次特征,可以从人际、组织内部与组织之间等角度来研究创新网络的构成与演化。创新网络作为一个复杂系统,与网络外部进行着物质与能量(知识与信息)交换,同时创新网络的节点数量与节点之间的联结关系随着系统内部组织间以及系统内外部的能量交换而动态地变化发展,处于不断进化过程之中。此外,创新网络与其他类型的网络诸如社会网络、人际网络等,存在着复杂的耦合嵌入关系。

产业集群创新网络从无到有的过程伴随着节点之间的知识变换过程,涵盖了组织之间的知识创造、聚合、扩散、转移、学习以及吸收的整个动态逻辑流程,通过知识流动,节点与节点之间的联结从无到有,从疏到密,逐渐成长为创新网络,如图 5.22 所示。

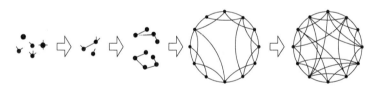

图 5.22　集群创新网络演化示意图

耦合源自物理学的概念,是指两个或多个系统或运动模式通过各种相互作用、相互影响甚至联合的现象。它是通过各子系统之间的积极互动而形成的动态关联关系,相互依存、相互协调、相互促进。

知识链是知识经济背景下组织间竞争与合作的一种新形式。它将企业作为创新的核心主体,旨在实现知识共享和创造。参与创新活动的不同组织之间的知识流动,形成链条结构。集群创新网络由知识节点、知识链与知识耦合关系构成。不同的企业节点表现出不同的知识需求,为弥补各自的知识缺口,知识节点根据资源储备、学习能力、社会资本、知识互补性、文化异质性、预期成长及战略目标一致程度等因素,选择最优伙伴,通过正式与非正式的合作关系,在彼此之间逐渐建立耦合关系,促成组织之间知识流动,形成知识链。知识链则以企业节点作为纽带产生耦合，形成企业节点在不同知识链中的"复用"，从而使多条知识链构成纵横交织的创新网络。不同类型的知识在这种复杂的创新网络中转移与扩散，促进知识链之间的知识协同学习与发展。

在创新网络中，知识链之间基于整体知识势差形成耦合，在多目标选择条件下，不同知识链中知识节点之间耦合的条件为：耦合平均成本最小的路径搜寻和匹配，其中，耦合平均成本指单位知识增量的成本。接下来，分析集群创新网络的自耦合机理。

首先是对集群创新网络中耦合节点的描述。

$_{\alpha}^{S}V_{ik}^{t}$：知识链 α 上有知识需求的节点 i 在时刻 t 拥有第 k 类知识的存量。

$_{\alpha}^{D}V_{ik}^{t}$：知识链 α 上有知识需求的节点 i 在时刻 t 对第 k 类知识的需求量。

δ_{ik}^{t}：节点 i 的 k 类知识内生增长率。

μ_{ik}^{t}：节点 i 的 k 类知识贬值率。

λ_{ik}：节点 i 对 k 类知识的吸收率，由第 k 类知识和节点 i 的学习能力决定。

$_{\alpha}^{IS}NV_{ik}^{t}$：节点的内生知识增长量，公式为

$$_{\alpha}^{IS}NV_{ik}^{t} = {_{\alpha}^{S}}V_{ik}^{t+1} - {_{\alpha}^{S}}V_{ik}^{t} = {_{\alpha}^{S}}V_{ik}^{t}\left(\delta_{ik}^{t} - \mu_{ik}^{t}\right) \qquad (5.22)$$

$_{\alpha}^{NS}GV_{ik}^{t}$：内生知识缺口，表示节点的第 i 类知识存量和知识需求量的差距，公式为

$$_{\alpha}^{NS}GV_{ik}^{t} = {_{\alpha}^{D}}V_{ik}^{t} - {_{\alpha}^{S}}V_{ik}^{t} \qquad (5.23)$$

$_{\alpha\beta}^{S}GV_{imk}^{t}$：知识链 α 上的节点 i 和知识链 β 上的节点 m 之间的第 k 类知识存量的差距，公式为

$$_{\alpha\beta}^{S}GV_{imk}^{t} = {_{\beta}^{S}}V_{mk}^{t} - {_{\alpha}^{S}}V_{ik}^{t}$$

其次是对节点知识吸收的知识量的描述。

当 $\left|{_{\alpha\beta}^{S}}GV_{imk}^{t}\right| = \left|{_{\beta}^{S}}V_{mk}^{t} - {_{\alpha}^{S}}V_{ik}^{t}\right| > {_{\alpha}^{NS}}GV_{ik}^{t}$ 时，i 和 m 具有知识扩散的可能性，t 时刻 i 从 m 处吸收的知识量：

$$_{\alpha}^{IS}WV_{imk}^{t} = \lambda_{ik} \times \left|{_{\beta}^{S}}V_{mk}^{t} - {_{\alpha}^{S}}V_{ik}^{t}\right| \qquad (5.24)$$

最后是知识吸收的成本。i 节点与 m 节点之间的知识转移总成本：$_{\alpha}TCV_{ik}^{t} = {_{\alpha\beta}}FV_{imk}^{t} + {_{\alpha\beta}}rV_{imk}^{t}$，其中，$_{\alpha\beta}FV_{imk}^{t}$ 为知识交易直接成本，$_{\alpha\beta}rV_{imk}^{t}$ 为知识交易风险成本。

i 节点与 m 节点之间知识转移的平均成本：

$$_{\alpha}\mathrm{AV}_{ik}^{t} = \frac{_{\alpha}\mathrm{TCV}_{ik}^{t}}{_{\alpha}^{\mathrm{IS}}\mathrm{WV}_{imk}^{t}} \tag{5.25}$$

创新网络的形成过程是节点基于知识需求基础上的搜寻合作对象，与知识吸收平均成本最小合作对象进行匹配的活动。

对于节点 i，可能与之发生直接知识转移的节点集合为 S，对于 $m_j \in S$。匹配条件是 i 与 m_j 之间的知识转移平均成本：

$$_{\alpha}\mathrm{AV}_{ik}^{t}(i, m_j) = \min_{m_n \in S}\left[_{\alpha}\mathrm{AV}_{ik}^{t}(i, m_n) \right] \tag{5.26}$$

对于知识链上的知识转移平均成本有：

$$_{\alpha}\mathrm{TAV}_{k}^{t} = \sum_{i \in \alpha} \min_{m_n \in S}\left[_{\alpha}\mathrm{AV}_{ik}^{t}(i, m_n) \right] \tag{5.27}$$

两条知识链进行耦合，耦合之后的总平均成本：

$$_{uv}\mathrm{TAV}_{k}^{t} = _{\alpha}\mathrm{TAV}_{k}^{t} + _{\beta}\mathrm{TAV}_{p}^{t} + _{\alpha}\mathrm{AV}_{ik}^{t}(i, m_n) \tag{5.28}$$

如式（5.28）所示的总平均成本仍然是最小平均成本。

基于"知识节点—知识链—知识联结"的耦合过程视角，能够有效分析集群内部创新网络的形成机理，构建创新网络的耦合结构框架。根据集群创新网络耦合形成机理的数理演化过程可知，知识链之间基于整体知识势差形成耦合，在多目标选择条件下，不同知识链企业节点之间根据耦合平均成本最小的路径搜寻和匹配产生耦合，自组织耦合演化模型为产业集群创新网络的演化与趋势研究奠定了理论基础。

5.6　本 章 小 结

本章以复杂网络理论为基础，对高新技术产业集群内部的创新网络以及创新网络的知识流动进行了建模仿真。

首先，从复杂网络视角构建集群创新网络中的节点增长模型、节点演化模型，并分别进行演化仿真；其次，借助复杂网络典型模型，对单集群创新网络和多集群创新网络进行建模仿真，探究其网络演化特点；最后，基于"知识节点—知识链—知识联结"的耦合过程视角，构建创新网络的耦合结构框架，对其形成机理进行数理推演。知识作为创新活动的一般载体，其在产业集群网络的形成与演化过程中具有重要作用，本章采用 BA 模型、NW 小世界模型、BBV 模型等典型复杂网络模型对产业集群内部的知识流动做了具体分析。研究发现，集群创新网络形成与知识转移过程具有明显的小世界性和无标度性特征，为后续研究提供了理论依据。

第6章 高新技术产业集群创新网络对创新绩效影响的实证研究

6.1 来自南京软件产业集群的实证分析

6.1.1 南京软件产业集群概况

南京软件产业集群自 2010 年 9 月被工业和信息化部正式批准为首个"中国软件名城"以来，目前已形成以中国（南京）软件谷、南京软件园、江苏软件园等"一谷两园"国家级软件园为核心，以南京徐庄高新区、南京建邺高新区、南京鼓楼高新区等省级园区为支撑的软件产业特色发展格局。

1. 中国（南京）软件谷

中国（南京）软件谷位于南京市雨花台区，规划面积 73 平方公里，于 2011 年 8 月经南京市委市政府批准成立。中国（南京）软件谷先后被认定为国家火炬计划现代通信软件产业基地、国家软件和信息服务业示范基地（全国首批、江苏唯一）、国家数字服务出口基地。中国（南京）软件谷是中国第一软件产业基地，中国最大的通信软件产业研发基地，国家重要的软件产业和信息产业中心，其综合实力列全国园区前三强，是中国首个千亿级软件产业基地。

中国（南京）软件谷分为北园、南园、西园三大园区。北园即软件大道两侧区域，巩固和强化通信软件产业优势，完善和提升各类公共服务平台，打造具有全球竞争力的中国通信软件产业基地和全省乃至全国领先的软件产业公共服务平台。南园即铁心桥地区，聚焦发展超级云计算技术和应用服务，以超级云计算引领下一代通信产业、物联网、移动互联网、三网融合等前沿产业发展，引进国际软件企业研发总部，建设国内一流的超级云计算技术研发中心、产业拓展基地和服务示范窗口。西园即省级雨花经济开发区，重点发展数字新媒体、互联网技术、电子商务和文化创意产业，打造全国一流的数字服务产业基地和适合中小企业创业孵化、创新技术、创意发展的集聚区。

截至 2022 年底，中国（南京）软件谷集聚涉软企业 3842 家，其中，

世界 500 强及世界软件百强企业 18 家，中国软件百强、中国电子信息百
强及中国互联网百强企业 32 家；涉软从业人员总数达 34 万人，软件产业
建筑面积达 1138 万平方米。近年来，自主培育上市企业 18 家，新三板挂
牌企业 26 家，累计签约落地新型研发机构 24 家，通过市级备案 23 家。现
已形成了"六大创新产业集群"，包括以华为、中兴、三星、荣耀等为龙头
的通信软件及运维服务产业集群；以富士通（南京）软件技术有限公司、
中软国际、浩鲸科技、中新赛克等为引领的云计算大数据及信息安全产业
集群；以满运软件、希音科技、众能联合、网觉软件等为支柱的互联网＋产
业集群；以亿嘉和、诚迈科技、佗道医疗、中科创达等为核心的人工智能
及智能终端产业集群；以中兴光电子、南瑞智芯微电子、泰治科技、沁恒
微电子等为代表的芯片设计、测试、封装产业集群；以航天科工、统信软
件、翼辉信息、润和软件等为先导的信创产业集群。

中国（南京）软件谷加快打造软件名城引领区、数字经济核心区、技
术创新策源区、产城融合示范区，预计到 2025 年底，实现软件业务收入
4500 亿元；软件产业建筑面积总量超过 1600 万平方米；涉软企业总数超
过 4800 家；涉软从业人员总数达到 40 万人，全力打造中国软件名园。

2. 南京软件园

南京软件园于 1999 年 2 月成立，是全国首批国家级软件园。园区总
规划面积 16.7 平方公里，由建成区和新区组成。其中建成区位于南京高
新区核心区，规划面积约 5.4 平方公里；新区位于南京江北滨江区域，
紧邻纬七路隧道和青奥公园，规划面积约 11.3 平方公里。先后获得"国
家火炬计划软件产业基地""国家级软件出口创新基地""中国服务外包
基地城市示范区""国家动画产业基地""国家级文化和科技融合示范基
地"等称号。

南京软件园建成区位于南京高新技术产业开发区，明确发展智能电网
与智能交通、北斗卫星产业应用、大数据与信息安全、移动互联与电子商
务、文化创意、人才培训 6 大产业。新区位于江北新区三桥片区核心位置，
重点发展通信和信息安全、重点行业的信息化、电子商务、文化创意、IC
（integrated circuit）设计以及服务外包和软件培训等六大软件产业，并根据
软件产业发展规律及新趋势，扶植三网融合、三屏融合、云计算、物联网
等潜力领域。园区良好的资源条件和极具创新的氛围吸引了一大批国内外
知名软件企业前来入驻，集聚了国电南瑞、国网南自、擎天科技、焦点科
技、法国源讯公司、萨蒂扬等一批国内外知名软件企业。

3. 江苏软件园

江苏软件园位于南京市江宁区江宁经济开发区，是中国最大规模软件产业园之一、中国首批国家级软件园区、国家软件产业基地、国家火炬计划软件产业基地，已形成以智慧应用、移动互联、信息安全、云计算为主导产业，大数据、"互联网＋"等新业态、新领域蓬勃发展的产业格局。

作为南京中国软件名城建设的特色南翼，江苏软件园集聚了微软、中国电信、惠普、迈瑞医疗等软件企业，投资运营徐庄孵化研发基地、吉山产业化及出口基地，并受托运营东海创新创业基地，构建了以虚拟软件园为支撑，涵盖融资担保、技术支撑、人才培训等多层次全方位的服务体系，集聚了以通信、电力、金融等应用软件和嵌入式软件为主导的产品群。

4. 南京徐庄软件园

南京徐庄软件园位于南京市玄武区，于 2002 年经南京市政府批准成立，截至 2021 年 5 月已建研发及配套用房近 150 万平方米，获"全国版权示范基地""国家级电子商务示范基地""江苏省现代服务业集聚区""江苏省软件和信息服务产业园"等称号。南京徐庄软件园汇聚江苏省产业技术研究院、创新药物"百家汇"等一批高水平、大格局的创新平台，拥有国家级众创空间 1 个、国家级孵化器 1 个、江苏省级孵化器 2 个。园区已入驻企业约 550 家，容纳从业人员 6 万多人，其中，双软认证企业 95 家、高新技术企业 60 家、CMMI（capability maturity model integration，能力成熟度模型集成）3 级以上认证企业 13 家、上市企业（分支机构）30 家。形成软件信息和医药健康产业两大主导产业，年产值分别突破 500 亿元和 100 亿元。

此外，南京徐庄软件园还自建了南京市物联网与集成电路设计创新中心、通信网络服务中心、创业服务中心、国家知识产权培训分中心等一批孵化、服务平台，可为园区内企业提供一系列的配套专业服务。

6.1.2 研究设计与研究方法

1. 研究假设

由于产业集群受多种因素的影响，其创新绩效也各有差异。Porter（1998a）发现了导致集群绩效降低的两个主要因素——内部因素和外部因素。Saxenian（1985）以硅谷和 128 公路为例，认为影响集群创新绩效的因素和社会文化制度环境有关，并且他将硅谷的成功归功于创新网络的构建。以创新网络为切入点研究产业集群的创新绩效，逐渐被越来越多的学者采用。Harrison（1992）在其研究中先后提出了影响产业集群发展和创新绩效的两个因素，分别是成员在产业集群中的根植性和成员间的非正式网络。值得注意的是，由于信息在网络中的快速传播也可能阻碍创新，因此这种信息共享网络可能提高也可能降低集群创新绩效。Grabher（1993）基于对德国鲁尔工业区产业集群的研究，认为锁定和路径依赖这两大效应会通过削弱集群网络应对市场环境变化的能力来进一步降低集群的创新绩效。Scott 等（1998）认为影响区域创新绩效的关键因素是新产业区内创新主体的柔性生产方式（弹性专精）。欧洲创新研究小组研究发现，区域创新绩效不仅受产业内部的柔性专业化分工影响，在更大程度上取决于区域创新环境的改善。Capello 和 Lenzi（2013）认为集群会利用集群内行为个体通过网络进行知识交流和信息共享，从而强化区域创新网络与区域创新环境间的关系以得到发展。

国内学者也围绕产业集群创新绩效的影响因素进行了大量研究。仇保兴（1999）提出了产业集群的过度竞争对集群创新绩效有消极作用的观点。蔡宁和吴结兵（2006）指出不同类型的网络结构、网络中不同主体间的活动均会对集群绩效产生影响，同时网络中的一系列资源如信任和关系会通过创新来对集群绩效产生影响。李志刚等（2007）通过实地调研，分析了创新网络结构特征与集群创新绩效之间的关系，验证了网络密度、网络强度、网络互惠性、网络稳定性、结构洞等变量对创新绩效有正向显著影响的假设。胡恩华等（2009）也通过对集群创新的实证研究验证了影响集群创新的四个因素。刘新艳和赵顺龙（2015）在区域环境对产业集群创新绩效的影响的前期研究中，发现集群氛围也是影响集群创新主体的创新绩效的一个因素。

综上，本章将产业集群创新绩效的影响因素分为外生因素和内生因素两大类。外生因素包括区域要素状况、集群氛围、集群政策、社会文化等，可总结为区域创新环境因素；内生因素包括集群创新网络关系和结构这两个集群创新网络特征。研究区域创新环境和集群创新网络特征与产业集群绩效之间的关系对区域产业布局以及政策制定具有重大的实践价值，因此本章研究软件产业集群创新网络特征和创新环境对创新绩效的影响，探讨网络关系强度、网络稳定性这两个关系特征变量，网络密度、网络结构洞（网络中间性）这两个结构特征变量，以及要素环境、社会文化环境、集群政策环境、集群氛围环境这四个区域环境变量与创新绩效之间的关系。

1）集群创新网络关系特征对集群创新绩效的影响

（1）集群创新网络关系强度与集群创新绩效的关系。网络关系强度即网络主体间的关联程度。集群创新网络关系强度会给集群内创新主体带来有益的影响。相对应，学术界也有弱联结优势的理论，在弱联结关系所处的一个节点，通过该节点进行知识的流动，集群创新主体所获得的增益将大大提高。国内学者通过研究得出了网络关系强度与集群创新主体的学习能力之间有显著的正相关关系。综上，本章提出如下假设。

H1.1a：集群创新网络关系强度对集群创新绩效有正向影响。

（2）集群创新网络稳定性与集群创新绩效的关系。网络的建立基于主体间的信任关系，网络越稳定，这种信任关系就越强，知识在创新网络中的流动就会加速。综上，本章提出如下假设。

H1.1b：集群创新网络稳定性对集群创新绩效有正向影响。

2）集群创新网络结构特征对集群创新绩效的影响

（1）集群创新网络结构洞（中间性）与集群创新绩效的关系。集群网络中间性即主体在网络中是否占据核心的位置。"结构洞"（structural hole）理论认为居于产业集群网络核心位置的主体较其他主体更容易接触创新资源，其他节点要想利用和分享创新资源，就必须通过这些处于重要位置的节点。综上，本章提出如下假设。

H1.2a：集群创新网络结构洞对集群创新绩效有正向影响。

（2）集群创新网络密度与集群创新绩效的关系。集群创新网络密度越高，网络内的节点之间的知识信息交流就会越多，信息的重复和同质越低。获取更多更高质与异质的资源和信息有利于提升创新主体的创新能力、促进创新活动的开展。综上，本章提出如下假设。

H1.2b：集群创新网络密度对集群创新绩效有正向影响。

3）创新环境对集群创新绩效的影响

在区域环境的研究上，社会文化和政策环境是被提及较多的因素。盖文启等（2010）将区域环境分为硬环境（基础设施环境和自然地理位置）和软环境（政治、经济、文化等）。中国科技发展战略研究小组在发布的《中国区域创新能力报告》中认为区域环境对区域创新能力起着决定性作用，还影响着地区的持续创新能力，同时也对区域环境作了概括。孙伟等（2009）认为基础设施、经济社会环境、政府支持等环境因素会影响集群创新主体创新。胡恩华和刘洪（2007）在研究中发现集群创新的外围环境是由地理区位、法制政策、社会人文、技术和市场构建的，产业集群的运作与发展与其有紧密的联系。李卫国（2009）基于系统化的理论，认为产业集群相当于一个复杂系统，集群内部与外部环境时刻进行着物质与信息的交流，相互作用、相互影响。创新环境的好坏影响着集群发展和创新活动的效率。

他将区域环境划分为文化环境、分工环境、交易环境、政策环境、社会资本环境。Porter（1990）在国家竞争优势的研究中也提及了产业环境对产业国际竞争力的重要性，这会进一步影响到国家层面的竞争力。生产要素等是产业环境的重要组成部分。此外，机遇和政府影响这两个影响因素也需重点考虑。罗辑和张其春（2008）在 Porter 框架的基础上概括了产业竞争力的三大影响因素，其中环境因素有政府政策、制度创新、商业环境、市场需求，基础因素有基础设施、资源禀赋、历史背景、资金状况等。

结合上述分析，可以得出要素环境、社会文化环境、集群政策环境是区域环境的主要组成部分，是集群创新绩效的重要影响因素，因此，本章提出如下假设。

H1.3a：要素环境对集群创新绩效有正向影响。

H1.3b：社会文化环境对集群创新绩效有正向影响。

H1.3c：集群政策环境对集群创新绩效有正向影响。

以上提到的区域环境的组成部分中，均属于集群外部的因素，属于集群外部环境。而集群自身所在的内部环境系统，如集群内部创新主体的地理邻近、组织间的信任关系、基于信任关系而形成的合作氛围也会影响产业集群创新，刘新艳和赵顺龙（2015）将其界定为集群氛围环境。

良好的集群氛围环境可以有效减少交易费用和协调成本，促进创新主体间的交易行为。Maye 等（1995）认为，信任是集群内创新主体保持长久合作的基础。Davis（2000）的研究表明，集群内创新主体间形成的信任与合作关系对集群创新绩效有着正向的影响。因此，本章提出如下假设。

H1.3d：集群氛围环境对集群创新绩效有正向影响。

根据以上分析，实证研究的理论假设模型如图 6.1 所示。

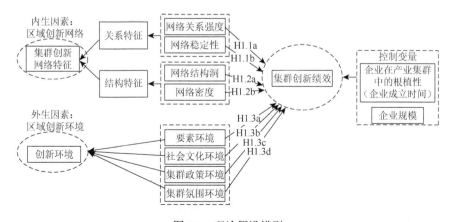

图 6.1　理论假设模型

2. 变量测量与问卷设计

问卷调查方法是目前国内外实证研究中通常所采用的数据获取方法，方便研究者获得研究中所需要的翔实可靠的第一手资料。问卷设计一般遵循如下原则：问卷的题项内容必须要与研究的概念框架相互呼应；问卷中的问题表达必须尽量使问卷填写者容易回答；问卷中先前的问题不要影响填写者对后续问题的回答；问卷设计过程中，必须确定哪些题项是开放式的问题以及哪些问题是封闭式问题；在问卷开展正式调查之前应当经过预测试的过程。

鉴于此，本章通过如下的步骤程序进行调查问卷的设计。

（1）测项界定与明确。基于前文对于研究概念的清晰界定，明确考察的范围与目标。

（2）建立测量题项库。前人的研究，为本章的测项设计提供了有价值的借鉴。通过检索和查阅相关研究文献，将测量条款进行汇总，形成相关变量的测量题项库。

（3）专家组评议及修改。本章将各测量题项向多位高新技术产业园区政府管理人员、企业负责人、行业内的专家等征求意见。通过小组汇报、单独交流等方式，在理论学者和行业专家两方面的建议基础上，对原有题项库进行重新选取，形成调查问卷的初稿。

（4）问卷预测试及修改。为了尽可能地避免问卷测量题项在语法、措辞等方面给受调查者带来误导，影响问卷的效度，本章采取问卷预测试的方式对调查问卷初稿的实际内容进行再次的检查与修正，对相关的变量测量题项重新做出了修正，并有针对性地进一步口语化了一些变量测量题项。

（5）确定最终正式问卷，见附录 A。

软件产业集群创新网络特征包含了关系特征和结构特征这两个维度，它们各包含 2 个子维度；创新环境包含了 4 个子维度，具体如表 6.1 所示。为了让受访者填写问卷方便和明确，从而有利于题项的归纳、分析与总结，问卷主体采用了利克特（Likert）五级量表，即问卷问题后提供了 5 个选项：1 极不符合、2 不太符合、3 一般符合、4 比较符合、5 非常符合。从 1 到 5 的五级认可程度分别赋值 1、2、3、4、5，对测评指标进行量化。调查对象只能根据其所在组织的实际情况与每一个问题描述的相符合程度，从中选择一个答案。每个维度的得分取各维度所设计的测量题项得分的平均值。使用这种方法容易量化测评指标，从而便于研究高新技术产业集群内生因素和外生因素是如何影响集群的创新绩效的。

表 6.1　变量测量题项

维度	子维度	测量题项	来源
关系特征	网络关系强度	相对于园区内其他企业，本企业与供应商之间的业务往来更频繁	潘松挺和蔡宁（2010）
		相对于园区内其他企业，本企业与客户的业务往来更频繁	
		相对于园区内其他企业，本企业与同行竞争者的业务往来更频繁	
		相对于园区内其他企业，本企业与本地大学和科研机构之间的合作更频繁	
		相对于园区内其他企业，本企业与本地中介机构、政府之间信息往来频繁	
	网络稳定性	本企业与供应商的合作关系很稳定，很少更换	Walter（2003）
		本企业与客户的合作关系很稳定，很少更换	
		本企业与同行竞争者的合作关系很稳定，很少更换	
		本企业与本地的大学和科研机构的合作关系很稳定，很少更换	
		本企业与本地的技术咨询公司等中介机构的关系很稳定，很少更换	
结构特征	网络结构洞	与同行企业相比，本企业掌握更多的资源	Hagedoorn 等（2006）；王海花等（2012）
		和合作伙伴相比，本企业更能影响合作项目决策	
		本地其他企业和机构经常要通过本企业牵线来进行技术或经验交流	
		本企业的主要技术、专利和产品在园区内知名度很高	
		经常有其他企业主动寻求与本企业建立合作关系	
		本企业经常联系的合作伙伴的社会属性（行业性质、发展阶段、地域分布等）差别很大	
	网络密度	相对于园区内其他企业，本企业拥有的技术和信息交流的供应商数量更多	Heide 和 Miner（1992）；Brunner 和 Stadler（1999）
		相对于园区内其他企业，本企业拥有的技术和信息交流的客户数量更多	
		相对于园区内其他企业，本企业拥有的技术和信息交流的同行竞争者的数量更多	
		相对于园区内其他企业，本企业拥有的技术和信息交流的大学和科研机构的数量更多	
		相对于园区内其他企业，本企业拥有的技术和信息交流的中介机构与政府机构的数量更多	
创新环境	要素环境	本企业所在园区的财务资源状况良好	Brenner 和 Weigelt（2001）
		本企业所在园区的人力资源状况良好	
		本企业所在园区的技术实力雄厚	

续表

维度	子维度	测量题项	来源
创新环境	社会文化环境	本企业所在地区创业文化氛围浓厚	Townsend 和 Busenitz（2008）；Antonelli 和 Quere（2002）
		本企业所在地区人们对新鲜事物接受度较高	
		我和周围的人都认为创新是获得成功的重要途径	
	集群政策环境	本企业所在地区市场环境维护状况良好	Molina-Morales 和 Martínez-Fernaóndez（2003）；胡恩华和刘洪（2007）
		本企业所在地区政府指导状况良好（主要是指信息供给、公共服务平台提供、劳动力培训等）	
		本企业所在地区产业政策支持状况良好	
	集群氛围环境	园区企业都衷心希望园区内其他企业获得成功	Brandenburger 和 Nalebuff（1995）；刘磊磊和崔迅（2005）
		园区企业在进行决策时都充分考虑到园区内其他企业的利益	
		园区内进行合作的企业都非常可靠	
集群创新绩效		本企业常常在行业内率先应用新技术或推出新产品/新服务	Ritter 和 Gemünden（2004）；Bell（2005）
		与同行企业相比，本企业新产品/新服务有非常好的市场反应	
		与同行企业相比，本企业新产品/新服务/新工艺创新成功率非常高	
		与同行企业相比，本企业拥有更多的专利或软件著作版权	
		与同行企业相比，本企业设立的创新部门/机构的数目更多	

通过多元线性回归统计分析验证前面的八个假设，对假设中的变量的设计如下所示。

因变量：集群创新绩效。Bernardin 等（1995）提出绩效是对行为的评价，产业集群创新绩效可以理解为产业集群内创新主体共同行动创造的价值。要对产业集群创新绩效进行测量，就需要使用量化的数据来衡量创新绩效的水平。需注意的是，在对集群创新绩效进行测量时，要坚持全面性和公正性的原则。

产品创新、过程创新通常会被用来作为评价创新绩效的指标，这些指标包括 R&D 投入、专利数、所设立的创新机构的数量、专利应用到生产的产值等。王珊珊等（2009）还从构建的高新技术产业集群自主创新能力评价指标体系出发，为产业集群内创新主体创新的量化及指标测量提供了可借鉴的思路。

结合 Ritter 和 Gemünden（2004）、Bell（2005）等学者的研究，本章使用了 5 个测量题项来对集群的创新绩效进行测度，主要从创新产出、拥有的专利或软件著作版权数、设立的创新部门/机构的数量三个方面来评价集群创新绩效，其中，创新产出这一指标又细分为应用新技术或推出新产品/新服务的速度、新产品/新服务的市场反应、新产品/新服务/新工艺创新成功率三个分指标。创新主体拥有的专利或软件著作版权数代表了其掌握的核心技术的数量及在技术研发上取得的成果。专利的成功获取也反映了集群在技术研发上投入了大量精力与资源，同时，也意味着创新主体掌握了核心技术，再次创新的能力大大加强。专利技术在集群网络中的交流学习、知识共享会促进集群内更多创新活动的开展。设立的创新部门/机构的数量越多，代表投入创新的资源就越多、创新活动就越多，创新水平也就越高。这两个指标易于量化、作答简单，数据也较为容易获得。集群创新产出也代表一定的创新水平，其三个分指标可通过分级程度的选择来比较和量化。

自变量：网络关系强度、网络稳定性、网络密度、网络结构洞、要素环境、社会文化环境、集群政策环境、集群氛围环境。网络关系强度体现在集群内创新主体（企业、供应商、客户、同行竞争者、本地大学和科研机构、本地中介机构、政府等）之间的业务来往频繁程度；网络稳定性体现在集群内部创新主体之间的合作关系稳定程度；网络密度体现在集群创新主体之间拥有的技术和信息交互的数量；网络结构洞体现在社会网络中节点间非冗余联系的缺失状态及节点占据结构洞位置时的信息与控制优势。问卷采用了 12 个问题对创新环境进行测量。在要素环境这一子维度的测量上，主要参考了 Brenner 和 Weigelt（2001）的研究，围绕产业集群的人才、技术、资本这三种资源的情况设计了三个测量题项；在社会文化环境方面，主要参考的是 Townsend 和 Busenitz（2008）、Antonelli 和 Quere（2002）等学者的研究，根据地区社会中对组织和个人创新创业活动的态度设计了三个测量题项；在集群政策环境方面，参考了 Molina-Morales 和 Martínez-Fernaández（2003）、胡恩华和刘洪（2007）等国内外学者的研究，主要考察地区产业集群在发展过程中政府给予的政策优惠、扶持情况和政府对市场的维持情况，设计了三个测量题项；在集群氛围环境方面，主要参考的是 Brandenburger 和 Nalebuff（1995）、刘磊磊和崔迅（2005）等学者的研究，主要在集群内主体的交往情况、信任程度、关系状况等方面设计了三个测量题项。基于此，本章从网络关系强度、网络稳定性、网络密度、网络结构洞、要素环境、社会文化环境、集群政策环境、集群氛围环境、集群创新绩效九个方面构建指标体系，在每个指标体系下又设置了若干题项。

控制变量：企业在产业集群中的根植性和企业规模。在借鉴国内外学者的研究成果和考虑实际情况后，由于此次研究对象是高新技术产业集群即高新技术产业园区内的创新主体，可能会存在不属于同一个产业集群的情况，但保证了受访企业的行业领域属于高新技术产业，因此被调查对象间的产业政策和经济环境是较为相似的，从而将企业在产业集群中的根植性与企业规模作为控制变量纳入分析。企业在产业集群中的根植性可用成立时间这一指标来量化，企业规模可用员工数量和年销售收入这两个指标来测量。这两个控制变量决定了在产业集群中扮演何种角色以及在行业内是否处于核心位置，可以帮助分析集群网络结构洞（中间性）对创新绩效的影响。虽然控制变量并非本章的研究重点，但根据现有研究，多个变量如成立年限、规模、产业类型和集群年龄等与集群创新绩效具有一定的相关性，因此在研究中适当加以控制。

3. 研究方法的确定

在实证研究中应用最广泛的数据获取方法是问卷调查方法，该方法的优点在于能够直接获取所需数据，和被研究的问题较为匹配；缺点则是问卷有效性受到被调查对象的选取和配合度的影响。问卷的设计原则有以下六条：问卷的每项内容必须要与研究的概念框架相互呼应；问卷中的问题表达尽量使问卷填写者容易回答；应当尽量避免问及问卷填写者的个人隐私（如收入、年龄等）；问卷中先前的问题不要影响填写者对后续问题的回答；在问卷设计过程中，必须确定哪些是开放式的问题，哪些是封闭式的问题；在问卷开展正式调查之前应当经过预测试。

结合一般问卷调查的基本步骤，本次问卷调查的具体步骤如下所示。

基于研究目的，查阅相关资料。本章的研究目的是探讨南京软件产业集群创新网络对集群创新绩效的影响，从而为相关产业集群的发展及产业政策制定提供具有参考意义的策略建议，所以在问卷调查初期需查阅和收集高新技术产业、高新技术产业集群、集群网络、创新网络以及相关地区高新技术产业集群的发展现状方面的资料文献。

列出标题和各部分项目。此次问卷采用利克特五级量表，从网络关系强度、网络稳定性、网络密度、网络结构洞、要素环境、社会文化环境、集群政策环境、集群氛围环境、集群创新绩效 9 个方面构建指标体系，便于目标调查对象进行作答。

征求意见，修订项目。此次问卷的设计首先征询了软件产业集群创新管理领域的专家和学者，同时又考虑了部分软件产业园内部管理工作人员以及入驻企业员工的意见，最终在调查小组内进行讨论、形成最终意见。

问卷预调研与问卷修订。调查小组先在苏州工业园区、上海张江高科技园区、南京徐庄软件园选择一部分成员进行预调研，目的是测试问卷是否存在不方便回答、问题项前后是否矛盾或者重复、相近等问题，以及填写问卷的时长（即问题数量设置是否合理）是否在预设范围内；根据预调研的结果，完成问卷修订。

正式调查。将问卷主体以及问卷的发放形式确定后，调查小组根据设立的调查时间段和样本组织，在取得相关单位同意后，开始正式调研。

4. 预调研分析

在正式调研之前，调查小组利用暑期前往苏州、上海、南京、深圳，对当地的高新技术产业园内单位进行了预调研。预调研主要在苏州工业园区、南京徐庄软件园、上海张江高科技园区、深圳市高新技术产业园进行，采取在工作日进入园区内单位现场发放、填写问卷的形式。为保证问卷填写的有效性和反馈的真实性，调查小组首先通过各高新技术产业园区的网站获取园区内的单位名录，从中筛选 5～10 家符合调研要求的单位，针对受访目标进行现场调研。预调研时间为 2018 年 7 月 1 日至 2018 年 7 月 18 日，共发放 66 份问卷，填写有效回收问卷 51 份，涵盖 49 家企业。

1）预调研的描述性统计分析

（1）所在园区分布。调研小组进行预调研的城市主要分布在苏州、上海、南京、深圳，又根据实际情况选择主要的特色高新技术产业园区进行调研。如图 6.2 所示，在受访单位（49 家）中，南京徐庄软件园最多，有 22 家，其次是上海张江高科技园区，有 13 家，苏州工业园区的受访单位数量与深圳市高新技术产业园相同，均为 7 家。

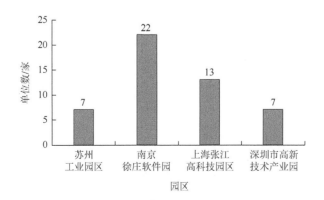

图 6.2 所在园区分布

（2）成立时间分布。如图 6.3 所示，本次预调研的单位大部分成立时间较长，其中成立时间在 10 年以上有 26 家，占 50.98%，达到了一半以上。成立时间在 5（不含）~10 年的有 9 家，占总体比重的 17.65%。成立时间在 3 年及以下的仅有 12 家，占总体比重的 23.52%。

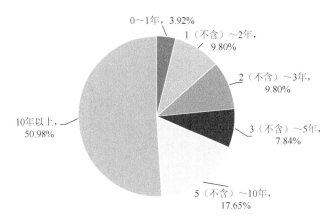

图 6.3　成立时间分布

因四舍五入，存在相加不为 100% 情况

（3）所属行业分布。因本次预调研以南京徐庄软件园为主，所以在受访单位中，软件企业的比重是最高的，可以从图 6.4 中看出，占据了总数的 50.98%，其他依次是通信（13.73%）、人工智能（7.84%）和制造业（7.84%）等。

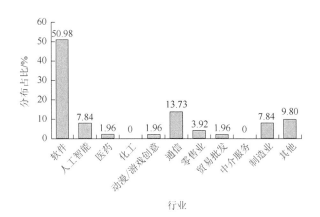

图 6.4　所属行业分布

因四舍五入，存在相加不为 100% 情况

（4）员工人数分布。如图 6.5 所示，在本次预调研的受访单位中，以 500 人以上的大型企业为主，占总体的 52.95%。考虑到受访单位的规模均衡性，50 人及以下的小型企业也占了总体比重的 13.73%。在这区间内的 300（不含）～500 人企业、100（不含）～300 人企业、50（不含）～100 人企业的数量占比较为接近，均在 10%左右。

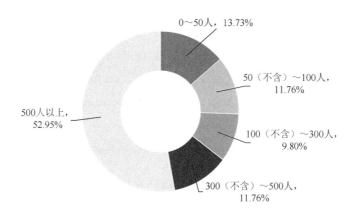

图 6.5　员工人数分布

2）预调研的信效度分析

信度又叫可靠性、稳定性、一致性、准确性，它是问卷计量必用的一项指标，直接决定了最终结论是否可信。因此，在对调查问卷的数据进行分析之前，还需要对其信度进行检验，以确保最终分析结果的准确性。一般采用 Cronbach's α 值来检测问卷的信度，表 6.2 为 Cronbach's α 信度标准。

表 6.2　Cronbach's α 信度标准

Cronbach's α 范围	标准
Cronbach's α≤0.3	不可信
0.3＜Cronbach's α≤0.4	初步研究，勉强可信
0.4＜Cronbach's α≤0.5	稍微可信
0.5＜Cronbach's α≤0.7	可信
0.7＜Cronbach's α≤0.9	很可信
Cronbach's α＞0.9	十分可信

效度又称为有效性，表示所测量的结果反映所测量内容的程度，根据

研究目的不同,可将其分为内容效度、效标关联效度与结构效度。在此次
预调研的问卷效度分析中,采用结构效度来测度问卷的有效性,使用 SPSS
软件中的因子分析方法来确定不符合效度要求的测量题项。需通过 KMO
和 Bartlett 球形检验来判断数据是否适合进行因子分析,Bartlett 球形检验
的 p 值要求必须小于 0.05。表 6.3 为 KMO 值标准。

表 6.3 KMO 值标准

KMO 值范围	标准
KMO≥0.9	非常适合
0.7≤KMO<0.9	很适合
0.5≤KMO<0.7	适合
KMO<0.5	非常不适合

使用 SPSS 对九个变量进行 KMO 值计算与 Bartlett 球形检验,结果如
表 6.4 所示。

表 6.4 各变量 KMO 值和 Bartlett 球形检验的 p 值

变量名	KMO 值	p 值
网络关系强度	0.615	0.000
网络稳定性	0.714	0.000
网络密度	0.741	0.000
网络结构洞	0.871	0.000
要素环境	0.753	0.000
社会文化环境	0.723	0.000
集群政策环境	0.706	0.000
集群氛围环境	0.599	0.000
集群创新绩效	0.856	0.000

根据分析得出的 KMO 值和 Bartlett 球形检验结果,KMO 值均大于 0.5,
p 值均小于 0.05,说明数据适合进行因子分析。因子分析的结果见表 6.5。各
个测量题项的因子负荷值均大于或等于 0.5,并且每一个变量的 Cronbach's α
值都大于 0.7,表明每个变量都具有良好的内部一致性,此份问卷的设计是
科学合理的。再使用主成分分析法进行因子分析,得到的结果是:主成分
对于问卷测量题项的累计方差解释率为 78.149%。

表 6.5　变量因子分析结果

因子	问题	因子负荷值	Cronbach's α
网络关系强度	8	0.757	0.751
	9	0.536	
	10	0.666	
	11	0.801	
	12	0.597	
网络稳定性	13	0.758	0.844
	14	0.838	
	15	0.681	
	16	0.854	
	17	0.676	
网络密度	18	0.560	0.869
	19	0.611	
	20	0.621	
	21	0.832	
	22	0.708	
网络结构洞	23	0.521	0.908
	24	0.523	
	25	0.551	
	26	0.630	
	27	0.529	
	28	0.517	
要素环境	29	0.612	0.905
	30	0.788	
	31	0.792	
社会文化环境	32	0.611	0.864
	33	0.626	
	34	0.755	
集群政策环境	35	0.676	0.868
	36	0.663	
	37	0.738	
集群氛围环境	38	0.548	0.828
	39	0.786	
	40	0.629	
集群创新绩效	41	0.535	0.892
	42	0.500	
	43	0.702	
	44	0.604	
	45	0.742	

3）预调研结论及下一步调研方向

在对初步设计的问卷进行预调研时，调研小组做了两方面的分析。一是在预调研中被调查者对问卷设计反映的主要问题有：①问卷测量题项太多，耗费时间较久，容易影响问卷的填写完整度和信效度；②部分测量题项出现意思重复的问题；③部分测量题项表述语义不清晰，干扰被调查者填写的真实度；④问卷中出现大量学术性词汇，容易给被调查对象增加阅读理解的难度。二是对问卷进行初步的信效度检测。通过预调研工作，既能保证问卷具有一定的科学合理性，又能继续对问卷的结构和语言组织进行完善。

后续调研小组根据预调研的结果，对问卷中表达不清晰、表达复杂、意思重复的问题进行了调整，对一些问题补充了口语化的解释，并且为了将问卷作答时长控制在 10 分钟，保证问卷结果的信效度，将原问卷的 60 小题调整为 45 小题，再次征求相关领域专家的意见后，完成问卷的定稿。

6.1.3　描述性统计分析

本次问卷调研的对象为南京市软件产业集群内的单位，因此，调研地点分别选取了中国（南京）软件谷、江苏软件园和南京徐庄软件园，因为南京市已经形成良好的软件产业集群，而软件产业作为高新技术产业的代表，对软件产业集群内的成员进行调查，符合本次研究的目的。问卷均为现场发放、填写和回收。调研起止日期为 2018 年 8 月 31 日～2018 年 9 月 30 日，在 2022 年 4～5 月进行了部分成员的补充调研。在回收的 268 份问卷中，经整理、筛选，剩余有效问卷 202 份，问卷有效率为 75.37%。

1. 受访企业成立时间

从图 6.6 可以简洁直观地看出，接受调研的企业 50% 以上成立时间都在 5 年以上，说明样本企业大部分成立时间较久。成立时间在 2（不含）～5 年的企业占比在 30% 到 40% 之间，表明样本较大一部分企业已成立一段时间。而成立时间在 2 年及以下的企业仅占 10.4%，即受访企业中新创企业或新迁入企业数量较少。

2. 受访企业所属行业

由于进行调研的园区均是南京主要软件产业园区，软件行业企业占据了主体（43.07%）。除软件行业外，通信（15.35%）、制造业（9.90%）、人工智能（8.42%）以及其他行业企业等也在产业园内有一定的分布，如图 6.7 所示。

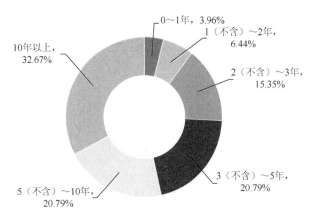

图 6.6　受访企业成立时间分布

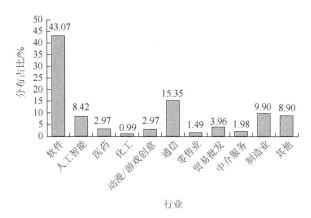

图 6.7　受访企业所属行业分布

3. 受访企业员工人数

从图 6.8 可以看出，受访企业中，一半以上（52.48%）的企业员工人数在 50 人及以下，公司规模较小。百人以上规模的企业仅占 32.17%。原因可能是入驻园区的企业大部分属于分支机构、研发中心、办公场所等类型，并且还有一部分南京本地企业均为私企，规模受制于资金。

4. 受访企业年销售收入

根据图 6.9，受访企业的年销售收入在 4 个区间内呈较为均匀的分布状态，除了年销售收入在 3000 万元以上的占比略高（36.64%），其余三个年销售收入区间的占比几近相同。从年销售收入突破千万元的受访企业占比（58.42%）来看，说明接近六成的受访企业拥有较良好的绩效，再结合图 6.6、图 6.8，虽然受访企业总体规模不大，但成立时间较久，说明以软件开发为主体领域的企业拥有较强的价值创造能力。

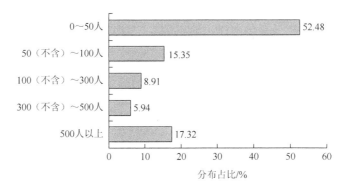

图 6.8　受访企业员工人数分布

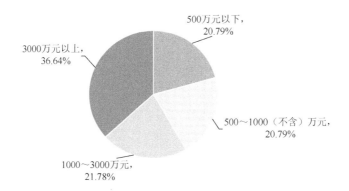

图 6.9　受访企业年销售收入分布

6.1.4　假设检验与讨论

在本节中，使用 SPSS 21.0 软件进行回归分析以对上文建立的 8 个假设进行验证。由于每个变量下包含多个测量题项，无法直接进行分析，需要将输入的数据进行处理以得到变量的测量值。处理的方法有多种，如对每个变量的测量题项求和或求均值，两种方法在标准化的回归分析下，所得到的结果均是一致的。针对本章问卷题项设置，在 SPSS 21.0 内使用"转换-计算变量"功能，计算各个变量分别包含的题项数据的简单算术平均数，即每个变量的测量值，形成了新的测量变量。使用 SPSS 21.0"分析-描述统计-描述"功能计算得出新的测量变量的均值和标准差结果，如表 6.6 所示。

表 6.6　变量的均值及标准差

变量	均值	标准差
网络关系强度	3.467 3	0.799 89
网络稳定性	3.572 3	0.723 47

续表

变量	均值	标准差
网络密度	3.348 5	0.879 69
网络结构洞	3.519 8	0.863 96
要素环境	3.917 5	0.812 98
社会文化环境	3.914 2	0.791 26
集群政策环境	3.820 1	0.758 29
集群氛围环境	3.798 7	0.893 54
集群创新绩效	3.691 1	1.016 10

运行 SPSS 21.0 软件，使用"分析-回归-线性"功能，为了验证自变量对因变量的解释程度及便于对比，将 8 个自变量逐步加入对因变量集群创新绩效的回归分析中，统计量在系统默认勾选外，再勾选"描述性"和"共线性诊断"两栏，得到了 8 个回归模型，回归输出结果记录如表 6.7~表 6.9 所示。F 值（方差检验量）结果表明，在 0.05 的显著性水平上，被列入模型的各个自变量联合起来与因变量在总体上是显著性相关的。再根据模型的调整 R^2 的逐渐递增并趋近于 1 变化情况（0.342，0.425，0.506，0.696，0.716，0.735，0.744，0.748）可知，模型的拟合效果随着自变量的逐一加入而越来越好。在共线性诊断指标上，一般情况下方差膨胀因子（variance inflation factor，VIF）不大于 2 才能认为回归分析结果不存在显著的多重共线情况，排除交互作用的存在。VIF 值越大，共线性问题就越明显，而其值小于 10 可以作为判断共线性问题不显著的依据。本次回归结果 VIF 值均低于 2.2，基本可以认为排除了显著的多重共线问题的存在，保证了回归结果的准确。由于此次调研样本只有 202 份，容量较小，部分变量可能会产生交互作用而导致轻微的共线问题，因此回归分析结果的 Sig 值一部分偏大而无法达到小于 0.05 的要求，下文在进行结果解释时将标准降至 0.1，通过 0.1 水平的显著性检验也可表明变量间有显著的影响关系。

表 6.7　逐一加入变量对集群创新绩效的回归分析结果（一）

项目	模型 1			模型 2			模型 3		
	B	Sig	VIF	B	Sig	VIF	B	Sig	VIF
常量	1.103	0.000		0.297	0.295		0.386	0.143	
网络关系强度	0.746	0.000	1.000	0.401	0.000	1.867	0.217	0.019	2.120

续表

项目	模型 1			模型 2			模型 3		
	B	Sig	VIF	B	Sig	VIF	B	Sig	VIF
网络稳定性				0.561	0.000	1.867	0.215	0.057	2.102
网络密度							0.532	0.000	2.177
网络结构洞									
要素环境									
社会文化环境									
集群政策环境									
集群氛围环境									
F	105.496			75.320			69.568		
R^2	0.345			0.431			0.513		
调整 R^2	0.342			0.425			0.506		

表 6.8　逐一加入变量对集群创新绩效的回归分析结果（二）

项目	模型 4			模型 5			模型 6		
	B	Sig	VIF	B	Sig	VIF	B	Sig	VIF
常量	0.297	0.152		−0.035	0.872		−0188	0.379	
网络关系强度	0.053	0.467	2.108	0.064	0.371	2.111	0.078	0.256	1.218
网络稳定性	−0.147	0.120	2.055	−0.259	0.007	2.150	−0.288	0.002	1.272
网络密度	0.137	0.090	2.197	0.106	0.175	2.131	0.091	0.230	1.239
网络结构洞	0.930	0.000	2.118	0.887	0.000	2.079	0.818	0.000	1.556
要素环境				0.243	0.000	1.743	0.012	0.883	1.484
社会文化环境							0.359	0.000	1.990
集群政策环境									
集群氛围环境									
F	115.782			102.461			93.884		
R^2	0.702			0.723			0.743		
调整 R^2	0.696			0.716			0.735		

表 6.9　逐一加入变量对集群创新绩效的回归分析结果（三）

项目	模型 7			模型 8		
	B	Sig	VIF	B	Sig	VIF
常量	−0.292	0.172		−0.315	0.137	
网络关系强度	0.038	0.587	1.324	0.016	0.819	1.377
网络稳定性	−0.273	0.003	1.285	−0.283	0.002	1.294

续表

项目	模型 7			模型 8		
	B	Sig	VIF	B	Sig	VIF
网络密度	0.124	0.101	1.324	0.122	0.100	1.325
网络结构洞	0.745	0.000	1.964	0.743	0.000	1.964
要素环境	−0.061	0.487	1.844	−0.044	0.616	1.877
社会文化环境	0.276	0.005	1.420	0.248	0.011	1.507
集群政策环境	0.248	0.007	1.587	0.172	0.077	1.171
集群氛围环境				0.128	0.036	1.260
F	84.233			75.570		
R^2	0.752			0.758		
调整 R^2	0.744			0.748		

从表 6.7～表 6.9 可以得出以下结论：网络关系强度和要素环境对集群创新绩效的影响不明显，二者回归系数的 Sig 值分别为 0.819 和 0.616；网络稳定性对集群创新绩效的影响显著且两者负相关，其回归系数的 Sig 值为 0.002；网络密度、网络结构洞、社会文化环境、集群政策环境、集群氛围环境均对集群创新绩效有显著影响且均正相关，它们回归系数的 Sig 值分别为 0.100、0.000、0.011、0.077、0.036。

回归分析的结果表明：在网络关系特征方面，集群创新网络关系强度对集群创新绩效的影响不显著，集群创新网络关系稳定性和集群创新绩效有显著的负相关关系，因此 H1.1a、H1.1b 均没有得到验证。但集群创新网络关系强度越大，意味着集群内各成员与其他网络节点之间知识转移和信息交流速度就越快，最终可以促进集群的创新活动，而未能验证这一结果的原因可能是对创新网络关系强度的评价有偏差。H1.1b 与实证结果相反，说明集群创新网络关系稳定性对集群创新绩效是有显著的影响的，但是这一影响是消极的，存在这一情况：过度的关系嵌入，即集群在不断发展的过程中，创新主体间出现的基于信任的合作关系处于僵化状态。在此情况下，创新主体会产生更多的组织惰性，也会出现更多的模仿行为，最终就会对集群创新绩效产生消极影响。例如，创新主体间稳定的合作关系会自然排斥外来者和形成防卫张力，具体表现为创新主体更倾向于或习惯于与集群内部创新主体建立合作关系，无意间放弃了潜在的更为优越的外部知识信息资源。创新主体间关系的固化也会在潜移默化间使得集群内创新主体在各方面趋同并且抑制标新立异行为的出现，不利于集群内创新主体的创新活动。集群内主体之间的关系越固定，越不轻易更换，集群内主体的信息重复率就越高，在一定程度上会有利于创新网络内部资源的流动，但随着时间的推移和创新网络的发展，由于缺少集群外新的先进信息知识流入，会严重阻碍新的创新活动的产生，加强产品的趋同程度，致使创新合作陷入瓶颈。

在网络结构特征方面，H1.2a、H1.2b 得到了验证，集群创新网络密度和网络结构洞与集群创新绩效间有显著的正相关关系。网络密度越大，处于网络中位置越中心，获得先进技术信息的途径就会越便捷、能力就会越强，创新能力就会越强。

在创新环境方面，除了 H1.3a 未能得到验证，其余 H1.3b、H1.3c、H1.3d 均得到了验证。除了要素环境，其余三类关键环境均和集群创新绩效之间有着显著的正相关关系。要素环境对集群创新绩效的直接影响之所以不显著，可能是要素环境会通过某些中介变量影响集群创新绩效，而 H1.3a 并没有考虑其余中介变量或调节变量的影响，需进一步梳理要素环境对集群创新绩效的作用机制，完善理论模型。

实证分析的结果对于软件产业集群的发展提供启示如下。

从集群创新网络主体间的关系出发，提升产业集群创新网络的质量。要提升集群整体的创新水平，促进主体间的创新活动，就要先提升各个主体的创新能力，这不仅依赖于其内部资源，更取决于所在产业集群创新网络中其他节点如企业主体、高校和科研机构、政府、中介机构等的知识共享和创新合作活动。因此，在构建和运行产业集群创新网络时，要从网络密度和网络结构洞的角度制定相应的策略，从内部角度提升产业集群创新网络的质量。

优化产业集群创新网络结构，提升联结效率。产业集群创新网络结构的优良与否，决定了其可在多大程度上在交流共享资源的过程中保持知识资源的高质与异质。除了从内部改善产业集群创新网络的结构，也要保持其不断吸收新的信息流的能力，保持开放，集群创新主体便可更加便捷、自由地接触外部丰富多样的资源。

在集群创新网络不断完善自身的同时，政府对区域创新的支撑如平台的建立、政策的支持也需要不断改革优化形成成熟体系，以与集群创新网络的发展同步。除此之外，政府也需有一定的前瞻性，根据最新时代要求捕捉最先进的方向，以政策为导向激励创新行为，促进区域产业集群的创新积极性和能力的提高。

完善区域环境建设。根据我国现实情况，目前各地区的产业集群的建立形式多是自上而下，作为区域环境建设的主要推动者，政府应积极为产业集群创新创造良好的沃土。除了维持良好的市场秩序、提供多样化和异质性的信息，政府应主要做到以下四点：①加强对科研机构或重难科研课题项目的资助力度，为参与创新的组织制定优惠政策，动员集群内所有主体积极参与创新活动。②社会文化的建设虽然在短期内并不能看到明显效果，但从长远角度看，创新文化、创新精神、接受新事物等文化氛围的建设，有利于区域产业集群创新绩效的提升。③产业集群内网络关系的质量直接关系到创新活动的效率，建设企业协会、行业协会、技术交流会等形式的集群间交流活动可以增加集群内主体之间的信任，增加集群创新网络的联结和促进创新主体间关系的提升，有利于更多创新合作活动的开展。④产业集群的财务资源状况、人力资源状况和技术实力是评价其资源要素情况的主要三方面，它们决定了产业集群的发展水平以及集群创新活动的绩效水平。政府可从人才培训教育等方面完善这一要素环境，从而提升集群的创新能力。

结合南京市软件产业发展的实际，深入实施高标准建设中国软件名城战略，积极调整产业布局，出台相关扶持政策和计划，在构建现代信息服务业人才培养体系、输出现代信息产业人才的同时，注重空间地理信息资源的利用，合理分布大小软件产业园和合理配置资源、避免过于激烈的竞争，加速促进优秀的核心企业的产生，推动整个软件产业集群向品牌化升级。

6.2　来自南京高新技术产业集群的实证分析

6.2.1　南京高新技术产业集群概况

高新技术产业需要以密集的技术创新和大量的创新人才为基础，而南京有着丰富的高教资源、人才储备和较高的技术水平，并凭借着这些先天优势进入快速发展阶段。2022 年，南京市高新技术企业总数达 9068 家，入库科技型中小企业 20 173 家。高新技术产业产值占规模以上工业产值比重达 54.5%。规模以上工业战略性新兴产业产值占规模以上工业产值比重达 41.4%。高技术投资同比增长 5.8%，占固定资产投资比重达 17.8%，比上年提升 0.4 个百分点。新型研发机构及其孵化引进企业营业收入达 450.39 亿元，全市国家科技企业孵化器绩效评价获优秀数量连续 3 年位居全国城市首位。发明专利授权 28 291 件，增长 31.2%；年末有效发明专利拥有量 113 788 件，比上年末增长 28.0%。全年技术合同成交额 856.7 亿元。

成功创建国家集成电路设计自动化技术创新中心。国家创新型城市创新能力指数位居全国第 2，全国城市创新能力位居全国第 4[①]。

1. 南京高新技术产业空间分布

自提出"大众创业、万众创新"以来，南京市各领域企业不断增加研发投入，提升自身创新能力，拓展创新途径，实现了从"生产主体"到"创新主体"的转变。同时，企业所处的创新环境日趋动态且复杂，创新市场和创新要素呈多元化发展，这些都迫切要求创新主体能够根据自身实际条件选择针对性的资源，提升专业化能力。此外，企业竞争趋势也逐渐从单个企业竞争演进为区域产业之争。在"把握新机遇，激发新动能"的进程中，南京高新技术产业发展迅猛，企业、高等院校、科研院所、政府、金融机构等创新主体沟通协作，促成了创新网络的产生，人力、技术、知识和资本等创新要素在网络中充分流动，不断反作用于产业集群创新升级。

本节通过区域高新技术企业数据呈现南京高新技术产业空间分布特征，采用区位熵表征一个辖区的高新技术产业与市域的相对比值。为使结果具有可信性，选用高新技术企业数量作为数据源，研究南京高新技术产业空间集聚情况。区位熵公式如下：

$$LQ = \frac{l_i / l}{L_I / L} \tag{6.1}$$

其中，l_i 为 i 区高新技术产业的企业数；l 为 i 区总企业数；L_I 为南京市高新技术产业的企业数；L 为南京市总企业数。区位熵以 1 为临界值，当 $LQ > 1$ 时，表示 i 区的高新技术产业的专业化程度高于南京的平均水平；当 $LQ \leqslant 1$ 时，表示 i 区的高新技术产业的专业化程度低于或等于南京的平均水平。另外，LQ 越大，说明该区的高新技术产业在空间上集聚水平越高，越有构成产业集群的趋势；反之，则表明该区的高新技术产业在空间上较为分散。

除此之外，全局空间自相关用于分析某现象的整体分布情况，反映该现象在整体区域空间是处于集聚还是离散，通常用 Moran's I 指数来反映，本节要呈现的是南京市高新技术产业空间关联性的整体趋势。公式如下：

$$I = \frac{n \sum\limits_{i=1}^{n} \sum\limits_{j=1}^{n} W_{ij}(x_i - \overline{x})(x_j - \overline{x})}{\sum\limits_{i=1}^{n} \sum\limits_{j=1}^{n} W_{ij}(x_j - \overline{x})^2} \tag{6.2}$$

---

① 《南京市 2022 年国民经济和社会发展统计公报》，http://tjj.nanjing.gov.cn/bmfw/njsj/202303/t2023032 4_3871176.html，2023-03-24。

其中，n 为南京总区县数；W_{ij} 为空间权重系数，由城市间距离的平方的倒数计算得到；x_i、x_j 分别为 i、j 区创新资源数；$\bar{x}$ 为创新资源的平均值；I 为莫兰指数，取值范围为 $(-1, 1)$。莫兰指数一般以 0 为界限，当 $I > 0$ 时，反映的是空间正相关，表示创新资源在空间上显著集聚，说明相邻区域间的创新资源具有相似属性，I 越接近 1 表示集聚程度越高；$I < 0$ 为空间负相关，表明高与低的科技创新资源城市倾向于集聚在一起，I 越接近 -1 表示离散程度越高；$I = 0$ 表示不存在空间自相关，说明创新资源在城市间的分布是完全随机的。

局部空间自相关，表征研究区域内部某地区同相邻区域之间的空间相关类型与程度，常通过 LISA（local indicators of spatial association，空间联系的局部指标）聚集图反映。这里呈现的是南京下辖区高新技术创新资源同周边区域的相关关系。公式如下：

$$I_i = Z_i \sum_{j=1}^{n} W_{ij} Z_j \tag{6.3}$$

其中，I_i 反映了区周边区域创新资源的空间集聚程度，其值大于期望值时，表征存在空间集聚现象，即空间正相关，反之则为空间负相关；Z_i、Z_j 分别为 i 区和 j 区的标准差的标准化值。

基于《南京统计年鉴》和南京市下辖 11 个区的统计年鉴、《南京科技统计要览数据册》等统计数据，将区位熵结果用 ArcGIS 10.8 绘图进行空间化展示，发现部分区域极核发展集聚化趋势减弱，多核倾向逐渐显著。2016～2020 年，江宁区、溧水区、高淳区和雨花台区的区位熵大于 1，表明南京高新技术产业主要集聚在这 4 个区，形成了集群发展的雏形，其间南京高新技术产业专业化格局并未发生明显变化。栖霞区的高新技术产业区位熵逐年提升，最终达到了 1 的水平，表明高新技术次核心区域正在形成。其他区域的高新技术产业发展水平虽然也基本处于提升阶段，但发展速度比较缓慢，尚未形成新的产业集聚点。

对于南京高新技术产业来说，掌握区域发展水平差异，有的放矢地进行创新网络优化，既能弥补局部产业发展水平的不足，提升整体的协同发展实力，也能为内部成员提供增强创新绩效的途径，从创新主体角度来实现集群竞争力的提升。

2. 南京高新技术产业园区现状

从总体规模看，南京高新技术企业数量逐年增加，从 2018 年的 3118 家增长至 2022 年底的 9068 家，居全国第 9 位，科技型中小企业入库超过

2 万家，占全国 4.45%。南京通过顶层设计引领前瞻布局新赛道方向，出台高新区高质量实施意见，提出建立"新技术—新赛道—未来产业"培育机制；技术创新成为南京新赛道涌现的原动力，"技术驱动"型赛道占比较高。此外，高新区正成为独角兽等高科技高成长性企业集聚区，成为南京培育新赛道的主平台和主阵地。

南京市自 2018 年对全市 83 个产业园区进行整合，形成 15 个高新园区。在空间布局上，构建"一圈双核三城多园"的总体布局。"一圈"，是指在介于绕城公路和绕越高速之间的区域，打造环江南高新技术产业开发带；以沿山大道为轴线，打造江北沿山高新技术产业开发带。通过这两个产业带将大学城、高新园区等载体和要素串成一体。"双核"是指麒麟科学城和江北新区，集中布局国家（重点）实验室、重大科技基础设施和骨干工程化平台。"三城"是指仙林大学城、江宁大学城和江北大学集聚区，为创新发展提供人才培养、知识创造、科学研究等方面的支撑，成为重要的创新策源地。

自 2021 年以来，陆续出台《南京市加快引领性国家创新型城市建设行动方案》《南京市"十四五"高新区发展规划》《南京市加快培育新赛道发展未来产业行动计划》《南京市加快发展未来产业六大专项行动计划》《南京市推进产业强市行动计划（2023—2025 年）》，搭建高新区"一区十五园"的"新赛场"，培育 401 家新型研发机构、213 家专精特新企业等"新赛手"，新一代人工智能、第三代半导体等 6 大未来产业新赛道规模突破 1400 亿元，为经济社会高质量发展注入了强劲动能。

6.2.2　研究设计与研究方法

1. 研究假设

1）网络嵌入与创新绩效

区域内企业、政府、高校和科研院所等各主体间相互合作、交流，联结成稳定可靠的创新网络，嵌入到集群网络中的主体间存在较高的信任度和较高的资源共享可能性。网络嵌入的水平对集群网络创新绩效具有明显推动作用，Lang（2003）指出网络嵌入能够帮助集群成员集聚创新活动所需的异质性资源。网络中那些处于优势位置，与其他创新主体联系较多的核心节点更容易获得这种异质性资源，从而降低了对外部网络的依赖度，减少了被其他创新主体限制发展的风险，同时，资源的不断积累促进创新主体内外部整合能力提升，有利于创新主体发展技术实力，拓宽创新的深度和广度。谢雪梅和高靖媛（2020）认为嵌入作用主要表现在资源获取方面，依据资源依赖理论，网络嵌入中的关系联结包括各种创新要素，不仅可以促进创新主体资源获取渠道的多元化，也有利于创新主体及时掌握市场变化和市场需求，完善技术实力，不断提升创新能力，实现持续性的创新发展。另外，网络嵌入还能有效降低经营风险。集群网络嵌入提升创新主体间信任基础，创新主体在合作中可以优先选择关联主体，使沟通、搜寻等成本实现最小化。熊焰和杨博旭（2022）则认为网络嵌入能够提升集群创新主体协同作用。网络嵌入显著改善区域内政企、高校、中介机构等创新主体间的协同效果，网络嵌入中的结构洞关系能够提升创新主体间的互动和交流质量，有利于创新主体获得更多合作资源，提升主体间知识资源和能力的协同，扩大创新要素流通空间和区域内资源利用效率，实现"1＋1＞2"的协同效果。基于上述分析，提出如下假设。

H2.1：网络嵌入与创新绩效之间具有正相关关系。

2）知识获取的中介作用

产业集群网络是非常有价值的资源，在集群创新过程中发挥着重大作用。根据网络关系理论，单个创新主体的知识存量是有限的，而在多元竞争环境中，获取互补性和异质性资源是创新主体实施创新的必要前提，为了弥补自身的资源短板、缩短创新过程，集群创新主体必须依赖网络关系最大程度地获取知识资源。张保仓（2020）认为网络嵌入水平越高意味着能够参与合作的创新主体越多，基于自身基础客观选择和评估网络关系，并确定主体直接联结过程，强化知识资源的获取渠道。此外，网络能力强的主体通常能够影响或控制的网络范围较广，缓冲了网络关系的各种不确定性，有更多的机会去构建信任基础。基于信任基础，集群创新主体能够有效提升知识的连接能力，有效缩短创新网络的连接路径，充分保障了知识获取的时效性。

根据知识基础理论，创新绩效源于创新主体对知识资源的利用程度。创新主体之所以要不断地获取知识资源，是因为知识获取对其成长有明显的推动作用。Laursen 和 Meliciani（2010）指出创新实力依赖知识吸收能力，而吸收的前提在于获取，大量知识资源的获取扩大知识领域交叉，形成多元化发展态势。范钧等（2014）认为创新主体间顺利实施知识获取的前提在于双方创新理念相似，在这种情况下，知识获取可以缩短心理距离，最大限度地累积创新要素；此外，知识获取渠道的多元促进了信息、知识、技术等的多元化。研究显示，知识获取能力对创新绩效的高低有较大影响。屠兴勇等（2018）进一步指出，若创新主体自身要素不足以支撑创新，则需要同伙伴建立稳固网络关系以获取知识资源，而知识的获取有利于对创新进行重大改进，进而提升创新绩效。因此，本章提出如下假设。

H2.2：知识获取在网络嵌入与创新绩效之间存在中介作用。

3）网络权力的调节作用

根据社会网络理论，网络嵌入为产业集群内主体间互动交流提供了载体，创新主体可以通过网络进行知识获取。但在产业集群内部，拥有网络权力的高低不同，也会导致创新主体对知识资源获取的支配力存在差异。高网络权力的创新主体网络协调和治理能力较强，权力优势迫使弱势创新主体强化合作、产生依赖关系，进行知识输出，从而实现知识资源获取。首先，Zaheer 和 Bell（2005）认为高权力者通常能够提升网络位置优势，促进获取知识的渠道多样化。也就是说，网络权力可以推动创新主体占据中心位置或结构洞位置，从而使异质性和关键性知识资源都流经创新主体，并且占有优势位置的创新主体能够权衡各种类型网络连接的优劣势，减少冗余知识资源的同时可以获得不同知识领域的资源。其次，Lin 等（2009）指出网络权力影响网络关系，高权力者更能在网络上构建相互信任的关系基础，而高信任水平便于产业集群创新主体稳定合作关系，进行连续性的互动与交流，从而更容易获取外部知识。另外，侯光文和刘青青（2022）认为网络权力因创新主体间知识资源依赖的不对称性产生，这本就决定了高网络权力者掌握关键资源的流量与流向，其他创新主体为了得到稀缺资源必须对其形成强烈依赖，这反过来又会推动创新主体不断向核心圈贴近。网络权力的合理使用，不仅强化了网络的纽带传递功能，直接影响了资源的流通宽度和效率，也通过督导、命令、导入、筛选等管理机制，保障了网络知识获取的稳定性和规范性，确保网络顺畅并最终提升创新绩效。基于此，本章提出如下假设。

H2.3：网络权力正向调节网络嵌入与知识获取的关系。

结合 H2.2 与 H2.3，提出如下假设。

H2.4：网络权力通过正向调节网络嵌入与知识获取的关系来调节知识获取在网络嵌入与创新绩效间的中介作用。

4）知识整合的调节作用

本章认为，知识整合是创新主体获取知识到转化为创新绩效的重要环节，能够影响知识获取与创新绩效间的关系。首先，知识整合是通过内化和融合来实现其调节作用的。创新离不开对知识资源的获取，而知识整合的作用更为重要，因为网络获取的知识具有零散、冗余等特点，无法直接被创新主体实施技术创新活动所用。吸收能力理论也指出，只有具备较高的知识整合能力，才能有效融合内部知识与外部知识，形成创新所需新知识和可行的创新技术方案，最大化提升创新能力和创新绩效。拥有高知识整合能力的创新主体能够根据市场环境动态识别、捕捉稀缺资源，并将之内化为自身的知识体系。在融合和内化的过程中，创新主体更易于适应快速变化的市场环境，把握发展机会，将知识价值更充分地用于创新绩效的提升。相反，若创新主体知识整合能力较低，则无法将零散、冗余的网络知识同先验知识有效融合，随着网络知识的获取，创新主体的知识冗余还会进一步加剧，不仅有序的知识无法有效利用，杂乱的知识也会分散组织能力，从而阻碍了创新绩效的提升。另外，单海燕和王文平（2012）指出知识整合作为创新主体较高层级的能力，能够显著缩短创新网络的知识流动平均路径长度，降低集聚系数，从而使知识在网络中的流动效率更高。刘岩等（2022）强调通过高效的知识整合机制，创新主体还可以识别多元知识的潜在依赖关系，快速有效地重组知识元素，兼顾独立创新与合作创新。因此，本章提出如下假设。

H2.5：知识整合正向调节知识获取与创新绩效的关系。

结合 H2.2 与 H2.5，提出如下假设。

H2.6：知识整合通过正向调节知识获取与创新绩效的关系来调节知识获取在网络嵌入与创新绩效间的中介作用。

综合以上假设，构建如下研究模型，如图 6.10 所示。

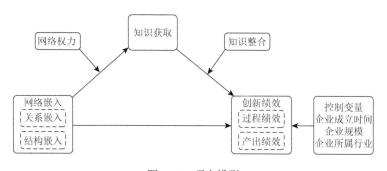

图 6.10　研究模型

2. 问卷设计

1）问卷设计原则

上述内容基于相关理论提出了本章的研究假设，构建了供研究的理论模型，为以真实有效的数据检验模型及相关假设的普适性，本章采用问卷调查法直接收集一手数据，减少一些外部干扰项的影响。

问卷调查法作为社会调查使用最广泛的一种方法，能够较为准确地测量相关变量，并且相对于案例研究等，收集到的横截面数据可靠性更高，分析出的结果也更有信服力。问卷调查的首要便是进行问卷的设计，考虑到测量数据的合理性和变量测度的有效性，问卷的题项需要合理设计，本章的问卷设计主要遵循了如下原则：①科学性，题项结构要有逻辑、层次分明，题项表达要具体清晰，不会产生误解等，并且能够紧密联系研究对象，便于科学量化相关问题表述。②准确性，单一题项难免会出现误差，且变量测量需要满足特定的信度、效度要求，因而本章采用多题项测量。此外，所有设计的题项应为调研对象可答且乐意回答的问题，以提高问卷的准确性。③客观性，变量的测量题项应客观发问、杜绝个人主观意愿切入，避免诱导性信息出现。④成熟性，变量采用或借鉴成熟量表，一方面较容易满足量表信效度检验，另一方面在保证原始量表完整性的同时也能针对我国情境进行适当调整。

2）问卷设计步骤

遵循上述原则，本章按照标准化问卷开发步骤，将设计问卷具体分为量表的选取、量表的修改以及问卷整体设计。

查阅文献，搜集相关变量的成熟量表。量表内容关乎研究科学性与有效性，因此需要与本章内容高度契合。搜集国内外相关文献，整理关于网络嵌入、知识获取、网络权力、知识整合、创新绩效的成熟量表。综合考虑研究变量内涵相关程度，以及根据研究特性记录量表中采用频繁的题项，由此确定本章问卷设计的重要量表依据，评估与修改。为确保量表清晰完整，适合本次研究，需要同相关领域专家学者和一线管理人员沟通交流，根据反馈意见调整完善现有量表。完善方式主要有专家咨询和小组讨论两种，前者问询专家意见及面对面与一线行家沟通，根据实际情况斟酌量表题项内容；后者则与相关人员共同分析，确保题项结构符合逻辑，题项表述清晰易懂，没有歧义。最后通过伴随填答方式对南京高新技术产业园区内的10家单位进行预调研，根据预调研的结果修订、完善，形成最终量表。进行问卷整体设计。在确定量表内容后，还要完善被调查者基本信息、答题说明等内容。本章问卷包含三个部分：一是卷首说明，陈述调研实施主体、调研目的、调研对象及保密性，以便调查对象能够积极配合填写；二是调研受访者基本信息，包括成立时间、所属行业、规模等，为提升填写调查问卷的便利性，该部分采用选择题项，被调查者仅需根据现实情况选择对应选项；三是相关变量的题项，包括调研对象对网络嵌入、知识获取、网络权力、知识整合、创新绩效等变量的评价进行选择评分。

3. 变量测量

为验证前文的研究假设，本章通过调查问卷测量变量，所涉及的变量有网络嵌入、知识获取、网络权力、知识整合和创新绩效。问卷量表采用利克特五级量表，1～5 分别表示"完全不符合""比较不符合""一般符合""比较符合""完全符合"。

1）因变量：创新绩效

本次研究借鉴 Alpkan 等（2010）、向希尧等（2019）、唐源等（2020）的成熟量表，综合考虑过程绩效与产出绩效，从创新成功率、专利或版权数量、创新速度等角度测度创新绩效。如表 6.10 所示，创新绩效量表设置了 I1、I2、I3、I4、I5 等 5 个题项。

表 6.10　创新绩效测度量表

因变量	题项	来源
创新绩效	I1 新产品/新服务创新成功率非常高	Alpkan 等（2010）；向希尧等（2019）；唐源等（2020）
	I2 拥有更多的专利或软件著作版权	
	I3 新产品/新服务有非常好的市场反应	
	I4 新产品/新服务销售收入占销售收入总额的比例很高	
	I5 能率先应用新技术或推出新产品/新服务	

2）自变量：网络嵌入

网络嵌入综合考虑关系嵌入与结构嵌入，基于现有成熟量表进行适当改进。相关量表借鉴了 Granovetter（1985）、肖鹏等（2018）的研究，从与其他成员之间业务往来、合作创新、业务联系、关键成员数量以及关系保持等 5 个角度设置 5 个题项，即 A1、A2、A3、A4、A5，具体内容详见表 6.11。

表 6.11　网络嵌入测度量表

自变量	题项	来源
网络嵌入	A1 与本地很多合作伙伴有直接业务往来	Granovetter（1985）；肖鹏等（2018）
	A2 其他成员有困难时会寻求贵单位支持或合作创新	
	A3 其他成员通常经贵单位与其他合作伙伴展开业务联系	
	A4 与贵单位有联系的成员中关键和重要成员的数量很多	
	A5 能够与合作伙伴保持稳定的协作关系	

3）中介变量：知识获取

知识获取是形成嵌入网络、谋求创新所必须具备的能力，需要一定的技术基础和必要的技术努力，本章主要针对外部知识的获取。变量借鉴 Simonin（2004）的研究，从获取知识的制度安排、搜寻效率、合作交换以及获取成本等角度设置 4 个题项，即 B1、B2、B3、B4，具体内容见表 6.12。

表 6.12 知识获取测度量表

中介变量	题项	来源
知识获取	B1 有监测和获取外部技术、管理和市场信息的人员和制度	Simonin（2004）
	B2 能够广泛搜寻、迅速评价并获取最新的技术、管理和市场信息	
	B3 定期与客户或第三方组织活动以获取新知识	
	B4 在获取外部信息和控制知识的成本方面具备优势	

4）调节变量：网络权力和知识整合

网络权力关乎对知识资源获取的支配力，主要从知识权力和结构权力两个方面影响合作伙伴。变量借鉴 Lyles 和 Salk（1996）的研究，从影响业务操作、竞争力、占据的稀缺资源以及退出后果等角度设置 4 个题项，即 C1、C2、C3、C4。知识整合主要包含融合和内化获取的外部知识，因此需要综合考虑融合和内化两方面内容，变量借鉴蒋兵等（2017）的研究，从内化速度、融合速度、转化用途、启发以及转化效果等角度设置 5 个题项，即 D1、D2、D3、D4、D5，具体内容见表 6.13。

表 6.13 网络权力和知识整合测度量表

调节变量	题项	来源
网络权力	C1 合作中影响和控制合作伙伴的业务操作	Lyles 和 Salk（1996）
	C2 合作中影响合作伙伴的竞争力	
	C3 合作中占有难以替代的技术知识	
	C4 退出合作网络会给合作伙伴带来较大影响	
知识整合	D1 能在需要时迅速找到已经被内化和转换的新知识	蒋兵等（2017）
	D2 能够很快了解已获取的新知识对现在知识的用途并将其与原有的知识融合	
	D3 能将已消化的新知识用于技术创新和改善管理	
	D4 外部新获取知识对组织管理与创新的启发很大	
	D5 已消化的新知识能够为组织带来明显的竞争优势	

5）控制变量

为使实证结果更具说服力，需要将影响创新绩效的因素纳入模型加以控制。借鉴程华和李珍珍（2020）、向希尧等（2019）的研究，引入企业成立时间、企业所属行业和企业规模 3 个控制变量，如表 6.14 所示。

表 6.14　控制变量测度量表

控制变量	题项	来源
企业成立时间	企业成立时间是什么时候	程华和李珍珍（2020）；向希尧等（2019）
企业所属行业	企业所属行业是哪个	
企业规模	企业规模（以员工人数为标准）是多少	

首先，企业成立时间与创新活动开展密切相关，通常成立时间越长，其创新所需的资源基础越丰富，创新合作越广泛，而成立时间短则由于缺乏创新积累，很难形成自身的创新体系，也难形成合作创新网络。因此，应考虑企业成立时间对创新绩效的影响，以企业成立以来的经营年限为依据，将选项设置为 3 年及以下、4～5 年、6～10 年、10 年以上。其次，企业成员规模关系到资源多少、技术研发能力高低，能够直接影响创新投入和创新强度，因此应加以控制，减少其干扰。以员工人数为标准衡量规模，设置为 50 人及以下、51～100 人、101～300 人、301～500 人、501 人及以上。所属行业包括软件信息、人工智能、物联网与集成电路设计、生物医药、机械制造、新材料及化工、服务业、数字文化等。

4. 数据收集与处理

经过前期资料准备，在 2021 年 9～10 月对南京高新技术产业园区进行集中调研，11 月进行了补充调研，前后共调研集群成员单位 421 家。为减少虚假数据对研究的影响，本章选择实地派发问卷，最大程度地提升数据的真实性，每家单位填写 1 份问卷，大多数问卷当场收回，仅有小部分出于受访者的时间限制后续安排取回。整个过程共取回问卷 398 份，在剔除部分存在明显错误、未答完、缺项的问卷后，共收集了有效问卷 306 份，回收有效率达到了 76.88%。

6.2.3　描述性统计分析

样本来源于高新技术产业集群，本章问卷涉及企业成立时间、企业所属行业、企业规模、年销售收入和部门/岗位五个人口统计学变量。运用 SPSS 22.0 对回收的问卷数据进行样本描述性统计分析，相关结果如表 6.15 所示。

表 6.15　样本描述性统计分析

样本特征	分类标准	频数	百分比/%	累计百分比/%
企业成立时间	3 年及以下	59	19.28	19.28
	4～5 年	48	15.69	34.97
	6～10 年	81	26.47	61.44
	10 年以上	118	38.56	100
企业所属行业	软件信息	144	47.06	47.06
	人工智能	17	5.56	52.62
	物联网与集成电路设计	10	3.27	55.89
	生物医药	18	5.88	61.77
	机械制造	30	9.80	71.57
	新材料及化工	3	0.98	72.55
	服务业	32	10.46	83.01
	数字文化	16	5.23	88.24
	其他	36	11.76	100
企业规模	50 人及以下	120	39.22	39.22
	50（不含）～100 人	48	15.69	54.91
	100（不含）～300 人	36	11.76	66.67
	300（不含）～500 人	25	8.17	74.84
	501 人及以上	77	25.16	100
年销售收入	500 万元及以下	49	16.01	16.01
	500 万（不含）～1000 万元	63	20.59	36.60
	1000 万（不含）～3000 万元	67	21.90	58.50
	3000 万（不含）～5000 万元	35	11.44	69.94
	5000 万（不含）～1 亿元	34	11.11	81.05
	1 亿元以上	58	18.95	100
部门/岗位	生产	10	3.27	3.27
	销售	63	20.59	23.86
	技术	86	28.10	51.96
	管理	115	37.58	89.54
	其他	32	10.46	100

　　从企业成立时间看，6～10 年和 10 年以上的最多，累计占比超过调查总数的一半，此外也存在近 20% 的 3 年及以下企业，说明调查样本中既有成熟企业，也存在一定量的新创企业，即样本包含了各成立时间段的成员

单位。从企业所属行业看，问卷对象涉及软件信息业样本数量较多；从企业规模看，50 人及以下的小型企业最多，50（不含）～300 人的中小型企业次之，说明规模小的成员单位在集群网络中节点数较多。从年销售收入看，1000 万（不含）～3000 万元和 500 万（不含）～1000 万元区间的成员单位最多，分别占 21.90%、20.59%，其他区间的比较均衡，均在 10% 以上。在受访者的个体特征方面，管理岗位的样本最多，占样本总数的 35%以上，其次便是技术岗位，二者累计达到调研总数的一半以上，表明调查对象能够较为全面地了解所在组织的技术能力、合作创新等方面的基本情况。综上所述，本次填写问卷的受访者覆盖范围较广，在企业成立时间、企业所属行业、企业规模、年销售收入、部门/岗位等方面均具有多样性，因此问卷数据代表性和普适性较高，保证了研究结果的可靠性。

6.2.4　信度及效度分析

1. 样本正态性检验

由于问卷数据是否满足正态分布会影响到下面的相关分析和回归分析，因此采用 SPSS 软件进行相关测量，对各题项数据进行描述性统计分析，观察每一题项数据的峰度系数和偏度系数是否在标准范围内，进而判断问卷数据是否符合正态分布。如表 6.16 所示，偏度系数范围在 $-0.868 \sim 1.029$，绝对值均小于 3，峰度系数范围在 $-0.889 \sim 1.152$，绝对值均小于 8，可以判定本章收集的问卷数据符合正态分布，适合进行相关性分析和回归分析、验证变量间的作用机制。

表 6.16　样本的正态性检验

题项	N	最小值	最大值	均值		标准偏差	偏度系数		峰度系数	
				统计值	标准误差		统计值	标准误差	统计值	标准误差
A1	306	1	5	3.46	0.067	1.165	−0.444	0.139	−0.566	0.278
A2	306	1	5	3.59	0.069	1.201	−0.741	0.139	−0.263	0.278
A3	306	1	5	3.40	0.067	1.181	−0.374	0.139	−0.673	0.278
A4	306	1	5	3.34	0.068	1.197	−0.272	0.139	−0.889	0.278
A5	306	1	5	3.18	0.071	1.235	−0.262	0.139	−0.838	0.278
B1	306	1	5	3.22	0.069	1.201	−0.562	0.139	0.233	0.278
B2	306	1	5	3.35	0.070	1.293	−0.419	0.139	−0.697	0.278
B3	306	1	5	3.31	0.067	1.211	−0.473	0.139	−0.519	0.278
B4	306	1	5	3.43	0.068	1.198	−0.331	0.139	−0.881	0.278
C1	306	1	5	2.00	0.055	0.958	0.991	0.139	0.747	0.278

题项	N	最小值	最大值	均值		标准偏差	偏度系数		峰度系数	
				统计值	标准误差		统计值	标准误差	统计值	标准误差
C2	306	1	5	2.11	0.055	0.967	1.029	0.139	1.152	0.278
C3	306	1	5	2.07	0.050	0.866	0.758	0.139	0.712	0.278
C4	306	1	5	1.98	0.048	0.839	0.747	0.139	0.519	0.278
D1	306	1	5	2.43	0.057	0.990	0.548	0.139	−0.049	0.278
D2	306	1	5	2.34	0.053	0.925	0.667	0.139	0.299	0.278
D3	306	1	5	2.42	0.053	0.925	0.510	0.139	−0.029	0.278
D4	306	1	5	2.34	0.058	1.009	0.598	0.139	−0.240	0.278
D5	306	1	5	2.34	0.056	0.980	0.855	0.139	0.609	0.278
I1	306	1	5	3.70	0.064	1.122	−0.781	0.139	0.032	0.278
I2	306	1	5	3.69	0.064	1.121	−0.868	0.139	0.075	0.278
I3	306	1	5	3.70	0.062	1.081	−0.859	0.139	0.403	0.278
I4	306	1	5	3.62	0.061	1.071	−0.728	0.139	0.257	0.278
I5	306	1	5	3.76	0.060	1.046	−0.687	0.139	−0.053	0.278

2. 信度分析

信度分析即可靠性分析，主要用来分析问卷的稳定性和可靠性，方法参见表 6.2。由于问卷中，各维度均由一组问题来反映，因此选择按照题项组而非整个量表进行信度分析。如表 6.17 所示，各维度的 Cronbach's α 值最低为 0.878>0.8，说明各个维度的 α 值均达到此次研究的标准，即各个维度的数据可靠性良好。同时，在所有题项的 CITC（corrected item-total correlation，校正项总相关系数）值中只有一项为 0.696，其余均大于 0.7，仍大于 0.4 这一可接受值，可以进一步确认，各维度的内部一致性较好。

表 6.17　信度检验结果

研究变量	观测变量	α 值	CITC
网络嵌入	A1	0.924	0.799
	A2		0.801
	A3		0.808
	A4		0.816
	A5		0.789
知识获取	B1	0.878	0.739
	B2		0.716

续表

研究变量	观测变量	α 值	CITC
知识获取	B3	0.878	0.760
	B4		0.736
网络权力	C1	0.884	0.789
	C2		0.753
	C3		0.717
	C4		0.738
知识整合	D1	0.901	0.751
	D2		0.787
	D3		0.739
	D4		0.784
	D5		0.709
创新绩效	I1	0.908	0.696
	I2		0.791
	I3		0.795
	I4		0.793
	I5		0.764

3. 效度分析

效度分析主要包括 KMO 和 Bartlett 球形检验、探索性因子分析和验证性因子分析。

1）KMO 和 Bartlett 球形检验

通过 SPSS 22.0 进行分析检验，在 Bartlett 球形检验显著性小于 0.05 的情况下，通常将 KMO 值大于 0.7 视为适合进行因子分析，大于 0.9 视为非常适合进行因子分析。具体结果如表 6.18 所示，所有变量的 p 值均小于 0.05，达到显著水平，所有 KMO 值均大于 0.7，因此，量表数据适合进行因子分析。

表 6.18　KMO 与 Bartlett 球形检验

变量	KMO	p 值
网络嵌入	0.873	0.000
知识获取	0.833	0.000
网络权力	0.783	0.000
知识整合	0.862	0.000
创新绩效	0.874	0.000

2）探索性因子分析

对所有题项做主成分提取，结果如表 6.19 所示，由于在初始特征值中共有 5 个大于 1，所以问卷题项可以提取 5 个公因子，这与问卷设计 5 个变量相符。除此以外，公因子解释整体问卷数据的比例为 74.952%，大于 60% 的可接受值，表明问卷效度较好。

表 6.19 解释的总方差

成分	初始特征值			提取平方和载入			旋转平方和载入		
	总计	方差百分比/%	累计百分比/%	总计	方差百分比/%	累计百分比/%	总计	方差百分比/%	累计百分比/%
1	6.697	29.117	29.117	6.697	29.117	29.117	3.904	16.973	16.973
2	3.442	14.965	44.082	3.442	14.965	44.082	3.663	15.924	32.897
3	2.782	12.096	56.178	2.782	12.096	56.178	3.614	15.711	48.608
4	2.244	9.757	65.935	2.244	9.757	65.935	3.066	13.329	61.937
5	2.073	9.013	74.948	2.073	9.013	74.948	2.994	13.015	74.952
6	0.652	2.835	77.783						
7	0.558	2.426	80.209						
8	0.519	2.257	82.466						
9	0.485	2.109	84.575						
10	0.425	1.848	86.423						
11	0.363	1.578	88.001						
12	0.334	1.452	89.453						
13	0.299	1.300	90.753						
14	0.299	1.300	92.053						
15	0.278	1.209	93.262						
16	0.245	1.065	94.327						
17	0.219	0.952	95.279						
18	0.213	0.926	96.205						
19	0.201	0.874	97.079						
20	0.188	0.817	97.896						
21	0.175	0.761	98.657						
22	0.159	0.691	99.348						
23	0.150	0.652	100.000						

注：提取方法为主体元件分析

用最大方差法对成分矩阵进行旋转，设置系数小于 0.4 不显示，得到表 6.20 的数据，可以看出问卷数据被归属到五个主要因子，分别为 A1～A5、I1～I5、B1～B4、C1～C4、D1～D5 五个主要的因子，可以发现，旋转结果与问卷设计的题项归属一致。

表 6.20　旋转成分矩阵

题项	成分				
	1	2	3	4	5
A1	0.848				
A2	0.848				
A3	0.866				
A4	0.858				
A5	0.854				
I1		0.792			
I2		0.804			
I3		0.88			
I4		0.856			
I5		0.818			
D1			0.847		
D2			0.865		
D3			0.838		
D4			0.830		
D5			0.806		
C1				0.841	
C2				0.835	
C3				0.813	
C4				0.852	
B1					0.826
B2					0.825
B3					0.819
B4					0.834

经过探索性因子分析将错综复杂的题项归属到不同的变量下，实现了将 23 道题项融合为网络嵌入、知识获取、网络权力、知识整合和创新绩效 5 个维度，解决了构建基本结构、数据化简和初定量表的问题。

3）验证性因子分析

首先，采用 AMOS 24.0 进行验证性因子分析。将网络嵌入、知识获取、网络权力、知识整合和创新绩效作为潜变量，五个潜变量所属的题项作为显变量。通过验证性因子分析的因子载荷估计值、平均方差提取值（average variance extracting，AVE）及组合信度（composite reliability，CR）三个指标，对问卷量表的聚合效度进行评估。验证性因子分析模型如图 6.11 所示，其中 e1～e23 为结构方程模型中的残差变量，输出结果如表 6.21 所示。

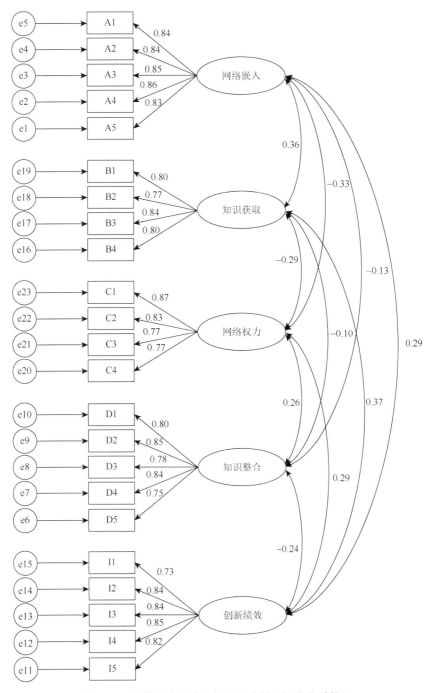

图 6.11 问卷量表的验证性因子分析（标准化系数）

表 6.21　因子载荷

路径			估计值	AVE	组合信度
A5	←	网络嵌入	0.83		
A4	←	网络嵌入	0.86		
A3	←	网络嵌入	0.85	0.709	0.924
A2	←	网络嵌入	0.84		
A1	←	网络嵌入	0.84		
D5	←	知识整合	0.75		
D4	←	知识整合	0.84		
D3	←	知识整合	0.78	0.648	0.902
D2	←	知识整合	0.85		
D1	←	知识整合	0.80		
I5	←	创新绩效	0.82		
I4	←	创新绩效	0.85		
I3	←	创新绩效	0.84	0.666	0.909
I2	←	创新绩效	0.84		
I1	←	创新绩效	0.73		
B4	←	知识获取	0.80		
B3	←	知识获取	0.84	0.645	0.879
B2	←	知识获取	0.77		
B1	←	知识获取	0.80		
C4	←	网络权力	0.77		
C3	←	网络权力	0.77	0.657	0.884
C2	←	网络权力	0.83		
C1	←	网络权力	0.87		

　　（1）聚敛效度。由表 6.21 可知，验证性因子分析的因子荷载在 0.73～
0.87，大于 0.7，说明所属题目均能很好地代表各潜变量，另外各个潜变量
的 AVE 在 0.645～0.709，大于 0.5，且组合信度均大于 0.8，说明变量间的
聚敛效度良好。

　　（2）区分效度。如表 6.22 所示（对角线为 AVE），网络嵌入、知识获
取、网络权力、知识整合和创新绩效之间具有显著的相关性（p 都小于 0.05），
另外相关性系数的绝对值均小于 0.5，且均小于对应的 AVE 平方根，说明

变量之间既具有一定的相关性，又具有一定的区分度，即量表数据的区分效度理想。

表 6.22　区分效度

变量	网络嵌入	知识获取	网络权力	知识整合	创新绩效
网络嵌入	0.71				
知识获取	0.36***	0.65			
网络权力	−0.33***	−0.29***	0.66		
知识整合	−0.13*	−0.10***	0.26***	0.65	
创新绩效	0.29***	0.37***	−0.29***	−0.24***	0.67
AVE 平方根	0.84	0.80	0.85	0.80	0.82

*代表显著性 $p < 0.05$，***代表显著性 $p < 0.001$

4. 共同方法偏差检验

共同方法偏差（common method variance，CMV）又被称为同源偏差，在问卷调查中，数据来源、项目环境和测量语境相同，甚至是问卷设计特征都会导致预测变量与效标变量间存在偏差。共同方法偏差不可避免，是一种系统偏差，潜在误导了结论，如果不控制在一定水平，会使研究结果失真。采用 SPSS 22.0 进行 Harman 单因素检验，具体操作方法与探索性因子分析相似，但需要变量的各种设定均为默认状态，结果如表 6.23 所示，可以发现第一公因子的方差百分比为 29.100%，小于 40%的判定值，可以认为本章所使用的问卷数据不存在严重的共同方法偏差，各变量之间的作用机理不会受到实质性影响。

表 6.23　初始总体方差解释量表

因子	初始特征值			提取平方和载入		
	总计	方差百分比/%	累计方差百分比/%	总计	方差百分比/%	累计方差百分比/%
1	6.984	29.100	29.100	6.984	29.100	29.100
2	3.477	14.488	43.588	3.477	14.488	43.588
3	2.830	11.792	55.379	2.830	11.792	55.379
4	2.313	9.638	65.017	2.313	9.638	65.017
5	2.244	9.350	74.367	2.244	9.350	74.367
6	0.653	2.721	77.088			
7	0.559	2.329	79.417			

续表

因子	初始特征值			提取平方和载入		
	总计	方差 百分比/%	累计方差 百分比/%	总计	方差 百分比/%	累计方差 百分比/%
8	0.541	2.254	81.671			
9	0.519	2.163	83.833			
10	0.443	1.846	85.679			
11	0.396	1.650	87.329			
12	0.35	1.458	88.788			
13	0.312	1.300	90.088			
14	0.299	1.246	91.333			
15	0.288	1.200	92.533			
16	0.263	1.096	93.629			
17	0.245	1.021	94.650			
18	0.219	0.913	95.563			
19	0.209	0.871	96.433			
20	0.197	0.821	97.254			
21	0.187	0.779	98.033			
22	0.173	0.721	98.754			
23	0.156	0.650	99.404			
24	0.143	0.596	100.000			

注：提取方法为主体元件分析

6.2.5　假设检验与讨论

1. 网络嵌入对创新绩效的影响

通过 SPSS 22.0 进行多元线性回归，在探究各变量对创新绩效影响的过程中，依次加入控制变量、自变量。鉴于各变量可能存在高度相关，从而混淆模型分析，最终导致结果失真，所以需要在进行线性回归之前，对变量的多重共线性进行判断，测量指标为容忍度或 VIF。容忍度的值介于 0 和 1 之间，如值太小，说明这个自变量与其他自变量间存在共线性问题；VIF 值越大，则共线性问题越明显，一般以小于 10 为判断依据。根据表 6.24，模型的 VIF 值均在 1.002～1.287，排除了交互作用的存在，可以认为多重共线性问题不显著，确保了多元回归结果的准确性。模型 1 中自变量为本章的控制变量（企业成立时间、企业所属行业和企业规模），因变量为创新绩效。模型 2 则是在模型 1 的基础上加入网络嵌入作为自变量，因变量依然是创新绩效，加入后 F 值为 7.280，调整 R^2 由 0.015 上升到了 0.076，说明自变量的加入提升了模型的解释度。根据模型 2，可以判定，在控制企业成立时间、企业规模和企业所属行业三方面的情境下，网络嵌入显著正向影响创新绩效（$\beta = 0.254$，$t = 4.565$，$p < 0.001$），H2.1 成立。

表 6.24　网络嵌入对创新绩效的回归

变量	模型 1			模型 2		
	β	t	VIF	β	t	VIF
企业成立时间	0.069	1.078	1.274	0.041	0.650	1.287
企业规模	0.089	1.392	1.272	0.076	1.216	1.275
企业所属行业	−0.086	−1.514	1.002	−0.097	−1.760	1.004
网络嵌入				0.254	4.565***	1.024
R^2	0.025			0.088		
调整 R^2	0.015			0.076		
F	2.590			7.280		

***代表显著性 $p < 0.001$

2. 中介效应检验

通过 SPSS 宏程序 Process 进行中介效应的检验，根据 Hayes（2018）编制的检验模型，本节采用模型 4（简单中介模型），在控制企业成立时间、企业规模和企业所属行业的情况下，以创新绩效为因变量，以网络嵌入为自变量，以知识获取为中介变量，对知识获取在网络嵌入和创新绩效之间的关系进行检验。根据输出的逐步回归结果和 Bootstrap 中介结果检验中介效应。

在表 6.25 中，模型 3 在控制企业成立时间、企业规模和企业所属行业三个方面因素的情境下，自变量网络嵌入显著正向影响因变量创新绩效（$\beta = 0.2257$，$t = 4.5650$，$p < 0.05$），说明自变量网络嵌入对因变量创新绩效的总效应显著。模型 4 中，网络嵌入对中介变量知识获取有显著的正向作用（$\beta = 0.2717$，$t = 5.9121$，$p < 0.05$），验证了知识获取中介路径的第一阶段路径显著；模型 5 中，网络嵌入和知识获取均显著正向影响创新绩效（$\beta = 0.1445$，$t = 2.8754$，$p < 0.05$；$\beta = 0.2988$，$t = 5.0071$，$p < 0.05$），验证了网络嵌入显著直接影响创新绩效，知识获取中介路径的第

二阶段路径显著。由此，在网络嵌入对创新绩效的关系中知识获取发挥着显著的部分中介效应。

表 6.25　知识获取的中介效应检验

变量	模型 3 创新绩效		模型 4 知识获取		模型 5 创新绩效	
	β	t	β	t	β	t
企业成立时间	0.0325	0.6503	−0.0497	−1.0711	0.0473	0.983
企业规模	0.0434	1.2158	0.0485	1.4624	0.0289	0.8385
企业所属行业	−0.0291	−1.7601	−0.0189	−1.2308	−0.0234	−1.4702
网络嵌入	0.2257	4.5650*	0.2717	5.9121*	0.1445	2.8754*
知识获取					0.2988	5.0071*
R^2	0.2970	0.3390	0.3982			
调整 R^2	0.0882	0.1149	0.1585			
F	7.2797	9.7713	11.3037			

*代表显著性 $p < 0.05$

此外，采用 Bootstrap 方法再次检验网络嵌入对创新绩效的直接效应及知识获取的中介效应，置信区间控制在 95%，随机抽样次数设置为 5000。检验结果显示，网络嵌入对创新绩效的总效应置信区间为[0.114, 0.339]，不包含 0，说明总效应显著；知识获取的偏差矫正的百分比信赖区间为[0.037, 0.137]，不包含 0，说明知识获取的中介效应显著；网络嵌入对创新绩效的直接效应置信区间为[0.040, 0.255]，也不包含 0，说明直接效应也显著，进一步地，根据效应值可以得出效用占比，中介效应（0.08）和直接效应（0.14）分别占总效应（0.22）的 36.36%、63.64%。综上，在网络嵌入与创新绩效关系之间，知识获取起到部分中介作用，与层次回归分析得到的结论相符，H2.2 成立。

3. 网络权力的调节作用

通过 SPSS 宏程序 Process 进行调节效应的检验。根据 Hayes（2018）编制的检验模型，本节采用模型 1（简单调节模型），在控制企业成立时间、企业规模和企业所属行业的情况下，以网络嵌入为自变量，以知识获取为因变量，以网络权力为调节变量。

从表 6.26 可知，网络嵌入与网络权力的交互项能够显著正向影响创新绩效（$\beta = 0.1153$，$t = 2.4451$，$p < 0.05$），即网络权力能够显著正向调节网络嵌入对创新绩效的影响。H2.3 成立。

表 6.26　网络权力的调节效应（*N*=306）

变量		拟合指标			系数显著性	
		R	*R*²	*F*	*β*	*t*
结果变量	知识获取	0.3852	0.1483	8.6801		
预测变量	企业成立时间				−0.0520	1.1386
	企业规模				0.0463	1.4113
	企业所属行业				−0.0180	1.1750
	网络嵌入				0.2270	4.7800***
	网络权力				−0.1370	2.1767*
	网络嵌入×网络权力				0.1153	2.4451*

*代表显著性 *p*<0.05，***代表显著性 *p*<0.001

结合表 6.27 和图 6.12 进行简单的斜率分析，在低、中、高网络权力水平（*M*−1SD、*M*、*M*+1SD）下，自变量网络嵌入均显著正向影响因变量知识获取（*β* = 0.1367，*t* = 2.1641，*p*<0.05；*β* = 0.2270，*t* = 4.7800，*p*<0.05；*β* = 0.3172，*t* = 5.5680，*p*<0.05），即网络权力水平越高，网络嵌入越能显著正向影响创新绩效。

表 6.27　网络权力在网络嵌入与知识获取间的简单斜率

网络权力	*β*	标准误差	*t*	*p*	95%置信区间下限	95%置信区间上限
M−1SD	0.1367	0.0632	2.1641	0.0313	0.0124	0.2610
M	0.2270	0.0475	4.7800	0.0000	0.1335	0.3204
M+1SD	0.3172	0.0570	5.5680	0.0000	0.2051	0.4293

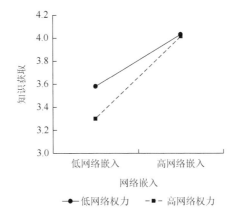

图 6.12　网络权力在网络嵌入与知识获取间的简单斜率图

4. 知识整合在知识获取与创新绩效间的调节作用

根据 Hayes（2018）编制的检验模型，本节采用模型 1（简单调节模型），置信区间控制在 95%，随机抽样次数设置为 5000。在控制企业成立时间、企业规模和企业所属行业的情况下，以知识获取为自变量，以创新绩效为因变量，以知识整合为调节变量。

从表 6.28 可知，知识获取与知识整合的交互项能够显著正向影响创新绩效（$\beta = 0.2326$，$t = 4.0155$，$p < 0.001$），即知识整合能够显著正向调节知识获取对创新绩效的影响。H2.5 成立。

表 6.28　知识整合的调节效应（$N = 306$）

变量		拟合指标			系数显著性	
		R	R^2	F	β	t
结果变量	创新绩效	0.4561	0.2081	13.092		
预测变量	企业成立时间				0.0424	0.9089
	企业规模				0.0401	1.1930
	企业所属行业				−0.0252	1.6300
	知识获取				0.3358	6.0815***
	知识整合				−0.2357	3.8950***
	知识获取×知识整合				0.2326	4.0155***

***代表显著性 $p < 0.001$

结合表 6.29 和图 6.13 进行简单的斜率分析，在低、中、高知识整合水平（$M - 1SD$、M、$M + 1SD$）下，自变量知识获取均显著正向影响因变量创新绩效（$\beta = 0.1478$，$t = 2.0499$，$p < 0.05$；$\beta = 0.3358$，$t = 6.0815$，$p < 0.05$；$\beta = 0.5237$，$t = 7.2100$，$p < 0.05$），即知识整合水平越高，网络嵌入越能显著正向影响创新绩效。

表 6.29　知识整合在知识获取与创新绩效间的简单斜率

知识整合	β	标准误差	t	p	95%置信区间下限	95%置信区间上限
$M - 1SD$	0.1478	0.0721	2.0499	0.0412	0.0059	0.2898
M	0.3358	0.0552	6.0815	0.0000	0.2271	0.4444
$M + 1SD$	0.5237	0.0726	7.2100	0.0000	0.3808	0.6667

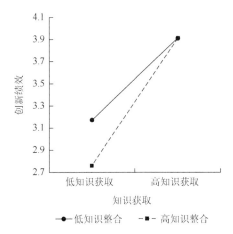

图 6.13 知识整合在知识获取与创新绩效间的简单斜率图

5. 有调节的中介效应

通过 SPSS 宏程序 Process 进行有调节的中介效应检验，采用 Hayes（2018）编制的检验模型，本节采用模型 7（模型 7 为中介模型的第一阶段受到调节，与本章的假设模型趋于一致），在控制企业成立时间、企业规模和企业所属行业的情况下，以网络嵌入为自变量，以创新绩效为因变量，以知识获取为中介变量，以网络权力为调节变量，置信区间控制在 95%，随机抽样次数设置为 5000。

从表 6.30 可以看出，模型 6 中，网络嵌入显著正向影响知识获取（$\beta = 0.2270$，$t = 4.7800$，$p < 0.001$），说明第一阶段中介路径显著。模型 7 中，网络嵌入和知识获取均显著正向影响创新绩效（$\beta = 0.1445$，$t = 2.8754$，$p < 0.05$；$\beta = 0.2988$，$t = 5.0071$，$p < 0.001$），说明知识获取在网络嵌入对创新绩效的关系中起部分中介作用。另外，根据模型 6，网络嵌入与网络权力的交互项对知识获取的正向影响显著（$\beta = 0.1153$，$t = 2.4451$，$p < 0.05$），说明网络权力能够正向调节网络嵌入对知识获取的作用。

表 6.30 有调节的中介回归（一）

变量	模型 6		模型 7	
	知识获取		创新绩效	
	β	t	β	t
企业成立时间	−0.0520	−1.1386	0.0473	0.983
企业规模	0.0463	1.4113	0.0289	0.8385
企业所属行业	−0.0180	−1.1750	−0.0230	−1.4700

变量	模型 6		模型 7	
	知识获取		创新绩效	
	β	t	β	t
知识获取			0.2988	5.0071***
网络嵌入	0.2270	4.7800***	0.1445	2.8754*
网络权力	−0.1370	−2.1767*		
网络嵌入×网络权力	0.1153	2.4451*		
R^2	0.3852		0.3982	
调整 R^2	0.1483		0.1585	
F	8.6801		11.3037	

*代表显著性 $p<0.05$，***代表显著性 $p<0.001$

结合表 6.31 和图 6.14 进行简单的斜率分析，在低、中、高网络权力水平（M–1SD、M、M+1SD）下，自变量网络嵌入均显著正向影响因变量知识获取（$\beta = 0.1367$，$t = 2.1641$，$p<0.05$；$\beta = 0.2270$，$t = 4.7800$，$p<0.05$；$\beta = 0.3172$，$t = 5.5680$，$p<0.05$），即网络权力水平越高，网络嵌入越能显著正向影响知识获取。

表 6.31　简单斜率表检验

网络权力	β	标准误差	t	p	95%置信区间下限	95%置信区间上限
M–1SD	0.1367	0.0632	2.1641	0.0313	0.0124	0.2610
M	0.2270	0.0475	4.7800	0.0000	0.1335	0.3204
M+1SD	0.3172	0.0570	5.5680	0.0000	0.2051	0.4293

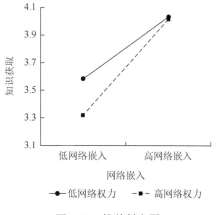

图 6.14　简单斜率图

从表 6.32 可以看出，在低网络权力（$M-1SD$）水平下，知识获取在网络嵌入与创新绩效之间的中介效应的信赖区间为[−0.0031, 0.0991]，包含 0，中介效应不显著；在中、高网络权力（M、$M+1SD$）水平下，知识获取在网络嵌入与创新绩效之间的中介效应的信赖区间分别为[0.0274, 0.1225]、[0.0421, 0.1608]，均不包含 0，中介效应显著，且通过高中低组的中介效应比较可知，网络权力高中低三组的中介效应值两两之间均存在显著差异（置信区间均不包含 0），说明网络权力通过调节网络嵌入与知识获取之间的关系调节知识获取在网络嵌入与创新绩效间的中介路径，H2.4 成立。

表 6.32　有调节的中介效应检验（一）

项目	网络权力	效应值	标准误差	95%置信区间下限	95%置信区间上限
有调节的中介效应	$M-1SD$（A）	0.0408	0.0256	−0.0031	0.0991
	M（B）	0.0678	0.0242	0.0274	0.1225
	$M+1SD$（C）	0.0948	0.0297	0.0421	0.1608
中介效应比较	B−A	0.0270	0.0136	0.0031	0.0561
	C−A	0.0540	0.0271	0.0062	0.1122
	C−B	0.0270	0.0136	0.0031	0.0561

通过 SPSS 宏 Process 程序进行有调节的中介效应检验，采用 Hayes（2018）编制的检验模型，本节采用模型 14（模型 14 为中介模型的第二阶段受到调节，与本章的假设模型趋于一致），在控制企业成立时间、企业规模和企业所属行业的情况下，以网络嵌入为自变量，以创新绩效为因变量，以知识获取为中介变量，以知识整合为调节力量，置信区间控制在 95%，随机抽样次数设置为 5000。

从表 6.33 可以看出，在模型 8 中，网络嵌入显著正向影响知识获取（$\beta = 0.2717$，$t = 5.9121$，$p < 0.001$），说明第一阶段中介路径显著。在模型 9 中，网络嵌入和知识获取均显著正向影响创新绩效（$\beta = 0.0986$，$t = 1.9858$，$p < 0.05$；$\beta = 0.2988$，$t = 5.1511$，$p < 0.001$），说明知识获取在网络嵌入对创新绩效的关系中起部分中介作用。另外，根据模型 9，知识获取与知识整合的交互项对创新绩效的正向影响显著（$\beta = 0.2106$，$t = 3.5866$，$p < 0.001$），说明知识整合能够正向调节知识获取对创新绩效的作用。

表 6.33 有调节的中介回归（二）

项目	模型 8		模型 9	
	知识获取		创新绩效	
	β	t	β	t
企业成立时间	−0.0500	−1.0711	0.0332	0.7122
企业规模	0.0485	1.4624	0.0385	1.1501
企业所属行业	−0.0190	−1.2308	−0.0270	−1.7440
网络嵌入	0.2717	5.9121***	0.0986	1.9858*
知识获取			0.2988	5.1511***
知识整合			−0.2230	−3.6800***
知识获取×知识整合			0.2106	3.5866***
R^2	0.3390		0.4673	
调整 R^2	0.1149		0.2184	
F	9.7713		11.8952	

*代表显著性 $p<0.05$，***代表显著性 $p<0.001$

从表 6.34 结果看，在低知识整合（M−1SD）水平下，知识获取在网络嵌入与创新绩效之间的中介效应的信赖区间为[−0.0209, 0.0934]，包含 0，中介效应不显著；在中、高知识整合（M、M+1SD）水平下，知识获取在网络嵌入与创新绩效之间的中介效应的信赖区间分别为[0.0361, 0.1404]、[0.0573, 0.2321]，均不包含 0，中介效应显著，且通过高中低组的中介效应比较可知，知识整合高中低三组的中介效应值两两之间均存在显著差异（置信区间均不包含 0），说明知识整合通过调节知识获取与创新绩效之间的关系调节知识获取在网络嵌入与创新绩效间的中介路径，H2.6 成立。

表 6.34 有调节的中介效应检验（二）

项目	知识整合	效应值	标准误差	95%置信区间下限	95%置信区间上限
有调节的中介效应	M−1SD（A）	0.0350	0.0288	−0.0209	0.0934
	M（B）	0.0812	0.0269	0.0361	0.1404
	M+1SD（C）	0.1274	0.0446	0.0573	0.2321
中介效应比较	B−A	0.0462	0.0262	0.0047	0.1076
	C−A	0.0924	0.0524	0.0095	0.2152
	C−B	0.0462	0.0262	0.0047	0.1076

综上所述，根据文献分析做出的假设均已经过实证检验，为便于观察变量之间的关系及理论模型是否成立，将检验结果总结至表 6.35。

表 6.35 假设检验结果汇总

假设序号	假设内容	检验结果
H2.1	网络嵌入与创新绩效之间具有正相关关系	成立
H2.2	知识获取在网络嵌入与创新绩效之间存在中介作用	成立
H2.3	网络权力正向调节网络嵌入与知识获取的关系	成立
H2.4	网络权力通过正向调节网络嵌入与知识获取的关系来调节知识获取在网络嵌入与创新绩效间的中介作用	成立
H2.5	知识整合正向调节知识获取与创新绩效的关系	成立
H2.6	知识整合通过正向调节知识获取与创新绩效的关系来调节知识获取在网络嵌入与创新绩效间的中介作用	成立

由表 6.35 可知，本章的研究假设均得到支持，即网络嵌入对创新绩效具有正向影响；知识获取在网络嵌入与创新绩效之间具有中介作用；知识整合正向调节知识获取与创新绩效的关系；网络权力和知识整合均正向调节知识获取在网络嵌入与创新绩效间的中介作用。

（1）网络嵌入对创新绩效有显著促进作用。说明网络嵌入程度越高，创新绩效也越高。这可能是因为合作网络能够带来更多的创新要素，拓宽了高新技术产业集群创新主体的视野和创新思维。由于产业集群多集中在某个固定的区域，政策、社会文化、技术等方面存在较强的趋同效应，创新主体可以最大程度地直接适用资源，而无须进行消化、转换，无疑推动了创新活动开展。另外，网络嵌入程度越高，也意味着创新主体同外界信息交流频次越高，在以知识为导向的竞争市场，沟通交流会带来异质性知识，满足创新需要。此外，网络嵌入正向作用于创新绩效，这不仅排除了嵌入过度，也证实了当前高新技术产业集群的创新主体仍可加强合作，整体网络尚未达到饱和状态，不用过于忧虑组织惰性或自然排外带来的消极影响。

（2）知识获取在网络嵌入与创新绩效间发挥中介作用。根据开放式创新理论，嵌入网络是为了谋求创新，网络的嵌入丰富了创新主体获取知识的途径，网络嵌入水平越高，越能够促进创新主体之间的关系联结，进而提升知识获取能力。另外，创新主体通过知识获取能有效改善知识资源利用率，增加创新要素积累，提高创新绩效。

（3）网络权力正向调节网络嵌入与知识获取的关系。实证结果表明随着网络权力的增强，网络嵌入对知识获取的正向影响也明显加强。在不同水平的网络权力下，高新技术产业集群创新主体通过提升网络位置优势，掌握关键资源的流量与流向，在减少冗余知识资源的同时获得优质知识。

（4）知识整合正向调节知识获取与创新绩效的关系。实证结果表明随着知识整合能力的增强，知识获取对创新绩效的正向影响也明显加强。在不同水平的知识整合能力下，高新技术产业集群创新主体通过有效融合外部知识，使之成为自身知识体系的一部分，更易于把握发展机会推动知识价值向创新绩效的转换。另外，知识整合水平越高，无序的知识在知识获取与创新绩效间的作用越小，从而使有效知识的流动效率更高，创新过程也更高效。

（5）网络权力通过正向调节网络嵌入与知识获取的关系来调节知识获取在网络嵌入与创新绩效间的中介作用。实证结果表明，网络权力越高，知识获取在网络嵌入和创新绩效之间的中介作用越强。这说明，在网络权力水平较高的条件下，高新技术产业集群创新主体之间若要密切联结关系，构建信任基础，就需要强化知识获取能力来提升创新绩效。因为，处于高网络权力水平，更易与协同网络中的行为主体产生高质量合作，深入彼此间的依赖关系，不断进行关键性知识资源的获取，这些知识资源最终用于创新活动，提升了创新绩效。

（6）知识整合通过正向调节知识获取与创新绩效的关系来调节知识获取在网络嵌入与创新绩效间的中介作用。实证结果表明，知识整合能力越高，知识获取在网络嵌入和创新绩效之间的中介作用越强。这说明，在知识整合能力较高的条件下，网络中流动的各种资源信息需要高新技术产业集群创新主体利用较强的获取能力，将之纳入自身的知识体系以提高创新绩效。因为，处于高知识整合能力水平，能够依据市场环境动态识别、融合外部资源，将杂乱知识有效利用。在此环境下，知识获取能力的提升无疑为集群创新提供了物质基础和可行的创新技术方案。

6.3　本　章　小　结

本章基于理论分析，分别选取南京软件产业集群和南京高新技术产业集群进行实证研究，通过对两个典型高新技术产业集群进行调研，对产业集群创新网络对创新绩效的影响进行实证分析，并提出相应的对策建议。

第7章 常州武进国家高新技术产业开发区案例研究

实体经济是国之命脉，民生之本。党的二十大报告提出，坚持把发展经济的着力点放在实体经济上，推进新型工业化，加快建设制造强国、质量强国、航天强国、交通强国、网络强国、数字中国[①]。工业是技术创新的主战场，是创新活动最活跃、创新成果最丰富、创新应用最集中、创新溢出效应最强的领域。做强先进制造业集群是构建现代化产业体系、培育发展新动能、助推区域经济高质量发展的重要手段。苏南地区因其雄厚的制造业实力、良好的产业集群基础、敢于创新的企业家精神以及积极作为的地方政府等在内的多重因素，而成为"中国制造"的重要地标。本章以常州武进国家高新技术产业开发区（以下简称"武进国家高新区"）为案例研究的对象，分析其多集群共生演化路径和创新网络对创新绩效的影响机理。

7.1 武进国家高新区发展概况

7.1.1 常州武进区情况介绍

武进区，地处江苏省南部，隶属于江苏省常州市，地跨沿江平原和太湖平原，内抱常州市区，东与无锡市的江阴市和滨湖区接壤，西与常州市金坛区相邻，南与无锡市的宜兴市毗连且濒太湖，总面积 1066 平方公里。截至 2021 年，武进区（含经开区）常住人口 171.72 万人。武进区地名得名于三国时期，取吴大帝孙权的"以武而进"之意。西晋太康二年（281 年），分丹徒、曲阿以东地区置武进县。1995 年 6 月 8 日，武进撤县设市。2002 年 4 月，武进撤市设区。2015 年，原武进区（不含奔牛镇、郑陆镇、邹区镇）和戚墅堰区合并为新武进区。武进区是苏南模式的发源地

---

① 《习近平：高举中国特色社会主义伟大旗帜 为全面建设社会主义现代化国家而团结奋斗——在中国共产党第二十次全国代表大会上的报告》，https://www.gov.cn/xinwen/2022-10/25/content_5721685.htm，2022-10-25

之一，是国家级生态区、国家级产城融合示范区，拥有太湖湾 8 公里的滨湖岸线和西太湖 164 平方公里的水面。

2021 年，武进区（含经开区）实现地区生产总值 2951.58 亿元，按可比价格计算增长 9.6%。全年专利授权 15 757 件，其中发明专利授权 1624 件，年末有效发明专利 7832 件。全年申请商标（含经开区）11 121 件，授权 9679 件。年末有效商标注册量（含经开区）50 743 件，其中行政认定驰名商标 51 件。

武进区的特点可以概括为以下五个方面。

一是区位优越。武进区位于长三角核心位置，南靠太湖，西临滆湖，和上海、南京、杭州等中心城市距离较近，4 条铁路、5 条高速、京杭大运河穿境而过，常州奔牛国际机场可直达国内 20 多个主要城市和部分国际城市，"水陆空铁"交通极为便捷。

二是人文兴旺。该地区是吴文化的起源，春秋淹城遗址是国内传承时间最长、留存最完整的城池，先后诞生了 19 位帝王、10 名状元和 1546 名进士，为全国县区之最，涌现出赵翼、恽南田、刘海粟等名家大师和瞿秋白、张太雷、恽代英等革命先烈，形成了"事事当争第一流，耻为天下第二手"的阳湖精神。

三是产业发达。作为"苏南模式"的发源地之一，武进区民营经济发达，被列为全国首批双创示范基地。智能装备制造、新材料产业先后达到千亿元级别，全区共有市场主体 13.4 万户，平均每四户家庭就有一户是企业主，上市企业 26 家，中国驰名商标数量稳居全省前列。战略性新兴产业、高新技术产业产值占规模以上工业总产值的比重均超 43.5%，高端装备产业规模突破千亿元，轨道交通产业在新基建风口下驶入发展快车道，智电汽车产业强势崛起，工业机器人产量占全国近 1/4，石墨烯产业赢得"全国石墨烯看江苏，江苏石墨烯看武进"的美誉，医疗健康产业加速集聚。

四是平台能级较高。武进国家高新区综合排名全国第 38 位，中国以色列常州创新园作为中国和以色列合作的标志性项目，得到习近平总书记肯定，在全国中以合作领域内保持合作机制、合作模式和合作成果三个领先。西太湖科技产业园在省级高新区综合评价中列第 6 位，龙城金谷南区共集聚各类机构 458 家，注册资本 346 亿元。武进国家高新区、中国以色列常州创新园、苏澳合作园区被纳入中国（江苏）自由贸易试验区联动创新发展区。接连五年位居全国中小城市综合实力百强区前三，多次获得我国最具投资潜力中小城市百强区榜首。

五是自然环境和谐。武进区是国家级生态区，也是联合国环境规划署命名的国际花园城市，"联合国人居环境特别荣誉奖"城市和中国首个"人居实验城市"。其拥有太湖湾 8 公里滨湖岸线，西太湖 164 平方公里水面和享有"城市绿肺"之称的新天地公园。春秋淹城旅游区被评定为国家 5A 级旅游景区，自然生态与人文生态已成为一张闪亮的名片。常宜高速公路、苏锡常南部高速公路建成通车，沪宁沿江高速铁路已开通运营，常州地铁 1 号线、2 号线正式运营，武进区在长三角的区位优势不断凸显。

7.1.2 武进国家高新区概况

武进国家高新区地处常州市南翼，1996 年 3 月获江苏省人民政府批准设立，1997 年 7 月挂牌成立，2012 年 8 月经国务院批准升级为国家高新技术产业开发区，规划控制面积 182 平方公里，下辖社区 20 个、行政村 12 个。建区 20 多年来，其累计引进 30 多个国家和地区的企业 1 万多家，世界 500 强企业投资项目 24 个，主板上市及"新三板"挂牌企业 29 家，高新技术企业 277 家，拥有中国以色列常州创新园、武进综合保税区、武进国家高新区众创服务中心、阿里巴巴创新中心（常州武进）基地、中汽研（常州）汽车工程研究院有限公司等重要平台。武进国家高新区已成为长三角地区最具吸引力和创新活力的开发区之一，在全国 169 家国家高新区中位列第 38 位，居全国县区国家高新区第 1 位。

武进国家高新区是常州对外开放的重要平台，产业特色鲜明，聚焦壮大高端装备、节能环保、电子和智能信息、新型交通四大主导产业，全力打造机器人、智电汽车两张产业名片。近年来，武进国家高新区积极抢抓互联网经济发展机遇，依托先进制造业，逐渐形成以工业与能源互联网为代表的数字经济，目前已有相关企业超 200 家，这些新兴企业发展速度快、创新能力强。高新区高度重视"四新经济"的培育发展，特别是聚焦机器人产业，抢抓行业快速发展机遇，大力开展项目招引，搭建优质服务平台，推动机器人产业从无到有、从小到大，为园区发展培育了新的动能。经过几年的培育发展，园区已集聚机器人及智能装备创新型产业集群相关企业达 240 家，机器人产能占江苏省的近 70%，2020 年机器人及智能装备集群实现销售收入 615 亿元，成为长三角地区唯一具备完整机器人产业链的园区。

7.1.3 武进国家高新区发展阶段

1. 武进国家高新区初创期（1996～2002 年）

1996 年 3 月，江苏省人民政府批复同意设立"江苏省武进高新技术产业开发区"，总体规划面积 3.4 平方公里；2000 年 3 月，湖塘镇邱墅、十里等 8 个行政村划入，高新区辖区面积扩大至 9.7 平方公里；在这一阶段，武进国家高新区在规划建设、招商引资和管理体制等方面的探索为下一阶段高新区的南移奠定了重要的产业基础，获取了经验。中国高新区发展的第十年，武进国家高新区由于起步较晚，被业内认为处于高新区发展的"初创期"。2002 年，一方面，由于经过 10 年以优惠政策为主要发展路径的高新区需要新的突破口；另一方面，中国在 2001 年底加入世界贸易组织，这对高新区的运作提出了挑战。伴随着科技部《关于国家高新技术产业开发区管理体制改革与创新的若干意见》的发布，中国高新区的发展迎来"二次创业"期，武进国家高新区也进入了发展的新阶段。2002 年 3 月，武进国家高新区南区开发建设奠基。

2. 武进国家高新区快速发展期（2003～2011 年）

2003 年 1 月，武进国家高新区、南夏墅镇党委实行"区镇合一"管理体制，辖区面积扩大至 69.57 平方公里；2006 年 3 月，"区镇合一"管理体制调整为高新区管辖南夏墅街道和北区模式；2007 年，高新区进入由"以大规模拆迁和开发建设为主"向"以招商引资为主"演进阶段，而招商引资正在突破原有的低水平、盲目招商的阶段，带上鲜明的产业招商烙印。此时的高新区既有半导体照明产业的招商组，也有装备制造产业尤其是动力机械的产业招商组，还有新能源的产业招商组、服务业产业招商组。为了准确了解产业最前沿的发展趋势，确定招商对象，高新区会事先请国际咨询公司做规划，以当时高新区的半导体照明领域为例，"蓝宝石基板整个产业链在高新区都全了，虽然只有六七十亿的规模，在全国的份额不是很大，但是把这个产业链都打通了"。同时高新区还引进创新创业平台，如引进半导体照明联合创新国家重点实验室、半导体照明研发中心。有规划的产业招商使武进国家高新区的招商引资工作取得重大突破。2009 年 6 月，国务院批准同意设立江苏武进出口加工区；2011 年 3 月，武进国家高新区与前黄镇实施一体化规划建设。武进国家高新区综合排名在江苏省 129 家省级高新区中列第 13 位，实现地区生产总值 370 亿元，增长高达 25.9%。高新区的集群效应也开始显现，高新区机器人及智能装备、半导体照明、风力发电等三大特色产业园呈现出加速集聚的态势。

3. 武进国家高新区转型升级期（2012 年至今）

2012 年 8 月，国务院批准升级为国家高新区；2013 年 1 月，经国务院批复，武进出口加工区整合优化为武进综合保税区；2014 年 10 月，经国务院批准，武进国家高新区列入苏南国家自主创新示范区；2016 年 10 月，武进国家高新区获批国家生态工业示范园区；2019 年 4 月，常州市委、市政府委托武进国家高新区管理中国以色列常州创新园；2019 年 7 月，武进国家高新区获批国家知识产权示范园区，获批国家博士后科研工作区域站；2021 年 2 月，科技部火炬中心发布，武进国家高新区最新综合排名位列全国第 38 位。

武进国家高新区作为区域发展的主阵地，对外开放的主窗口和产业转型的主力军，以重大项目建设为突破口，以产业链"补链""强链""延链"为着力点，构建集项目招引、创新生态、精准服务于一体的全生命周期发展模式，打造具有国际影响力、全球竞争力的产业集群。锚定特色产业方向，高新区项目招引呈"链式"扩张。武进国家高新区围绕企业成长规律特点建立了"初创企业—科技型中小企业—高新技术企业—专精特新企业—瞪羚企业—独角兽企业—上市企业"培育体系，集聚了一大批技术领先、特色鲜明、实力雄厚的科技企业。目前，园区拥有高新技术企业 309 家、"专精特新"企业 51 家、瞪羚企业 50 家、独角兽企业 1 家、潜在独角兽企业 5 家、上市企业 14 家。

7.2 武进国家高新区多集群共生分析

7.2.1 生产要素优势

广义的生产要素通常分为土地、劳动力和资本等资源要素。研究表明，基于优越的生产要素条件而形成的产业集群不胜枚举，如芬兰的产业集群萌芽于本国的自然资源；荷兰的运输产业集群则与自身的地理位置（坐落于欧洲中央点）、网状的水道、鹿特丹港口的效率和技能以及源远流长的海运史有关；美国马萨诸塞州的许多产业集群受益于麻省理工学院和哈佛大学的研究成果，硅谷高新技术产业集群则受益于加州理工学院和斯坦福大学等科研院所的研究成果。

生产要素在产业集群的形成与发展中具有如此重要的意义，原因在于它是任何一个产业最顶端的竞争条件，决定了产业集群的核心竞争优势。生产要素又可以被划分为初级生产要素和高级生产要素两大类。初级生产要素包括自然资源、气候、地理区位、非技术人工与半技术人工、融资等；高级生产要素则包括现代化通信的基础设施、高等教育的人力资源以及各大学与研究机构等。初级生产要素与高级生产要素的区别在于，前者是被动接纳的，或者说只需简单的投资就能拥有，然而随着工业化的深入，它的重要性会越来越低；高级生产要素通常是创造出来的，对于高新技术产业来说，是不可或缺的竞争优势源泉。对区域而言，拥有能创造出生产要素的机制远比拥有生产要素更为重要。

武进国家高新区从业人员数量充裕，常住人口 170 万人，劳动力市场发达，紧邻常州大学城。常州大学城是全国第一个以高等职业教育为显著特色的大学城，是江苏省政府重点项目。园区现有常州大学一所全日制本科学校和五所省属高职院校（常州信息职业技术学院、常州纺织服装职业技术学院、常州工程职业技术学院、常州工业职业技术学院、常州机电职业技术学院），在校大学生近 10 万名，高职毕业生就业率连续 8 年达 98.5%。依托引进的大学大院大所积极发展研究生教育，基本形成了中职—高职—本科—硕士的"全流程教育链"。

近年来，武进区先后出台了集成电路、机器人、海外人才引进等专项政策，逐步构建起灵活多元、精准有效、开放包容的人才政策体系。全区累计引进人才 35.7 万人，高技能人才突破 10 万人，引进领军型创业人才项目 1084 个、创新人才 263 个，获批国家级博士后科研工作站 6 家，省级博士后创新实践基地 15 家，累计招收博士后 77 人。2021 年，领军人才企业年销售总额超 330 亿元、纳税超 7.8 亿元。

武进国家高新区所处的长江三角洲是我国工业城市密集、市场体系完善、产业门类齐全、市场容量庞大的地区，与国际、国内市场有极强的联结性。高新区位于经济活跃的苏南板块，紧邻西太湖和常州科教城，沿江高速穿区而过，距上海和南京的国际机场分别为 160 公里和 110 公里，距常州长江港 30 公里，距京沪铁路常州站 15 公里，距常州奔牛国际机场 25 公里，形成了水、陆、空立体交通网络，客货运输便捷，区位条件优越。

此外，围绕"两湖"创新区建设规划，为营造良好的环境，多个园区实行环境提档升级，补齐基础设施和公共服务设施短板，优化招商环境。海关、国检、综合保税区等部门助力开放型经济健康发展；众创中心集聚创新创业资源；创新园区加速器、津通国际工业园搭建项目发展舞台，全力打响"功能最全、政策最优、效率最高、态度最好"的政务品牌，为园区的发展提供高级生产要素的保障。

7.2.2 产业集群构成

2017 年，武进国家高新区根据武进区"产业创新发展三年行动计划"

要求，集中发展四大主导产业集群。高新区坚持"4+2"的产业体系，深化"一车一人一芯"产业布局，打造高端现代产业集群。四大主导产业集群分别是高端装备产业、节能环保产业、电子和智能信息产业和新型交通产业，"2"指在四大产业基础上衍生出来的两张产业名片，分别是机器人产业名片和智电汽车产业名片。

截至 2020 年底，四大主导产业集群有企业 1893 家，其中规模以上企业 190 家，高端装备产业、电子和智能信息产业、节能环保产业和新型交通产业发展良好，规模以上企业分别完成产值 330.09 亿元、229.13 亿元、122.99 亿元、105.96 亿元，分别占武进国家高新区规模以上企业产值的 37.02%、25.70%、13.79%和 11.88%（图 7.1）。

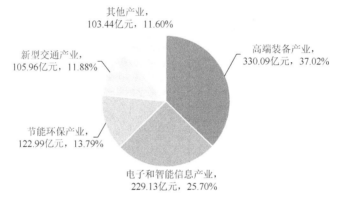

图 7.1　四大主导产业产值分布图

因四舍五入，存在相加不为 100%情况

1. 高端装备产业集群

武进区高端装备制造产业集群主要研发生产智能制造装备、轨道交通装备、高端农机装备、工业机器人和其他专用装备。重点发展现代工程机械、数控机床、智能纺机、智能农机、机器人和关键零部件产品群及相关上下游产业链，探索智能制造集成服务，加快建设常州固立高端装备创新中心等创新载体，推动重点企业做大做强，成为全国有影响力的高端装备产业集聚地，引进常发集团、华丽科技等重点项目 12 个。2020 年，全年规模以上企业完成销售收入 380.3 亿元，增长 16.4%。2021 年，该产业集群有规模以上工业企业 179 家，完成产值 651.35 亿元，同比增长 15.2%。产业骨干企业主要有江苏恒立液压股份有限公司、柳工常州机械有限公司等工程机械专用装备企业，安川（中国）机器人有限公司、快克智能装备股份有限公司、常州铭赛机器人科技股份有限公司、常州节卡智能装备有限公司、遨博（江苏）机器人有限公司等工业机器人企业，江苏今创交通设备有限公司、新誉集团有限公司、中铁建电气化局集团轨道交通器材有限公司等轨道交通装备企业，卡尔迈耶（中国）有限公司、五洋纺机有限公司、常州市武进广宇花辊机械有限公司等高端纺机制造企业，常州创胜特尔数控机床设备有限公司、常州市德速机械有限公司等数控设备生产企业。

2. 节能环保产业集群

节能环保产业重点发展 LED（light emitting diode，发光二极管）照明、太阳能光伏、绿色电力装备等领域，拓展能源互联网领域，培育太阳能光伏等全国领军企业，新引进尚德太阳能、泷膜等重点项目 5 个，2020 年全年规模以上企业完成销售收入 65.7 亿元。2021 年，节能环保产业集群有规模以上工业企业 90 余家，完成产值 172.94 亿元，同比增长 26.3%。产业骨干企业主要有常州常发制冷科技有限公司、江苏晶雪节能科技股份有限公司、江苏海鸥冷却塔股份有限公司、江苏绿和环境科技有限公司、常州翔宇资源再生科技有限公司等，拥有高新区节能环保科技产业园、武进绿色建筑产业集聚示范区等高层次产业平台。

3. 电子和智能信息产业集群

电子和智能信息产业紧抓 5G 产业发展机遇，推动电子元器件等产品升级，向 5G 器件、通信终端设备和工业信息服务领域拓展，构建电子和智能信息产业差异化竞争优势，新引进西电半导体、移远等重点项目 9 个，2020 年规模以上企业完成销售收入 270.1 亿元，增长 11.4%。

4. 新型交通产业集群

新型交通产业重点发展轨道交通、智电汽车等领域，形成产业集聚优势，新引进奇普二期、中汽检验等重点项目 8 个，2020 年规模以上企业完成销售收入 241.7 亿元，增长 64.8%，新誉集团有限公司获 2020 年江苏省省长质量奖。

5. 机器人及系统集成产业集群

机器人及系统集成产业顺应人工智能发展趋势，加快工业机器人、服务机器人领域优质项目集聚，形成涵盖机器人本体、核心零部件、系统集成产品、配套服务的产业链，新引进国际数据公司、哈德胜等重点项目 7 个，2020 年规模以上企业完成销售收入 54.1 亿元，安川（中国）

机器人有限公司第 5 万台机器人出货，金石机器人国内首台 4 吨级桁架机器人发布。

6. 智电汽车产业集群

智电汽车产业重点打造智电汽车产业生态，加快建设江苏省新能源汽车能源与信息创新中心，拓展车联网市场，开展智慧出行服务，成为全国有影响力的智电汽车生产和服务基地，近年来，武进区智电汽车产业集群以理想汽车等整车企业作为创新"磁场"，以中汽中心华东院等研发测试中心为平台，集聚了博世汽车电子、法雷奥西门子、斯泰必鲁斯、斯佩尔风机等一批优质项目，培育发展了万帮数字能源股份有限公司、江苏龙城精锻集团有限公司等本地明星企业。新引理想汽车、万帮数字能源等重点项目 8 个，2020 年全年规模以上企业完成销售收入 156.5 亿元，增长 129%，2021 年，该产业有规模以上工业企业近百家，完成产销 400 亿元。UL 常州动力电池实验室启用，全市首个电动汽车体验中心建成投运，理想汽车西太湖创新交付中心启用，理想 ONE 第 1 万辆汽车交付，理想汽车在美国纳斯达克上市，募集资金 10.93 亿美元，斯佩尔汽车科技（常州）有限公司开工，武进国家高新区与中国汽车技术研究中心有限公司签署合作协议，常州龙翔气弹簧股份有限公司在"新三板"挂牌。

7.2.3 多集群共生演化分析

武进国家高新区北区从零开始建设的时候，其成立时间滞后于周边的地市。在成立之后的三四年里，无论是招商引资还是投资建设等方面在武进区都没有占到应有的比重，入驻企业良莠不齐，一共 18 家入驻企业，其中占地不足 50 亩（1 亩≈666.67 平方米）的有 9 家。入驻企业中有 4 家是纺织企业，一家耐火材料企业，到 2000 年仅有高新企业 3 家。这时的武进国家高新区仅仅是一般意义上的工业园区。

2000 年后，无论是高新区领导还是武进区领导都意识到高新区应该在全区经济中发挥更加积极和重要的作用，开始加大对外引资力度，将高新区定位为高新企业集聚的园区。以高新技术产业为核心，科学进行各项用地布局，合理组织内外交通，全面考虑各项配套设施，充分利用各项自然景观要素，创造一个布局合理、开发有序、功能齐全、环境优美、管理先进、高效率的现代化高新技术产业园区。

1. 武进国家高新区构建模式

武进区从 2015 年全面开启国家创新型特色园区建设。当前聚焦高端装备、节能环保、电子和智能信息、新型交通四大主导产业，全力打造机器人、智电汽车两张产业名片，"4+2"产业格局峥嵘初显。创新型园区不同于传统工业园区，从本质上来说，创新型园区就是一个产业集群创新系统。根据集群创新系统的模型框架，武进国家高新区的构建模式如图 7.2 所示。

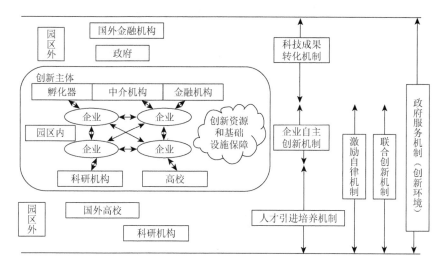

图7.2　武进国家高新区构建模式

2. 武进国家高新区产业集群演化路径

新中国成立以来，武进区工业经济经历了从集体经济到民营企业，再积极引进外资企业的过程，其产业结构也经历了从 20 世纪 80 年代重点发展纺织轻工业和电子加工业阶段，到 20 世纪 90 年代重点发展机电和引进外资从事出口加工业，再到 21 世纪后，重点发展装备制造业和新能源新材料等高新技术产业。武进国家高新区产业集群发展历程如图 7.3 所示。

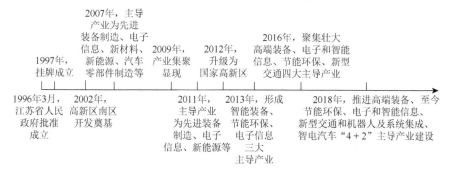

图7.3　武进国家高新区产业集群发展历程

武进国家高新区于 1996 年由江苏省人民政府批准成立，初建时的高新区两条主干道分别为常武路和武宜路，企业多集中在两条主干道的两边，集聚的企业多以乡镇企业、集体企业为主，规模偏小，且良莠不齐。进区企业一共 18 家，其中 4 家是纺织企业，一家耐火材料企业。各级政府对高新区的建设非常重视，制定一系列政策招商引资。2002 年的"二次创业期"迎来了高新区南区的奠基，园区面积由最初的 3.4 平方公里发展为管辖面积 81 平方公里，两条主干道变成了四条路构成一格，每格按照高新区的产业规划形成一个产业区。武进国家高新区产业集群初创期如图 7.4 所示。

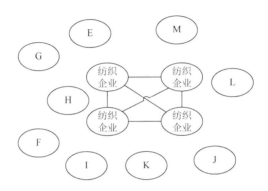

图 7.4 武进国家高新区产业集群初创期

2007 年开始，高新区"以开发建设为主"向"以招商引资为主"转移，并且招商引资突破原有的低水平盲目招商向产业集聚方向发展。2007 年，园区主导产业为先进装备制造、电子信息、新材料、新能源、汽车零部件制造等，综合竞争力得到了进一步的提升。2009 年，大批高质量的大项目入驻园区，产业集聚形态进一步显现。2010 年，武进国家高新区围绕国家创新型科技园区及江苏省低碳示范区建设，大力实施"先进产业集聚工程、功能设施完善工程、环境形象提升工程、体制机制创新工程、干部队伍强化工程"五大工程，积极推进"招商引资、产业集聚、平台建设、科技创新、区镇共建、难题化解、机关创新、和谐社会"八大工作，继续保持经济社会的又好又快发展，加速园区产业转型升级，加速发展五大产业。在高新区规模企业总产值中，先进装备制造、电子信息、新材料、新能源、汽车零部件制造五大产业规模企业产值的比重达 80%。武进国家高新区产业集群萌芽期如图 7.5 所示。

图 7.5 武进国家高新区产业集群萌芽期

此时的高新区只是形成了以几家重点企业为主的集群，以单集群 Logistic 模型对该集群演变过程进行刻画，即

$$\begin{cases} \dfrac{\mathrm{d}x(t)}{\mathrm{d}t} = rx(t)\left\{1 - \dfrac{x(t)}{N}\right\} \\ x(0) = x_0 \end{cases} \tag{7.1}$$

其中，$x(t)$ 为时刻 t 萌芽时期集群内部资本量；r 为集群的固有增长率；N 为环境资源允许时集群能够增长的最大值，当 $\dfrac{\mathrm{d}x(t)}{\mathrm{d}t} = 0$ 时，$x(t) = N$ 是集群的一个稳定平衡点，如图 7.6 所示。

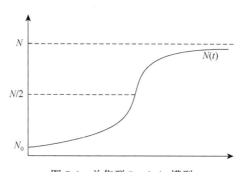

图 7.6 单集群 Logistic 模型

横轴表示时间，纵轴表示产业集群规模

2011 年，武进国家高新区坚持科学发展观，围绕"智慧新区、低碳新区、幸福新区"建设目标，以打造"三型机关"及三大国家创新型科技园区为抓手，实现经济社会快速健康协调发展。主导产业为先进装备制造、电子信息、新能源等。2012 年 8 月，其升级为国家级高新区。

2013 年，武进国家高新区按照"全市领先、全省一流、全国有影响"的目标定位，以深入推进二次创业为重点，统筹做好"稳增长、调结构、抓创新、优环境、惠民生"等各项工作，形成智能装备、节能环保、电子

信息三大主导产业,三大主导产业的国家创新型科技园区发挥主阵地作用,
125 家入库企业实现营业收入 410.9 亿元,超额完成全年计划任务,智能装
备产业园营业收入继续位居全市"一核八园"之首。2013 年,武进国家高
新区获"江苏省半导体照明产业产学研协同创新基地""江苏省常州半导体
照明产业产学研联合创新服务平台""江苏省文化科技产业园"等称号。
2014 年,武进国家高新区加快智能装备、节能环保、电子信息三大国家创
新型科技园区建设,初步呈现一个规划科学、功能齐全、产业集聚、环
境优美、生态和谐的现代产业开发区。武进国家高新区产业集群发展期
如图 7.7 所示。

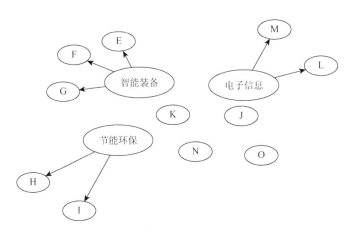

图 7.7　武进国家高新区产业集群发展期

此时在武进国家高新区形成以智能装备、节能环保、电子信息三大主
导集群为核心集群,以其他依托主导产业发展的相关产业集群为卫星集群,
主导产业的核心集群带动卫星集群发展,卫星集群为核心集群的发展添砖
加瓦的依托型共生模式。主导集群单独存在时,集群的演化符合单种群模
型。当卫星集群围绕智能装备、节能环保、电子信息三大核心集群并与其
进行合作时对核心集群资本累积具有促进作用。其规律为

$$\frac{dx_1(t)}{dt} = r_1 x_1 \left(1 - \frac{x_1}{N_1} + \sigma_1 \frac{x_2}{N_2}\right) \tag{7.2}$$

其中,σ_1 为卫星集群对核心集群产生的影响。σ_2 则相反,在三大主导产业
核心集群为周围的卫星集群带来各种发展资源及机会的情况下,卫星集群
会不断地成长,与此同时,卫星集群自身的产出也在不断扩大,并受自身
消耗资源的阻滞效应影响。Logistic 方程为

$$\frac{dx_2(t)}{dt} = r_2 x_2 \left(-1 + \sigma_2 \frac{x_1}{N_1} - \frac{x_2}{N_2} \right) \tag{7.3}$$

综上，此时武进国家高新区的多集群共生模型可表示为

$$\begin{cases} \dfrac{dx_1(t)}{dt} = r_1 x_1 \left(1 - \dfrac{x_1}{N_1} + \sigma_1 \dfrac{x_2}{N_2} \right) \\ \dfrac{dx_2(t)}{dt} = r_2 x_2 \left(-1 + \sigma_2 \dfrac{x_1}{N_1} - \dfrac{x_2}{N_2} \right) \end{cases} \tag{7.4}$$

对 Logistic 方程进行求解，可得

$$P\left(\frac{N_1(1-\sigma_1)}{1-\sigma_1\sigma_2}, \frac{N_2(\sigma_2-1)}{1-\sigma_1\sigma_2} \right)$$

P 表示核心集群与卫星集群相互作用达到稳定共生，此时核心集群的产出规模为 $\dfrac{N_1(1-\sigma_1)}{1-\sigma_1\sigma_2}$，卫星集群的产出规模为 $\dfrac{N_2(\sigma_2-1)}{1-\sigma_1\sigma_2}$。只有两者同时存在，产出规模大于 0，集群共生才有意义，即 $\dfrac{N_1(1-\sigma_1)}{1-\sigma_1\sigma_2} > 0$ 且 $\dfrac{N_2(\sigma_2-1)}{1-\sigma_1\sigma_2} > 0$。易知，$\sigma_1 < 1$，$\sigma_2 > 1$，$\sigma_1\sigma_2 < 1$。

$\sigma_1 < 1$ 说明卫星集群对核心集群的产出影响相对较小，一个核心集群周围存在很多卫星集群，卫星集群一般处于初创期，故贡献度相对较小。$\sigma_2 > 1$ 说明核心集群对卫星集群的产出影响相对较大，武进国家高新区以三大主导产业集群为核心，核心集群的独立创新能力较强，为初创期的卫星集群发展提供支持。

在依托型共生模式下，核心集群附近的卫星集群得到发展，演化孕育出新的主导核心集群，武进国家高新区由智能装备、节能环保、电子信息三个主导核心集群发展为高端装备、电子和智能信息、节能环保、新型交通四大主导产业集群。多集群演化如图 7.8 所示。

2016 年，武进国家高新区作为苏南国家自主创新示范区之一，贯彻"创新、协调、绿色、开放、共享"的新发展理念，紧扣"产业发展水平要高、服务效能要高、大项目承载力要高"和"探索新机制、培育新动能、塑造新形象"的总体要求，聚焦壮大高端装备、电子和智能信息、节能环保、新型交通四大主导产业，全力打造机器人、智电汽车两张产业名片，积极拓展测试、检验检测、大数据、生物医药等新兴产业，统筹推进改革发展稳定各项工作，实现高质量全方位的发展。武进国家高新区产业集群升级期如图 7.9 所示。

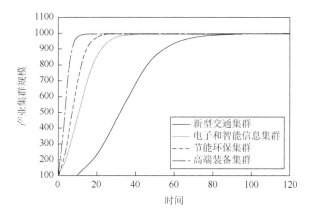

图 7.8 多集群演化图

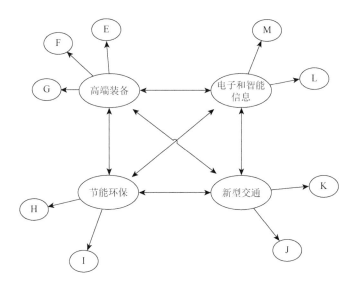

图 7.9 武进国家高新区产业集群升级期

在当前阶段，武进国家高新区产业集群是依托型共生和平等型共生两种共生模式融合存在。四大核心集群与周围卫星集群的共生，本质上是一种具有差异性的依托型共生，其共生模式的 Logistic 方程为

$$
\begin{cases}
f(x_1,x_2) = \dfrac{\mathrm{d}x_1(t)}{\mathrm{d}t} = r_1 x_1 \left(1 - \dfrac{x_1}{N_1} + \sigma_1 \dfrac{x_2}{N_2}\right) = 0 \\[3mm]
g(x_1,x_2) = \dfrac{\mathrm{d}x_2(t)}{\mathrm{d}t} = r_2 x_2 \left(-1 + \sigma_2 \dfrac{x_1}{N_1} - \dfrac{x_2}{N_2}\right) = 0
\end{cases}
\tag{7.5}
$$

该共生模式达到稳定的条件为 $\sigma_1 < 1$，$\sigma_2 > 1$，$\sigma_1\sigma_2 < 1$，其中，σ_1、σ_2 表示卫星集群与核心集群之间的影响，稳定性条件说明核心集群对卫星集群的影响相对较大，运用自身的资源、技术等扶持一批周围卫星集群发展。

由四个主导集群所组成的高级平等型共生模式的 Logistic 方程为

$$\begin{cases} f(x_1, x_2) = \dfrac{dx_1(t)}{dt} = r_1 x_1 \left(1 - \dfrac{x_1}{N_1} + \sigma_1 \dfrac{x_2}{N_2} \right) \\ g(x_1, x_2) = \dfrac{dx_2(t)}{dt} = r_2 x_2 \left(1 + \sigma_2 \dfrac{x_1}{N_1} - \dfrac{x_2}{N_2} \right) \end{cases} \qquad (7.6)$$

求解得到该式的稳定性条件：$\sigma_2 < 1$，$\sigma_1 < 1$，说明在由主导集群所组成的共生模式中，各创新成员彼此的贡献度有限，因为各个主导集群之间水平相当，属于同质性共生，主要通过合作的方式共同发展。与由卫星集群所组成的次级平等型共生与高级平等型共生类似，二者只具有主体上的差异，卫星集群之间的合作也属于同质性共生模式，它们之间既有资源的合作，也有利益的竞争，但是总体上属于互补地位，这样可以保证共生集群稳定共生，长期合作。

研究发现，武进国家高新区各个子集群在区域性创新生态系统中达到共生稳定性。最终形成以四大主导产业集群为主的嵌入型共生模式，高新区内存在多个创新集群，其中以高端装备、电子和智能信息、节能环保、新型交通四大集群为核心集群，其他中小集群（卫星集群）依靠大型集群发展。主导核心集群之间存在信息交流，卫星集群之间也存在信息交流。

在上述 Logistic 模型及演化分析的基础上，对集群间相互影响的关系系数进行设置，得到仿真结果分析如下所示。

如图 7.10 所示，N 是指环境资源允许时集群能够增长的最大值，设置 $N = 1000$，$y1$、$y2$、$y3$、$y4$ 为四个示意集群，四个集群之间相互独立且均符合单集群 Logistic 模型，$x(t)$ 为 t 时刻集群规模，当 $x(t) = N$ 时，达到增长最大值，即稳定平衡点。

如图 7.11 所示，设置主导集群，即 $y1$，分别对其他三个集群的影响系数 $\sigma > 0$（即主导集群对其他集群规模增长具有促进作用），其他集群对主导集群的影响系数也大于 0，相互之间属于双集群的合作共生关系模型，对比图 7.10，所有集群的规模最大值即最终稳定平衡点均大于相互独立时期。由于主导集群对其他集群的影响相对较大，即对其他集群的促进作用最多，所获得的规模最大值也最高。

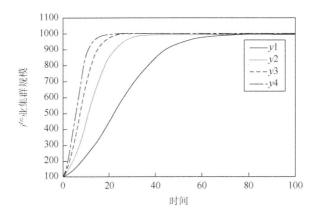

图 7.10　多集群 Logistic 模型仿真演化（参照）

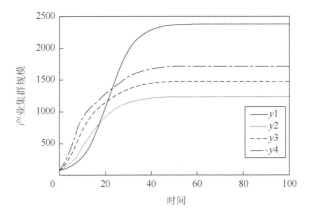

图 7.11　多集群 Logistic 模型仿真演化（正向）

如图 7.12 所示，设置主导集群，即 $y1$，分别对其他三个集群的影响系数 $\sigma < 0$（即主导集群对其他集群规模增长具有阻碍作用），其他集群对主导集群的影响系数也小于 0，相互之间属于双集群的竞争共生关系模型，对比图 7.10，所有集群的规模最大值即最终稳定平衡点均小于相互独立时期，达不到设置的最大值（1000）。由于主导集群对其他集群的影响相对较大，即对其他集群的阻碍作用最多，所获得的规模最大值也最低。

通过上述分析可以发现：①集群间的合作共生模式，优于相互独立模式，能使集群规模得到更大发展；②在多集群共生网络中，主导集群的资源越丰富，共生越能带动其他集群发展，自身也能得到更好的发展。

截至 2020 年底，武进国家高新区累计引进 30 多个国家和地区的企业 1 万多家，有世界 500 强企业投资项目 24 个，主板上市及"新三板"挂牌

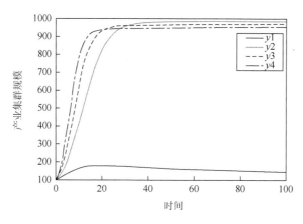

图 7.12　多集群 Logistic 模型仿真演化（负向）

企业 29 家、高新技术企业 277 家，拥有中国以色列常州创新园、武进综合保税区、武进国家高新区众创服务中心、阿里巴巴创新中心（常州武进）基地、中汽研（常州）汽车工程研究院有限公司等重要平台，实现主导产业开票销售收入占全部工业开票销售收入的 79%，主导产业项目占新签项目的 75%。

7.2.4　共生网络对创新绩效的影响机理

　　"共生"的概念最早来源于生物学，主要指生物界不同种群之间按照一定的关联而共同生存的现象。它被用来描述自然界生物间存在的相互关系，即物种之间相互依存、相互促进和共同发展的过程。基于空间集聚的产业共生，是一种生态工业系统的开发模式——企业与政府、社区等诸多环节构建了物质流和信息流、人才流的合作关系，构成连接创新主体和公共部门的产业共生网络。基于共生而集聚的产业集群之间的协同创新是新型的战略合作创新模式，符合知识经济时代的知识共享模式，相比于传统的创新网络，集群共生网络的嵌入使得集群成员间的关系更为密切，合作创新的机会更多，频率更高。集群内各成员的协同创新在共生网络下具有更加密切的联系与合作，协同创新以集群间的目标一致性为基础来实现各个主体所追求的目标，共生网络更有利于强化主体间合作机制的创新及管理机制的完善，进一步加深产业集群间的合作强度。本节以常州武进国家高新区的多集群共生案例为研究对象，探求多集群共生创新网络对创新绩效的影响机理。

　　1. 研究假设

　　1）共生创新网络与创新绩效

　　产业集群合作伙伴间的互动可以创造资源价值，高新区内的共生主体在共同目标的作用下紧密连接在一起，构成共生网络。多集群共生创新网络使高新区各创新主体形成一种稳定共生关系，根据共生原则，共生主体间有效交流会产生新的价值和创新能力。共生主体间的互动，提高了创新资源的利用效率，促进了高新区高质量创新和转型升级。在此过程中，集群创新主体之间存在着复杂且动态的互动行为，其互动关系对创新绩效具有重要的意义和影响。该影响和作用是通过网络合作度和网络开放度等指标进行表征的，即创新网络中各成员间关系的性质和程度（网络合作度），以及创新网络的开放程度（网络开放度）。因此，本章提出如下假设。

H3.1：共生创新网络与创新绩效之间具有正相关关系。

H3.1a：网络合作度与创新绩效之间具有正相关关系。

H3.1b：网络开放度与创新绩效之间具有正相关关系。

2）知识吸收能力的中介作用

知识吸收能力是一种独特的价值资源，主要是因为它具有价值性、稀缺性、不可替代性等特性。集群创新主体是通过吸收能力来获取新知识的，因此创新绩效也受到知识吸收能力的制约。集群创新主体在进行创新活动时不可避免地要涉及多领域的知识，而有效地利用外部知识成为大多数集群创新主体在创新发展过程中的瓶颈问题。研究知识吸收能力对于创新绩效的影响，有利于分析集群创新主体对知识吸收能力的作用途径。研究发现，集群创新主体获取外部资源的可能性与知识吸收能力成正比，知识吸收能力对创新主体是否能有效地获得外部知识用于技术创新具有显著的影响作用，持续增强其吸收能力，有助于创新主体获得新知识并加以利用，而创新网络特征和知识吸收能力网络化发展具有较高相关性。因此，本章提出如下假设。

H3.2：知识吸收能力在共生创新网络与创新绩效之间存在中介作用。

H3.2a：知识吸收能力在网络合作度与创新绩效之间存在中介作用。

H3.2b：知识吸收能力在网络开放度与创新绩效之间存在中介作用。

3）组织间信任的调节作用

近年来大量文献研究认为组织间信任是组织促进创新绩效提升的一个关键变量。组织间信任体现了集群创新主体之间的信任度和密切关系，它能使组织间进行更公开的交流与协作以及信息和资源的互相交换等。由于每一个创新主体自身所拥有的知识和资源有限，影响了主体创新能力的提升。在合作共同发展过程中，创新主体难以避免会面临交流障碍，沟通难题、技术瓶颈等，如果能够充分相信合作方，认为对方不会伤害自己的利益，创新主体间相互协助、交换信息、共享资源等，就可以实现协同创新。

反之，若组织间不够信任，会遏制其技术进步与资源更新，不利于开展合作创新。以组织间的信任为基础，进行了诸多合作，信任双方将持续地理解合作方的价值与行为，在一定程度上达成了一致的意见。通过和外部组织的协作、构建信任关系、推行开放式创新行为，充实其知识资源库，强化知识资源共享与合作创新，进而促进合作创新效率的提升。如果信任关系变得更加稳固，双方资源，知识、信息相关交流不断增加，进而信任会越来越强，进而促进集群创新绩效的提升。因此，本章提出如下假设。

H3.3：组织间信任正向调节共生创新网络和知识吸收能力的正向关系。

H3.3a：组织间信任正向调节网络合作度和知识吸收能力的正向关系。

H3.3b：组织间信任正向调节网络开放度和知识吸收能力的正向关系。

结合 H3.2 和 H3.3，本章提出如下假设。

H3.4：组织间信任通过调节共生创新网络和知识吸收能力的关系来调节知识吸收能力在共生创新网络与创新绩效间的中介作用。

H3.4a：组织间信任通过调节网络合作度和知识吸收能力的关系来调节知识吸收能力在网络合作度与创新绩效间的中介作用。

H3.4b：组织间信任通过调节网络开放度和知识吸收能力的关系来调节知识吸收能力在网络开放度与创新绩效间的中介作用。

综合以上假设，构建研究模型，如图 7.13 所示。

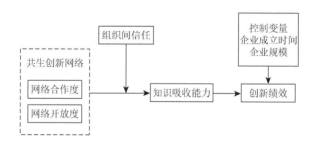

图 7.13 研究模型

2. 变量测量

为验证研究假设，本章通过调查问卷测量变量，所涉及的变量有创新绩效、共生创新网络、知识吸收能力、组织间信任，以及相关控制变量。问卷量表采用利克特五级量表，1~5 分别表示"完全不符合""比较不符合""一般符合""比较符合""完全符合"。

1）因变量：创新绩效

题项选择借鉴了 Alpkan 等（2010）、向希尧等（2019）、唐源等（2020）

的成熟量表，兼顾了过程绩效和产出绩效。从创新成功率、专利或者版权的数量、创新市场体现、新产品销售收入占比等视角来衡量创新绩效。创新绩效量表设置了 E1、E2、E3、E4、E5 五个题项，如表 7.1 所示。

表 7.1　创新绩效量表

因变量	题项	来源
创新绩效	E1 新产品/新服务/新工艺创新成功率非常高	Alpkan 等（2010）；向希尧等（2019）；唐源等（2020）
	E2 拥有更多的专利或软件著作版权	
	E3 新产品/新服务有非常好的市场反应	
	E4 新产品/新服务销售收入占销售收入总额的比例很高	
	E5 近三年创新业务利润增长很高	

2）自变量：共生创新网络

影响共生创新网络的因素主要有创新网络中成员间关系的性质和程度，即网络合作度和网络开放度。借鉴 Eisingerich 等（2010）、Uzzi（1997）、邬爱其（2006）、谢洪明等（2008）的相关研究成果，设置网络合作度和网络开放度相关测量题项，如表 7.2 所示。

表 7.2　共生创新网络量表

自变量	题项	来源
网络合作度	A1 集群内，同合作方进行技术交流或者知识转移的频率高	Eisingerich 等（2010）；Uzzi（1997）；邬爱其（2006）；谢洪明等（2008）
	A2 集群内，同合作方进行技术交流、资源共享或者知识转移的强度大	
	A3 集群内，同合作方进行技术交流、资源共享或者知识转移的稳定度高	
	A4 集群内，同合作方进行技术交流、资源共享或者知识转移的信任程度强	
网络开放度	B1 与区域内不同行业、不同性质并具备不同技术能力的组织保持联系	
	B2 过去三年不断有新成员加入到集群创新网络当中，我们对此表示支持	
	B3 与集群创新网络外的其他伙伴或者组织保持着良好关系	
	B4 集群创新网络内部伙伴之间的关系模式已经成型，很难进行改变或产生新的变化	

3）中介变量：知识吸收能力

知识吸收能力为创新主体及时准确地获取网络上的创新资源提供了保

证，帮助创新主体内化外部网络资源。借鉴张德茗和李艳（2011）、张洁等（2012）、王辉等（2012）的研究成果，设置知识吸收能力的测量题项，如表 7.3 所示。

表 7.3　知识吸收能力量表

中介变量	题项	来源
知识吸收能力	D1 能在需要时迅速找到已经被内化和转换的新知识	张德茗和李艳（2011）；张洁等（2012）；王辉等（2012）
	D2 能将已消化的新知识用于技术创新和改善管理	
	D3 已消化的新知识能够带来明显的竞争优势	
	D4 能在与其他合作伙伴合作过程中获取新知识并加以利用	

4）调节变量：组织间信任

信任对于处在共生关系中的创新主体进行创新活动具有重要意义，共生创新网络就是在信任支持下形成的一种自组织结构。借鉴 Doney 和 Cannon（1997）、Dyer 和 Chu（2011）、张首魁和党兴华（2009）、张璐等（2019）的研究成果，组织间信任设置了 C1、C2、C3、C4、C5 五个题项，如表 7.4 所示。

表 7.4　组织间信任量表

调节变量	题项	来源
组织间信任	C1 合作伙伴愿意为团队工作做出重要的贡献	Doney 和 Cannon（1997）；Dyer 和 Chu（2011）；张首魁和党兴华（2009）；张璐等（2019）
	C2 我们可以信赖合作伙伴去完成合作过程中主要部分的工作	
	C3 与合作伙伴进行创新合作过程中，彼此都会避免提出有损对方利益的要求	
	C4 与合作伙伴进行创新合作过程中，不会怀疑对方的能力与提供的信息的正确性	
	C5 与合作伙伴进行知识共享和创新合作过程中，合作双方通常都能够履行诺言	

5）控制变量

为使实证结果更具说服力，根据前人研究过程将根植性和规模等影响创新绩效的因素纳入模型加以控制。首先，成立且加入该集群时间较长的企业，具有的资源越丰富，与集群创新主体的联结越充分，有利于创新。其次，企业整体规模对创新能力的影响也较为明显，一般来说，处于产业集群网络核心位置的成员往往是规模较大的企业。因此，对这两个变量加以控制，减少干扰。

3. 问卷发放与数据采集

在实地调研之前，首先，通过网络公开资料以及电话、邮件访谈的方式获取武进国家高新区的概况以及初步资料。其次，分别于 2021 年、2022 年、2023 年进行现场跟踪调研，并结合线上补充调研方式，开展集中座谈、走访高新区管委会、高新区企业、科研机构等实体单位，进行访谈或现场填写问卷。每家成员单位选取一位中高层管理者填写 1 份问卷，面对面派发纸质问卷并当场填写，当场收回；部分问卷由于受访者时间限制选择了线上发放与收集，最大程度地保证了数据的真实性。共发放问卷 368 份，收集问卷 357 份，回收率为 97.01%，在经过严格的筛查并剔除部分存在明显错误的问卷后，共收集有效问卷 270 份，回收有效率为 75.63%。符合问卷调查对问卷有效率的要求，可以进行下一步的数据分析。

4. 数据分析与假设检验

1）描述性统计分析

运用 SPSS 软件对回收的问卷数据进行样本描述性统计分析，相关结果如表 7.5 所示。

表 7.5　样本描述性统计分析

样本特征	分类标准	频数	百分比/%
企业性质	国有	6	2.22
	民营/私营	264	97.78
企业成立时间	5 年及以下	15	5.56
	6～10 年	87	32.22
	11～20 年	92	34.07
	20 年以上	76	28.15
企业规模	100 人以下	114	42.22
	100～499 人	96	35.56
	500～1000 人	42	15.56
	1000 人以上	18	6.67
部门/岗位	生产	27	10.00
	销售	39	14.44
	技术	57	21.11
	管理	147	54.44

注：因四舍五入，存在相加不为 100%情况

从经营性质来看，受访对象以民营组织占据多数，累计占比超过 97%，说明武进国家高新区产业集群形成的市场基础是比较有活力的。从成立时间来看，6～20 年的成员单位最多，累计占比约是调查总数的 2/3，同时受访单位中也存在 28.15%的组织成立超过 20 年，5.56%的组织成立时间在 5 年及以下，说明在调查的整体样本中包含了不同成立年限的成员单位，具有代表性。从规模来看，随着规模的增大，占比越来越小，100 人以下单位的占比相对较多，符合产业集群创新网络内部成员构成的二八法则。在受访者所在部门/岗位的问卷数据中可以发现，管理岗的样本最多，反映了各成员单位对于本次调研的重视程度，得益于高新区管委会科技创新主管部门的大力支持。综上所述，本次问卷的填写对象覆盖范围较广，在企业性质、企业成立时间、企业规模等方面均具多样性和代表性，且受访者多为视野相对宽阔、掌握信息较为全面的管理岗位人员，因此，问卷数据代表性相对较高，能够在一定程度上确保本章结果真实有效。

2）样本正态性检验

在进行实证分析前先运用 SPSS 统计分析软件对收集数据进行测量。测量的主要过程是对每组数据进行描述性统计分析以此来观察每组数据的偏度系数和峰度系数是否在正常范围内，进而判断数据是否符合正态分布。结果如表 7.6 所示，偏度系数范围为–0.914～–0.169，绝对值均小于 3，峰度系数范围在–0.891～1.083，绝对值均小于 2，据此判断，收集的问卷数据符合正态分布，可以进行相关性分析和回归分析来进行假设验证。

表 7.6 样本的正态性检验

项目	N	最小值	最大值	均值	标准差	偏度系数		峰度系数	
						统计值	标准误差	统计值	标准误差
A1	270	2	5	3.878	0.8847	–0.353	0.254	–0.625	0.503
A2	270	1	5	3.767	0.9836	–0.526	0.254	–0.048	0.503
A3	270	2	5	3.856	0.9064	–0.263	0.254	–0.825	0.503
A4	270	2	5	3.911	0.8950	–0.303	0.254	–0.820	0.503
B1	270	1	5	3.922	0.8770	–0.562	0.254	0.233	0.503
B2	270	2	5	3.967	0.8925	–0.419	0.254	–0.697	0.503
B3	270	2	5	3.978	0.8738	–0.473	0.254	–0.519	0.503
B4	270	2	5	3.800	0.9738	–0.331	0.254	–0.881	0.503
C1	270	3	5	4.356	0.6588	–0.532	0.254	–0.672	0.503
C2	270	2	5	4.211	0.7716	–0.686	0.254	–0.059	0.503
C3	270	2	5	4.256	0.7870	–0.914	0.254	0.488	0.503

续表

项目	N	最小值	最大值	均值	标准差	偏度系数		峰度系数	
						统计值	标准误差	统计值	标准误差
C4	270	1	5	4.100	0.7939	−0.733	0.254	1.083	0.503
C5	270	2	5	4.300	0.6779	−0.673	0.254	0.315	0.503
D1	270	2	5	4.189	0.7774	−0.785	0.254	0.372	0.503
D2	270	2	5	4.167	0.7825	−0.592	0.254	−0.274	0.503
D3	270	2	5	4.189	0.7173	−0.484	0.254	−0.251	0.503
D4	270	2	5	4.300	0.6779	−0.673	0.254	0.315	0.503
E1	270	2	5	3.978	0.7929	−0.375	0.254	−0.355	0.503
E2	270	1	5	3.878	0.8323	−0.483	0.254	0.443	0.503
E3	270	2	5	4.100	0.7039	−0.340	0.254	−0.241	0.503
E4	270	2	5	4.011	0.7716	−0.169	0.254	−0.891	0.503
E5	270	1	5	3.844	1.0267	−0.891	0.254	0.467	0.503

3）信度与效度分析

量表内部一致性及稳定性主要由量表信度检验，本章主要考察 Cronbach's α 系数和 CITC 两个指标，表 7.7 为信度检验结果。由表 7.7 可得，本次信度检验各变量的 α 值均在 0.8 以上，数据的可靠性良好。同时，所有题项的 CITC 值均大于 0.8，可以进一步确认，具有较高信度水平。

表 7.7 信度检验结果

研究变量	观测变量	α 值	CITC
网络合作度	A1	0.939	0.916
	A2		0.933
	A3		0.927
	A4		0.902
网络开放度	B1	0.919	0.918
	B2		0.867
	B3		0.882
	B4		0.909
组织间信任	C1	0.892	0.870
	C2		0.863
	C3		0.868
	C4		0.878
	C5		0.864

续表

研究变量	观测变量	α 值	CITC
知识吸收能力	D1	0.872	0.804
	D2		0.837
	D3		0.797
	D4		0.895
创新绩效	E1	0.886	0.844
	E2		0.857
	E3		0.847
	E4		0.866
	E5		0.896

　　根据 SPSS 中的因子分析方法来确定不符合效度要求的题项。运用 SPSS 软件进行 KMO 和 Bartlett 检验，分析结果如表 7.8 所示，所有变量的 p 值均小于 0.05，在达到显著水平的情况下，所有维度的 KMO 值均大于 0.7，其中最小值为 0.798，由此可知量表数据适合进行因子分析。

表 7.8　KMO 和 Bartlett 检验

变量	KMO	p 值
网络合作度	0.801	0.000
网络开放度	0.810	0.000
组织间信任	0.798	0.000
知识吸收能力	0.806	0.000
创新绩效	0.841	0.000

　　对所有问卷题项数据做主成分提取，结果如表 7.9 所示，由于初始特征值中共有 5 个特征值大于 1，因此问卷题项可以提取 5 个公因子，这与问卷设计 5 个变量符合。除此以外，5 个公因子解释整体问卷数据的累计比例为 81.438%，大于 60%，表明问卷效度较好。

表 7.9　解释的总方差

成分	初始特征值			提取载荷平方和		
	总计	方差百分比/%	累计方差百分比/%	总计	方差百分比/%	累计方差百分比/%
1	11.886	54.028	54.028	11.886	54.028	54.028
2	2.526	11.481	65.509	2.526	11.481	65.509

成分	初始特征值			提取载荷平方和		
	总计	方差百分比/%	累计方差百分比/%	总计	方差百分比/%	累计方差百分比/%
3	1.470	6.682	72.191	1.470	6.682	72.191
4	1.118	5.081	77.272	1.118	5.081	77.272
5	1.017	4.166	81.438	1.017	4.166	81.438
6	0.678	3.081	84.519			
7	0.595	2.705	87.224			
8	0.474	2.154	89.378			
9	0.414	1.883	91.261			
10	0.314	1.426	92.687			
11	0.273	1.240	93.927			
12	0.237	1.078	95.005			
13	0.227	1.032	96.037			
14	0.178	0.809	96.846			
15	0.157	0.712	97.558			
16	0.136	0.618	98.176			
17	0.118	0.537	98.713			
18	0.106	0.482	99.195			
19	0.079	0.359	99.554			
20	0.063	0.285	99.839			
21	0.035	0.161	100.000			
22	-2.290×10^{-16}	-1.041×10^{-15}	100.000			

注：提取方法是主成分分析法

最大方差法对成分矩阵进行旋转，得到表 7.10，可以看出问卷题项被归属到五个主要因子，分别为 A1～A4、B1～B4、C1～C5、D1～D4、E1～E5 五个主要的因子，可以发现，问卷设计的题项符合旋转结果。

表 7.10 旋转成分矩阵

项目	成分				
	1	2	3	4	5
A1	0.231				
A2	0.231				
A3	0.188				
A4	0.351				
B1					0.175

续表

项目	成分				
	1	2	3	4	5
B2					0.446
B3					0.129
B4					0.160
C1		0.244			
C2		0.254			
C3		0.298			
C4		0.145			
C5		0.196			
D1				0.443	
D2				0.400	
D3				0.423	
D4				0.144	
E1			0.256		
E2			0.281		
E3			0.152		
E4			0.416		
E5			0.400		

通过因子分析将错综复杂的题项归属到不同五个变量之下,将 22 道题项融合为网络合作度、网络开放度、组织间信任、知识吸收能力和创新绩效五个维度。

4）回归分析与假设检验

第一,共生创新网络对创新绩效的影响。通过 SPSS 进行多元线性回归,在讨论各个变量对于创新绩效的作用时,按顺序添加控制变量、自变量。判断变量多重共线性,如表 7.11 所示,模型 1 的 VIF 值为 1.579,排除了交互作用的存在,可以认为多重共线性问题不显著,确保了多元回归结果的准确性。

表 7.11　共生创新网络对创新绩效的回归

变量	模型 1			模型 2		
	β	t	VIF	β	t	VIF
企业成立时间	−0.133	−1.300	1.579	−0.043	−0.613	1.640
规模	−0.119	−1.181	1.579	−0.152	−2.198	1.638
网络合作度				0.253[***]	2.157	4.001

续表

变量	模型 1			模型 2		
	β	t	VIF	β	t	VIF
网络开放度				0.399***	3.271	4.004
R^2	0.022			0.564		
调整 R^2	0.001			0.544		
F	0.968			27.512		

***代表显著性 $p < 0.001$

　　模型 1 中自变量为问卷调查中的控制变量，因变量为创新绩效。模型
2 则是在模型 1 的基础上结合现有的理论探讨了共生创新网络与创新绩效
之间的关系，并将集群共生创新网络分为两个维度，即网络合作度和网络
开放度，因变量仍然为创新绩效，并提出 H3.1a 和 H3.1b，认为在产业共
生环境中，网络合作度与网络开放度对创新绩效均产生正向影响。研究结
果表明，在控制了企业成立时间和企业规模后 F 值为由 0.968 上升到
27.512，调整 R^2 由 0.001 上升到 0.544，说明自变量的加入在一定程度上提
升了模型的解释度。根据模型 2 可以判定，在控制变量不变的情景下，网
络合作度和创新绩效正向显著相关（$\beta = 0.253$，$p < 0.001$），H3.1a 得到支
持；网络开放度和创新绩效正向显著相关（$\beta = 0.399$，$p < 0.001$），H3.1b
得到支持。H3.1 得到验证，共生创新网络正向影响创新绩效。

　　第二，中介效应分析。根据上文提出的假设模型，本章通过 Bootstrap
方法进行中介作用检验，在 SPSS 宏程序 Process 中选择模型 4，重复抽样
5000 次，置信区间 95%。本章采用简单中介模型，在控制两个控制变量的
情况下，以创新绩效为因变量，以共生创新网络为自变量，以知识吸收能
力为中介变量，对知识吸收能力在共生创新网络和创新绩效之间的关系
进行检验。根据输出的逐步回归结果和 Bootstrap 中介结果检验中介效应，
如表 7.12 和表 7.13 所示。

表 7.12　知识吸收能力的中介效应 Bootstrap 检验

变量	知识吸收能力				创新绩效			
	系数	95%置信区间	系数	95%置信区间	系数	95%置信区间	系数	95%置信区间
企业成立时间	−0.0915	[−0.2321, 0.6132]	−0.0376	[−0.1712, 0.0960]	−0.0634	[−0.2075, 0.0806]	−0.0193	[−0.1611, 0.1225]
企业规模	−0.1981	[−0.3364, −0.059]	−0.1441	[−0.2736, −0.015]	−0.1418	[−0.2886, −0.0050]	−0.1014	[−0.2425, 0.0396]
网络合作度	0.4922	[0.3713, 0.6132]			0.4678	[0.3049, 0.6307]		

续表

变量	知识吸收能力				创新绩效			
	系数	95%置信区间	系数	95%置信区间	系数	95%置信区间	系数	95%置信区间
网络开放度			0.5487	[0.4303, 0.6671]			0.5393	[0.3625, 0.7161]
知识吸收能力					−0.2329	[0.0153, 0.4504]	0.1555	[−0.0716, 0.3826]
R^2	0.6704		0.7155		0.7309		0.7417	
F	23.4010		30.0663		24.3667		25.0322	

表 7.13　知识吸收能力的中介效应 Bootstrap 检验

指标	效应	标准误差	t	95%置信区间
网络合作度对创新绩效的总效应	0.5824	0.0630	9.2446	[0.0000, 0.4572]
网络开放度对创新绩效的总效应	0.6246	0.0889	6.0643	[0.0000, 0.3625]
网络合作度→知识吸收能力→创新绩效	0.1146	0.0670		[0.0198, 0.2486]
网络开放度→知识吸收能力→创新绩效	0.0853	0.0831		[0.0828, 0.2415]

　　在控制企业成立时间、企业规模的情境下，网络合作度通过知识吸收能力对创新绩效的中介效应为 0.1146（路径：网络合作度→知识吸收能力→创新绩效），95%的置信区间为[0.0198, 0.2486]，不包括 0，H3.2a 得到验证；网络开放度通过知识吸收能力对创新绩效的中介效应为 0.0853（路径：网络开放度→知识吸收能力→创新绩效），95%的置信区间为[0.0828, 0.2415]，不包括 0，H3.2b 得到验证。由此可得，知识吸收能力对网络合作度和网络开放度与创业绩效之间具有中介效应，H3.2a 和 H3.2b 得到支持。

　　第三，组织间信任的调节效应。依据检验模型，在 SPSS 宏程序 Process 选择中模型 1（简单调节模型），在控制企业成立时间和企业规模时，以共生创新网络为自变量，以知识吸收能力为因变量，以组织间信任为调节变量，检验结果如表 7.14 和表 7.15 所示。

表 7.14　组织间信任调节效应（一）

回归方程		拟合指标			系数显著性	
		R	R^2	F	β	t
结果变量	知识吸收能力	0.7775	0.6045	25.6811		
预测变量	企业成立时间				−0.0946	−1.5421
预测变量	企业规模				−0.1904**	−3.0808
	网络合作度				0.3044***	4.6363
	组织间信任				0.4329***	4.8013
	网络合作度×组织间信任				0.1464*	1.6702

*代表显著性 $p < 0.05$；**代表显著性 $p < 0.01$；***代表显著性 $p < 0.001$

表 7.15 组织间信任调节效应（二）

回归方程		拟合指标			系数显著性	
		R	R^2	F	β	t
结果变量	知识吸收能力	0.8106	0.6572	32.2014		
预测变量	企业成立时间				−0.0489	−0.8555
	企业规模				−0.1509**	−2.6713
	网络开放度				0.3797***	6.2015
	组织间信任				0.4057***	4.8679
	网络开放度×组织间信任				0.1113*	2.6713

*代表显著性 $p<0.05$；**代表显著性 $p<0.01$；***代表显著性 $p<0.001$

从表 7.14 可知，网络合作度与组织间信任的交互项能够显著正向影响创新绩效（$\beta=0.1464$，$t=1.6702$，$p<0.05$），即组织间信任能够显著正向调节网络合作度对创新绩效的影响，H3.3a 成立。

从表 7.15 可知，网络开放度与组织间信任的交互项能够显著正向影响创新绩效（$\beta=0.1113$，$t=2.6713$，$p<0.05$），即组织间信任能够显著正向调节网络开放度对创新绩效的影响，H3.3b 成立。

由图 7.14 和图 7.15 可知，在组织间信任度高的情况下，共生创新网络（网络合作度和网络开放度）对知识吸收能力具有显著的正向促进作用，组织间信任度低的情况下，共生创新网络对知识吸收能力也具有显著的正向促进作用，但其斜率明显小于组织间信任度高的情况时的斜率。这说明在组织间信任度高的情况下，共生创新网络对知识吸收能力的增强作用更大。

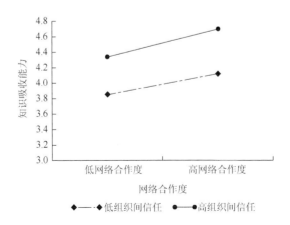

图 7.14 组织间信任在网络合作度与知识吸收能力间调节效应检验的简单斜率

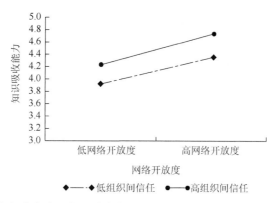

图 7.15　组织间信任在网络开放度与知识吸收能力间调节效应检验的简单斜率

第四，有调节的中介效应。在 SPSS 宏程序 Process 中选择模型 7，该模型为中介模型的第一阶段受到调节，与本章的假设模型趋于一致，在控制企业成立时间、企业规模的情况下，以共生创新网络为自变量，以创新绩效为因变量，以知识吸收能力为中介变量，以组织间信任为调节变量，置信区间控制在 95%，随机抽样次数设置为 5000，结果如表 7.16 所示。

表 7.16　有调节的中介回归

项目	知识吸收能力				创新绩效			
	β	t	β	t	β	t	β	t
企业成立时间	−0.1904	−3.0808	−0.1509	−2.6713	−0.1418	−1.9199	−0.1014	−1.4296
企业规模	−0.0946	−1.5421	−0.0489	−0.8555	−0.0634	−0.8754	−0.0193	−0.2712
知识吸收能力					0.2329*	2.1279	0.1555*	1.3613
网络合作度	0.3044*	14.2460			0.4678*	5.7090		
网络开放度			0.3797*	6.2015			0.5393*	6.0643
组织间信任	−0.4329	−4.8013	−0.4057	−4.8679				
网络合作度×组织间信任	0.1464	1.6702	0.1113	1.3650				
网络开放度×组织间信任								
R^2	0.7775		0.8106		0.7309		0.7417	
调整 R^2	0.6045		0.6572		0.5342		0.5502	
F	25.6811		32.2014		24.3667		35.9893	

*代表显著性 $p < 0.05$

自变量网络合作度对因变量创新绩效具有显著的正向影响

（$\beta = 0.4678$，$t = 5.7090$，$p < 0.05$）；网络合作度显著影响中介变量——知识吸收能力（$\beta = 0.3044$，$t = 14.2460$，$p < 0.05$），中介路径的第一阶段路径得到显著验证；网络合作度和知识吸收能力均对创新绩效存在显著的正向影响（$\beta = 0.4678$，$t = 5.7090$，$p < 0.05$；$\beta = 0.2329$，$t = 2.1279$，$p < 0.05$），验证了网络合作度显著直接影响创新绩效，知识吸收能力的第二阶段中介路径显著。

自变量网络开放度对因变量创新绩效具有显著的正向影响（$\beta = 0.5393$，$t = 6.0643$，$p < 0.05$），其次网络开放度显著影响中介变量——知识吸收能力（$\beta = 0.3797$，$t = 6.2015$，$p < 0.05$），中介路径的第一阶段路径得到显著验证；网络开放度和知识吸收能力均对创新绩效存在显著的正向影响（$\beta = 0.5393$，$t = 6.0643$，$p < 0.05$；$\beta = 0.1555$，$t = 1.3613$，$p < 0.05$），验证了网络开放度显著直接影响创新绩效，知识吸收能力的第二阶段中介路径显著，H3.4a、H3.4b 成立。

综上所述，前文提出的研究假设均已经过实证检验，如表 7.17 所示。研究发现：集群共生创新网络对创新绩效具有正向影响；知识吸收能力在集群共生创新网络与创新绩效之间具有中介作用；组织间信任对创新绩效具有促进作用，正向调节知识吸收能力在共生创新网络与创新绩效之间的中介作用。

表 7.17　假设检验结果汇总

序号	研究假设	检验结果
H3.1a	网络合作度与创新绩效之间具有正相关关系	成立
H3.1b	网络开放度与创新绩效之间具有正相关关系	成立
H3.2a	知识吸收能力在网络合作度与创新绩效之间存在中介作用	成立
H3.2b	知识吸收能力在网络开放度与创新绩效之间存在中介作用	成立
H3.3a	组织间信任正向调节网络合作度和知识吸收能力的正向关系	成立
H3.3b	组织间信任正向调节网络开放度和知识吸收能力的正向关系	成立
H3.4a	组织间信任通过调节网络合作度和知识吸收能力的关系来调节知识吸收能力在网络合作度与创新绩效间的中介作用	成立
H3.4b	组织间信任通过调节网络开放度和知识吸收能力的关系来调节知识吸收能力在网络开放度与创新绩效间的中介作用	成立

集群共生创新网络的网络合作度与网络开放度显著促进创新绩效提升。合作网络能带来更多的创新要素并开阔高新技术集群创新主体眼界与创新思维。另外，开放度的提高，有利于创新主体获得集群外部知识，获得异质性知识对于集群创新来说至关重要。

　　知识吸收能力是共生创新网络和创新绩效之间的中介。集群共生创新网络是以寻求创新为目标,在创新主体寻求创新的过程中使其获得知识的渠道得到扩充,推动了创新主体之间关系联结,进而增强知识吸收能力。而创新主体通过提高知识吸收能力能够提高自身的资源转化能力,从而提高创新绩效。

　　组织间信任正向调节了集群共生创新网络和知识吸收能力之间的关系,从而调节了知识吸收能力作为中介对共生创新网络和创新绩效的影响。这表明,当组织之间信任度高时,创新主体加强知识吸收能力可以促进创新绩效。组织之间的信任度高,意味着更容易与集群共生创新网络内的行为主体形成高质量联结。

7.3　武进国家高新区产业集群创新成效

　　2007 年,武进国家高新区向产业集聚方向发展。随着高新区产业集聚,最终形成"4+2"多集群共生的发展模式,高新区经济呈现迅猛发展的态势。如图 7.16 所示,2010 年武进国家高新区业务总收入首次突破 1000 亿元,达1020 亿元;2011 年达到 1223 亿元,实现了连续八年每年新增 100 亿元以上的奋斗目标;连续五年工业生产总值逐年提升。

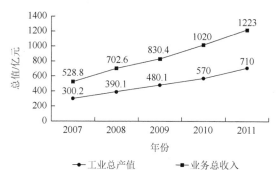

图 7.16　武进国家高新区工业生产总值与业务总收入趋势图

　　自 2010 年,武进国家高新区围绕国家创新型科技园区及江苏省低碳示范区建设,加速园区产业转型升级,提升高新技术产业水平,高新技术企业如雨后春笋出现,而且呈现逐年增多的趋势。2000 年全区仅三家高新技术企业,2010 年开始新增 10 家高新技术企业,累计 42 家,此后逐年递增(图 7.17)。在武进国家高新区进一步集聚和发展"4+2"主导产业后,2019 年实现新增高新技术企业 119 家,对比前年,翻了近两倍。

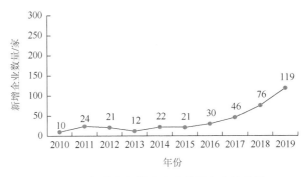

图 7.17　新增高新技术企业数量变化趋势图

武进国家高新区创新指数[①]是立足新形势和新导向，于 2017 年探索设计的反映园区创新发展动态的指标体系。创新指数从创新驱动力、产业成长力、开放竞争力、持续发展力、区域带动力 5 个维度，全面、多角度展示了高新区创新发展的总体趋势。根据武进国家高新区创新指数测算结果，从 2014 年至 2019 年，武进国家高新区在响应时代变革，增强创新创业活力，推动产业转型升级，参与国际竞争，促进产城融合等方面取得了显著的成绩，园区创新能力不断增强，创新发展水平持续提升，创新总指数呈现持续增长趋势，2019 年综合指数较 2014 年增长了 140.7。从 5 个分指数来看，开放竞争力指数增长幅度较大，2019 年达到 368.7；区域带动力指数增长幅度也较大，园区在区域经济增长的位势增强。创新驱动力指数、产业成长力指数和持续发展力指数也呈现出上涨趋势（图 7.18、图 7.19）。

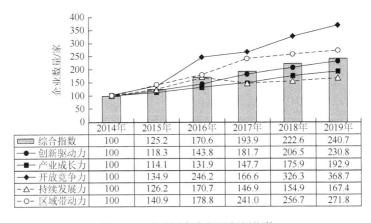

图 7.18　武进国家高新区创新指数

① 武进国家高新区创新指数，由武进国家高新区管委会、中国科学院科技战略咨询研究院、中国高新区研究中心联合编写。

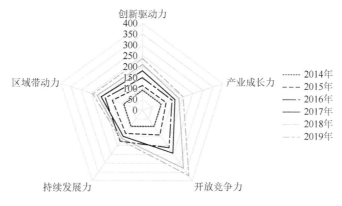

图 7.19　武进国家高新区创新指数雷达图

截至 2020 年，武进国家高新区累计拥有省级以上科技企业孵化器 15 家，其中国家级 5 家；国家（级）技术转移机构 4 家；累计孵化场地面积达 33.3 万平方米，在孵企业超 300 家；拥有 150 家省级以上研发机构，其中企业院士工作站 2 家、企业博士后科研工作站 26 家、省级企业技术中心 25 家、省级工程技术研究中心 53 家。

数据显示，武进国家高新区 2019 年产业成长力指数为 192.9。聚焦主导产业，智能装备产业稳步发展，龙头企业不断汇集，规模以上智能装备企业产值达 401.5 亿元，入围中国智能制造十大园区；高新技术企业上市迅猛，以"专精特新"构筑竞争优势，各类上市企业达 24 家；高技术服务业营业收入占比和工业增加值率这两个指标企稳回升，产业结构不断优化，经济质量不断提升。

自武进国家高新区升级为国家高新区的十年来，高新区一直在聚力集群壮大。武进区的工业增加值从 2012 年的 875.14 亿元增加到 2021 年的 1510.72 亿元，年均增长 6.06%；规模以上高新技术产业产值占比从 39.9% 跃升到 53.7%，实现高基数上的高增长。推动先进制造业向智能化、高端化、集群化迈进，机器人产业如火如荼，智电汽车产业蒸蒸日上，集成电路产业朝气蓬勃，石墨烯产业方兴未艾，医疗健康产业未来可期。

同时武进区着力优化资源储备，加快梯度培育；夯实平台载体，精准保障扶持；加快智能化改造和数字化转型，做强关键增量。截至 2022 年底，全区有国家级专精特新"小巨人"企业 34 家，省级 82 家，占比均居全市首位，还有百余家"隐形冠军"企业。累计创成省五星级上云企业 8 家、省四星级上云企业 96 家、省三星级上云企业 177 家，50 家企业车间获评省智能制造示范车间。

2013～2021 年，武进区实际利用外资总额累计超过 75 亿美元。截至 2021 年底，已有 20 多家世界 500 强外资企业在武进投资区 30 多个企业（项目）。资本市场"武进板块"不断壮大，党的十八大以来，新增上市公司 32 家。截至 2021 年末，拥有独角兽企业 1 家、省级瞪羚企业 68 家、国家级高新技术企业 1131 家。2021 年专利授权 21 455 件，其中发明专利授权 1975 件，分别是 2012 年的 5 倍和 4.68 倍。

武进国家高新区抢抓长三角一体化发展，积极贯彻落实"532"发展战略，在两湖创新、智造升级、人才集聚、民生改善、项目落地等方面不断发力，不断集聚创新资源和要素，完善创新创业生态，推进科技成果转化和产业化，深化中以创新合作，发展的质量和效益同步提升。以过硬的创新成效为建设国际化智造名城、打造长三角中轴枢纽贡献力量。

7.4　本 章 小 结

本章选取武进国家高新区为案例研究的对象，剖析了以苏南模式为典型代表的高新技术产业集群的生产要素优势、产业集群构成和多集群共生演化路径、共生网络对创新绩效的影响机理，以及高新技术产业集群的创新成效。武进国家高新区的成功实践，是中国特色社会主义现代化建设伟大成就的缩影，彰显了中国共产党的正确引领和中国特色社会主义制度的显著优越性。

第8章 高新技术产业集群创新网络优化策略及政策建议

当前，世界正经历百年未有之大变局，新一轮科技革命和产业变革深入推进，全球科技创新进入空前活跃和密集的时期。沿着未来技术发展路径和渗透路线，未来产业体系正在加速形成。未来产业需要具有突破性和颠覆性的前沿技术的支撑与驱动，而前沿技术的进步需要高密度的创新要素和创新资源等的推动。高新技术产业集群作为促进技术进步和增强自主创新能力的重要载体，已经成为国家创新体系的重要组成部分和践行创新驱动发展战略的主阵地。

我国高新技术产业集群正处在一个转型升级的阶段，其发展具有一定的阶段特性。现阶段要想实现产业的发展和升级，高新技术产业集群就必须加强其顶层设计，优化其创新网络，在政府的引领和集群内部创新主体的合作努力下，激发创新活力，提升创新效能。本章将从高新技术产业集群创新网络优化这一视角出发，对我国高新技术产业集群提出相应的发展策略及政策建议。

8.1 培育超级节点，提升创新网络韧性

在高新技术产业集群创新网络中，龙头企业对产业集群的发展起到了重要作用。龙头企业，也被称为"链主"企业、"引航"企业或是"核心"企业，其所拥有的核心竞争力往往就是产业集群的核心竞争力，龙头企业能够促进集群内的知识扩散，进而促进产业集群的创新。龙头企业作为集群创新网络中的"超级节点"，肩负着产业生态集聚者的重任，往往能带动形成区域产业集群。类似地，在多集群共生创新网络中，核心集群或是主导集群就是网络的"超级节点"。

龙头企业的特征表现为：具有规模实力，处于产业链的核心位置和关键环节，在技术或市场两方面处于领军地位，主导行业生态和资源整合；具有较强的产业链控制能力，通过订单安排、资源配置、科技专利研发等方式，触角可达采购、物流、营销、融资等产业链各个环节，影响和掌控

辅助企业；具有技术协同创新能力，不仅可以推动自身技术创新以满足市场需求和提升竞争力，并传导创新压力至上下游企业，共同促进大中小企业协同创新，以高技术门槛提升产业链价值；具有强大的品牌影响力，采用标准控制、概念设计、品牌营销等方式引领行业发展方向，通过产品迭代升级创造新需求，借助品牌力量引领产业链发展。

目前，在各地高新技术产业集群发展过程中，不同程度地存在企业强而产业弱的现象，即龙头企业的引领作用明显存在不足。因此，遴选和培育龙头企业，借助其在产业链的独特作用，梳理重点产业集群的发展短板，由龙头企业牵头突破技术发展瓶颈，对提升产业集群竞争力、提高自主可控能力和促进产业发展至关重要。只有做好龙头企业培育和引导，才能够快速有效提升产业链能级，促进区域经济发展。

与此同时，在高新技术产业集群区域创新网络布局中，地方政府承担的也是"超级节点"的角色。强化政府在集群创新网络中的主导作用和指引作用，可以加快推动产业优化升级，加速推进产业集群生态圈建设。注重培育和提升"超级节点"的网络中心度，取得有利网络优势，建立地方政府和龙头企业的"双核心超级节点"创新网络结构，有助于增强高新技术产业集群创新网络结构的鲁棒性和抗风险性。将有为政府与有效市场相结合，深入推进重点产业强链、补链、稳链，支持龙头企业牵头组建面向关键核心技术攻关的创新联合体，发展以龙头企业为主导的产业生态体系，进而全面提升产业集群的现代化水平。以龙头企业培育为核心构建高新技术产业集群治理结构，是保障产业集群供应链自主可控、增强抵御风险能力、提升高新技术产业集群创新网络韧性的重要内容。

8.2　构建多重网络，促进创新要素集聚

规模经济是高新技术产业集群最主要、最直接的优势。创新要素在空间上并非均匀分布，只有在创新活跃地区才会出现创新要素集聚现象。在创新要素不断集聚、创新知识不断聚合的过程中，知识溢出效应显现，有效地推动创新知识的传播和创新技术的学习。在集群内部，大量高新技术企业、供应商、制造商、客户以及互补产品供应商集聚在一起，能够降低生产和交易成本，并通过扩大生产经营规模形成规模报酬递增。同时，这种规模经济效应能够保证高新技术产业集群内部的成员从中间产品到劳动力的高品质、低成本供给，共享优质的生产要素资源、完善的基础设施、多元化的劳动力市场、高效的中介服务机构，降低成员的生产经营成本和

技术创新活动的风险，从而提高劳动生产率和技术创新效率。另外，在高新技术产业集群中的成员单位通过整合营销渠道，能够加快技术研发和成果转化的信息获取效率，有利于技术创新的改进和营销方式的正确选择，不断提升高技术产业的规模效益和技术创新效率。

创新要素在产业集群内有序流动和集聚，要素之间通过集聚效应产生知识溢出，扩散到高新技术产业，高新技术产业将异质性知识进行再造，转化为产业所需要的创新要素，进而提升高新技术产业的创新水平。然而，随着科技发展和经济社会的需求不断升级，市场竞争愈发激烈，创新技术愈发复杂，创新产出难度增加，仅凭单一创新主体的力量进行独自创新研发变得越来越困难，产业集群创新主体之间的研发合作成为必然趋势；进入新时代，我国的技术创新正在从"跟跑"向"并跑"全面转变，甚至在部分科技和产业领域向"领跑"跃升，人才、资金等创新要素的多层次集聚应运而生。

我国高新技术产业集群内的本地成员在实现自身发展的基础上可以努力开拓市场，通过各大贸易协会和行业协会提供的市场情报开拓产品市场，逐步实现合作伙伴多元化。还可以不断加强与全球发达的高新技术产业集群的交流和互动，从而加强自身处于集群创新网络的联结能力和网络主体之间的合作沟通，通过外部资源的调动以及对全球高新技术产业集群动态的关注，高新技术产业集群内的成员单位可以通过分享多元外部联系来获得更加广阔的知识网络，在降低了主导厂商对其控制的同时，最终实现高新技术产业集群功能升级。

高新技术产业集群创新网络的多重性，体现在空间分层和逻辑分层的维度。在空间上，多集群共生创新网络是由若干相关子群集聚形成的产业集群创新网络，并可延伸至跨域、跨国的创新网络；在逻辑上，依据节点的联结属性，可分为产业链网络、知识网络、集群生态网络等。高新技术产业集群要构建开放创新生态网络，就要充分认识到集群创新网络在空间和逻辑维度上的多重性。在空间上，不仅需要注重原有的传统产业集群创新网络治理，还要注重谋划跨域、跨国的立体维度，以全球视野谋划未来产业发展，参与全球科技治理；在逻辑上，构建产业链/资金链/人才链/创新链深度融合的支持网络、知识网络、集群生态网络等多维度、可持续的多重网络体系，促进创新要素的集聚。鼓励国内的高新技术企业在国外高新技术产业集群、国外的高新技术企业在我国高新技术产业集群内双向设立研发机构、投资建厂，努力打破制约知识、技术、人才、资金等创新要素流动的壁垒；加强基础研究领域的国际学术交流和合作，支持高新技术产业集群内的大学、科研机构和企业积极参与国际标准制定；推动进入产业化阶段的龙头企业开拓国际市场，在全球范围构建高效的产业创新网络。

8.3 重视网络嵌入，发挥辐射带动效应

在高新技术产业集群中，创新主体之间具有嵌入性的网络关系，因其高密度的信息传递、信任和协同创新而具有强劲的竞争力。高新技术产业集群创新网络，是由地理位置上相对集中、互相联系的创新主体共同参与组成的，以技术创新和制度创新为导向、以相互关系联结为特征，通过知识共享、资源匹配、学习交流而促进区域创新能力的提升。高新技术产业集群创新网络，既包括把各类行为主体联结起来的一般联系，也体现为集群内资金、信息、人才、技术流动等具体形式之上的经济实体间的交互关系。创新网络的形成与发展，加深了集群内部各主体之间的技术联系，由此形成的复杂网络关系可以提高网络中各创新主体的竞争实力，促进区域经济发展。

集群网络对创新的影响源于知识交换和知识溢出效应，知识溢出是产业集聚促进创新的最优途径。在高新技术产业集群内部，政府、企业、大学、科研院所和中介组织等多方创新主体形成了创新网络系统，新知识的产生通过创新网络进行扩散和溢出，形成共享知识，并产生新的创新驱动力；而集群之外的 FDI（foreign direct investment，外国直接投资）、区域间贸易、国际贸易等，其知识依附在资金与产品上，并随着资金与产品的流动而溢出。一方面，高新技术产业集群内部的行为主体之间的互动建立起了稳定和持续的关系，为组织内部和不同组织间的隐含经验类知识准确传递和扩散创造了条件，有利于技术创新活动的开展，提高了技术创新效率；另一方面，高新技术产业集群也会通过人才流动、商品的流通、专利转让、外商直接投资的方式，产生知识溢出，促进技术创新活动的发生，具体而言，人是知识产生、传播、转化的重要载体，国际的学术交流、跨国公司员工的国际流动、企业间员工的跳槽等，都会产生知识溢出效应。

高新技术产业的技术创新一般投入大、风险高、难度大，单靠某个成员很难完成，不少成员单位尚未充分认识到集群创新网络同自身发展的内在联系，即使有合作的意向，在利益分配上也很难达成一致，致使合作难以完成。此外，企业与政府、大学、研究机构和中介机构之间联系少，与上下游的供应商和客户的合作、交流有所欠缺，存在信息不对称等，都会

产生在发展规划、政策制定、资源配置等方面，科技与经济相互脱节的现象。因此，引导集群创新主体之间加强联结关系，提升网络规模，充分发挥区域创新网络的辐射带动效应，是现阶段高新技术产业集群创新网络建设的新要求。

引导处于创新网络中非核心节点地位的成员或是子群，积极嵌入产业链网络关系与支持性网络关系，尤其是凭借自身条件难以获取的支持性网络关系。一方面，积极与产业链上下游主体构建密切关系，从供应商合作中获取低成本且优质的原材料供应，从客户联系中建立良好的信誉，提高顾客忠诚度，与合作伙伴共享互补性资源、共同解决技术问题等，逐渐形成自身独有的竞争优势。另一方面，支持性网络关系涵盖了政府、高校及科研机构、中介机构、金融机构等更为多元的社会主体，主体关系更为复杂，非核心成员应持续主动维护支持性网络嵌入主体的合作关系，提高网络的关系质量，增加交流沟通，并正确处理好不同主体合作关系间的秩序，在合作中获取更多关于政策、技术、资金、人才和法规等方面的社会支持。通过长期合作进一步提高信任水平，降低用以维持关系的成本，基于良好关系质量，在集群网络中与供应商、客户、科研院所、中介机构等各行为主体进行信息的交互、知识的传递与获取，从而转化获得的信息与知识为己所用，提高整体竞争力，提升创新能力。

完善高新技术产业集群多集群共生创新网络建设，要遵循创新辐射的等级扩散规律，发挥"超级节点"的面向区域产业集群的辐射带动作用，形成对区域产业发展的导向能力和对区域传统产业的改造能力，促进不同子群之间的科技、产业、金融良性互动、有机融合。引导各创新主体有效利用政企产学研协同创新平台，充分发挥平台资源优势以弥补自身资源匮乏的不足，鼓励创新龙头企业联合高校、科研机构和社会团体，设立产业技术研究院、研究中心或创新联盟，鼓励高校建大学科技园，打造从基础研究到产业化全链条、贯通式创新平台。还要充分考虑集群创新网络的影响效应，依托创新要素集聚的梯度差异带动子群间创新合作，提高科技合作与创新的联系程度和辐射效率，加强子群间创新示范引领和辐射带动效应，实现园区经济和区域经济的协调发展。

8.4 整合数字资源，完善创新支撑系统

协同创新是高新技术产业集群创新网络的本质特征，各类创新主体在集群创新网络中借助组织结构性和制度性协调机制进行广泛互动，高效利

用各类创新要素资源，推进创新网络的演化和升级。随着数字技术和数字经济的迅猛发展，数据已经成为新的重要生产要素，成为基础性资源和战略性资源。数据的要素作用日益凸显，信息流引领物资流、技术流、资金流、人才流已经成为数字经济时代的典型特征。数字资源与创新网络的双向促进，为高新技术产业集群网络治理的创新支撑系统衍生出更广阔的发展空间。

习近平总书记强调："加强信息基础设施建设，强化信息资源深度整合，打通经济社会发展的信息'大动脉'。"①借助于数字治理平台，可以打破空间和时间的约束，实现数据资源的开放共享，推动数据这一新兴生产和创新要素资源跨域广泛流动，促进新知识、新技术在产业集群创新网络间传播扩散，进而为提升高新技术产业集群创新能力带来积极影响。此外，以数字技术为依托的政府服务优化同样可以通过线上线下精准全面的服务方式，降低创新主体搜索、获取和吸收外部知识的成本，从而有效降低创新活动的外部成本。加强政府、科研机构、企业、中介组织的融通互动，提高数字治理能力，有效整合数字资源，建立多主体、跨地域的数字资源网络体系，不断拓展信息服务领域和方式，根据差异化需求提供定向信息服务，从而实现良性创新循环的产业集群生态体系。

完善高新技术产业集群创新支撑系统，即基于集群内政府、企业、高校和科研院所、人才、金融资本、服务机构等中介组织的基础数据构建企业、园区、产业等创新要素数据系统，绘制可视化云图，形成数据导航，为政府提供精细化管理、数智化运营、生态化服务的创新资源管理平台。创新支撑系统可以帮助区域政府摸清产业家底、盘点创新资源、提升科技创新主体增量，对各类创新主体实施精细化管理；以产业创新发展、企业技术创新需求为导向，支撑政府相关产业政策制定与实施，实现精准高效地招商引资、招才引智，进而赋能、提升区域科技创新生态，推进智慧园区建设。

基于数字资源的新型创新支撑系统，即以产业的内生需求和现有资源为基础，通过产业调研和大数据分析，围绕政府、产业、园区、人才、高校和科研院所、创新平台、金融资本等服务机构、行业协会等中介组织及其分布地图，绘制产业大数据云图和智慧园区云图，可视化呈现区域内各创新主体，并为地区政府出台相关扶持政策、引导创新主体发展提供决策

---

① 《〈中国网信〉杂志发表〈习近平总书记指引我国数字基础设施建设述评〉》，https://www.cac.gov.cn/2023-04/10/c_1682771515756573.htm，2023-04-10。

支持，支撑相关产业强链、补链、扩链。通过具备在线展厅功能的云平台，全面展示集群内创新环境、创新动态、科技成果库和需求库、产业发展数据以及技术交易成交数据等，同步加载技术交易的大数据分析交易系统。挖掘与导入产业集群内部和外部的创新资源，构建产业链图谱和产业发展需求地图，为地区政府穿透式管理、透明化管理、政务快速决策、资源招引提供底层技术及数据支撑。围绕政府、园区、企业、科研机构等创新主体提供不同应用场景，实施集群内部网格化分级管理，挖掘企业技术需求，广泛联结高端创新资源库，协同配置，加速建成产业集群数字创新生态体系。

通过对数字资源的量化指标评估，分别自动筛选出可培育和待培育的高新技术企业，建立数据库，便于政府部门进行遴选培育和管理，提升集群创新增量。掌握集群内存量高新技术企业的数量、分布和增长情况，进行有效的分析和管理。根据产业链短板和产业控制点，高效配置引进外部创新资源，实现精准地招才引智、招商引资等功能，驱动产业集群科技创新增量提升，促进产业培育、升级及集聚，从而实现强链、补链、扩链，为重点产业创新发展提供整体解决方案。

习近平总书记指出，科技成果只有同国家需要、人民要求、市场需求相结合，完成从科学研究、实验开发、推广应用的三级跳，才能真正实现创新价值、实现创新驱动发展①。科技成果转化是基础研究和成果转化、市场应用的有机衔接，是科技供给与市场需求的精准对接，作为创新支撑系统的重要组成部分，技术转移与创新服务平台为科技服务机构提供开放式运营服务模式。通过数字需求大厅在线发布人才、成果、产学研、股权融资等需求，快速对接到专家、人才、成果以及合作高校和科研院所的资源，加速技术转移、成果转化、提升技术合同登记数量及技术合同登记额，促进产学研一体化，完善当地技术成果转移转化生态环境，提升产学研合作效率，使产业集群创新支撑系统形成平台化创新服务生态圈。

8.5　本 章 小 结

本章基于前面章节的理论分析和实证调研结果，结合我国高新技术产业集群在新阶段的新定位，从高新技术产业集群创新网络优化的视角出发，

---

① 《在全球科技和产业竞争中打造源头创新支撑——上海张江科学城建设科创中心核心承载区的实践探索》，http://theory.people.com.cn/n1/2024/0617/c40531-40257799.html，2024-06-17。

对我国高新技术产业集群提出相应的发展策略及政策建议：第一，注重培育"超级节点"，建立以政府和龙头企业为双核心的创新网络结构，增强高新技术产业集群创新网络结构的鲁棒性和抗风险性，提升创新网络韧性；第二，充分认识集群创新网络在空间和逻辑维度上的多重性，构建多维度、可持续的多重网络体系，促进创新要素的集聚；第三，重视创新主体之间具有嵌入性的多重网络关系，引导集群创新主体之间加强联结关系，提升网络规模，充分发挥区域创新网络的辐射带动效应；第四，依托新型信息基础设施建设，整合数字资源，完善创新支撑系统，加速建成精细化管理、数智化运营、生态化服务的创新资源管理平台。

第9章 结论与展望

9.1 主要结论

本书以高新技术产业集群及其创新网络为研究对象,借助国内外关于集群创新与创新网络的研究成果,通过文献分析、理论研究、实证研究、建模仿真的方法对高新技术产业集群创新网络及其对高新技术产业集群创新的影响机理进行了分析和探讨。通过对我国高新技术产业集群发展现状及创新网络特征的分析,构建基于复杂网络的创新网络概念模型,探讨网络的统计特征属性对集群创新的影响,结合实证分析和案例研究,为现阶段高新技术产业集群优化创新网络、提升创新能力、实现持续成长提供理论依据和策略建议。主要结论有以下几个方面。

第一,按照我国高新技术产业集群政策制定的目的和具体措施,可以划分为四个发展阶段:第一阶段(1990 年以前),雏形期;第二阶段(1991 年至 20 世纪末),生长期;第三阶段(21 世纪初至 2011 年),发展期;第四阶段(2012 年至今),升级期。在党和国家政策的指引下,我国高新技术产业集群蓬勃发展,涌现出了一大批高水平的国家高新区。其劳动生产率、每万名从业人员中 R&D 人员比例、发明专利申请数、有效专利数、技术合同成交金额等指标处于领先地位,创新成果众多,转化效率高。目前高新区内科技创业孵化链条建设相对完善,各类产业技术创新战略联盟数量众多,创业服务机构的集聚效应明显。高技术制造业和高技术服务业已经构成了国家高新区产业的主体,特别是高技术服务业已成为推动高新区发展的主要力量。我国高新技术产业在发展过程中表现出四个特点:一是产业规模保持增长;二是行业规模差异明显,部分产业地理集中度高,表现为产业分布向东部地区集聚;三是内资企业所占比重呈稳步上升趋势;四是产业研发经费持续增长,区域研发投入差异显著,以广东、江苏两省为代表的东部地区高技术产业 R&D 经费占全国比重最高,远高于中、西部地区。通过采用产业集群集聚度测度模型刻画我国高新技术产业集群集聚度,发现我国高新技术产业的集聚度水平逐年上升,呈现出逐渐向京津冀地区和长三角地区集聚的趋势。

　　第二，高新技术产业集群创新网络是由多个主体基于多种形式的关系耦合形成的，其组成成员主要包括四大类：企业、高校及科研机构、政府、中介服务机构，它们作为网络中的知识主体相互作用、相互联系，形成了创新网络。高新技术产业集群创新网络的复杂性体现为创新主体之间的复杂联结关系；高新技术产业集群创新网络的多重性，体现在空间分层和逻辑分层的维度。典型创新网络结拓扑构包括：总线形网络，现实中体现为链式集群创新网络；星形网络，现实中表现为核形集群创新网络；树形网络，是分层的核形网络结构；网状网络，通常与其他网络耦合构成复合型网络结构。创新网络的复杂性特征主要体现在：节点数量多、结构复杂多样、节点复杂多样、在时间和空间上的动态演化特性、网络的多重性、统计特征不断完善等。创新网络的统计特征可以由结构特征、位置特征、关系特征加以描述和测量。

　　第三，结合复杂网络演化的经典模型，对节点增长、节点演化、单集群创新网络及多集群网络的演化进行了模型仿真，对其不同演化阶段的网络形态进行描述及分析，发现在单集群网络演化中，次级核心的出现对网络结构由单核心星形网络向树形分层网络演化、改善网络资源配置等起到重要作用；在多集群创新网络演化过程中，网络的集聚程度与网络总联结数呈正相关关系，且多集群创新网络在演化初期处于低速发展阶段，一旦网络节点平均度达到特定阈值则集聚速度显著提升。处于子集群边缘的结构洞节点，比普通节点更为活跃，占据结构洞位置的主体创新能级高于网络平均创新水平。另外，通过实证研究发现，网络嵌入对集群创新绩效有显著促进作用，知识获取在网络嵌入与集群创新绩效之间发挥中介作用；网络权力通过正向调节网络嵌入与知识获取的关系来调节知识获取在网络嵌入与创新绩效间的中介作用；知识整合通过正向调节知识获取与创新绩效的关系来调节知识获取在网络嵌入与创新绩效间的中介作用。多集群共生网络的合作度与开放度对创新绩效具有正向影响，知识吸收能力在其间具有中介作用；组织间信任对创新绩效具有促进作用，正向调节知识吸收能力的中介作用。

　　第四，基于理论和实证分析结果，结合我国高新技术产业集群在新阶段的新定位，提出相应的发展策略及政策建议：①注重培育"超级节点"，建立以政府和龙头企业为双核心的创新网络结构，增强高新技术产业集群创新网络结构的鲁棒性和抗风险性，提升创新网络韧性；②充分认识集群创新网络在空间和逻辑维度上的多重性，构建多维度、可持续的多重网络体系，促进创新要素的集聚；③重视创新主体之间具有嵌入性的多重网络关系，引导集群创新主体之间加强联结关系，提升网络规模，充分发挥区域创新网络的辐射带动效应；④依托新型信息基础设施建设，整合数字资源，完善创新支撑系统，加速建成精细化管理、数智化运营、生态化服务的创新资源管理平台。

9.2 研 究 展 望

本章自 2017～2019 年第一阶段的建模仿真、田野调查之后，又历时三年时间走访并补充完善了典型多集群样本的调查数据。研究期内经历了席卷全球的新冠疫情，极大地影响到人类的生产、生活，也曾给本章开展实地调研带来很大程度的困难和不确定性。从研究过程和结果来看，已完成了预期的主要目标，但受条件和能力所限，仍存在不足，需要进一步展开研究。今后的研究设想主要如下。

第一，改进创新网络关系测量。在实证研究中对于网络特征的测量依据是对受试者的主观感受，而非实际测量创新网络的原始形态，一方面是因为前者的数据相对易得，同时有经典的量表来保证测量的有效性及一致性；另一方面是在实际调研中搜集组织的经营或竞争数据会因为涉及商业机密而遭到受试者的拒绝。因此，提出两点建议：①制订长期调研计划方案，并向受试组织出示，通过签订保密协议、承诺匿名显示组织名称等方式对受试单位的机密进行法律保护，从而获得深入调研创新网络节点联结关系的机会；②结合可得数据，细化创新网络的测量维度。

第二，定点追踪有代表性的高新技术产业集群，进行持续调研，结合产业升级演进来研究对应的创新网络演化。现阶段的研究，通过演化模型的构建对集群创新网络进行演化仿真。在今后的研究中，可以对案例集群的创新网络发展进行持续的调研，获取基于时序演化的数据，对于创新网络随时间变化进行实地观测，对实际的演化过程进行分析。同时，结合高新技术产业生命周期来研究产业发展与该产业创新网络的互动关系会更加全面、深刻。

第三，研究作为产业集群创新网络成员的企业及相关组织等创新主体形成的网络节点对整体创新网络演化的作用。本章中仿真模型的构建是基于小世界网络、无标度网络等复杂网络理论中的基本模型，而对于实地调研中创新主体的个体特征、创新主体之间关系的二元特征、多重网络特征等因素是否对网络演化及集群创新产生影响，仍需进一步探索。

参 考 文 献

白素霞，陈井安. 2015. 产业集群向创新集群演化研究[J]. 经济体制改革，（3）：114-117.

毕桥，方锦清. 2011. 网络科学与统计物理方法[M]. 北京：北京大学出版社：21-22.

蔡彬清，陈国宏. 2013. 链式产业集群网络关系、组织学习与创新绩效研究[J]. 研究与发展管理，25（4）：126-133.

蔡宁，吴结兵. 2006. 产业集群组织间关系密集性的社会网络分析[J]. 浙江大学学报（人文社会科学版），（4）：58-65.

蔡宁，杨闩柱，吴结兵. 2003. 企业集群风险的研究：一个基于网络的视角[J]. 中国工业经济，（4）：59-64.

蔡霞，宋哲，耿修林. 2020. 动态稠密人际网络中创新扩散研究：一个多智能体仿真分析[J]. 科技进步与对策，37（2）：125-134.

曹吉鸣，董鑫，徐吉祥. 2012. 加权社会网络隐性知识扩散策略分析[J]. 情报理论与实践，35（7）：28-33.

曹锦丹. 2002. 基于文献知识单元的知识组织：文献知识库建设研究[J]. 情报科学，20（11）：1187-1189.

曹兴，谭蒙盼. 2023. 新兴技术知识耦合网络形成机制研究[J]. 情报杂志，42（10）：150-156，123.

曹兴，杨春白雪，高远. 2018. 核心企业主导下创新网络合作行为实验研究[J]. 科研管理，39（2）：10-18.

陈得文，陶良虎. 2008. 产业集群知识网络运行分析[J]. 商品储运与养护，30（2）：44-47.

陈剑锋，万君康. 2002. 产业集群中技术创新集群的生命周期研究[J]. 武汉理工大学学报（信息与管理工程版），24（5）：60-63.

陈金丹，胡汉辉，吉敏. 2013. 动态外部环境下的集群企业知识网络演化研究[J]. 中国科技论坛，（2）：95-102.

陈金丹，胡汉辉，杨煜. 2011. 基于网络视角的产业集群知识演化研究[J]. 科学学研究，29（1）：91-96.

陈金梅，赵海山. 2011. 高新技术产业集群网络关系治理效应研究[J]. 科学学与科学技术管理，32（6）：154-158.

陈柳钦. 2007. 产业集群和产业集群技术创新：基于缄默知识论[J]. 湖北经济学院学报，（1）：77-82.

陈柳钦. 2008. 高新技术产业集群中社会资本的作用[J]. 北京科技大学学报（社会科学版），（3）：21-31.

陈淑婷，千庆兰，张凯煌，等. 2021. 广州新塘牛仔服装制造业集群创新网络的演化阶段与特征[J]. 热带地理，41（4）：812-821.

陈伟，沙蓉，张永超，等. 2013. 我国知识密集型产业专利创新绩效评价研究：基于

DEA-Malmquist 指数方法[J]. 管理评论, 25（8）：39-45, 53.

陈肖飞, 苗长虹, 潘少奇, 等. 2018. 轮轴式产业集群内企业网络特征及形成机理：基于 2014 年奇瑞汽车集群实证分析[J]. 地理研究, 37（2）：353-365.

陈雄辉, 张本祥, 徐毅, 等. 2010. 基于复杂网络理论的广东区域创新能力测度方法研究[J]. 科技进步与对策, 27（20）：121-124.

陈旭升, 董和琴. 2016. 知识共创、网络嵌入与突破性创新绩效研究：来自中国制造业的实证研究[J]. 科技进步与对策, 33（22）：137-145.

陈艳艳, 王文迪. 2013. 合作创新网络对知识密集型服务企业创新绩效影响的研究[J]. 华东经济管理, 27（6）：44-48.

陈洋. 2021. 德国区域创新集群发展的海德堡模式及启示[J]. 中国高校科技,（4）：58-61.

陈友玲, 张岳园, 凌磊, 等. 2019. 基于贝叶斯网络的个体隐性知识测度方法研究[J]. 计算机应用研究, 36（6）：1673-1678.

陈宇科, 孟卫东, 皮星. 2010. 论合作创新网络对企业吸收能力的培养和提升[J]. 科技管理研究, 30（4）：143-145.

陈钰芬, 王科平. 2023. 多维邻近性视角下人工智能合作创新网络演化研究[J]. 管理学报, 20（7）：1045-1055.

成伟, 王安正. 2006. 基于产业集群知识网络的研究[J]. 全国商情,（8）：119-121.

程德理. 2007. 非正式交流机制与产业集群创新能力[J]. 中国矿业大学学报（社会科学版）,（3）：52-55.

程华, 李珍珍. 2020. 多维距离、异质性与技术转移：基于企业技术吸纳视角[J]. 科技管理研究, 40（5）：83-88.

程跃, 唐敏. 2020. 跨区域合作创新网络协同绩效影响因素及治理模式研究[J]. 创新科技, 20（11）：63-70.

闯家梁, 余乐山, 杨梦茹, 等. 2020. 南京软件产业集群发展现状研究[J]. 电子商务,（1）：38-39.

崔焕金. 2005. 产业集群竞争优势的行为生态学透视[J]. 生产力研究,（12）：178-180.

崔蕊, 霍明奎. 2016. 产业集群知识协同创新网络构建[J]. 情报科学, 34（1）：155-159, 166.

崔世娟, 陈丽敏, 黄凯珊. 2020. 网络特征与众创空间绩效关系：基于定性比较分析方法的研究[J]. 科技管理研究, 40（18）：165-172.

崔鑫, 胡勇, 丁雪峰, 等. 2011. 基于 SNA 网络中心势的网络舆论导向机理[J]. 北京邮电大学学报, 34（2）：26-30.

崔颖. 2008. 基于隐性知识转化的中小企业技术创新网络构建[J]. 科技管理研究, 28（11）：36-39.

崔志明, 万劲波, 施琴芬. 2004. 技术预见：高技术产业集群与集群式创新[J]. 科技进步与对策,（10）：4-6.

戴靓, 纪宇凡, 王嵩, 等. 2022. 中国城市知识创新网络的演化特征及其邻近性机制[J]. 资源科学, 44（7）：1494-1505.

戴靓, 曹湛, 马海涛, 等. 2023. 中国城市知识合作网络结构演化的影响机制[J]. 地理学报, 78（2）：334-350.

戴佩华. 2022. 不同创新模式下集群企业网络关系嵌入研究[J]. 经济体制改革,（3）：

104-111.

戴万亮, 路文玲, 徐可, 等. 2019. 产业集群环境下企业网络权力、知识获取与技术创新[J]. 科技进步与对策, 36（24）: 109-117.

戴勇, 朱桂龙, 刘荣芳. 2018. 集群网络结构与技术创新绩效关系研究: 吸收能力是中介变量吗？[J]. 科技进步与对策, 35（9）: 16-22.

党兴华, 刘景东. 2013. 技术异质性及技术强度对突变创新的影响研究: 基于资源整合能力的调节作用[J]. 科学学研究, 31（1）: 131-140.

邓丹, 李南, 田慧敏. 2006. 加权小世界网络模型在知识共享中的应用研究[J]. 研究与发展管理, 18（4）: 62-66.

丁瑨. 2009. 复杂知识网络的结构特征对知识流动的影响[D]. 上海: 上海交通大学.

董睿, 张海涛. 2022. 复杂网络视角下创新生态系统知识转移建模及仿真研究[J]. 软科学, 36（6）: 122-129.

窦红宾, 王正斌. 2010. 网络结构、吸收能力与企业创新绩效: 基于西安通讯装备制造产业集群的实证研究[J]. 中国科技论坛, （5）: 25-30.

杜晓君, 梅开. 2010. 纵向结构专利联盟的创新激励作用分析[J]. 科研管理, （1）: 64-68.

樊贵莲, 庞紫云, 郭淑芬. 2017. 国际产业集群研究的演进脉络及空间分布: 基于 SSCI 数据库 1988—2015 年数据的科学计量分析[J]. 科技管理研究, 37（12）: 172-181.

范钧, 郭立强, 聂津君. 2014. 网络能力、组织隐性知识获取与突破性创新绩效[J]. 科研管理, 35（1）: 16-24.

范群林, 邵云飞, 尹守军. 2014. 企业内外部协同创新网络形成机制: 基于中国东方汽轮机有限公司的案例研究[J]. 科学学研究, 32（10）: 1569-1579.

范如国, 张鹏飞. 2010. 基于"韬"框架的产业集群创新能力比较研究: 以中关村和硅谷为例[J]. 经济管理, 32（4）: 36-47.

范彦静, 王化雨. 2008. 基于复杂网络的知识网建模研究[J]. 心智与计算, （1）: 16-20.

方锦清, 汪小帆, 郑志刚, 等. 2007. 一门崭新的交叉科学: 网络科学（上）[J]. 物理学进展, （3）: 239-343.

付韬, 张永安, 李晨光. 2017. 焦点企业核型结构产业集群技术创新传播多网络连通性剖析[J]. 科技进步与对策, 34（22）: 55-63.

付韬, 张永安. 2011. 核型集群创新网络演化过程的仿真: 基于回声模型[J]. 系统管理学报, 20（4）: 406-415.

傅荣, 裘丽, 张喜征, 等. 2006. 产业集群参与者交互偏好与知识网络演化: 模型与仿真[J]. 中国管理科学, （4）: 128-133.

盖文启. 2002. 创新网络: 区域经济发展新思维[M]. 北京: 北京大学出版社: 62-64.

盖文启, 蒋振威, 丁琎. 2010. 我国区域经济发展差异性研究: 1978—2008 年我国人均 GDP 发展趋势实证分析[J]. 经济学动态, （9）: 85-90.

盖文启, 王缉慈. 1999. 从硅谷的成功看中国高新区的发展[J]. 中国工业经济, （12）: 38-42.

高杰, 丁云龙, 郑作龙. 2018. 中国创新研究群体合作网络的形成与演化机理研究: 科学共同体视阈下优秀创新群体案例分析[J]. 管理评论, 30（3）: 248-263.

高璞娴, 李蛟. 2010. 知识联盟形成机理及发展模式研究[J]. 情报科学, 28（6）: 839-843.

高长元, 程璐. 2011. 高技术虚拟产业集群知识溢出机制研究[J]. 科技进步与对策,

28（6）：55-59.

高长元，张晓星，张树臣. 2021. 多维邻近性对跨界联盟协同创新的影响研究：基于人工智能合作专利的数据分析[J]. 科学学与科学技术管理，42（5）：100-117.

龚玉环，卜琳华，孟庆伟. 2009. 复杂网络结构视角下中关村产业集群创新能力分析[J]. 科学学与科学技术管理，30（5）：56-60.

苟德轩，沙勇忠. 2013. 产学研合作创新网络结构测度与分析[J]. 情报杂志，32（6）：191-197.

顾婷婷. 2016. 人力资本流动、知识外溢与技术创新研究：基于产业集群创新系统的视角[J]. 技术经济与管理研究，（10）：31-37.

顾志刚. 2007. 发展中国家产业集群创新网络构建和技术能力提高[J]. 经济地理，（6）：961-964.

郭春良，王瑾瑜. 2019. 产业集群向中西部转移的区位选择研究：基于集群租视角[J]. 河南社会科学，27（3）：48-53.

郭辉. 2004. 辽宁高新技术产业投入产出模型的探索与实践[J]. 东北大学学报（社会科学版），（6）：431-434.

郭建杰，谢富纪. 2020. 企业合作网络位置对创新绩效的影响：以 ICT 产业为例[J]. 系统管理学报，29（6）：1124-1135.

郭立伟. 2016. 新能源产业集群文献述评[J]. 经济问题探索，（12）：184-190.

郭燕青，何地. 2017. 网络视角下战略性新兴产业技术创新小生境演化研究：以中国新能源汽车产业为例[J]. 科技进步与对策，34（2）：64-71.

韩春花，佟泽华，刘晓婷，等. 2019. 复杂动态环境下产业集群创新中的群体知识协同行为模型构建[J].科技进步与对策，36（9）：69-76.

韩周，秦远建，王荸祥. 2016. 中国企业协同创新网络治理研究[J]. 科学管理研究，34（1）：75-78.

郝宇，陈芳. 2005. 我国高新技术产业集群的组织模式探析[J]. 科学学与科学技术管理，（6）：59-63

郝云宏，李文博. 2007. 国外知识网络的研究及其新进展[J]. 浙江工商大学学报，（6）：70-75.

何地，白晰. 2018. 复杂网络视角下中国装备制造业创新网络研究[J]. 工业技术经济，37（3）：12-19.

何地，郭燕青. 2016. 社会网络视角下新能源汽车产业产学研创新网络的实证分析：以东北三省为例[J]. 技术经济，35（12）：52-59.

何金廖，黄贤金，司月芳. 2018. 产业集群的地方嵌入与全球生产网络链接：以上海文化创意产业园区为例[J]. 地理研究，37（7）：1447-1459.

何明芮. 2020. 区块链技术推动产业集群内知识管理的探讨[J]. 知识管理论坛，5（6）：373-382.

何晓清. 2017. 创新网络演化视角下的区域创新机制研究：以高技术产业和中低技术产业为例[J].研究与发展管理，29（1）：22-31.

何晓燕，高长元. 2013. 高技术虚拟产业集群知识资本增值机制框架研究[J]. 华东经济管理，27（8）：74-77.

何中兵，史婕，布雨欣. 2022. 物联集群企业协同创新力双因素影响效应研究[J]. 科技进步与对策, 39（16）: 114-122.

赫连志巍, 王丽莹. 2018. 产业集群创新网络活跃度仿真模拟研究[J]. 地域研究与开发, 37（3）: 45-49, 64.

洪锦端. 2017. 创新要素集聚视角下广州区域经济发展路径研究[J]. 现代经济信息, （6）: 442-443.

洪启嘉. 2004. 社会资本、产业转型与区域竞争力[J]. 亚太经济管理评论, （1/2）: 17-34.

洪燕真, 戴永务. 2015. 林业产业集群企业网络结构与创新绩效的关系: 基于福建林业产业集群的调查数据[J]. 林业科学, 51（11）: 103-112.

侯光文, 刘青青. 2022. 网络权力与创新绩效: 基于企业数字化能力视角[J]. 科学学研究, 40（6）: 1143-1152.

胡大立. 2013. 我国产业集群全球价值链"低端锁定"的诱因及其突围[J]. 现代经济探讨, （2）: 23-26, 36.

胡登峰, 李丹丹. 2012. 创新网络中知识转移"度"及其维度[J]. 学术月刊, 44（7）: 90-96.

胡恩华, 单红梅, 刘光平, 等. 2009. 企业集群创新行为影响因素的实证研究[J]. 研究与发展管理, 21（2）: 88-95, 102.

胡恩华, 刘洪. 2007. 基于协同创新的集群创新企业与群外环境关系研究[J]. 科学管理研究, （3）: 23-26.

胡海鹏, 吕拉昌. 2018. 中关村产学研合作创新网络的时空演化[J]. 中国科技论坛, （12）: 52-59.

胡海鹏, 袁永. 2018. 基于行业视角的北京产学研合作创新网络空间特征分析[J]. 科技管理研究, 38（24）: 79-86.

胡海青, 张颖颖, 王兆群. 2015. 社会网络结构对孵化资源配置效率的影响[J]. 中国科技论坛, （12）: 45-50.

胡磊磊. 2012. 网络关系强度与集群创新效率关系模型及实证研究[J]. 科技进步与对策, 29（17）: 67-71

胡珑瑛, 刘颖. 2019. 协同创新网络冲突的动因及管理策略[J]. 理论探讨, （1）: 172-176.

胡珑瑛, 叶元煦. 2002. 高技术产业集群的动因分析[J]. 技术经济, （8）: 50-52.

胡绪华, 徐骏杰. 2017. 不同生命周期阶段我国电子信息产业区域技术创新网络演化比较分析[J].科技进步与对策, 34（22）: 25-34.

胡雅蓓, 霍焱. 2017. 网络嵌入、治理机制与创新绩效: 以高科技产业集群为例[J]. 北京理工大学学报（社会科学版）, 19（5）: 80-88, 112.

黄利春, 梁琦. 2021. 基于质量变革视角的产业集群升级路径研究: 以顺德世界级家电产业集群为例[J]. 产经评论, 12（1）: 104-114.

黄蕊, 李雪威. 2021. 文化产业虚拟集群的形态特征与空间解构研究[J]. 学习与探索, （10）: 146-153.

黄玮强. 2009. 基于复杂社会网络的创新扩散研究[D]. 沈阳: 东北大学.

回亮澔, 伍玉林. 2020. 战略性新兴产业集群主体协同创新系统研究[J]. 自然辩证法研究, 36（9）: 38-44.

霍云福, 陈新跃, 杨德礼, 等.2002. 企业创新网络研究[J]. 科学学与科学技术管理, （10）: 50-53.

吉敏，胡汉辉，陈金丹. 2011. 内生型产业集群升级的网络演化形态研究：基于启东天汾电动工具产业集群的分析[J]. 科学学研究，29（6）：861-867.

贾军，魏洁云. 2018. 新能源产业技术网络的结构特征及其演变分析：以太阳能发电技术为例[J].情报杂志，37（2）：57-62，75.

贾卫峰，楼旭明，党兴华，等. 2018. 基于知识匹配视角的技术创新网络中核心企业成长研究[J]. 管理学报，15（3）：375-381.

姜鸣凤，马力. 2019. 企业衍生效应对创新网络演化的作用机理研究：以高技术产业集群为例[J]. 科技进步与对策，36（14）：53-61.

姜照华，隆连堂，张米尔. 2004. 产业集群条件下知识供应链与知识网络的动力学模型探讨[J]. 科学学与科学技术管理，（7）：55-60.

姜照君，吴志斌. 2018. 网络联结强度、知识吸收能力与文化企业创新绩效：基于江苏省国家级广告产业园的实证分析[J]. 福建论坛（人文社会科学版），（8）：64-74.

蒋兵，李密，陈守忠. 2017. 合作研发中的技术距离、知识转化与能力获取：理论及案例[J]. 科技进步与对策，34（19）：137-144.

蒋翠清，杨善林，梁昌勇，等. 2006. 发达国家企业知识创新网络连接机制及其启示[J]. 中国软科学，（8）：134-140.

蒋恩尧，陈寿金. 2002. 浅析网络经济下如何取得竞争优势[J]. 商业研究，（14）：11-12.

蒋军锋，党兴华，薛伟贤. 2007. 技术创新网络结构演变模型：基于网络嵌入性视角的分析[J]. 系统工程，（2）：11-17.

蒋丽芹，张慧芹，李思卉. 2022. 关系嵌入、外部知识搜寻与企业创新绩效：长三角产业集群高新技术企业的调研[J]. 软科学，36（9）：116-123.

蒋同明，刘世庆. 2011. 基于自组织理论的区域创新网络演化研究[J]. 科技管理研究，31（7）：23-26.

蒋永福.2000. 论知识组织[J]. 图书情报工作，（6）：5-10.

金辉，崔雯. 2021. 知识流动视角下设计驱动型创新的前因与功效[J]. 现代经济探讨，（11）：116-125.

鞠芳辉，谢子远，谢敏. 2012. 产业集群促进创新的边界条件解析[J]. 科学学研究，30（1）：134-144.

阚双，郭伏，杨童舒. 2018. 多组织知识学习超网络模型及其学习绩效研究：面向复杂产品产业集群[J]. 东北大学学报（社会科学版），20（6）：578-585.

康鑫，刘美芯. 2021. 技术创新网络分裂断层、知识权力与创新独占性：知识势差的调节作用[J]. 科技进步与对策，38（8）：9-15.

柯青. 2006. 论虚拟企业知识网络的三大研究视角[J]. 科技管理研究，（8）：197-198，203.

孔晓丹，张丹. 2020. 面向集群创新网络异质企业的知识扩散建模与仿真研究[J]. 运筹与管理，29（10）：173-182.

兰娟丽，雷宏振，宋振东. 2020. 基于"小世界"网络模型的产业集群内企业竞争优势仿真分析[J]. 陕西师范大学学报（哲学社会科学版），49（2）：139-148.

兰娟丽，雷宏振. 2015. 基于知识外溢的产业集群企业合作演化博弈分析[J]. 技术经济，34（3）：1-6.

郎昱，孙荃，施昱年，等. 2022. 首要城市主导产业扩散效应研究：基于京津冀城市群的实证[J].科技进步与对策，39（2）：29-39.

雷晨光. 2020. 大数据技术下企业供应链网络优化与创新[J]. 商业经济研究，（17）：121-124.

李春娟，尤振来. 2008. 产业集群识别方法综述及评价[J]. 城市问题，（12）：29-33.

李春友，鲁晓玮. 2021. 污染密集型产业集群如何实现升级：基于产业活动类型与生态系统耦合模式匹配视角[J]. 科技进步与对策，38（19）：65-74.

李大为，刘英基，杜传忠. 2011. 产业集群的技术创新机理及实现路径：兼论理解"两个熊彼特"悖论的新视角[J]. 科学学与科学技术管理，32（1）：98-103.

李丹，刘春红，李康. 2019. 区域环境对时尚创意产业集群创新绩效的影响研究：创新网络的中介作用[J]. 华东经济管理，33（3）：72-78.

李丹，俞竹超，樊治平. 2002. 知识网络的构建过程分析[J]. 科学学研究，（6）：620-623.

李纲，陈静静，杨雪. 2017. 网络能力、知识获取与企业服务创新绩效的关系研究：网络规模的调节作用[J]. 管理评论，29（2）：59-68，86.

李国麟，吴若陶. 2000. 风险投资与科技企业[M]. 北京：中国经济出版社.

李红，左金萍. 2018. 高新技术产业创新生态系统的知识产权价值获取模型设计：基于IMEC的案例分析[J]. 中国科技论坛，（10）：93-100.

李金华. 2007. 知识流动对创新网络结构的影响：基于复杂网络理论的探讨[J]. 科技进步与对策，（11）：91-94.

李金华，孙东川. 2006. 复杂网络上的知识传播模型[J]. 华南理工大学学报（自然科学版），（6）：99-102.

李军晓，黄文馨.2005. 嵌入全球竞争的学习型企业集群[J]. 科学学与科学技术管理，（5）：135-140.

李利勤，李金瓯. 2018. 产业集群与物流企业竞争强点的机理分析[J]. 商业经济研究，（1）：97-100.

李琳，杨田. 2011. 地理邻近和组织邻近对产业集群创新影响效应：基于对我国汽车产业集群的实证研究[J]. 中国软科学，（9）：133-143.

李明昕，罗强. 2021. 复杂高管网络与企业科技创新：来自中国上市公司的经验证据[J]. 科学管理研究，39（5）：123-128.

李青. 2003. 区域创新下区域发展观念及政策的变化[J]. 数量经济技术经济研究，（12）：12-16.

李瑞华.2006. 新疆高新技术产业的投入产出分析[J]. 新疆财经，（6）：10-14，32.

李卫国. 2009. 创新集群评价研究[D]. 武汉：华中科技大学.

李文博，许秀玲，宋吉祥.2021. 超网络嵌入、边界拓展与集群企业知识学习绩效[J]. 科技进步与对策，38（9）：144-151.

李文博，张永胜，李纪明. 2010. 集群背景下的知识网络演化研究现状评介与未来展望[J]. 外国经济与管理，32（10）：10-19.

李习保.2010.2008年42城市制造业企业跟踪调查结果：技术创新活动调查[J]. 技术经济，29（2）：1-21.

李昕，杨皎平. 2020. 联盟选择如何影响企业创新绩效：结构洞的中介作用[J]. 科技进步与对策，37（15）：80-88.

李欣苗. 2009. 网络环境中新产品开发团队的知识服务研究[J]. 图书馆学研究，（7）：70-72.

李新，王敏晰. 2009. 我国高新技术产业与其他产业关联效应的经验分析[J]. 软科学，23（9）：21-24.

李兴光，王玉荣，周海娟. 2018. 京津冀区域创新能力动态变化分析：基于《中国区域创新能力评价报告（2009—2016）》的研究[J]. 经济与管理，32（2）：9-16.

李雪松，党琳，赵宸宇. 2022. 数字化转型、融入全球创新网络与创新绩效[J]. 中国工业经济，（10）：43-61.

李言睿，马永红. 2021. 区域创新网络的网络特征对知识创新绩效的影响研究[J]. 预测，40（5）：83-89.

李艳，叶明确. 2021. 浙江省城市间协同创新网络演化及影响因素研究：基于创新网络视角[J]. 兰州学刊，（10）：49-64.

李勇，郑垂勇. 2006. 企业集群技术创新模型分析[J]. 科技管理研究，（9）：102-103，109.

李宇，芮明杰，陈帅. 2019. 论有意识的知识溢出对产业集群创新绩效的促进机制：基于集群衍生的视角[J]. 复旦学报（社会科学版），61（3）：141-154.

李媛媛，刘思羽. 2021. 科技金融网络对企业技术创新的影响：基于企业生命周期视角[J]. 中国科技论坛，（6）：119-128.

李运强，吴秋明. 2006. 虚拟产业集群：一种新型的产业集群发展模式[J]. 华东经济管理，（12）：42-45.

李贞，张体勤. 2010. 基于技术创新的企业外部知识网络演化研究[J]. 山东社会科学，（6）：140-143.

李正卫，池仁勇，刘慧. 2005. 集群网络学习与企业创新绩效：基于嵊州领带生产企业集群的实证分析[J]. 经济地理，（5）：612-615.

李志刚，汤书昆，梁晓艳，等. 2007. 产业集群网络结构与企业创新绩效关系研究[J]. 科学学研究，（4）：777-782.

梁娟，陈国宏，蔡彬清. 2017. 基于知识权力和知识交互行为的产业集群多重知识网络演化分析[J]. 技术经济，36（5）：34-42，118.

梁倩. 2012. 产业集群创新能力评价与对策研究[D]. 西安：西安建筑科技大学.

廖晓东，邱丹逸，林映华. 2018. 基于区位熵的中国科技服务业空间集聚测度理论与对策研究[J].科技管理研究，38（2）：171-178.

林敏，李南，陈婷婷. 2009. 基于复杂网络的知识转移模拟与分析[J]. 系统工程，27（3）：115-118.

刘晨阳，景国文. 2023. 创新型产业集群试点政策与地区全要素生产率提升[J]. 现代经济探讨，（2）：56-63.

刘丹，衣东丰，王发明. 2019. 科技型小微企业创新生态系统网络治理研究[J]. 科技进步与对策，36（4）：116-123.

刘凤朝，马荣康，姜楠. 2011. 基于"985高校"的产学研专利合作网络演化路径研究[J]. 中国软科学，（7）：178-192.

刘刚. 2007. 知识网络的超循环结构及协同演化[J]. 科技进步与对策，（8）：145-148.

刘刚，靳中辉. 2022. 中国智能经济的全球创新网络及其演化机制[J]. 河北经贸大学学报，43（1）：33-45.

刘光东，丁洁，武博. 2011. 基于全球价值链的我国高新技术产业集群升级研究：以生物医药产业集群为例[J]. 软科学，25（3）：36-41.

刘国新，崔海楠，王林. 2021. 企业创新网络的知识转移效果预测仿真研究[J]. 武汉理工大学学报（信息与管理工程版），43（2）：155-160.

刘荷. 2018. 产业集群网络嵌入对企业国际化发展的影响机制研究[J]. 东南学术，（5）：167-174.

刘慧，李增扬，陆君安. 2006. 加权多局域世界模型[C]//2006 全国复杂网络学术会议论文集. 武汉：52-54.

刘建香. 2009. 复杂网络及其在国内研究进展的综述[J]. 系统科学学报，17（4）：31-37.

刘骄剑，廖文和，郭宇，等. 2012. 基于复杂网络的扩散制造知识评价与关联分析[J]. 计算机集成制造系统，18（10）：2204-2210.

刘兰剑. 2014. 网络能力、网络地位与创新绩效：产业控制力来源的另一个视角[J]. 科研管理，35（12）：17-25.

刘磊，孙卓文，陈令仪，等. 2021. 基于深度学习的仿生集群运动智能控制[J]. 控制与决策，36（9）：2195-2202.

刘磊磊，崔迅. 2005. 供应链成员合作的五个促进因素[J]. 商业研究，（1）：66-68.

刘亮，罗天，曹吉鸣. 2019. 基于复杂网络多尺度的科研合作模式研究方法[J]. 科研管理，40（1）：191-198.

刘敏，薛伟贤，何黎松. 2020. "一带一路"跨国技术溢出网络空间演化与路径识别：加权复杂网络分析视角[J]. 科技进步与对策，37（23）：46-53.

刘珊，晏先浩，王仲君. 2007. 点权有限的加权网络演化模型[J]. 复杂系统与复杂性科学，（3）：59-65.

刘松. 2018. 欠发达地区云协同创新嵌入机制研究[J]. 科技进步与对策，35（2）：47-52.

刘蔚然，李新飞，李湛. 2015. 江苏省高新技术产业发展研究[J]. 商场现代化，（4）：146-147.

刘新艳，赵顺龙. 2014. 集群氛围对集群内企业创新绩效的影响研究：以企业创新能力为中介变量[J]. 科学学与科学技术管理，35（7）：31-39.

刘新艳，赵顺龙. 2015. 区域环境对产业集群创新绩效的影响：基于集群创新能力中介作用的分析[J]. 科技进步与对策，32（6）：72-79.

刘雪锋，徐芳宁，揭上锋. 2015. 网络嵌入性与知识获取及企业创新能力关系研究[J]. 经济管理，37（3）：150-159.

刘学元，丁雯婧，赵先德. 2016. 企业创新网络中关系强度、吸收能力与创新绩效的关系研究[J]. 南开管理评论，19（1）：30-42.

刘岩，蔡虹，裴云龙. 2022. 企业技术知识基础多元度对独立创新与合作创新平衡互补效应的影响[J]. 科技进步与对策，39（2）：111-120.

刘哲明. 2010. 产业集聚过度、技术创新与产业升级：基于珠三角产业集群的研究[J]. 特区经济，（8）：30-32.

刘植惠. 2000. 知识来源与形成的探讨[J]. 情报科学，（2）：97-101.

龙跃. 2018. 战略性新兴产业集群协同发展的综述与评析[J]. 重庆工商大学学报（社会科学版），35（1）：92-97.

卢华玲，周燕，梅丹，等. 2012. 高技术产业集群环境下创新投入、技术交易对创新能力影响研究[J]. 科技与经济，25（6）：32-35，81.

卢艳秋，孙立宏，徐爽. 2012. 电信价值网络内部知识转移影响因素的实证分析[J]. 现代管理科学，（4）：27-29.

芦彩梅，徐天强. 2015. 国际产业集群研究知识图谱分析[J]. 科技管理研究 35（18）：157-160，165.

鲁若愚，周阳，丁奕文，等. 2021. 企业创新网络：溯源、演化与研究展望[J]. 管理世界，37（1）：217-233，14.

陆根尧，云鹤. 2010. 基于要素密集度视角的产业集群自主创新能力研究[J]. 中国软科学，（S2）：295-304.

陆霄霞. 2015. 网络强度、先验知识对集群企业创新绩效的影响[J]. 经营与管理，（10）：115-118.

罗鄂湘，韩丹丹. 2018. 合作网络结构洞对企业技术创新能力的影响研究：以我国集成电路产业为例[J]. 工业技术经济，37（3）：44-50.

罗鸿铭，郝宇. 2004. 应用信息化整合高新技术企业集群[J]. 科学学与科学技术管理，（7）：101-103.

罗辑，张其春. 2008. 区域产业竞争力研究：理论与实践[M]. 北京：科学出版社.

罗黎平. 2018. 协同治理视角下的产业集群韧性提升研究[J]. 求索，（6）：43-50.

罗茜，皮宗平，白明皓. 2018. 创新网络治理机制与绩效：基于灰格序方法的创新联盟实证分析[J]. 科技进步与对策，35（4）：25-31.

罗胤晨，谷人旭，王春萌. 2016. 经济地理学视角下西方产业集群研究的演进及其新动向[J]. 世界地理研究，25（6）：96-108.

吕国庆，曾刚，郭金龙. 2014. 长三角装备制造业产学研创新网络体系的演化分析[J]. 地理科学，34（9）：1051-1059.

吕拉昌，孟国力，黄茹，等. 2019. 城市群创新网络的空间演化与组织：以京津冀城市群为例[J]. 地域研究与开发，38（1）：50-55.

吕璞，马可心. 2020. 基于相对风险分担的集群供应链协同创新收益分配机制研究[J]. 运筹与管理，29（9）：115-123.

马德辉，包昌火. 2008. 论企业知识网络能力的培育[J]. 情报理论与实践，31（1）：65-69.

马费成，罗志成，曾杰. 2008. 知识相关度的计量研究[J]. 情报科学，26（5）：641-646，656.

马萍，刘丽明. 2004. 高新技术企业集群：地区产业结构升级的推进器[J]. 价值工程，（5）：17-19.

马腾，贾荣言，刘权乐，等. 2018. 我国创新网络研究演进脉络梳理及前沿热点探析[J]. 科技进步与对策，35（3）：22-28.

毛广雄，钱肖颖，曹蕾，等. 2016. 江苏省劳动密集型产业集群化转移的空间路径及机理研究[J]. 地理科学，36（1）：72-80.

梅述恩，聂鸣. 2007. 嵌入全球价值链的企业集群升级路径研究：以晋江鞋企业集群为例[J]. 科研管理，（4）：30-35.

宓泽锋，邱志鑫，尚勇敏，等. 2022. 长三角区域创新集群的技术创新联系特征及影响探究：以新材料产业为例[J]. 地理科学，42（9）：1522-1533.

慕静，毛金月. 2012. 基于系统动力学的物流企业集群创新系统运行机制研究[J]. 华东经济管理，26（9）：50-54.

倪渊. 2019. 核心企业网络能力与集群协同创新：一个具有中介的双调节效应模型[J].

管理评论，31（12）：85-99.

宁钟. 2001. 国外创新与空间集群理论评述[J]. 经济学动态，（3）：60-63.

欧光军，刘思云，蒋环云，等. 2013. 产业集群视角下高新区协同创新能力评价与实证研究[J]. 科技进步与对策，30（7）：123-129.

欧光军，孙骞. 2012. 知识共同体：高技术企业集群创新集成新范式[J]. 科技和产业，12（6）：92-95.

潘李鹏，池仁勇. 2018. 基于内部网络视角的企业知识结构与创新研究："发散为王，还是收敛制胜？"[J]. 科学学研究，36（2）：288-295.

潘松挺，蔡宁. 2010. 企业创新网络中关系强度的测量研究[J]. 中国软科学，（5）：108-115.

庞俊亭，游达明. 2011. 我国区域产业经济发展风险规避路径研究：基于虚拟产业集群视角[J]. 经济地理，31（5）：805-809.

彭本红，王雪娇. 2021. 网络嵌入、架构创新与军民融合协同创新绩效[J]. 科研管理，42（7）：116-125.

彭迪云，许思思，何文靓. 2013. 集群企业网络关系特征、吸收能力与企业创新绩效关系研究：以苏州市制造业集群企业为例[J]. 南昌大学学报（理科版），37（6）：605-612.

彭飞，王忻. 2019. 金融视角下高端制造业集群创新能力影响因素的实证研究[J]. 科技管理研究，39（8）：157-164.

彭英，闫家梁，黄印. 2019. 我国产业集群创新研究的现状、热点及前沿：基于CiteSpace的知识图谱分析[J]. 生产力研究，（10）：19-21，39.

彭英，陆纪任，闫家梁. 2022. 网络嵌入对企业创新绩效的影响：兼论吸收能力的中介效应[J]. 科学与管理，42（4）：9-15.

彭英，陆纪任，黄印. 2020. 集群创新网络与企业创新绩效关系研究：基于南京软件产业集群的实证分析[J]. 生产力研究，（8）：1-3，39，161.

彭宇文. 2012. 产业集群创新动力机制研究评述[J]. 经济学动态，（7）：77-81.

齐昕，刘洪，张军. 2019. 制造企业创新网络与双元性学习：基于垂直、水平创新网络的比较研究[J]. 商业经济与管理，（1）：25-34.

綦良群，李楠. 2007. 高新技术产业集群形成机理及集聚效应分析[J]. 工业技术经济，26（2）：16-18.

綦良群，周凌玥. 2019. 装备制造企业协同创新网络知识转移的演化博弈研究[J]. 预测，38（1）：83-90.

乔彬，吉琳，胡子龙. 2014. 产业集群技术创新与制度创新融合路径与质量：以中国22个典型产业集群为例[J]. 产业经济研究，（5）：44-52，82.

覃森，戴冠中，王林，等. 2007. 一类权重网络的加速演化模型[J]. 物理学报，56（11）：6326-6333.

仇保兴. 1999. 发展小企业集群要避免的陷阱：过度竞争所致的"柠檬市场"[J]. 北京大学学报（哲学社会科学版），（1）：25-29.

任家华，王成璋. 2005. 基于全球价值链的高新技术产业集群转型升级[J]. 科学学与科学技术管理，（1）：118-121.

任庆鹏，张辉. 2019. 全要素区域创新网络视角下老工业基地产业升级路径研究[J]. 中州学刊，（2）：25-31.

任义科，张立成，段伟宇. 2021. 网络结构、企业特征与产学研合作创新能力演化趋势[J]. 科技进步与对策，38（19）：19-28.

任宗强，吴海萍，丁晓. 2011. 中小企业内外创新网络协同演化与能力提升[J]. 科研管理，32（9）：7-14.

任宗强，吴志岩. 2012. 创新网络中的异质性、匹配度与能力动态仿真研究[J]. 科学学与科学技术管理，33（8）：51-57.

阮国祥，阮平南. 2011. 集群网络企业间知识转移演化博弈仿真分析[J]. 图书情报工作，55（16）：77-81.

阮平南，王文丽，刘晓燕. 2018. 基于多维邻近性的技术创新网络演化动力研究：以OLED产业为例[J]. 研究与发展管理，30（6）：59-66.

单海燕，王文平，王娇俐. 2011. 知识网络演化模型的仿真研究（英文）[J]. 系统仿真学报，23（1）：80-84.

单海燕，王文平. 2012. 跨组织知识整合下的创新网络结构分析[J]. 中国管理科学，20（6）：176-184.

单双，曾刚，朱贻文，等. 2015. 国外临时性产业集群研究进展[J]. 世界地理研究，24（2）：115-122.

尚林. 2015. 企业协同创新网络构建与网络效率影响因素研究[J]. 科学管理研究，33（3）：72-75.

邵云飞，成斌. 2008. 集群创新及其主要影响因素分析[J]. 电子科技大学学报（社科版），（3）：32-36.

邵云飞，周敏，王思梦. 2013. 集群网络整体结构特征对集群创新能力的影响：基于德阳装备制造业集群的实证研究[J]. 系统工程，31（5）：85-91.

申小莉. 2011. 创新网络中知识转移的影响因素研究：基于中小企业实证样本的分析[J]. 科学学研究，29（3）：432-441，460.

施放，朱吉铭. 2015. 创新网络、组织学习对创新绩效的影响研究：基于浙江省高新技术企业[J]. 华东经济管理，29（10）：21-26.

石乘齐. 2019. 基于组织间依赖的创新网络演化模型及仿真研究[J]. 管理工程学报，33（1）：12-22.

石乘齐，党兴华. 2013. 创新网络演化动力研究[J]. 中国科技论坛，（1）：5-10.

史焱文，李二玲，李小建，等. 2015. 基于SNA的农业产业集群创新网络与知识流动分析：以寿光蔬菜产业集群、鄢陵花木产业集群为例[J]. 经济地理，35（8）：114-122.

宋华，陈思洁. 2021. 高新技术产业如何打造健康的创新生态系统：基于核心能力的观点[J]. 管理评论，33（6）：76-84.

宋晶，陈菊红，孙永磊. 2015. 网络能力与合作创新绩效的关系研究：文化异质性的作用[J]. 管理评论，27（2）：35-42，119.

宋昱雯，于渤. 2008. 虚拟产业集群组织模式探析及政策建议[J]. 中国科技论坛，（11）：52-56.

苏策，何地，郭燕青. 2021. 企业创新生态系统战略开发与竞争优势构建研究[J]. 宏观经济研究，（4）：160-169.

苏加福，杨涛，胡森森. 2020. 基于UWN的协同创新知识网络知识流动效率测度[J]. 科研管理，41（8）：248-257.

苏加福，杨育，张娜. 2018. 基于超网络的协同产品创新知识网络稳定性[J]. 计算机集成制造系统，24（12）：3082-3095.

苏俊燕，孔令江，刘慕仁，等. 2008. 加权网络上 Sznajd 舆论模型研究[J]. 广西科学，15（1）：44-46，51.

苏文松，郭雨臣，苑丁波，等. 2020. 中关村科技园区智慧产业集群的演化过程、动力因素和集聚模式[J]. 地理科学进展，39（9）：1485-1497.

苏屹，赵璐，张傲然. 2023. 中国石墨烯产业产学研合作创新网络特征分析及演化研究[J]. 软科学，37（9）：55-66.

孙冰，田胜男，姚洪涛. 2018. 创新网络的小世界效应如何影响突围性技术扩散：基于转换成本的调节作用[J]. 管理评论，30（3）：72-81，127.

孙国民，陈东. 2018. 战略性新兴产业集群：形成机理及发展动向[J]. 中国科技论坛，（11）：44-52.

孙国强，胡小雨，邱玉霞. 2022. 大数据背景下企业网络与数字经济融合路径研究[J]. 中国科技论坛，（2）：95-104.

孙国强，石海瑞. 2011. 网络组织负效应的实证分析[J]. 科学学与科学技术管理，32（7）：24-30.

孙沛东，徐建牛. 2004. 国外产业集群技术创新研究综述[J]. 广州大学学报（社会科学版），（7）：71-77，96.

孙骞，欧光军. 2018. 双重网络嵌入与企业创新绩效：基于吸收能力的机制研究[J]. 科研管理，39（5）：67-76.

孙锐. 2006. 基于知识网络扩展学习的知识团队创新研究[J]. 科学学与科学技术管理，27（10）：130-134.

孙伟，高建，张帏，等. 2009. 产学研合作模式的制度创新：综合创新体[J]. 科研管理，30（5）：69-75.

孙文彬. 2006. 武汉光谷产业集群学习机制研究[D]. 武汉：华中科技大学.

孙耀吾，谈嫒嫡. 2018. 模块化创新网络主导企业技术领导力及其结构演化研究[J]. 科技进步与对策，35（1）：80-87.

孙玉涛，曲雅婷，张晨. 2021. 发明人网络结构与组织合作网络位置[J]. 管理学报，18（1）：52-59.

孙兆刚. 2015. 产业集群创新优势与知识网络关系的实证研究[J]. 技术经济与管理研究，（3）：114-118.

邰昌鸿，刘向阳. 2022. 基于网络层加权的多层复杂网络社区检测算法[J]. 计算机技术与发展，32（3）：59-64.

谭兵，郭海燕，黄志民. 2011. 从产业关联效应看我国高新技术产业发展的战略选择[J]. 科技管理研究，31（11）：85-89.

谭维佳. 2021. 产业集群中企业间竞合关系分析：以深圳新一代信息通信产业集群促进机构的角色为例[J]. 科研管理，42（12）：29-35.

谈正达，王文平，孟庆松. 2006. 网状式企业集群中知识共享关系演化的仿真分析[J]. 管理学报，（1）：50-54.

汤临佳，池仁勇. 2012. 产业集群结构、适应能力与升级路径研究[J]. 科研管理，33（1）：1-9.

汤长安. 2010. 高技术集群企业技术能力成长与演进：基于网络视角的研究[M]. 北京：
　　经济科学出版社：146-174.

唐洪婷, 李志宏. 2018. 基于超网络演化模型的社区知识发现与分析[J]. 系统工程理论
　　与实践, 38（3）：765-776.

唐青青, 谢恩, 梁杰. 2018. 知识深度、网络特征与知识创新：基于吸收能力的视角[J].
　　科学学与科学技术管理, 39（1）：55-64.

唐魏. 2022. 知识溢出视角下链式产业集群对物流业技术创新的影响[J]. 商业经济研
　　究,（16）：106-109.

唐源, 邵云飞, 陈一君. 2020. 跨界行为、知识整合能力对企业创新绩效的影响研究：
　　基于知识获取和资源损耗的作用[J]. 预测, 39（4）：31-37.

陶勇, 刘思峰, 方志耕, 等. 2007. 高校学科建设网络中知识流动效应的测度[J]. 统计
　　与决策,（17）：37-38.

滕堂伟. 2015. 从地方集群到集群网络：产业集群研究的国际前沿进展[J]. 甘肃社会科
　　学,（6）：171-175.

佟家栋, 范龙飞. 2022. 知识产权保护与国内价值链网络深化升级[J]. 经济学动态,（2）：
　　18-34.

童超, 李宝瑜, 高艳云. 2019. 巴泽尔理论视角下知识产权政策对产业集群作用机理研
　　究：以武汉东湖高新区为例[J]. 现代经济探讨,（2）：82-88.

童心, 陶武杰. 2018. 发达国家高新技术产业集群政策及其对我国的启示：以美日法为
　　例[J]. 改革与战略, 34（5）：111-117.

童旭红. 2004. 企业区位决策影响因素分析对科技园区建设的启示[J]. 高科技与产业
　　化,（10）：49-51

屠兴勇, 赵紫薇, 王泽英. 2018. 渐进式创新绩效的影响因素研究[J]. 科研管理, 39（8）：
　　72-79.

万君, 顾新. 2008. 知识网络的形成机理研究[J]. 科技管理研究,（9）：243-245.

万君, 顾新. 2012. 知识网络的生命周期及其阶段判定模型研究[J]. 管理学报, 9（6）：
　　880-883, 899.

万幼清, 王战平. 2007. 基于知识网络的产业集群知识扩散研究[J]. 科技进步与对策,
　　24（2）：132-134.

汪安佑, 高沫丽, 郭琳. 2008. 产业集群创新 IO 要素模型与案例分析[J]. 经济与管理研
　　究,（4）：18-22.

王斌. 2014. 基于网络结构的集群知识网络共生演化模型的实证研究[J]. 管理评论,
　　26（9）：128-138.

王炳成, 郝兴霖, 姜爱萍. 2021. 知识赋能视角下商业模式韧性多元实现路径[J]. 统计
　　与信息论坛, 36（8）：106-116.

王大洲. 2001. 企业创新网络的进化与治理：一个文献综述[J]. 科研管理, 22（5）：96-103.

王道平, 张大川, 杨岑. 2017. 基于加权网络的敏捷供应链知识服务网络演化[J]. 系统
　　管理学报, 26（1）：172-177.

王飞. 2011. 生物医药创新网络结构及其演化特征探析：基于复杂网络视角[J]. 南京社
　　会科学,（1）：149-155.

王海花, 王蒙怡, 刘钊成. 2022. 跨区域产学协同创新绩效的影响因素研究：依存型多

层网络视角[J]. 科研管理，43（2）：81-89.

王海花，谢富纪，胡兴华. 2012. 企业外部知识网络视角下的区域产学研合作创新[J]. 工业技术经济，31（7）：41-47.

王宏起，杨仲基，武建龙，等. 2018. 战略性新兴产业核心能力形成机理研究[J]. 科研管理，39（2）：143-151.

王辉，张慧颖，吴红翠. 2012. 供应链间关系质量对知识吸收能力和企业合作创新绩效的影响研究[J]. 统计与信息论坛，27（11）：99-105.

王缉慈. 1991. 关于我国高技术产业概念及其有关问题的讨论[J]. 中国工业经济研究，（11）：42-46，53.

王缉慈. 1998. 高新技术产业开发区对区域发展影响的分析构架[J]. 中国工业经济，（3）：54-57.

王缉慈. 2002. 地方产业群战略[J]. 中国工业经济，（3）：47-54.

王缉慈. 2022. 温州乐清电气产业集群升级问题刍议[J]. 中国工业和信息化，（11）：33-37.

王缉慈，陈平，马铭波. 2010. 从创新集群的视角略论中国科技园的发展[J]. 北京大学学报（自然科学版），46（1）：147-154.

王缉慈，等. 2001. 创新的空间：企业集群与区域发展[M]. 北京：北京大学出版社.

王缉慈，张晔. 2008. 沿海地区外向型产业集群的形成、困境摆脱与升级前景[J]. 改革，（5）：53-59.

王缉慈，朱凯. 2018. 国外产业园区相关理论及其对中国的启示[J]. 国际城市规划，33（2）：1-7.

王建国，王飞，华连连，等. 2018. 内蒙古产学研合作创新网络结构演化研究[J]. 科学管理研究，36（6）：78-81.

王静，谭礼楠. 2011. 集群发展不同阶段企业创新动力及其制约[J]. 科技管理研究，31（7）：172-176.

王静华. 2011. 产业集群创新能力评价指标体系的构建[J]. 统计与决策，（19）：186-188.

王珺. 2002. 企业簇群的创新过程研究[J]. 管理世界，（10）：102-110.

王恺乐，熊永兰，宫庆彬，等. 2021. 国际先进制造业集群发展经验对成渝地区双城经济圈的启示[J]. 科技管理研究，41（10）：119-125.

王雷. 2013. 苏浙沪典型产业集群创新模式比较研究：基于全球价值链的视角[J]. 科技进步与对策，30（2）：51-55.

王林雪，孙惠. 2005. 高技术企业集群与传统企业集群形成模式的比较研究[J]. 技术与创新管理，（4）：60-63，67.

王美霞，周国华，王永明. 2020. 多维视角下长株潭工程机械产业集群成长机制[J]. 经济地理，40（7）：104-114.

王鹏，张茹琪，李彦. 2021. 长三角区域物流高质量发展的测度与评价：兼论疫后时期的物流新体系建设[J]. 工业技术经济，40（3）：21-29.

王庆金，李翔龙，王强. 2019. 双重网络嵌入、跨界搜索与双元创新的关系研究[J]. 财经问题研究，（12）：96-103.

王山，张慧慧，李义良，等. 2019. 众创背景下企业集群创新的案例研究：以荣事达集团为例[J]. 管理学报，16（5）：712-720.

王珊珊，张宇光，王宏起. 2009. 高新技术企业集群自主创新能力评价指标体系研究[J].现代管理科学，（4）：62-64.

王圣云，王振翰，姚行仁. 2021. 中国区域创新能力测度与协同创新网络结构分析[J]. 长江流域资源与环境，30（10）：2311-2324.

王巍，孙笑明，崔文田. 2020. 社会网络视角下的知识搜索和知识扩散研究述评与展望[J]. 科学学与科学技术管理，41（6）：36-54.

王玮. 2021. 商贸流通产业集群内企业成长与知识网络嵌入的相关性分析[J]. 商业经济研究，（8）：20-23.

王霄宁. 2005. 基于社会网络分析的产业集群建模及实证检验[J]. 系统工程，23（3）：115-119.

王晓娟. 2008. 知识网络与集群企业创新绩效：浙江黄岩模具产业集群的实证研究[J].科学学研究，26（4）：874-879，867.

王雅芬. 2007. 基于产业集群生命周期的技术创新研究[J]. 商业经济与管理，（5）：23-28.

王瑛. 2011. 基于空间及技术双动力的产业集群演化研究[J]. 科学管理研究，29（6）：100-103.

汪秉宏，周涛，何大韧. 2005. 统计物理与复杂系统研究最近发展趋势分析[J]. 中国基础科学，（3）：37-43.

王铮，马翠芳，王露，等. 2001. 知识网络动态与政策控制（Ⅰ）：模型的建立[J]. 科研管理，22（3）：126-133.

王铮，毛可晶，刘筱，等. 2005. 高技术产业聚集区形成的区位因子分析[J]. 地理学报，60（4）：567-576.

卫军英，吴倩. 2019. "互联网+"与文化创意产业集群转型升级：基于网络化关系的视角[J]. 西南民族大学学报（人文社科版），40（4）：148-154.

魏江. 2004. 创新系统演进和集群创新系统构建[J]. 自然辩证法通讯，（1）：48-54，111.

魏江，应瑛，刘洋. 2014. 研发网络分散化，组织学习顺序与创新绩效：比较案例研究[J]. 管理世界，（2）：137-151，188.

魏龙，党兴华. 2017. 惯例复制行为对技术创新网络演化的影响研究[J]. 科学学研究，35（1）：146-160.

邬爱其. 2006. 企业创新网络构建与演进的影响因素实证分析[J]. 科学学研究，24（1）：141-149.

吴江. 2012. 社会网络的动态分析与仿真实验：理论与应用[M]. 武汉：武汉大学出版社：35-93.

吴金闪，狄增如. 2004. 从统计物理学看复杂网络研究[J]. 物理学进展，24（1）：18-46.

吴磊，张可云，李贵才. 2021. 多样化联系空间与集群发展：基于"中观轨迹"的演化分析[J]. 中国软科学，（4）：71-81.

吴松强，蔡婷婷，赵顺龙. 2018. 产业集群网络结构特征、知识搜索与企业竞争优势[J].科学学研究，36（7）：1196-1205，1283.

吴松强，曹新雨，蔡婷婷. 2020. 网络嵌入性、知识搜索与企业创新能力关系研究：基于江苏先进制造业集群的实证检验[J]. 科技进步与对策，37（22）：99-105.

吴松强，苏思骐，沈忠芹，等. 2017. 产业集群网络关系特征对产品创新绩效的影响：环境不确定性的调节效应[J]. 外国经济与管理，39（5）：46-57，72.

吴万明，陈关聚，陈艺灵. 2022. 创新网络视角下知识异质性对企业创新绩效的影响机理研究[J].管理现代化，42（2）：115-121.

吴晓冰. 2009. 集群企业创新网络特征、知识获取及创新绩效关系研究[D]. 杭州：浙江大学.

吴哲坤，金兆怀. 2015. 关于我国虚拟产业集群发展的思考[J]. 东北师大学报（哲学社会科学版），（6）：82-86.

武开，徐荣贞. 2012. 基于知识溢出的产业集群创新与内生风险分析[J]. 图书馆学研究，（15）：7-10，14.

武志伟，陈莹. 2007. 企业间关系质量的测度与绩效分析：基于近关系理论的研究[J]. 预测，26（2）：8-13.

席运江，党延忠. 2007. 基于加权知识网络的组织知识存量表示与度量[J]. 科学学研究，25（3）：493-497.

夏亚民，翟运开. 2007. 基于虚拟产业集群的高新区产业发展与创新研究[J]. 武汉理工大学学报（信息与管理工程版），29（4）：106-109.

鲜果，曾刚，曹贤忠. 2018. 中国城市间创新网络结构及其邻近性机理[J]. 世界地理研究，27（5）：136-146.

向希尧，薛伟贤，赵家晗. 2019. 集群企业双层跨界连接对创新绩效的影响[J]. 西安理工大学学报，35（3）：382-387.

肖冬平，顾新. 2009. 知识网络的形成动因及多视角分析[J]. 科学学与科学技术管理，30（1）：84-91.

肖冬平，顾新. 2009. 知识网络形成的理论基础：一个经济学的视角[J]. 情报杂志，28（1）：136-139.

肖冬平，刘淑银. 2010. 知识网络中节点的结构位置及其测度：基于社会网络的分析[J]. 图书情报工作，54（10）：126-129，24.

肖鹏，周杨心悦，刘景东，等. 2018. 社会网络、关系质量与新创企业成长关系研究[J]. 科技进步与对策，35（18）：113-119.

谢洪明，王现彪，吴溯，等. 2008. 集群、网络与IJVs的创新研究[J]. 科研管理，29（6）：23-29，51.

谢嘉康，谢琳琳. 2022. 基于超网络的重大工程知识创新网络形成机理研究[J]. 建筑经济，43（S1）：959-965.

谢丽君，何燕子. 2006. 产业集群创新系统的知识流动分析[J]. 企业家天地，（11）：127-128.

谢伟伟，邓宏兵，苏攀达. 2019. 长江中游城市群知识创新合作网络研究：高水平科研合著论文实证分析[J]. 科技进步与对策，36（16）：44-50.

谢雪梅，高靖媛. 2020. 基于社会网络分析的通证知识社区网络特征研究[J]. 情报探索，（4）：16-22.

谢子远，鞠芳辉. 2012. 技术创新对海洋产业结构的影响研究[J]. 浙江万里学院学报，25（5）：1-5，10.

颉茂华，刘铁鑫，施诺. 2020. 产业集群下技术溢出对企业创新绩效影响路径研究：基于创新模式的双案例对比分析[J]. 管理案例研究与评论，13（6）：658-672.

颉茂华，赵圆圆，刘远洋. 2021. 网络联结、资源获取与组织学习互动影响战略绩效路径研究：基于长城汽车的纵向案例研究[J]. 科研管理，42（5）：57-69.

解学梅. 2010. 中小企业协同创新网络与创新绩效的实证研究[J]. 管理科学学报，13（8）：51-64.

解学梅，隋映辉. 2008. 科技产业集群持续创新的周期演化机理研究[J]. 科研管理，（1）：107-114.

解学梅，王宏伟. 2020. 产业技术创新战略联盟稳定性影响机制研究：一个合作机制视角的多案例探索性分析[J]. 科技进步与对策，37（3）：62-71.

解学梅，王宏伟. 2020. 开放式创新生态系统价值共创模式与机制研究[J]. 科学学研究，38（5）：912-924.

辛晓睿，刘刚，曾刚. 2017. 上海农业创新网络及其空间结构研究[J]. 世界地理研究，26（6）：110-118.

熊焰，杨博旭. 2022. 双重网络嵌入、制度环境与区域创新能力[J]. 新华文摘，（19）：187.

项玉卿. 2015. 企业创新能力影响机制研究：基于河北省高新技术产业集群创新网络的实证分析[J]. 河北经贸大学学报，36（4）：68-70，129.

徐从祥. 2013. 产业集群创新网络研究：以南京市软件服务业为例[D]. 南京：南京邮电大学.

徐华. 2002. 中小企业创新网络：构建动因与策略[J]. 科学学与科学技术管理，23（2）：44-45.

徐吉祥，孙遇春. 2011. 开发区创新绩效影响因素实证研究[J]. 科技进步与对策，28（19）：43-47.

徐开俊，肖成坤，杨泳，等. 2021. 基于复杂网络理论的中国城市航空网络有向加权分析[J]. 科学技术与工程，21（36）：15669-15673.

徐康宁. 2001. 开放经济中的产业集群与竞争力[J]. 中国工业经济，（11）：22-27.

徐可，何桢. 2022. 网络镶嵌激励创新驱动的知识与权力效应：来自256家在孵企业的实证[J]. 科技进步与对策，39（1）：19-29.

徐蕾. 2012. 集群创新网络内涵、运行机制与研究展望[J]. 情报杂志，31（5）：202-207.

徐娜，于晓桃. 2021. "一带一路"下中国企业创新绩效提升路径研究：基于新建投资的分析[J]. 会计之友，（4）：12-17.

徐颖，张少杰. 2004. 高新技术产业集群发展动因及模式[J]. 经济纵横，（8）：7-9.

许培源，吴贵华. 2019. 粤港澳大湾区知识创新网络的空间演化：兼论深圳科技创新中心地位[J]. 中国软科学，（5）：68-79.

薛昱，张文宇，雷家骕. 2020. 基于复杂网络分析的区域战略性新兴产业创新能力评价[J]. 科学决策，（4）：49-66.

闫艺，韩军辉. 2017. 产学研合作网络小世界性、知识基础与企业创新[J]. 科技管理研究，37（19）：139-146.

严帅，张紫君，张青阳，等. 2019. 广州市智能装备产业集群发展现状及对策[J]. 科技管理研究，39（1）：137-148.

颜克益，芮明杰，巫景飞. 2010. 产业集聚视角下高技术产业创新绩效影响因素研究：基于中国省际面板数据（1998—2007）的研究[J]. 经济与管理研究，（12）：57-67.

杨斌，万田力，尤静. 2010. 基于知识资本增值的高新技术产业集群核心竞争力培育模型构建[J].科技管理研究，30（20）：168-170，178.

杨博旭，王玉荣，李兴光，等. 2020. 从分散到协同：高新技术产业创新要素集聚发展路径[J]. 科技管理研究，40（12）：142-149.

杨春白雪，曹兴，高远. 2018. 新兴技术"多核心"创新网络结构形成的影响因素研究[J]. 中南大学学报（社会科学版），24（1）：102-111.

杨杰. 2010. 论产业集群创新的特征、功效和条件[J]. 企业家天地下半月刊（理论版），（2）：249-252.

杨坤，吴金玉，胡斌. 2020. 创新网络中知识协同演化机理模型及计算实验分析[J]. 科技进步与对策，37（8）：124-133.

杨翘楚，王佳希. 2023. 上海在全球创新网络中的地位测度：来自全球十大创新城市集群的证据[J]. 中国科技论坛，（1）：109-118.

杨沙，戴锦. 2009. 高技术产业集群创新网络模型研究[J]. 当代经济，（13）：44-46.

杨爽，胡轶楠. 2018. 基于产业集群的企业知识创造模型研究[J]. 情报科学，36（12）：33-40.

杨皖苏，曾媛，杨希. 2019. 创新主体差异性、知识资源获取与企业创新绩效[J]. 郑州大学学报（哲学社会科学版），52（5）：59-65.

姚宏霞，傅荣，吴莎. 2009. 互联网群体协作的知识网络演化：基于 SECI 模型的扩展[J]. 情报杂志，28（1）：59-62.

姚山季，马琳，来尧静. 2021. 长江经济带创新型产业集群效率的时空分异研究[J]. 统计与决策，37（16）：98-101.

姚玉舟. 2008. 产业集群网络结构识别：资源与知识二维视角[J]. 改革与战略，24（9）：124-126，140.

姚云浩，高启杰. 2014. 网络关系嵌入、创新扩散与旅游企业创新绩效[J]. 旅游科学，28（5）：68-78.

叶斌，陈丽玉. 2015. 区域创新网络的共生演化仿真研究[J]. 中国软科学，（4）：86-94.

叶建亮. 2001. 知识溢出与企业集群[J]. 经济科学，（3）：23-30.

易明，高金鹏，王腾. 2017. 基于边界交互式学习的产业集群开放式创新[J]. 科技进步与对策，34（3）：62-68.

殷瑞瑞，张志英，孟庆春. 2019. 复杂网络视角下产业群治理研究[J]. 山东大学学报（哲学社会科学版），（3）：81-89.

尤佳，毛才盛，孙遇春. 2012. 服务外包产业园创新集群特征、系统结构与运行模式研究[J]. 科技进步与对策，29（20）：61-67.

游达明，刘诗. 2022. 深圳产学研专利合作网络演化分析及启示[J]. 科技管理研究，42（17）：166-172.

余维新，顾新，彭双. 2016. 企业创新网络：演化、风险及关系治理[J]. 科技进步与对策，33（8）：81-85.

余维新，熊文明，顾新，等. 2020. 创新网络关系治理机制对网络成员适应性行为的影响[J]. 中国科技论坛，（7）：33-41，51.

宇红. 2011. 社会资本视角下发展高新技术产业集群的对策研究[J]. 中国高新技术企业，（19）：3-4.

喻登科，周荣. 2015. 知识网络视角的产业集群研究述评[J]. 情报杂志，34（12）：200-206.

俞园园，梅强. 2015. 传统产业集群和高新技术产业集群的创业制度环境比较[J]. 中国科技论坛，(7)：51-56.

袁旭梅，张旭，王亚娜. 2018. 中国高新技术产业区域协同创新能力评价与分类[J]. 中国科技论坛，(9)：13-21.

远亚丽，唐卫宁. 2013. 低碳视角下物流产业集群服务创新能力提升的结构方程模型分析[J]. 企业经济，32(6)：21-25.

曾德明，刘珊珊，李健. 2014. 企业研发国际化及网络位置对创新绩效影响研究：基于中国汽车产业上市公司的分析[J]. 软科学，28(12)：1-5.

曾德明，文金艳，禹献云. 2012. 技术创新网络结构与创新类型配适对企业创新绩效的影响[J]. 软科学，26(5)：1-4，9.

曾德明，杨磊，何银芳. 2009. 企业创新网络中知识扩散的耗散结构研究[J]. 科技管理研究，29(11)：333-336.

曾可昕，张小蒂. 2021. 数字商务与产业集群外部经济协同演化：产业数字化转型的一种路径[J].科技进步与对策，38(16)：53-62.

曾祥炎，刘友金. 2013. 基于价值创新链的协同创新：三阶段演化及其作用[J]. 科技进步与对策，30(20)：20-24.

曾忠禄. 1997. 产业群集与区域经济发展[J]. 南开经济研究，(1)：69-73.

詹坤，邵云飞，唐小我. 2017. 联盟组合网络特征对创新能力影响的实证研究[J]. 科学学研究，35(12)：1910-1920.

张保仓. 2020. 虚拟组织网络规模、网络结构对合作创新绩效的作用机制：知识资源获取的中介效应[J]. 科技进步与对策，37(5)：27-36.

张德茗，李艳. 2011. 科技型中小企业潜在知识吸收能力和实现知识吸收能力与企业创新绩效的关系研究[J]. 研究与发展管理，23(3)：56-67，78.

张凡. 2016. 产业集群升级研究的演进逻辑与趋势展望：从宏观到微观的三层次分析框架[J]. 财经理论与实践，37(6)：114-118.

张凤凉，刘丽. 2012. 珠江三角洲产业集群创新的现状及对策研究[J]. 科技管理研究，32(4)：139-143.

张寒冰. 2011. 基于社会网络工具的集群企业间知识网络构建[J]. 科技管理研究，31(2)：193-196，182.

张辉. 2005. 全球价值链下地方产业集群升级模式研究[J]. 中国工业经济，(9)：11-18.

张江甫，顾新. 2016. 基于双阶段扩散的知识网络知识流动模型及仿真[J]. 情报理论与实践，39(5)：74-78.

张杰，刘志彪. 2008. 制度约束、全球价值链嵌入与我国地方产业集群升级[J]. 当代财经，(9)：84-91.

张洁，戚安邦，熊琴琴. 2012. 吸收能力形成的前因变量及其对企业创新绩效的影响分析：吸收能力作为中介变量的实证研究[J]. 科学学与科学技术管理，33(5)：29-37.

张磊，郭东强，蔡林峰. 2010. 基于复杂网络的虚拟企业知识转移研究[J]. 科技管理研究，30(11)：239-242.

张丽妮. 2004. 基于Know-Net的知识管理研究[J]. 现代情报，24(5)：201-202，87.

张玲，王珺，李雪灵. 2020. 知识社会化、网络位置与集群企业竞争优势：基于知识流动双向性的实证研究[J]. 科技管理研究，40(16)：140-148.

张璐, 侯雪茹, 宋华, 等. 2019. 基于网络能力与隔离机制的网络位置形成及跃迁路径研究[J]. 管理学报, 16（9）: 1394-1404.

张曼, 菅利荣. 2017. 基于产学研跨组织知识集成的战略性新兴产业创新集群网络研究[J]. 科技管理研究, 37（10）: 206-213.

张鹏, 李梦辉, 吴金闪, 等. 2005. 科学家合作网络的聚类分析[J]. 复杂系统与复杂性科学, （2）: 30-34.

张琪绮, 卜琳麟, 苏红. 2022. 基于熵值法的长三角地区生物医药产业集群竞争力分析[J]. 中国医药工业杂志, 53（5）: 754-759.

张清正. 2015. 中国科技服务业集聚的空间分析及影响因素研究[J]. 软科学, 29（8）: 1-4, 24.

张琼瑜. 2012. 高新技术产业集群协同创新网络与创新绩效研究[D]. 无锡: 江南大学.

张润东, 刘遵峰, 许亚平, 等. 2021. 企业集群创新网络模型和创新机理分析: 基于知识价值链视角[J]. 商业经济研究, （17）: 113-116.

张首魁, 党兴华. 2009. 关系结构、关系质量对合作创新企业间知识转移的影响研究[J]. 研究与发展管理, 21（3）: 1-7, 14.

张伟峰, 万威武. 2004. 企业创新网络的构建动因与模式研究[J]. 研究与发展管理, 16（3）: 62-68.

张小兰. 2010. 循环经济下高新技术产业集群发展研究[J]. 统计与决策, （6）: 115-117.

张学伟, 刘志峰. 2010. 产业集群创新机制的形成机理和影响因素研究[J]. 科技管理研究, 30（2）: 176-179.

张妍, 赵坚. 2020. 产业集聚度视角下的开发区产业集群效率分析: 以兰州新区为例[J]. 统计与决策, 36（12）: 117-120.

张翼. 2017. 中国省际太阳能技术创新空间关联网络结构特征研究[J]. 科学管理研究, 35（6）: 54-56, 77.

张永安, 李晨光. 2010. 创新网络结构对创新资源利用率的影响研究[J]. 科学学与科学技术管理, 31（1）: 81-89.

张永凯, 李登科. 2017. 全球化视角下中国本土企业创新网络演化分析: 以华为技术有限公司为例[J]. 世界地理研究, 26（6）: 92-100.

张志强. 2018. 中小企业开放式创新中介网络模型的构建[J]. 技术经济与管理研究, （11）: 70-74, 22.

张志勇, 刘益. 2007. 企业间知识转移的双网络模型[J]. 科学学与科学技术管理, 28（9）: 94-97.

张治栋, 王亭亭. 2019. 产业集群、城市群及其互动对区域经济增长的影响: 以长江经济带城市群为例[J]. 城市问题, （1）: 55-62.

张紫璇, 陈怀超, 艾迪欧. 2020. 文化相似性对集群企业竞争偏执的影响: 网络中心性的调节和知识整合能力的中介作用[J]. 软科学, 34（10）: 84-89.

章丹, 胡祖光. 2013. 网络结构洞对企业技术创新活动的影响研究[J]. 科研管理, 34（6）: 34-41.

章利华, 刘涛, 黄思杰. 2018. 推进校办产业系统协同对接高校创新创业[J]. 中国高等教育, （24）: 34-36.

赵存东, 李永福. 2023. 加权网络视角下政府干预对产业集群创新演化的仿真分析[J].

系统科学学报，31（1）：66-71.

赵晶，周江华，张帆. 2009. 基于集群知识网络的技术学习路径研究：以柳市低压电器产业集群为例[J]. 科技进步与对策，26（3）：59-63.

赵健宇. 2016. 知识创造行为对知识网络演化的影响：以知识贬值和知识活性为参数[J]. 系统管理学报，25（1）：175-184.

赵良杰，姜晨，鲁皓. 2011. 复杂社会网络结构、局部网络效应与创新扩散研究[J]. 软科学，25（8）：6-9.

赵璐. 2019. 网络组织模式下中国产业集群发展路径研究：发达国家产业集群发展的经验启示[J].科技进步与对策，36（7）：56-60.

赵蓉英，邱均平. 2007. 知识网络的类型学探究[J]. 图书情报工作，51（9）：11-15, 24.

赵涛，牛旭东，艾宏图. 2005. 产业集群创新系统的分析与建立[J]. 中国地质大学学报（社会科学版），5（2）：69-72.

赵晓庆，许庆瑞. 2002. 知识网络与企业竞争能力[J]. 科学学研究，（3）：281-285.

赵昕，许杰，丁黎黎. 2018. 我国海洋创新网络特征及其影响：基于专利权人的视角[J]. 科技管理研究，38（21）：162-168.

赵炎，王冰，郑向杰. 2015. 联盟创新网络中企业的地理邻近性、区域位置与网络结构特征对创新绩效的影响：基于中国通讯设备行业的实证分析[J]. 研究与发展管理，27（1）：124-131.

赵玉林，汪芳. 2007. 我国高技术产业关联效应实证分析[J]. 经济问题探索，（1）：6-13.

赵志刚，周根贵，潘瑞芳. 2018. 基于位置吸引力的加权复杂供应链网络局域世界演化模型研究[J]. 计算机科学，45（12）：71-76.

赵作权，戴宜畅，范秋辞，等. 2022. 中国国家级产业集群数字化程度估计：基于与线上产业带的匹配分析[J]. 中国科学院院刊，37（12）：1757-1769.

郑小勇. 2019. 知识网络中心势越高，越有产品创新能力吗？——基于商业集团成员企业间知识网络的研究[J]. 研究与发展管理，31（6）：104-114.

郑小勇. 2021. 知识网络密度、地理分散性与产品创新能力：基于商业集团内部整体知识网络的实证研究[J]. 科研管理，42（12）：175-184.

钟海波. 2016. 南京市软件产业发展现状及政府作用[J]. 中国科技投资，（31）：195-196.

周灿，曾刚. 2018. 经济地理学视角下产业集群研究进展与展望[J]. 经济地理，38（1）：11-19.

周浩元，陈晓荣，路琳. 2009. 复杂产业知识网络演化[J]. 上海交通大学学报，43（4）：596-601.

周劲波，曾艳. 2011. 高新技术产业集群的创新路径机制研究[J]. 科学管理研究，29（6）：20-23.

周胜男，申俊龙，李洁. 2023. 基于社会网络理论的生物医药产业集群创新组合模式研究：以江苏省为例[J]. 科技管理研究，43（10）：127-135.

周文，陈伟，郎益夫. 2015. 集群创新网络知识动态增长研究：基于过程视角[J]. 系统工程学报，30（4）：431-441.

周文浩，李海林. 2023. 合作网络异质性特征与企业创新绩效的关系[J]. 系统管理学报，32（2）：367-378.

周志刚，阮丽娟，丁秋楷. 2021. 企业创新网络中跨组织知识共享行为的演化博弈研究[J]. 运筹与管理，30（6）：83-90.

朱兵. 2016. 产业集群合作创新网络最优关系强度演化机理分析[J]. 安徽师范大学学报（社会科学版），44（4）：481-489.

朱福林，陶秋燕，何勤，等. 2016. 网络地位、网络强度能否影响创新绩效及成长路径？——基于 286 家北京市科技型中小微企业调研数据的研究[J]. 科学决策，（11）：39-60.

朱华晟. 2003. 集群系统：浙江服装产业的竞争优势之源[J]. 浙江经济，（4）：36-37.

朱丽，葛爽，张庆红. 2019. 复杂网络结构下科技政策的创新驱动：基于网络权力和创新扩散视角[J]. 中国科技论坛，（1）：29-36.

朱婷婷，戚湧. 2019. 基于系统动力学的国家自主创新示范区聚力创新内在机理分析[J]. 中国科技论坛，（1）：108-114.

邹容，游世辉，曾宪任. 2019. 基于复杂网络理论的城市风道拓扑特性研究[J]. 建筑节能，47（12）：152-157.

Abreu P I S E，Martins A G. 2019. Efficient approaches to adapt radial network protection systems to distributed power injections[R].45th Annual Conference of the IEEE Industrial Electronics Society.

Aharonson B S，Baum J A C，Feldman M P. 2014. Industrial clustering and innovative output[M]//Rowe F，Te'eni D. Innovation and IT in an International Context：R&D Strategy and Operations. London：Palgrave Macmillan：65-81.

Ahuja G. 2000. Collaboration networks，structural holes，and innovation：a longitudinal study[J]. Administrative Science Quarterly，45（3）：425-455.

Akgun N A，Doymaz I. 2005. Modelling of olive cake thin-layer drying process[J]. Journal of Food Engineering，68（4）：455-461.

Albert R Z，Barabási A L. 2002. Statistical mechanics of complex networks[J]. Reviews of Modern Physics，74（1）：47.

Albert R，Jeong H，Barabási A L. 1999. Diameter of the world-wide web[J]. Nature，401：130-131.

Alpkan L，Bulut C，Gunday G，et al. 2010. Organizational support for intrapreneurship and its interaction with human capital to enhance innovative performance[J]. Management Decision，48（5/6）：732-755.

Amaral L A N，Scala A，Barthélémy M，et al. 2000. Classes of small-world networks[J]. Proceedings of the National Academy of Sciences of the United States of America，97（21）：11149-11152.

Antonelli C，Quere M. 2002. The governance of interactive learning within innovation systems[J]. Urban Studies，39（5/6）：1051-1063.

Arbia G，Basile R. 2007. Spatial dependence and non-linearities in regional growth behaviour in Italy[J]. Statistica，65（2）：145-167.

Arbia G，Espa G，Giuliani D，et al. 2012. Clusters of firms in an inhomogeneous space：the high-tech industries in Milan[J]. Economic Modelling，29（1）：3-11.

Arbia G，Espa G，Quah D . 2008. A class of spatial econometric methods in the empirical analysis of clusters of firms in the space[J]. Empirical Economics，34（1）：81-103.

Arranz N, de Arroyabe J C F. 2012. Can innovation network projects result in efficient performance? [J]. Technological Forecasting and Social Change, 79 (3): 485-497.

Arroyabe M F, Arranz N, de Arroyabe J C F. 2015. R&D partnerships: an exploratory approach to the role of structural variables in joint project performance[J]. Technological Forecasting and Social Change, 90: 623-634.

Audretsch D B, Lehmann E E. 2004. Mansfield's missing link: the impact of knowledge spillovers on firm growth[J]. The Journal of Technology Transfer, 30 (1): 207-210.

Axelrod R, Cohen M D. 2000. Harnessing Complexity: Organizational Implications of a Scientific Frontier[M]. New York: The Free Press.

Ba Z C, Mao J, Ma Y X, et al. 2021. Exploring the effect of city-level collaboration and knowledge networks on innovation: evidence from energy conservation field[J]. Journal of Informetrics, 15 (3): 101198.

Baba J, Imai K I. 1989. Systemic innovation and cross-border networks-transcending markets and hierarchies tocreate a new techno-economic system[R]. Paris: OECD, 99-102.

Backman F. 2018. Local knowledge creation with the use of industrial energy efficiency networks (IEENs): a Swedish case study[J]. Energy Research & Social Science, 42: 147-154.

Bain J S. 1951. Relation of profit rate to industry concentration: American manufacturing, 1936-1940[J]. The Quarterly Journal of Economics, 65 (3): 293-324.

Baptista R. 2001. Geographical clusters and innovation diffusion[J]. Technological Forecasting and Social Change, 66 (1): 31-46.

Baptista R, Swann P. 1998. Do firms in clusters innovate more? [J]. Research Policy, 27 (5): 525-540.

Barabasi A L, Albert R. 1999. Emergence of scaling in random networks[J]. Science, 286: 509-512.

Barrat A, Barthélemy M, Pastor-Satorras R, et al. 2004a. The architecture of complex weighted networks[J]. Proceedings of the National Academy of Sciences of the United States of America, 101 (11): 3747-3752.

Barrat A, Barthélemy M, Vespignani A. 2004b. Weighted evolving networks: coupling topology and weight dynamics[J]. Physical Review Letters, 92 (22): 228701.

Barrat A, Weight M. 2000. On the properties of small-world network models[J]. The European Physical Journal B-Condensed Matter and Complex Systems, 13 (3): 547-560.

Bathelt H, Malmberg A, Maskell P. 2004. Clusters and knowledge: local buzz, global pipelines and the process of knowledge creation[J]. Progress in Human Geography, 28 (1): 31-56.

Bavelas A. 1950. Communication patterns in task-oriented groups[J]. The Journal of the Acoustical Society of America, 22 (6): 725-730.

Beaudry C, Breschi S. 2003. Are firms in clusters really more innovative? [J]. Economics of Innovation and New Technology, 12 (4): 325-342.

Becattini G. 1978. The development of light industry in Tuscany: an interpretation[J]. Economic Notes: Economic Review of Banca Monte dei Paschi di Siena, 7 (2/3): 107-123.

Beckmann M J. 1995. Economic models of knowledge networks[M]//Batten D, Casti J, Thord R. Networks in Action: Communication, Economics and Human Knowledge. Berlin: Springer: 159-174.

Bell G G. 2005. Clusters, networks, and firm innovativeness[J]. Strategic Management Journal, 26 (3): 287-295.

Belussi A, Faloutsos C. 1998. Self-spacial join selectivity estimation using fractal concepts[J]. ACM Transactions on Information Systems, 16 (2): 161-201.

Bernardin H J, Hennessey H W, Peyrefitte J. 1995. Age, racial, and gender bias as a function criterion specificity: a test of expert testimony[J]. Human Resource Management Review, 5 (1): 63-77.

Boccaletti S, Latora V, Moreno Y, et al. 2006. Complex networks: structure and dynamics[J]. Physics Reports, 424 (4/5): 175-308.

Boschma R A, Wal A L J T. 2007. Knowledge networks and innovative performance in an industrial district: the case of a footwear district in the south of Italy[J].Industry and Innovation, 14 (2): 177-199.

Bowers C A, Pharmer J A, Salas E. 2000. When member homogeneity is needed in work teams: a meta-analysis[J]. Small Group Research, 31 (3): 305-327.

Bradach J L, Eccles R G. 1989. Price, authority, and trust: from ideal types to plural forms[J]. Annual Review of Sociology, 15: 97-118.

Brandenburger A M, Nalebuff B J. 1995. The right game: use game theory to shape strategy[J]. Harvard Business Review, 73 (4): 57-71.

Brass D J. 1995. A social network perspective on industrial/organizational psychology[J]. Industrial/Organizational Handbook, 13 (1): 39-79.

Brennecke J, Rank O. 2017.The firm's knowledge network and the transfer of advice among corporate inventors: a multilevel network study[J]. Research Policy, 46 (4): 768-783.

Brenner T, Weigelt N. 2001. The evolution of industrial clusters–simulating spatial dynamics[J]. Advances in Complex Systems, 4 (1): 127-147.

Bresciani S, Ferraris A. 2016. Innovation-receiving subsidiaries and dual embeddedness: impact on business performance[J]. Baltic Journal of Management, 11 (1): 108-130.

Britton J N H. 2003. Network structure of an industrial cluster: electronics in Toronto[J]. Environment and Planning A: Economy and Space, 35 (6): 983-1006.

Bröcker J, Dohse D, Soltwedel R. 2003. Innovation Clusters and Interregional Competition[M]. Berlin: Springer.

Brunner M, Stadler R. 1999. Virtual active networks-safe and flexible environments for customer-managed services[M]//Stadler R, Stiller. Active Technologies for Network and Service Management. Berlin: Springer Berlin Heidelberg: 195-210.

Burt R S. 1992. Structural Holes: The Social Structure of Competition[M]. Cambridge: Harvard University Press.

Camagni R. 2002. Cities and the quality of life: problems and prospects[J]. Review of Economic Conditions in Italy, 1: 61-84.

Cao X, Xing Z Y, Zhang L P. 2021. Effect of dual network embedding on the exploitative innovation and exploratory innovation of enterprises-based on the social capital and heterogeneous knowledge[J]. Technology Analysis & Strategic Management, 33 (6): 638-652.

Capello R, Lenzi C. 2013. Territorial patterns of innovation: a taxonomy of innovative regions in Europe[J]. The Annals of Regional Science, 51 (1): 119-154.

Cappellin R, Wink R. 2009. International Knowledge and Innovation Networks: Knowledge Creation and Innovation in Medium Technology Clusters[M]. Northampton: Edward Elgar Publishing.

Carayol N, Roux P. 2009. Knowledge flows and the geography of networks: a strategic model of small world formation[J]. Journal of Economic Behavior & Organization, 71 (2): 414-427.

Carbonara N. 2004. Innovation processes within geographical clusters: a cognitive approach[J]. Technovation, 24 (1): 17-28.

Cárcamo P F, Garay-Flühmann R, Gaymer C F. 2014.Collaboration and knowledge networks in coastal resources management: how critical stakeholders interact for multiple-use marine protected area implementation[J]. Ocean & Coastal Management, 91: 5-16.

Chaminade C, Plechero M. 2015. Do regions make a difference? Regional innovation systems and global innovation networks in the ICT industry[J]. European Planning Studies, 23 (2): 215-237.

Chang Y C, Chen M H, Lin Y P, et al. 2012. Measuring regional innovation and entrepreneurship capabilities[J]. Journal of the Knowledge Economy, 3 (2): 90-108.

Choi H, Kim S H, Lee J. 2010. Role of network structure and network effects in diffusion of innovations[J]. Industrial Marketing Management, 39 (1): 170-177.

Choudhury N, Uddin S. 2016. Time-aware link prediction to explore network effects on temporal knowledge evolution[J]. Scientometrics, 108 (2): 745-776.

Choumane A, Harkous A. 2019. Multi-level fuzzy overlapping community detection algorithm for weighted networks[J]. International Journal of Data Science, 4 (4): 351-375.

Chyi Y L, Lai Y M, Liu W H. 2012. Knowledge spillovers and firm performance in the high-technology industrial cluster[J]. Research Policy, 41 (3): 556-564.

Cohen A J, Jung E K Y, Lord R W, et al. 2007. Heading-dependent routing method and network subsystem: US20050221396 [P/EL]. [2024-10-08]. https://xueshu.baidu.com/usercenter/paper/show?paperid=1e4f3ff2425d5414d891fd1e1f2d4843.

Collins C J, Clark K D. 2003. Strategic human resource practices, top management team social networks, and firm performance: the role of human resource practices in creating organizational competitive advantage[J]. Academy of Management Journal, 46 (6): 740-751.

Conklin J, Lusk E, Harris M, et al. 2013. Knowledge brokers in a knowledge network: the case of seniors health research transfer network knowledge brokers[J]. Implementation Science, 8（1）: 7.

Cooke P. 1993. The new wave of regional innovation networks: analysis, characteristics and strategy[J]. Small Business Economics, 8（2）: 159-171.

Cooke P . 2001. Regional innovation systems, clusters, and the knowledge economy[J]. Industrial & Corporate Change, 10（4）: 945-974.

Cooke P. 2002. Regional innovation systems: general findings and some new evidence from biotechnology clusters[J]. The Journal of Technology Transfer, 27（1）: 133-145.

Cowan R, Jonard N, Özman M. 2004.·Knowledge dynamics in a network industry[J]. Technological Forecasting and Social Change, 71（5）: 469-484.

Cowan R, Jonard N. 2004. Network structure and the diffusion of knowledge[J]. Journal of Economic Dynamics and Control, 28（8）: 1557-1575.

Dai M F, Ju T T, Liu J Y, et al. 2018. Applications of Laplacian spectrum for the weighted scale-free network with a weight factor[J]. International Journal of Modern Physics B, 32（32）: 1850353.

Dantas E, Bell M. 2009. Latecomer firms and the emergence and development of knowledge networks: the case of Petrobras in Brazil[J]. Research Policy, 38（5）: 829-844.

Davis J H, Schoorman F D, Mayer R C, et al. 2000. The trusted general manager and business unit performance: empirical evidence of a competitive advantage[J]. Strategic Management Journal, 21（5）: 563-576.

Devarakonda S V, Reuer J J. 2018. Knowledge sharing and safeguarding in R&D collaborations: the role of steering committees in biotechnology alliances[J]. Strategic Management Journal, 39（7）: 1912-1934.

Divya P B, Lekha D S, Johnson T P, et al. 2022. Vulnerability of link-weighted complex networks in central attacks and fallback strategy[J]. Physica A: Statistical Mechanics and Its Applications, 590: 126667.

Doloreux D. 2004. Regional networks of small and medium sized enterprises: evidence from the Metropolitan Area of Ottawa in Canada1[J]. European Planning Studies, 12（2）: 173-189.

Doney P M, Cannon J P. 1997. An examination of the nature of trust in buyer–seller relationships[J]. Journal of Marketing, 61（2）: 35-51.

Dorogovtsev S N, Mendes J F F. 2002. Evolution of networks[J]. Advances in Physics, 51（4）: 1079-1187.

Dosi G. 1982. Technological paradigms and technological trajectories[J]. Research Policy, 11（3）: 147-162.

Doz Y, Santos J, Williamson P. 2001. From global to metanational: how companies win in the knowledge economy[J]. Ubiquity, 2001: 2.

Dyer J H, Chu W J. 2011. The determinants of trust in supplier-automaker relations in the US, Japan, and Korea: a retrospective[J]. Journal of International Business Studies, 42（1）: 28-34.

Dyer J H, Singh H. 1998. The relational view: cooperative strategy and sources of interorganizational competitive advantage[J]. The Academy of Management Review, 23（4）: 660-679.

Egbetokun A A. 2015. The more the merrier? Network portfolio size and innovation performance in Nigerian firms[J]. Technovation, 43: 17-28.

Eisingerich A B, Bell S J, Tracey P. 2010. How can clusters sustain performance? The role of network strength, network openness, and environmental uncertainty[J]. Research Policy, 39（2）: 239-253.

Erdős P, Rényi A. 1964. On the strength of connectedness of a random graph[J]. Acta Mathematica Academiae Scientiarum Hungarica, 12（1）: 261-267.

Faloutsos M, Faloutsos P, Faloutsos C. 1999. On power-law relationships of the Internet topology[J]. ACM SIGCOMM Computer Communication Review, 29（4）: 251-262.

Fan Y, Li M H, Chen J W, et al. 2004. Network of econophysicists: a weighted network to investigate the development of econophysics[J]. International Journal of Modern Physics B, 18: 2505-2511.

Fan Y, Li M H, Zhang P, et al. 2007. The effect of weight on community structure of networks[J]. Physica A: Statistical Mechanics and Its Applications, 378（2）: 583-590.

Fleming L, King C, Juda A I. 2007. Small worlds and regional innovation[J]. Organization Science, 18（6）: 938-954.

Freeman C. 1991. Networks of innovators: a synthesis of research issues[J]. Research Policy, 20（5）: 499-514.

Friedrich J, Becker M, Kramer F, et al. 2020. Incentive design and gamification for knowledge management[J]. Journal of Business Research, 106: 341-352.

Fritsch M, Franke G. 2004. Innovation, regional knowledge spillovers and R&D cooperation[J]. Research Policy, 33（2）: 245-255.

Fu T, Zhang Y A. 2012. Simulation of technological innovation network diffusion in focal firm cored industrial clusters[J]. International Journal of Modelling, Identification and Control, 15（4）: 310-319.

Girvan M, Newman M E J. 2002. Community structure in social and biological networks[J]. Proceedings of the National Academy of Sciences of the United States of America, 99（12）: 7821-7826.

Gnyawali D R, Madhavan R. 2001. Cooperative networks and competitive dynamics: a structural embeddedness perspective[J]. The Academy of Management Review, 26（3）: 431-445.

Goh K I, Oh E, Kahng B, et al. 2003. Betweenness centrality correlation in social networks[J]. Physical Review E, Statistical, Nonlinear, and Soft Matter Physics, 67（1）: 017101.

Govindan R, Tangmunarunkit H. 2000. Heuristics for Internet map discovery[C]//IEEE. Processing of IEEE INFOCOM 2000. New York: IEEE: 1371-1380.

Grabher G. 1993. The weakness of strong ties: the lock-in of regional development in the Ruhr Area[M]//Grabher G. The Embedded Firm: On the Socioeconomics of Industrial Networks. London: Routledge: 255-277.

Granovetter M S. 1973. The strength of weak ties[J]. American Journal of Sociology，78（6）：1360-1380.

Granovetter M. 1985. Economic action and social structure：the problem of embeddedness[J]. American Journal of Sociology，91（3）：481-510.

Grant R M. 1991. The resource-based theory of competitive advantage：implications for strategy formulation[J]. California Management Review，33（3）：114-135.

Hagedoorn J，Roijakkers N，van Kranenburg H. 2006. Inter-firm R&D networks：the importance of strategic network capabilities for high-tech partnership formation[J]. British Journal of Management，17（1）：39-53.

Haggett P，Cliff A D，Frey A E. 1977. Locational Models[M]. New York：John Wiley & Sons.

Hamdouch A. 2007. Innovation clusters and networks：a critical review of the recent literauture[EB/OL]. [2024-10-08]. https://www.fep.up.pt/conferencias/eaepe2007/Papers%20and%20abstracts_CD/Hamdouch.pdf.

Harrison B. 1992. Industrial districts：old wine in new bottles？ [J]. Regional Studies，26（5）：469-483.

Hayes A F. 2018. Introduction to Mediation, Moderation, and Conditional Process Analysis: A Regression-Based Approach[M]. 2nd ed. New York：The Guilford Press.

Hedlund G，Nonaka I. 1993. Models of knowledge management in the West and Japan[M]//Lorange P，Chakravarthy B，Roos J，et al. Implementing Strategic Processes：Change，Learning and Co-operation. Oxford：Blackwell.

Heide J B，Miner A S. 1992. The shadow of the future：effects of anticipated interaction and frequency of contact on buy-seller cooperation[J]. Academy of Management Journal，35（2）：265-291.

Hoen A. 1997. Three variations on identifying cluster[R]. Paris：OECD.

Hollenstein H. 2003. Innovation modes in the Swiss service sector：a cluster analysis based on firm-level data[J]. Research Policy，32（5）：845-863.

Howells J R L. 2002. Tacit knowledge，innovation and economic geography[J]. Urban Studies，39（5/6）：871-884.

Huong N T，Katsuhiro U，Chi D H. 2011. Knowledge transfer in offshore outsourcing: a case study of Japanese and Vietnamese software companies[J]. Journal of Global Information Management，19（2）：27-44.

Iammarino S. 2005. An evolutionary integrated view of regional systems of innovation：concepts，measures and historical perspectives[J]. European Planning Studies，13（4）：497-519.

Janson S，Luczak T，Rucinski A. 2000. Random Graphs[M]. New York：Wiley.

Johnston R. 2004. Clusters：a review of their basis and development in Australia[J]. Innovation，6（3）：380-391.

Kabecha W W. 1999. Technological capability of the micro-enterprises in Kenya's informal sector[J]. Technovation，19（2）：117-126.

Kang S C，Morris S S，Snell S A. 2007. Relational archetypes，organizational learning，and value creation：extending the human resource architecture[J]. Academy of Management

Review, 32（1）: 236-256.

Kanter R M. 1988. When a thousand flowers bloom: structural, collective, and social conditions for innovation in organizations[J]. Research in Organizational Behavior, 10: 169-211.

Karoński M. 1982. A review of random graphs[J]. Journal of Graph Theory, 6（4）: 349-389.

Kaufman A, Wood C H, Theyel G. 2000. Collaboration and technology linkages: a strategic supplier typology[J]. Strategic Management Journal, 21（6）: 649-663.

Keeble D, Wilkinson F. 1999. Collective learning and knowledge development in the evolution of regional clusters of high technology SMEs in Europe[J]. Regional Studies, 33（4）: 295-303.

Keeble D. 2018. High-technology industry and local environments in the United Kingdom[M]//Aydalot P, Keeble D. High Technology Industry and Innovative Environments. London: Routledge: 65-98.

Kleinholz S B, Doeksen G A, Henderson E, et al. 1990. An economic analysis of fire protection services for the Rentiesville Community in McIntosh County, Oklahoma[R]. Taipei: AgEcon.

Kobayashi K. 1995. Knowledge network and market structure: an analytical perspective[M]// Batten D, Casti J, Thord R. Networks in Action. Berlin: Springer: 127-158.

Kodama M. 2007. Innovation and knowledge creation through leadership-based strategic community: case study on high-tech company in Japan[J]. Technovation, 27（3）: 115-132.

König M D, Battiston S, Napoletano M, et al. 2011. Recombinant knowledge and the evolution of innovation networks[J]. Journal of Economic Behavior & Organization, 79（3）: 145-164.

Koput K W, Powell W W. 2000. Not your stepping stone: collaboration and the dynamics of industry evolution in biotechnology[EB/OL]. [2024-10-08]. https://ininet.org/not-your-stepping-stone-collaboration-and-the-dynamics-of-indu.html.

Krätke S. 2010. Regional knowledge networks: a network analysis approach to the interlinking of knowledge resources[J]. European Urban and Regional Studies, 17（1）: 83-97.

Lang G. 2003. Time konvergenz: einige uberlegungen aus volkswirtschaftlicher sicht[R]. Munich: Volkswirtschaftliche Diskussionsreihe.

Latora V, Marchiori M. 2003. Economic small-world behavior in weighted networks[J]. The European Physical Journal B-Condensed Matter and Complex Systems, 32（2）: 249-263.

Laursen K, Meliciani V. 2010. The role of ICT knowledge flows for international market share dynamics[J]. Research Policy, 39（5）: 687-697.

Li D Q, Li M H, Wu J S, et al. 2007. Enhancing synchronizability by weight randomization on regular networks[J]. The European Physical Journal B, 57（4）: 423-428.

Li M H, Fan Y, Chen J W, et al. 2005. Weighted networks of scientific communication: the measurement and topological role of weight[J]. Physica A: Statistical Mechanics and its Applications，350：643-656.

Li M H，Fan Y，Wang D H，et al. 2007a. Small-world effect induced by weight randomization on regular networks[J]. Physics Letters A，364（6）：488-493.

Li M H，Wu J S，Wang D H，et al. 2007b. Evolving model of weighted networks inspired by scientific collaboration networks[J]. Physica A：Statistical Mechanics and Its Applications，375（1）：355-364.

Lin J L，Fang S C，Fang S R，et al. 2009. Network embeddedness and technology transfer performance in R&D consortia in Taiwan[J]. Technovation，29（11）：763-774.

Liu J Q，Bernard P，Jr，Plaisent M. 2013. Research on Himalayan region wine industrial cluster innovation and management[J]. Journal of Marketing and Management，4（1）：45-58.

Lofstrom S M. 2000. Absorptive capacity in strategic alliances：investigating the effects of individuals' social and human capital on inter-firm learning[C]. Organization Science Winter Conference.

Lorenzen M，Mudambi R. 2013. Clusters，connectivity and catch-up：Bollywood and Bangalore in the global economy[J]. Journal of Economic Geography，13（3）：501-534.

Lu H L，ZhouYan，Wan S J. 2013. The impact of innovation investment and technology trade on the innovation ability in the high-tech industry cluste[J]. Information Technology Journal，12（24）：8186-8190.

Lyles M A，Salk J E. 1996. Knowledge acquisition from foreign parents in international joint ventures：an empirical examination in the Hungarian context[J]. Journal of International Business Studies，27：877-903.

Lyu Y B，Zhu Y Q，Han S J，et al. 2020. Open innovation and innovation "radicalness" –the moderating effect of network embeddedness[J]. Technology in Society，62：101292.

Mascia D，Pallotti F，Dandi R. 2018. Determinants of knowledge-sharing networks in primary care[J]. Health Care Management Review，43（2）：104-114.

Mayer R C，Davis J H，Schoorman F D. 1995. An integrative model of organizational trust[J]. The Academy of Management Review，20（3）：709-734.

McEvily B，Marcus A. 2005. Embedded ties and the acquisition of competitive capabilities[J]. Strategic Management Journal，26（11）：1033-1055.

McFadyen M A，Semadeni M，Cannella A A. 2008. Value of strong ties to disconnected others：examining knowledge creation in biomedicine[J]. Organization Science，20（3）：552-564.

Meisel J D，Montes F，Ramirez A M，et al. 2021. Network analysis of collaboration in networked universities[J]. Kybernetes，51（4）：1341-1346.

Mejia-Trejo J，Sanchez-Gutierrez J，Fregoso-Jasso G S. 2011. Measuring innovation：clusters and competitiveness in Jalisco，Mexico[J]. Competition Forum，9（1）：42-48.

Meliciani V，Di Cagno D，Fabrizi A，et al. 2022. Knowledge networks in joint research projects，innovation and economic growth across European regions[J]. The Annals of Regional Science，68（3）：549-586.

Mentzas G，Apostolou D，Kafentzis K，et al. 2006. Inter-organizational networks for knowledge sharing and trading[J]. Information Technology and Management，7（4）：259-276.

Miranda P N，da Silva Ribeiro J E L，Luna P，et al. 2019. The dilemma of binary or weighted data in interaction networks[J]. Ecological Complexity，38：1-10.

Molina-Morales F X，Martínez-Fernaández M T. 2003. The impact of industrial district affiliation on firm value creation[J]. European Planning Studies，11（2）：155-170.

Morgan D L，Neal M B，Carder P. 1997. The stability of core and peripheral networks over time[J]. Social Networks，19（1）：9-25.

Newman M E J. 2001. The structure of scientific collaboration networks[J]. Proceedings of the National Academy of Sciences of the United States of America，98（2）：404-409.

Newman M E J. 2003. The structure and function of complex networks[J]. SIAM Review，45（2）：167-256.

Nonaka I. 1994. A dynamic theory of organizational knowledge creation[J]. Organization Science，5（1）：14-37.

Nonaka I. 2007. The knowledge-creating company[J]. Harvard Business Review，85（7/8）：162-164，171.

Onnela J P，Saramäki J，Kertész J，et al. 2005. Intensity and coherence of motifs in weighted complex networks[J]. Physical Review E，71（6）：065103.

Ozcan S，Islam N. 2014. Collaborative networks and technology clusters–the case of nanowire[J]. Technological Forecasting and Social Change，82：115-131.

Padmore T，Gibson H. 1998. Modelling systems of innovation：II. A framework for industrial cluster analysis in regions[J]. Research Policy，26（6）：625-641.

Park E，Yoo K，Kwon S J，et al. 2016. Effects of innovation cluster and type of core technology on firms' economic performance[J]. Journal of Engineering Research，4（2）：17.

Park W Y，Amano T，Moon G. 2012. Benchmarking open and cluster innovation：case of Korea[J]. Benchmarking，19（4/5）：517-531.

Pastor-Satorras R，Vespignani A. 2004. Evolution and Structure of the Internet：A Statistical Physics Approach[M]. Cambridge：Cambridge University Press.

Pekkarinen S，Harmaakorpi V. 2006. Building regional innovation networks：the definition of an age business core process in a regional innovation system[J]. Regional Studies，40（4）：401-413.

Phelps C C. 2010. A longitudinal study of the influence of alliance network structure and composition on firm exploratory innovation[J]. Academy of Management Journal，53（4）：890-913.

Podolny J M. 2000. Networks as the pipes and prisms of the market[D]. Graduate School of Business，Stanford University.

Polanyi M. 1958. Personal Knowledge[M]. London：Routledge & Kegan Paul.

Porter M E. 1990. The Competitive Advantage of Nations[M]. New York：Free Press.

Porter M E. 1998a. Cluster and the economics of competition[J]. Harvard Business Review，（76）：77-90.

Porter M E. 1998b. On Competition[M]. Boston：Harvard Business School.

Price D J. 1965. Networks of scientific papers[J]. Science，149：510-515.

Radosevic S. 2002. Regional innovation systems in central and eastern Europe：determinants，organizers and alignments[J]. The Journal of Technology Transfer，27（1）：87-96.

Rantisi N M. 2002. The competitive foundations of localized learning and innovation：the case of women's garment production in New York City[J]. Economic Geography，78（4）：441.

Rapoport A. 1957. Contribution to the theory of random and biased nets[J]. The Bulletin of Mathematical Biophysics，19（4）：257-277.

Reid N，Carroll M C. 2007. The dynamics of cluster formation in accelerated radical innovation：bridging the inception to implementation gap[C]//IEEE. PICMET'07-2007 Portland International Conference on Management of Engineering & Technology. New York：IEEE：807-820.

Remigio R. 1997. Different levels of transborder cooperation[J]. Croatian International Relations Review，3（6）：27-33.

Ritter T，Gemünden H G. 2004. The impact of a company's business strategy on its technological competence，network competence and innovation success[J]. Journal of Business Research，57（5）：548-556.

Rodrigues M A，Miller M A，Glass M A，et al. 2011. Information technology–digitally recorded media for information interchange and storage–test method for the estimation of the archival lifetime of optical media[EB/OL]. [2024-10-08]. https://www.vde-verlag. de/iec-normen/preview-pdf/info_isoiec10995%7Bed2.0%7Den.pdf.

Rost K. 2011. The strength of strong ties in the creation of innovation[J]. Research Policy，40（4）：588-604.

Rusanen H，Halinen A，Jaakkola E. 2014. Accessing resources for service innovation–the critical role of network relationships[J]. Journal of Service Management，25（1）：2-29.

Salman N，Saives A L. 2005. Indirect networks：an intangible resource for biotechnology innovation[J]. R&D Management，35（2）：203-215.

Saxenian A L. 1985. Silicon Valley fever-growth of high technology culture-Rogers，EM，Larsen，JK[J]. Environment and Planning D Society Space，3（1）：121-127.

Saxenian A L. 1991. The origins and dynamics of production networks in Silicon Valley[J]. Research Policy，20（5）：423-437.

Schillebeeckx S J D，Lin Y M，George G，et al. 2021. Knowledge recombination and inventor networks：the asymmetric effects of embeddedness on knowledge reuse and impact[J]. Journal of Management，47（4）：838-866.

Schilling M A，Phelps C C. 2005. Interfirm collaboration networks：the impact of small world connectivity on firm innovation[J]. Academy of Management Proceedings，1：1-6.

Schreyögg G，Kliesch-Eberl M. 2007. How dynamic can organizational capabilities be？Towards a dual-process model of capability dynamization[J]. Strategic Management Journal，28（9）：913-933.

Schumpeter J A. 2003. The theory of economic development[M]//Backhaus J. Joseph Alois Schumpeter: Entrepreneurship, Style and Vision. Dordrecht: Kluwer Academic Publishers: 61-116.

Scott A J. 1998. Flexible production systems and regional development: the rise of new industrial spaces in North America and western Europe[J]. International Journal of Urban and Regional Research, 12 (2): 171-186.

Sherif K, Xing B. 2006. Adaptive processes for knowledge creation in complex systems: the case of a global IT consulting firm[J]. Information & Management, 43 (4): 530-540.

Shibata N, Kajikawa Y, Takeda Y, et al. 2008. Detecting emerging research fronts based on topological measures in citation networks of scientific publications[J]. Technovation, 28 (11): 758-775.

Silverman B W, Young G A. 1987. The bootstrap: to smooth or not to smooth? [J]. Biometrika, 74 (3): 469-479.

Simonin B L. 2004. An empirical investigation of the process of knowledge transfer in international strategic alliances[J]. Journal of International Business Studies, 35 (5): 407-427.

Siyanbola W O, Egbetokun A A, Oluseyi I, et al. 2012. Indigenous technologies and innovation in Nigeria: opportunities for SMEs[J]. American Journal of Industrial and Business, 2 (2): 64-75.

Smelser N J, Coleman J S. 1990. Foundations of social theory[J]. Contemporary Sociology A Journal of Reviews, 19 (6): 89-91.

Song C M, Havlin S, Makse H A. 2005. Self-similarity of complex networks[J]. Nature, 433 (7024): 392-395.

Stefanutti L, Koppen M. 2003. A procedure for the incremental construction of a knowledge space[J]. Journal of Mathematical Psychology, 47 (3): 265-277.

Stuart T E, Podolny J M. 1999. Positional causes and correlates of strategic alliances in the semiconductor industry[M]//Andrews S B, Knoke D. Research in the Sociology of Organizations. Greenwich: JAI Press: 161-182.

Sun J B, Zhang P Z. 2009. Visualization of researcher's knowledge structure based on knowledge network[C]//16th International Conference on Industrial Engineering and Engineering Management. New York: IEEE: 2067-2071.

Tallman S, Jenkins M, Henry N, et al. 2004. Knowledge, clusters, and competitive advantage[J]. Academy of Management Review, 29 (2): 258-271.

Tan J. 2006. Industry clustering, innovation, and technology transfer: evidence from Beijing Zhongguancun Science Park[J]. Journal of Business Venturing, 4 (3): 234-252.

Tang H X. 2015. Modelling and simulation on evolution effect of knowledge sharing on industry cluster based on social network[J]. The Open Cybernetics & Systemics Journal, 9 (1): 1183-1188.

Teng T W, Cao X Z, Chen H T. 2021. The dynamics of inter-firm innovation networks: the case of the photovoltaic industry in China[J]. Energy Strategy Reviews, 33: 100593.

Tether B S. 2002. Who co-operates for innovation, and why: an empirical analysis[J].

Research Policy，31（6）：947-967.

Tichy N M，Tushman M L，Fombrun C. 1979. Social network analysis for organizations[J]. Academy of Management Review，4（4）：507-519.

Tieri P，Valensin S，Latora V，et al. 2005. Quantifying the relevance of different mediators in the human immune cell network[J]. Bioinformatics，21（8）：1639-1643.

Tiwana A. 2008. Does technological modularity substitute for control？A study of alliance performance in software outsourcing[J]. Strategic Management Journal，29（7）：769-780.

Townsend D M，Busenitz L W. 2008. Factor payments，resource-based bargaining，and the creation of firm wealth in technology-based ventures[J]. Strategic Entrepreneurship Journal，2（4）：339-355.

Tsai B H，Chen H W. 2013. Innovation characteristics，industrial clusters，and intra-industry spillover effects in integrated circuit industry[J]. International Journal of Innovation and Technology Management，10（4）：1-20.

Tsai W，Ghoshal S. 1998. Social capital and value creation：the role of intrafirm networks[J]. The Academy of Management Journal，41（4）：464-476.

Tsang E W K. 2000. Transaction cost and resource-based explanations of joint ventures：a comparison and synthesis[J]. Organization Studies，21（1）：215-242.

Uzzi B. 1997. Social structure and competition in interfirm networks：the paradox of embeddedness[J]. Administrative Science Quarterly，42（1）：35-67.

Vasudevan R K，Ziatdinov M，Chen C，et al. 2016. Analysis of citation networks as a new tool for scientific research[J]. MRS Bulletin，41（12）：1009-1016.

Vespignani A. 2009. Predicting the behavior of techno-social systems[J]. Science，325（5939）：425-428.

Vonortas N S. 2002. Building competitive firms：technology policy initiatives in Latin America[J]. Technology in Society，24（4）：433-459.

Walter A. 2003. Relationship-specific factors influencing supplier involvement in customer new product development[J]. Journal of Business Research，56（9）：721-733.

Wang S J. 1995. Optimizing the smoothed bootstrap[J]. Annals of the Institute of Statistical Mathematics，47：65-80.

Wang W X，Wang B H，Hu B，et al. 2005. General dynamics of topology and traffic on weighted technological networks[J]. Physical Review Letters，94（18）：188702.

Wang X F. 2002. Complex networks：topology，dynamics and synchronization[J]. International Journal of Bifurcation and Chaos，12（5）：885-916.

Watts D J，Strogatz S H. 1998. Collective dynamics of 'small-world' networks[J]. Nature，393（6684）：440-442.

Weber D，Neumann F. 2021. Amplifying influence through coordinated behaviour in social networks[J]. Social Network Analysis and Mining，11（1）：111.

Wellman B，Wortley S. 1989. Brothers' keepers：situating kinship relations in broader networks of social support[J]. Sociological Perspectives，32（3）：273-306.

Wilensky U. 1999. NetLogo[EB/OL]. [2024-10-08]. http://ccl.northwestern.edu/netlogo/.

Wood G A, Parr J B. 2005. Transaction costs, agglomeration economies, and industrial location[J]. Growth and Change, 36 (1): 1-15.

Wu Z H, Braunstein L A, Havlin S, et al. 2006. Transport in weighted networks: partition into superhighways and roads[J]. Physical Review Letters, 96 (14): 148702.

Xie Y P, Mao Y Z, Zhang H M. 2011. Analysis of influence of network structure, knowledge stock and absorptive capacity on network innovation achievements[J]. Energy Procedia, 5: 2015-2019.

Yamawaki H. 2002. The evolution and structure of industrial clusters in Japan[J].Small Business Economics, 18 (1/3): 121-140.

Yan G, Zhou T, Wang J, et al. 2005. Epidemic spread in weighted scale-free networks[J]. Chinese Physics Letters, 22 (2): 501-513.

Yang H X, Ren W R. 2021. Research on the influence mechanism and configuration path of network relationship characteristics on SMEs' innovation–the mediating effect of supply chain dynamic capability and the moderating effect of geographical proximity[J]. Sustainability, 13 (17): 9919.

Yao Y H, Gao H, Sun F Q. 2020. The impact of dual network structure on firm performance: the moderating effect of innovation strategy[J]. Technology Analysis & Strategic Management, 32 (9): 1020-1034.

Yook S H, Jeong H, Barabási A L, et al. 2001. Weighted evolving networks[J]. Physical Review Letters, 86 (25): 5835-5838.

Yuan J L, Pan Y, Jiang Q L. 2022. Mechanism of high-tech enterprises' technological practices affected by the split fault of knowledge innovation network[J]. Computational Intelligence and Neuroscience, (1): 2984136.

Zaheer A, Bell G G. 2005. Benefiting from network position: firm capabilities, structural holes, and performance[J]. Strategic Management Journal, 26 (9): 809-825.

Zaichkowsky J L. 1985. Measuring the involvement construct[J]. Journal of Consumer Research, 12 (3): 341-352.

Zheng D F, Trimper S, Zheng B, et al. 2003. Weighted scale-free networks with stochastic weight assignments[J]. Physical Review E, Statistical, Nonlinear, and Soft Matter Physics, 67 (4): 040102.

Zhou H L, Zhang X D, Hu Y. 2020. Robustness of open source product innovation community's knowledge collaboration network under the dynamic environment[J]. Physica A: Statistical Mechanics and Its Applications, 540: 122888.

Ziman J M. 1978. Reliable Knowledge: An Exploration of the Grounds for Belief in Science[M]. Cambridge: Cambridge University Press.

Zukauskaite E. 2012. Innovation in cultural industries: the role of university links[J]. Innovation, 14 (3): 404-415.

附录 A 调 查 问 卷

尊敬的女士/先生:

您好！我们是"高新技术产业集群创新研究"课题组的研究人员。此次调研目的是了解本地区相关产业集群、创新环境，为政府的相关政策提供参考。

这是一份学术性研究问卷，我们保证您的答案仅用于学术研究，分析的结果将是结论性质的报告，不会泄露任何人的个人回答。非常感谢您的支持与合作！

"高新技术产业集群创新研究"课题组

2021 年 3 月 26 日

一、基本情况

1. 贵企业所在园区＿＿＿＿＿＿＿＿，企业名称＿＿＿＿＿＿＿＿。

2. 贵企业成立时间

A. 0～1 年　　　　B. 1（不含）～2 年　C. 2（不含）～3 年

D. 3（不含）～5 年 E. 5（不含）～10 年　F. 10 年以上

3. 贵企业所属行业

A. 软件　　　　　B. 人工智能　　C. 医药　　　　D. 化工

E. 动漫/游戏创意　F. 通信　　　　G. 零售业　　　H. 贸易批发

I. 中介服务　　　J. 制造业　　　K. 其他＿＿＿＿＿＿

4. 贵企业的技术领域

A. 计算机及其配件　B. 软件开发　C. 生物医药　D. 新材料、新能源

E. 光机电一体化　　F. 其他技术领域＿＿＿＿＿＿

5. 贵企业员工总数

A. 0～50 人　　　　　　B. 50（不含）～100 人 C. 100（不含）～300 人

D. 300（不含）～500 人　　　　　　　　E. 500 人以上

6. 贵企业年销售收入

A. 500 万元以下   B. 500～1000（不含）万元

C. 1000～3000 万元   D. 3000 万元以上

7. 您从事的工作属于

A. 生产   B. 销售   C. 技术

D. 管理   E. 其他_____

二、以下题目是关于贵企业的叙述，表中 1～5 等级分别表示该叙述的符合程度从"极不符合"到"非常符合"。请您根据贵企业的实际情况选择，并在相应题项前打勾。

您所在的企业	极不符合	不太符合	一般符合	比较符合	非常符合
（一）网络关系强度					
8. 相对于园区内其他企业，本企业与供应商之间的业务往来更频繁	1	2	3	4	5
9. 相对于园区内其他企业，本企业与客户的业务往来更频繁	1	2	3	4	5
10. 相对于园区内其他企业，本企业与同行竞争者的业务往来更频繁	1	2	3	4	5
11. 相对于园区内其他企业，本企业与本地大学和科研机构之间的合作更频繁	1	2	3	4	5
12. 相对于园区内其他企业，本企业与本地中介机构、政府之间的信息往来更频繁	1	2	3	4	5
（二）网络稳定性					
13. 本企业与供应商的合作关系很稳定，很少更换	1	2	3	4	5
14. 本企业与客户的合作关系很稳定，很少更换	1	2	3	4	5
15. 本企业与同行竞争者的合作关系很稳定，很少更换	1	2	3	4	5
16. 本企业与本地的大学和科研机构的合作关系很稳定，很少更换	1	2	3	4	5
17. 本企业与本地的技术咨询公司等中介机构的关系很稳定，很少更换	1	2	3	4	5
（三）网络密度					
18. 相对于园区内其他企业，本企业拥有的技术和信息交流的供应商数量更多	1	2	3	4	5
19. 相对于园区内其他企业，本企业拥有的技术和信息交流的客户数量更多	1	2	3	4	5
20. 相对于园区内其他企业，本企业拥有的技术和信息交流的同行竞争者的数量更多	1	2	3	4	5

21. 相对于园区内其他企业，本企业拥有的技术和信息交流的大学与科研机构的数量更多	1	2	3	4	5
22. 相对于园区内其他企业，本企业拥有的技术和信息交流的中介机构与政府机构的数量更多	1	2	3	4	5
（四）网络结构洞					
23. 与同行企业相比，本企业掌握更多的资源	1	2	3	4	5
24. 和合作伙伴相比，本企业更能影响合作项目决策	1	2	3	4	5
25. 本地其他企业和机构经常要通过本企业牵线来进行技术或经验交流	1	2	3	4	5
26. 本企业的主要技术、专利和产品在园区内知名度很高	1	2	3	4	5
27. 经常有其他企业主动寻求与本企业建立合作关系	1	2	3	4	5
28. 本企业经常联系的合作伙伴的社会属性（行业性质、发展阶段、地域分布等）差别很大	1	2	3	4	5
（五）要素环境					
29. 本企业所在园区的财务资源状况良好	1	2	3	4	5
30. 本企业所在园区的人力资源状况良好	1	2	3	4	5
31. 本企业所在园区的技术实力雄厚	1	2	3	4	5
（六）社会文化环境					
32. 本企业所在地区创业文化氛围浓厚	1	2	3	4	5
33. 本企业所在地区人们对新鲜事物接受度较高	1	2	3	4	5
34. 我和周围的人都认为创新是获得成功的重要途径	1	2	3	4	5
（七）集群政策环境					
35. 本企业所在地区市场环境维护状况良好	1	2	3	4	5
36. 本企业所在地区政府指导状况良好（主要是指信息供给、公共服务平台、劳动力培训等）	1	2	3	4	5
37. 本企业所在地区产业政策支持状况良好	1	2	3	4	5
（八）集群氛围环境					
38. 园区企业都衷心希望园区内其他企业获得成功	1	2	3	4	5

续表

39. 园区企业在进行决策时都充分考虑到园区内其他企业的利益	1	2	3	4	5
40. 园区内进行合作的企业都非常可靠	1	2	3	4	5
（九）创新绩效					
41. 本企业常常在行业内率先应用新技术或推出新产品/新服务	1	2	3	4	5
42. 与同行企业相比，本企业新产品/新服务有非常好的市场反应	1	2	3	4	5
43. 与同行企业相比，本企业新产品/新服务/新工艺创新成功率非常高	1	2	3	4	5
44. 与同行企业相比，本企业拥有更多的专利或软件著作版权	1	2	3	4	5
45. 与同行企业相比，本企业设立的创新部门/机构的数目更多	1	2	3	4	5

附录 B　集群企业访谈提纲

本访谈基于半开放方式进行信息和数据收集，访谈内容包括但不仅限于以下问题，在访谈过程中随机变化。

1. 请大概介绍企业的发展历程。

根据产品种类、质量、规模等条件，您是否能够对贵企业的发展过程进行阶段性划分？如何划分？

2. 请介绍在不同发展阶段，贵企业的技术创新路径、创新伙伴和依靠的资源发生了哪些变化。

3. 请介绍在不同发展阶段，贵企业与本区域内其他企业和组织之间的关系，这种关系对技术创新发挥了怎样的作用，以及随着时间的推移这些关系发生了怎样的变化。

4. 请介绍在不同发展阶段，贵企业与本区域外其他企业和组织之间的关系，这种关系对技术创新发挥了怎样的作用，以及随着时间的推移这些关系发生了怎样的变化。

5. 请介绍在不同发展阶段，哪种类型的创新伙伴对贵企业的技术创新活动帮助最大。

6. 请介绍在不同发展阶段，本区域产业集群内成员的性质和类别，以及发生了怎样的变化。

7. 您认为企业采取什么样的机制和方式有助于创新伙伴之间发展良性的互动关系？

8. 当前影响企业借助本区域创新伙伴的力量进行技术创新的主要障碍有哪些？

9. 在企业发展过程中，企业借助与各种创新伙伴的关系进行技术创新有哪些经验和教训？您认为贵企业目前面临的最大创新风险是什么？

附录 C 政府部门访谈提纲

本访谈基于半开放方式进行信息和数据收集，访谈内容包括但不仅限于以下问题，在访谈过程中随机变化。

1. 园区为什么最初选择在此地建设？有什么地理区位优势？园区周边的生活配套设施情况如何？

2. 园区的发展思路是怎样的？园区最早的规划定位在发展过程中有无变化？

3. 园区现在由哪些单位管理？分别有哪些管理权限？现在有什么样的协调机制？

4. 与其他园区有合作吗？园区之间有什么合作方式？有哪些典型的案例和合作项目？希望与其他科技园区加强哪方面的合作？

5. 园区内企业税收是如何进行利益分配的？技术转移时政府在税收、产权等方面的利益分配机制如何？有哪些创新性举措？

6. 本园区产业布局情况是怎样的？与该地区其他园区有哪些重合的地方？与同一园区不同分园（四个产业集群之间）有没有重合的地方？该园区的主导产业发展如何，是否与其他科技园区存在产业关联？未来的产业布局规划是什么样的？

7. 园区内企业、高校和科研院所的科研成果转化率如何？有什么阻碍因素？

8. 目前园区内企业人才需求能否得到满足？

9. 园区近期有哪些重点项目？园区的重点项目对园区发展的带动作用如何（如对园区发展的税收贡献、人才吸引、相关产业的带动）？

10. 园区建设与发展是否借鉴过其他园区的经验？有哪些举措值得学习和实施？未来创新型产业园区打造有什么新思路？如何进一步推动园区链的发展及多集群协同发展？

附录 D 科研机构访谈提纲

本访谈基于半开放方式进行信息和数据收集，访谈内容包括但不仅限于以下问题，在访谈过程中随机变化。

1. 请大概介绍贵机构的发展历程。

2. 根据研发产品/技术种类、规模等条件，您是否能够对贵机构的发展过程进行阶段性划分？如何划分？

3. 请介绍在不同发展阶段，贵机构的技术创新路径、创新伙伴和依靠的资源发生了哪些变化。

4. 请介绍在不同发展阶段，贵机构与本区域内其他企业或组织之间的关系，这种关系对技术创新发挥了怎样的作用，以及随着时间的推移这些关系发生了怎样的变化。

5. 请介绍在不同发展阶段，贵机构与本区域外其他企业或组织之间的关系，这种关系对技术创新发挥了怎样的作用，以及随着时间的推移这些关系发生了怎样的变化。

6. 请介绍在不同发展阶段，哪种类型的创新伙伴对贵机构的技术创新活动帮助最大。

7. 请介绍在不同发展阶段，本区域产业集群内成员的性质和类别，以及发生了怎样的变化。

8. 您认为科研机构采取什么样的机制和方式有助于创新伙伴之间发展良性的互动关系？

9. 当前影响科研机构借助本区域创新伙伴的力量进行技术创新的主要障碍有哪些？

10. 在贵机构发展过程中，借助与各种创新伙伴的合作关系进行技术创新有哪些经验和教训？您认为贵机构目前面临的最大创新风险是什么？

附录 E　程　序　清　单

（一）单集群网络仿真模型代码

```
to setup
  clear-all
  create-turtles num-nodes
  set-default-shape turtles "circle"
make-node nobody
  make-node turtle 0
  ask turtle 0 [create-links-with other turtles]
  reset-ticks
end
to go
  ask links [ set color gray ]
  make-node find-partner
  tick
  if layout? [ layout ]
end
to make-node [old-node]
  crt 1
  [
    set color red
    if old-node != nobody
      [ create-link-with old-node [ set color green ]
      move-to old-node
        fd 8
      ]
  ]
  End
to-report find-partner
```

```
    report [one-of both-ends] of one-of links
end
to resize-nodes
    ifelse all? turtles [size <= 1]
    [
        ask turtles [ set size sqrt count link-neighbors ]
    ]
    [
        ask turtles [ set size 1 ]
    ]
end
to layout
    repeat 3 [
    let factor sqrt count turtles
    layout-spring turtles links (1 / factor) (7 / factor) (1 / factor)
    display
    ]
    let x-offset max [xcor] of turtles + min [xcor] of turtles
    let y-offset max [ycor] of turtles + min [ycor] of turtles
    set x-offset limit-magnitude x-offset 0.1
    set y-offset limit-magnitude y-offset 0.1
    ask turtles [ setxy (xcor - x-offset / 2) (ycor - y-offset / 2) ]
end
to-report limit-magnitude [number limit]
    if number > limit [ report limit ]
    if number < (- limit) [ report (- limit) ]
    report number
end
```

（二）多集群网络仿真模型代码

```
turtles-own
[
    explored?
```

```
]
globals
[
    component-size
    giant-component-size
    giant-start-node
]
to setup
    clear-all
    set-default-shape turtles "person"
    make-turtles
    find-all-components
    color-giant-component
    reset-ticks
end

to make-turtles
    crt num-nodes [ set size 3 ]
    layout-circle turtles max-pxcor - 1
end
to go
    if ( ( 2 * count links ) >= ( ( (count turtles) * (count turtles - 1) ) ) ) [
    display
    user-message "Network is fully connected. No more edges can be
added."
        stop
    ]
    add-edge
    find-all-components
    color-giant-component
    ask links [ set color [color] of end1 ]        if not all? turtles [ color = red ]
[ layout ]
    tick
end
```

```
to find-all-components
  ask turtles [ set explored? false ]
   loop
   [
      let start one-of turtles with [ not explored? ]
      if start = nobody [ stop ]
      set component-size 0
      ask start [ explore (gray + 2) ]
        if component-size > giant-component-size
        [
           set giant-component-size component-size
           set giant-start-node start
        ]
   ]
end
to explore [new-color]
  if explored? [ stop ]
  set explored? true
  set component-size component-size + 1
    set color new-color
  ask link-neighbors [ explore new-color ] end
to color-giant-component
  ask turtles [ set explored? false ]
  ask giant-start-node [ explore red ] end
to add-edge
  let node1 one-of turtles
  let node2 one-of turtles
  ask node1 [
    ifelse link-neighbor? node2 or node1 = node2
       [ add-edge ]
     [ create-link-with node2 ]
  ]
end
to layout
```

```
    if not layout? [ stop ]
    repeat 10 [
       do-layout
       display    ;; so we get smooth animation
    ]
end
to do-layout
    layout-spring (turtles with [any? link-neighbors]) links 0.4 6 1
end
```